D1726359

Völkerrecht und Außenpolitik

Herausgegeben von
Prof. Dr. Oliver Dörr
Prof. Dr. Jörn Axel Kämmerer
Prof. Dr. Markus Krajewski

Band 91

Franziska Marie Voelcker

Schutzklauseln als Grenzpunkte internationaler Integration

Ein Beitrag zur Integrationsfunktion des Rechts

Nomos

Onlineversion
Nomos eLibrary

Dissertation der Universität Konstanz
Tag der mündlichen Prüfung: 29.05.2019

Referent: Prof. Dr. Hans Christian Röhl
Referent: Prof. Dr. Marten Breuer
Referent: Prof. Dr. Daniel Thym

Die Deutsche Nationalbibliothek verzeichnet diese Publikation in
der Deutschen Nationalbibliografie; detaillierte bibliografische
Daten sind im Internet über http://dnb.d-nb.de abrufbar.

Zugl.: Konstanz, Univ., Diss., 2019

ISBN 978-3-8487-6681-9 (Print)
ISBN 978-3-7489-0793-0 (ePDF)

Vorwort

Die vorliegende Arbeit wurde im Wintersemester 2018/19 vom Fachbereich Rechtswissenschaften der Universität Konstanz als Dissertation angenommen. Sie entstand während meiner Zeit als wissenschaftliche Mitarbeiterin am Lehrstuhl für Staats- und Verwaltungsrecht, Europarecht und Rechtsvergleichung bei Herrn Prof. Dr. Hans Christian Röhl und am Exzellenzcluster (EXC16) der Universität Konstanz. Ich danke meinem Doktorvater, Herrn Professor Röhl, für die Betreuung, seine wertvollen Impulse und seinen Rückhalt. Auch das von ihm ins Leben gerufene Doktorandenkolloquium hat zum Erfolg des Vorhabens maßgeblich beigetragen. Den Kolleginnen und Kollegen vom Cluster gebührt mein Dank für den anregenden interdisziplinären Austausch. Ihre Perspektive auf das Recht hat mir geholfen, meine interne Perspektive auf das Recht zu reflektieren. Ich danke dem Cluster auch für die Finanzierung der Forschungsreise nach Florenz in das Historische Archiv der Europäischen Union. Mein Dank gilt zudem Herrn Prof. Dr. Marten Breuer für die Zweitkorrektur.

Während meiner Promotionszeit bin ich durch die Studienstiftung des deutschen Volkes unterstützt worden. So manche Nachfrage bei den Doktorandenforen hat geholfen, insbesondere den theoretischen Teil der Arbeit weiter zu schärfen. Ich danke der Stiftung zudem für die finanzielle Ermöglichung des Projekts.

Allen Weggefährten und insbesondere meiner Familie danke ich für ihre Unterstützung. Besonderer Dank gilt meiner Lehrstuhlkollegin Katharina Reiling sowie meinem Mann. Beide haben mir in jedem Stadium der Arbeit mit Rat und Tat beiseite gestanden. Ich danke auch meinen Freundinnen Sigrid Gies, Bianca Holland und Hanna-Lisa Wiedenhaus, die zum Abschluss das gesamte Manuskript Korrektur gelesen und mit wertvollen Anmerkungen versehen haben, sowie meiner Mutter und Klaus Weidemann für ihre Hilfe bei der redaktionellen Überarbeitung.

Den Herausgebern, Herrn Prof. Dr. Oliver Dörr, Herrn Prof. Dr. Jörn Axel Kämmerer sowie Herrn Prof. Dr. Markus Krajewski, danke ich für die Aufnahme in diese Schriftenreihe.

Auch wenn das Projekt nun abgeschlossen ist, so treibt mich die Frage nach einer „Integration durch Recht" nach wie vor um. All diejenigen, die an einem diesbezüglichen Austausch interessiert sind, bitte ich, nicht zu zögern, über franziskamarie.voelcker@gmail.com mit mir in Kontakt zu treten.

Bremen im Februar 2020   Franziska Marie Voelcker

Inhaltsverzeichnis

Einleitung

Ausgangspunkt dieser Arbeit ist die Beobachtung, dass Staaten häufig Schutzklauseln in völkerrechtliche Verträge aufnehmen. Ein Beispiel für eine solche Schutzklausel ist Art. 15 der Europäischen Menschenrechtskonvention (EMRK), der durch die Derogationserklärungen Frankreichs, der Türkei und des Vereinigten Königreichs[1] wieder im Fokus der Forschung steht:[2] „Wird das Leben der Nation durch Krieg oder einen anderen öffentlichen Notstand bedroht, so kann jede Hohe Vertragspartei [...] Maßnahmen treffen, die von den in dieser Konvention vorgesehenen Verpflichtungen abweichen."[3] Wie alle Schutzklauseln ermöglicht es Art. 15 EMRK den Vertragsstaaten, die eingegangenen Verpflichtungen trotz Fortbestand des Vertrages auszusetzen. Er stellt einen Grenzpunkt von völkervertraglicher Integration und Nichtintegration dar.

Was bedeutet es für die völkervertragliche Integration, wenn gerade in Ausnahmesituationen der Status quo ante – die Nichtintegration – möglich bleibt? Es mag zunächst verwundern, dass in den mühevollen internationalen Aushandlungsprozessen Klauseln vereinbart werden, die das Vertragsziel konterkarieren.[4] Demgegenüber kann die Schutzklausel zum einen als Bedingung für den Vertragsschluss aufgefasst werden, weil sie die Zustimmung zum Vertrag erst ermöglicht. Zum anderen könnten sich Schutzklauseln günstig auf den Vertragsbestand auswirken, weil sie die Abweichung von den vertraglichen Pflichten unter Einhaltung des Vertrages ermöglichen. Anders als vor Abschluss des völkerrechtlichen Vertrages muss die Nichtbeachtung der vertraglichen Pflichten nunmehr innerhalb

---

1 Die Derogationserklärungen sind abrufbar unter http://www.coe.int/en/web/conve ntions/search-on-treaties/-/conventions/declarations/search/state [08.05.2017].

2 *Nugraha*, International Journal of Human Rights 2017, 1ff, die Aktivierung für konventionswidrig haltend, online abrufbar unter URL: http://www.tandfonline.c om/doi/abs/10.1080/13642987.2017.1359551 [30.12.2017]; *Toullier*, International Comparative Jurisprudence Vol. 3 No. 1 (2017), 8–24, eine Rechtmäßigkeitsprognose für Frankreich abgebend; *Venditti*, Diritto pubblico comparato ed europeo Vol. 19 No. 2 (2017), 483–522; *Wolf*, in Lemke (Hrsg.), Ausnahmezustand, S. 257–270 (268) spricht von einer Renaissance der EMRK-Notstandsklausel; *Zwitter*, ARSP 98 (2012), 95–111 (95) von einem „hot topic".

3 Die deutsche Übersetzung ist nicht authentisch, für die authentische englische Fassung vgl. S. 283 im Anhang.

4 *Di Salerno*, Democracy and Security Review Vol. 7 No. 1 (2017), 109–133 (110).

des vertraglich abgesteckten Rahmens erfolgen. Dies ermöglicht in vielen Fällen eine Kontrolle durch internationale Spruchkörper, was auf eine Vertragsvertiefung hinwirken kann. Ein Vertrag wird vertieft, wenn er in seiner textlich vereinbarten Form fortbesteht, aber durch eine extensive Auslegung durch die zuständigen Spruchkörper eine implizite Vertragsvertiefung erfährt. Damit sind die drei Schritte des völkervertraglichen Integrationsprozesses – Vertragsschluss, Vertragsbestand und Vertragsvertiefung – benannt.

Die Auswirkungen von Schutzklauseln auf die einzelnen Schritte eines völkerrechtlichen Vertrages stellen den ersten Forschungsgegenstand der Arbeit dar. Bei der Analyse der Wirkungen von Schutzklauseln im Hinblick auf die einzelnen Schritte drängt sich jedoch eine grundlegende Frage – der zweite Forschungsgegenstand der Arbeit – auf: Findet im Rahmen einer völkervertraglichen Integration eine Integration durch Recht statt, d.h. eine rechtlich veranlasste Integration, bei der das Recht nicht nur Werkzeug, Objekt oder Mittel von Integration, sondern selbst Integrationsfaktor ist? Eine solche Integrationsfunktion des Rechts ließe auch theoretische Rückschlüsse auf die Wirkung von Schutzklauseln zu.

Trotz der wieder auflebenden praktischen Relevanz von Schutzklauseln kreisen die neueren Beiträge der Literatur entweder um deren konkrete Ausgestaltung[5] oder die Theorie des innerstaatlichen Ausnahmezustands[6]. Die rechts- und wirtschaftswissenschaftliche Auseinandersetzung konzentriert sich auf die Auslegung der einzelnen Schutzklauseln.[7] Die völkerrechtliche Perspektive fokussiert sich auf eine politische Analyse[8] mit der

---

5 *Mbongo*, in Lemke (Hrsg.), Ausnahmezustand, S. 129–166; *Wihl*, Kritische Justiz 50 (2017), 68–80.

6 *Leonhardt*, in Lemke (Hrsg.), Ausnahmezustand, S. 41–56; *Mattutat*, in Lemke (Hrsg.), Ausnahmezustand, S. 13–26; *Molly*, in Lemke (Hrsg.), Ausnahmezustand, S. 71–86; *van Laak*, in Förster/Lemke (Hrsg.), Die Grenzen der Demokratie, S. 7–28; *Vasek*, in Förster/Lemke (Hrsg.), Die Grenzen der Demokratie, S. 141–151; *Wolf*, in Förster/Lemke (Hrsg.), Die Grenzen der Demokratie, S. 93–110.

7 *Benke*, Die Schutzklausel der gemeinsamen Agrarmarktorganisationen der Europäischen Wirtschaftsgemeinschaft; *Ehlermann*, EuR 1966, 305; *Harz*, Die Schutzklauseln des Kapital- und Zahlungsverkehrs im EWG-Vertrag; *Hoang*, Liberalisierung und (Notstands)Schutzklauseln im internationalen Warenhandel; *Müller-Heidelberg*, Schutzklauseln im Europäischen Gemeinschaftsrecht; *Oppermann*, EuR 1969, 231; *Quick*, Exportselbstbeschränkungen und Artikel XIX GATT; *Weber*, Schutznormen und Wirtschaftsintegration; *Zila*, Die neuen Schutznormen der Beitrittsabkommen der EU.

8 Eine Ausnahme stellt der Sammelband von *Criddle* (Ed.), Human Rights in Emergencies dar.

Wiedergabe der Spruchpraxis als Nebenprodukt.[9] Die Frage nach den Auswirkungen von Schutzklauseln losgelöst vom Anwendungsfall bleibt unbeantwortet.

Die Forschung zur „Integration durch Recht" beschäftigt sich vorwiegend mit der Europäischen Integration mit dem Europäischen Gerichtshof als zentralem Akteur.[10] Die Frage nach den Funktionsbedingungen einer Integration durch Recht, d.h. einer rechtlich veranlassten Integration, die eine Forschung zur „Integration durch Recht" dem Wortsinn nach eigentlich aufwerfen müsste, ist bislang nicht Gegenstand der wissenschaftlichen Auseinandersetzung.[11]

In einem ersten Schritt schafft die Arbeit einen Materialkorpus, d.h. es werden völkerrechtliche Schutzklauseln gesichtet, deren Entstehungsdokumente und Inanspruchnahme ausgewertet sowie die Verarbeitung in der völkerrechtlichen Spruchpraxis analysiert. Die Arbeit trifft dafür aus der Vielzahl völker- und europarechtlicher Schutzklauseln eine Auswahl und führt eine vergleichende Analyse von Art. XIX General Agreement on Tariffs and Trade (GATT), Art. 347 AEUV, Art. 4 Internationaler Pakt über bürgerliche und politische Rechte (IPbpR) und Art. 15 Europäische Menschenrechtskonvention (EMRK) durch.[12] Sie analysiert die Entstehungsdokumente, Inanspruchnahme- und Spruchpraxis im Hinblick darauf, ob die Schutzklauseln den Vertragsschluss, den Vertragsbestand und eine Vertragsvertiefung begünstigt haben. Die Präzisierung der völkervertraglichen Integration durch Aufspaltung in Vertragsschluss, Vertragsbestand und Vertragsvertiefung ermöglicht eine differenzierte rechtliche Analyse der Wirkungsweise von Schutzklauseln im gesamten völkervertraglichen Integrationsprozess.

Eine rechtstheoretische Perspektive hilft bei der Einordnung der Schutzklauseln als Mechanismus internationaler Integration. Den Ausgangspunkt der rechtstheoretischen Überlegungen bildet erneut eine Beobachtung. Die Spruchkörper scheinen – ob intendiert oder nicht – die Verträge zu vertiefen. Zu beobachten sind etwa die Einführung der Piloturteile durch

---

9   *Di Salerno*, Democracy and Security Review Vol. 7 No. 1 (2017), 109–133; *Wolf*, in Lemke (Hrsg.), Ausnahmezustand, S. 257–270.
10 *Wolff*, in Liebert/Wolff (Hrsg.), Interdisziplinäre Europastudien, S. 69–92 (85).
11 *Grimmel/Jakobeit*, in Hatje/Müller-Graff (Hrsg.), EnzEuR: Europäisches Organisations- und Verfassungsrecht, § 2 Rn. 50.
12 Vgl. die Textauszüge im Anhang.

den EGMR[13] oder die prointegrative Rechtsprechung des EuGH.[14] Diese Beobachtungen werden vor allem in der politikwissenschaftlichen Literatur verarbeitet und häufig mit dem Eigeninteresse der Richter an einer fortschreitenden Integration begründet. Dass solche Vertiefungen den Richtern möglicherweise gar nicht vor Augen standen, wird nicht in Erwägung gezogen. Diese Arbeit will deshalb aus juristischer Perspektive einen komplementären Ansatz anbieten, der solche Vertragsvertiefungen damit erklärt, dass sie sich aus der spezifisch rechtlichen Konfliktbearbeitung[15] ergeben.[16] Es steht die These im Mittelpunkt, dass sich eine rechtliche Konfliktbearbeitung insbesondere günstig auf Vertragsbestand und Vertragsvertiefung eines völkerrechtlichen Vertrages auswirken kann. Die Besonderheiten rechtlicher Konfliktbearbeitung lassen sich anhand der Schutzklauseln als Grenzpunkte veranschaulichen. In Abgrenzung zu den vorhandenen normativen Integrationstheorien und in Ergänzung derselben werden beobachtend die Kennzeichen rechtlicher Konfliktbearbeitung beschrieben (deskriptive Integrationstheorie).[17] Dahinter steht stets die Frage: Was unterscheidet die rechtliche Konfliktbearbeitung von anderen Konfliktbearbeitungsmechanismen und inwiefern kann sich dies günstig auf die Konfliktlösung auswirken? Es erfolgt zunächst eine abstrakte, dann eine auf die rechtliche Konfliktbearbeitung innerhalb von Schutzklauselverfahren bezogene Beschreibung. Diese soll sichtbar machen, ob und wie durch die spezifische Konfliktbearbeitung des Rechts tatsächlich Integration durch Recht und nicht (bloß) Integration mit Recht[18] stattfindet. Im Vordergrund der Beschreibung steht die rechtliche Konfliktbearbeitung im Rahmen von Gerichts- bzw. gerichtsähnlichen Verfahren. Die

---

13 Zu Entwicklung und Verfahren der Piloturteile s. *Strecker*, ZEuS 2016, 235ff. (238ff.).

14 Weitere Beispiele in *von Bogdandy/Venzke*, In wessen Namen?, S. 24.

15 Dass von rechtlicher Konfliktbearbeitung statt -lösung gesprochen wird, zeigt, dass es bei rechtlicher Konfliktbearbeitung nicht um Konfliktlösung, sondern um eine rechtliche Einhegung geht. Von Einhegung spricht auch *Campagna*, ARSP Beiheft 125 (2010), 39–50.

16 Zur Rechtsschöpfung als Funktion internationaler Gerichte vgl. *von Bogdandy/ Venzke*, In wessen Namen?, S. 23ff., die an diese legitimatorische Fragen anschließen.

17 Die Beschreibung erhebt keinen Anspruch auf Vollständigkeit und Richtigkeit. Es handelt sich vielmehr um eine erste, eigene, nicht abschließende Sammlung beobachtbarer Muster rechtlicher Konfliktbearbeitung, die es noch zu ergänzen und auszudifferenzieren gilt.

18 So die treffende Formulierung von *Grimmel/Jakobeit*, in Hatje/Müller-Graff (Hrsg.), Europäisches Organisations- und Verfassungsrecht, § 2 Rn. 40.

Beschreibung konzentriert sich auf beobachtbare Elemente rechtlicher Konfliktbearbeitung. Die externen Entscheidungsbedingungen einer rechtlichen Entscheidung – Norm, Institutionen und Verfahren – werden analysiert und miteinander in Beziehung gesetzt. Auch die Entscheidungsbegründung selbst wird in den Blick genommen. Dabei bildet die Beschreibung von juristischen Argumentationsfiguren und juridischen Konfliktvermeidungsstrategien einen Schwerpunkt. Im Rahmen der Beschreibung stellt die Arbeit einen Zusammenhang von Integration und Recht her und begründet eine internationale Integrationsfunktion des Rechts. Dafür verknüpft sie in der Literatur bisher unverbundene Forschungsstränge. Zu nennen sind insbesondere Beiträge zur Eigengesetzlichkeit sowie zur Konfliktlösungs- und Neutralisierungsfunktion des Rechts, die innerhalb der Beschreibung des rechtlichen Konfliktbearbeitungsmechanismus die Brücke zwischen Integration und Recht bilden.

Die Arbeit ist damit nur im Ausgangspunkt völkerrechtlich. Da sie nicht die Auslegung einzelner Schutzklauseln, sondern Schutzklauseln als Phänomen völkerrechtlicher Verträge theoretisch beschreibt, bietet sie diverse rechtstheoretische Anschlussmöglichkeiten für die Forschung. Insbesondere die These, Recht als Konfliktbearbeitungsmechanismus zu begreifen, der Integration beeinflusst, dürfte von allgemeinem Interesse sein.

§ 1 Grundlagen

Die Arbeit hat es sich zum Ziel gesetzt, den Einfluss von Schutzklauseln auf völkerrechtliche Verträge zu untersuchen. Dieses Kapitel beschreibt zunächst das Phänomen der Schutzklauseln (A. I.) und der Integration durch völkerrechtliche Verträge (A. II.), um sodann an die vorhandene Literatur die Frage zu stellen, ob Schutzklauseln in ihrer Form als Recht einen Einfluss auf den Integrationsprozess haben (A. III.). In Abschnitt B. wird die methodische Vorgehensweise dieser Arbeit erörtert.

A. Schutzklauseln als Mechanismus internationaler Integration

I. Schutzklauseln als Forschungsgegenstand

Diese Arbeit fasst Klauseln, die es den Vertragsstaaten ermöglichen, ihre vertraglichen Pflichten temporär zu suspendieren, unter den Begriff der Schutzklausel. Ob die Staaten von der Schutzklausel Gebrauch machen und welche Maßnahmen sie ergreifen, entscheiden sie selbst.[19] Eine Schutzklausel bringt so das staatliche Souveränitätsinteresse mit der Einhaltung der vertraglichen Pflichten in Ausgleich. Damit ist jedoch noch nichts über die Kontrolle des vertragsgemäßen Gebrauchs der Schutzklausel gesagt. Denn viele Schutzklauseln sehen einen Kontrollmechanismus vor. Die Pflicht zur Einhaltung der vertraglichen Pflichten verschiebt sich auf die vertragsgemäße Suspendierung eben dieser Pflichten.

1. Schutzklauseln als Phänomen völkerrechtlicher Verträge

Viele völkerrechtliche Verträge enthalten Klauseln, die es den Vertragsstaaten ermöglichen, ihre vertraglichen Pflichten temporär zu suspendieren. Oft sind diese Klauseln Teil der Schlussbestimmungen. Sie sind vertragli-

---

19 Deshalb handelt es sich beispielsweise bei Art. XXII und XXVII IWF Abkommen nicht um Schutzklauseln im Sinn dieser Arbeit; Text des Abkommens online abrufbar unter URL: http://www.imf.org/external/pubs/ft/aa/pdf/aa.pdf [18.01.2018].

che Grenzpunkte, die den vorvertraglichen Status der Nichtintegration in die vertragliche Integration einweben. Sie stellen die Abweichung von den vertraglichen Pflichten so unter das Kontrollregime des Vertrages.

Im Wirtschaftsvölkerrecht finden sich in den meisten Abkommen Schutzklauseln, unabhängig davon, ob es sich um bi- oder multilaterale Abkommen handelt. Die prominenteste Schutzklausel des Wirtschaftsvölkerrechts ist Art. XIX GATT i.V.m. dem Safeguards Agreement. Das General Agreement on Trades in Services (GATS) und auch das Agreement on Trade-Related Aspects of Intellectual Property Rights (TRIPS) hingegen beinhalten keine Schutzklausel. Andere völkerrechtliche Verträge nehmen häufig auf Art. XIX GATT Bezug, indem sie auf ihn verweisen oder ihn fast wortgetreu übernehmen. Exemplarisch genannt seien Art. 6 des 1992 Agreement on the Common Effective Preferential Tariff Scheme for the ASEAN Free Trade Area (CEPT Scheme)[20], Art. 16 des South Asia Free Trade Agreement (SAFTA)[21], Art. 17 des Asia-Pacific Agreement (APTA)[22], Art. 23 Annex 1 to the Agreement on Amendment and Accession to the Central European Free Trade Agreement (CEFTA)[23] oder Art. 61 Common Market for Eastern and Southern Africa (COMESA)[24]. Auch das Vertragswerk der European Free Trade Association (EFTA) weist zwei Schutzklauseln auf: Art. 112 i.V.m. Art. 113 European Economic Area (EEA)[25] und Art. 40 i.V.m. Art. 41 EFTA Convention[26]. Schutzklauseln ähnlicher Struk-

---

20 Association of Southeast Asian Nations, online abrufbar unter URL: https://www .asean.org/storage/images/2012/Economic/AFTA/Common_Effective_Preferentia l_Tariff/Agreement%20on%20the%20Common%20Effective%20Preferential%20 Tariff%20Scheme%20for%20the%20ASEAN%20Free%20Trade%20Area.pdf [18.01.2018].

21 Online abrufbar auf der Seite des Government of India, Ministry of Commerce, unter URL: http://commerce.nic.in/trade/safta.pdf [18.01.2018].

22 Online abrufbar auf der Seite des Government of India, Ministry of Commerce, unter URL: http://commerce.nic.in/trade/bangkok_agreement.pdf [18.01.2018].

23 Central European Free Trade Area, Secretariat, online abrufbar unter URL: http:/ /cefta.int/legal-documents/#1463498451954-049a1331-0c1c [18.01.2018].

24 Common Market for Eastern and Southern Africa, online abrufbar unter URL: http://www.comesa.int/wp-content/uploads/2016/06/COMESA-Treaty.pdf [18.01.2018].

25 EEA Agreement, online abrufbar unter URL: http://www.efta.int/media/docume nts/legal-texts/eea/the-eea-agreement/Main%20Text%20of%20the%20Agreement/ EEAagreement.pdf [18.01.2018].

26 European Free Trade Area Convention, online abrufbar unter http://www.efta.int /legal-texts/efta-convention [18.01.2018].

tur zeigen sich zudem in den Außenwirtschaftsabkommen der Europä-
ischen Union.[27]
Die Menschenrechtsverträge enthalten Schutzklauseln in Art. 15 EMRK,
in Art. 27 der Amerikanischen Menschenrechtskonvention, Art. 4 b der
Arabischen Charta der Menschenrechte und in Art. 4 des Internationalen
Pakts über bürgerliche und politische Rechte. Auch die Europäische Sozi-
alcharta weist in Teil 5 Artikel F eine Schutzklausel auf. Die Europäische
Grundrechtecharta enthält keine Schutzklausel.
Die EU-Verträge enthalten inzwischen nur noch eine Schutzklausel:
Art. 347 AEUV. Dieser ermächtigt die Mitgliedstaaten, im Notstandsfall
von ihren Vertragspflichten aus dem gesamten AEUV und EUV abzuwei-
chen, auch wenn sich dies nicht eindeutig aus dem Wortlaut ergibt. Viele
Schutzklauseln sind bereits ausgelaufen, wie z. B. Art. 115 und 226 des da-
maligen Vertrags der Europäischen Wirtschaftsgemeinschaft. Außerdem
enthält das EU-Primärrecht Schutzklauseln in den Beitrittsabkommen zur
EU und in Art. 2 II des Schengener Übereinkommens[28], das inzwischen in
das Unionsrecht einbezogen wurde. Art. 66 AEUV ist keine Schutzklausel
im Sinn dieser Arbeit, sondern eine Binnenkompetenz zu Gunsten der
Europäischen Union. Autonome mitgliedstaatliche Maßnahmen sind auf
Grund des Art. 66 AEUV nicht zulässig. Bei den Schutzklauseln im Sinn
dieser Arbeit ist Rechtsfolge einer Schutzklausel, dass die Vertragsstaaten
selbst bestimmen, ob eine Ausnahmesituation vorliegt und welche Maßnahmen sie ergreifen. Art. 66 AEUV ermächtigt die Union und nicht die
Mitgliedstaaten. Art. 114 AEUV schützt zwar die nationalstaatliche Souveränität, enthält aber in keinem Absatz eine Schutzklausel im Sinn dieser
Arbeit. Art. 114 IV und V AEUV werden zwar Derogations- oder auch es-
cape-Klauseln genannt und ermächtigen die Mitgliedstaaten, ihre Bevölke-
rung durch strengere Bestimmungen zu schützen. Allerdings handelt es
sich um permanente Maßnahmen der Mitgliedstaaten statt eines temporä-
ren Handelns wie im Rahmen einer Schutzklausel. Art. 114 X AEUV ist
keine Schutzklausel, da er die Union – und nicht unmittelbar die Mitgliedstaaten – ermächtigt, Sekundärrecht zu erlassen, das eine Schutzklausel

---

27 Online abrufbar über EUR-Lex, beispielsweise mit Südkorea: http://eur-lex.europ
a.eu/legal-content/en/TXT/PDF/?uri=CELEX:22011A0514 %2801 %29&rid=1
[18.01.2018].
28 The Schengen acquis – Convention implementing the Schengen Agreement of
14 June 1985 between the Governments of the States of the Benelux Economic
Union, the Federal Republic of Germany and the French Republic on the gradu-
al abolition of checks at their common borders, EUR-Lex No. 42000A0922(02) –
EN.

enthält. Vor allem im technischen Sicherheitsrecht gibt es solche Schutzklauseln, die auf Art. 114 X zurückgehen. Der Beschluss Nr. 768/2008/EG
des Europäischen Parlaments und des Rates vom 9. Juli 2008 über einen
gemeinsamen Rechtsrahmen für die Vermarktung von Produkten sieht
Mustervorschriften für das Sekundärrecht vor, so dass für die Einordnung
auf diesen Beschluss statt auf einzelne Richtlinien zurückgegriffen werden
soll. Ausgangspunkt des Verfahrens ist ein Tätigwerden der nationalen
Marktüberwachungsbehörden gegen ein mit einer ernsten Gefahr verbun-
denes Produkt. Anders als bei den Schutzklauseln sind die Marktüberwachungsbehörden jedoch verpflichtet einzuschreiten. Die Verpflichtung ergibt sich aus dem Wortlaut des Art. 20 der VO (EG) Nr. 765/2008. Während Schutzklauselparteien souverän über die Aktivierung entscheiden,
wird mit der Einleitung eines sekundärrechtlichen Schutzklauselverfah-
rens auch die Kommission eingebunden, wenn sich die Nichtkonformität
des Produkts nicht allein auf das Hoheitsgebiet des Mitgliedstaats beschränkt, vgl. Artikel R 31 II des Beschlusses. Dazu kommt, dass die
Schutzklauseln des Sekundärrechts nicht von den Mitgliedstaaten als Ausdruck ihrer Souveränität verabschiedet werden, sondern auf die für den Erlass zuständigen Organe der Europäischen Union zurückgehen.

Wie die vorstehende Sammlung zeigt, lassen sich in vielen völkerrechtlichen Verträgen[29] Klauseln beobachten, die es den Vertragsstaaten in einer

---

29 Zu vermuten wäre, dass – zumindest in einem föderalen System – auch auf natio-
nalstaatlicher Ebene Schutzklauseln zu finden sind. Schließlich können die Bundesländer als eigenständige Träger staatlicher Hoheitsgewalt miteinander Verträge schließen, sog. intraföderale Staatsverträge (*Vedder*, Intraföderale Staatsverträge). Weder eine Durchsicht der zugänglichen Verträge der Staatsverträge auf den
einschlägigen Homepages noch die Sichtung der ohnehin spärlichen Literatur zu
intraföderalen Verträgen war erfolgreich. Dies gilt auch für das Verhältnis des
Bundes zu den Ländern, in dem ebenfalls Staatsverträge geschlossen werden können. Dieser Befund ist dennoch hilfreich für die Interpretation der Wirkungsweise von Schutzklauseln. Er lässt den Schluss zu, dass es innerstaatlich keinen Bedarf für die Existenz einer Schutzklausel gibt. Diese These stützt auch die Entwicklung der EU, die mit fortschreitender Verflechtung diverse Schutzklauseln
abgeschafft hat. Da es sich bei Schutzklauselverträgen um Verträge mit Gleich-
ordnung der Parteien handelt, käme grundsätzlich auch eine Analyse zivilrechtli-
cher Verträge in Betracht. Dies würde es ermöglichen, die Untersuchung noch
breiter aufzustellen und möglicherweise abstraktere Erkenntnisse über die Wirkungsweise von Schutzklauseln zu gewinnen, die nicht nur für Staatsverträge gelten. Dabei besteht allerdings ein Beschaffungsproblem, so dass auf diese Methode
nicht zurückgegriffen werden kann.

Ausnahmesituation[30] erlauben, ihre vertraglichen Pflichten temporär zu suspendieren. Ungeachtet der Tatsache, dass die Klauseln in der Literatur zum Teil eine unterschiedliche Benennung erfahren, werden sie innerhalb dieses Vorhabens unter dem Begriff der Schutzklausel geführt.

2. Schutzklauseln in der Literatur

Für das oben beschriebene Phänomen der Schutzklausel finden sich in der Literatur verschiedene Bezeichnungen. So werden die Schutzklauseln der Menschenrechtsverträge meist Derogations- bzw. Notstandsklauseln genannt.[31] Auch die wirtschaftlichen Schutzklauseln erfahren zum Teil unterschiedliche Benennungen. Manche nennen sie Ausweich- und Katastrophenklauseln[32], wieder andere doch Schutzklauseln.[33] Art. XIX GATT wird überwiegend als escape-Klausel bezeichnet.[34] Alle diese Klauseln lassen sich mit Hilfe des Schutzklausel-Begriffs bündeln, auch wenn der Begriff „Schutzklausel" ein Begriff der deutschsprachigen wissenschaftlichen Auseinandersetzung ist.[35] Verwechselt werden Schutzklauseln oft mit Schutz-

---

30 Oft werden von einer Schutzklausel nur wirtschaftliche Ausnahmesituationen erfasst, so etwa *Gentzcke*, Ausweich- und Katastrophenklauseln im internationalen Wirtschaftsrecht, S. 12, *Müller-Heidelberg*, Schutzklauseln im Europäischen Gemeinschaftsrecht, S. 33, 55 und *Weber*, Schutznormen und Wirtschaftsintegration, S. 42; in der neueren Literatur *Zila*, Die neuen Schutznormen der Beitrittsabkommen der EU, S. 370ff.

31 So definiert *Maslaton*, Notstandsklauseln im regionalen Menschenrechtsschutz, in der Einleitung: „Notstandsklauseln sind Normen der verschiedenen Menschenrechtskonventionen, die den Vertragsstaaten im Notstand erlauben, einen Teil der eingegangenen vertraglichen Verpflichtungen außer Kraft zu setzen." Die Ausnahmesituation wird durch den Notstand spezifiziert.

32 *Gentzcke*, Ausweich- und Katastrophenklauseln im internationalen Wirtschaftsrecht.

33 U.a. *Benke*, Die Schutzklausel der gemeinsamen Agrarmarktorganisationen der Europäischen Wirtschaftsgemeinschaft; *Ehlermann*, EuR 1966, 305; *Harz*, Die Schutzklauseln des Kapital- und Zahlungsverkehrs im EWG-Vertrag; *Hoang*, Liberalisierung und (Notstands)Schutzklauseln im internationalen Warenhandel; *Müller-Heidelberg*, Schutzklauseln im Europäischen Gemeinschaftsrecht; *Oppermann*, EuR 1969, 231; *Quick*, Exportselbstbeschränkungen und Artikel XIX GATT.

34 Z.B. *Hahn*, Die einseitige Aussetzung von GATT-Verpflichtungen als Repressalie und *Sykes*, University of Chicago Law Review Vol. 58 No. 1 (1991), 255–305.

35 In der internationalen Literatur werden Schutzklauseln wie alle Schutzmechanismen als safeguards bezeichnet. Es gibt keinen Sammelbegriff für Schutzklauseln. Die deutsche Literatur verwendet den Begriff der Schutzklausel als Unterkatego-

Klauseln, also solchen Klauseln, die schlicht dem Schutz einzelner Rechts-
güter dienen, wie z. B. Investitionsschutzklauseln in Investitionsschutzabkommen oder der Umwelt- und Tierschutzklausel des AEUV. Die Klauseln
der Investitionsschutzabkommen sind angelehnt an allgemeine Ausnahmen, wie z. B. Art. XX GATT oder Art. 36 AEUV.[36] Es findet gerade keine
Derogation statt, sondern die Verpflichtungen sind anwendbar und werden nur modifiziert.

3. Einordnung des Phänomens Schutzklausel

a) Abgrenzung zu anderen Instituten

Völkerrechtliche Verträge nutzen unterschiedliche Mechanismen, um das
gemeinsame Interesse an der Vertragserfüllung und davon abweichende
staatliche Interessen auszubalancieren.[37] Anders als Ausnahmen, die sich
oft innerhalb der ein Recht gewährenden Vorschrift finden,[38] sind Schutzklauseln nicht für den Normal-, sondern für den Ausnahmezustand vorgesehen.[39] Ausnahmevorschriften schränken Rechte im Normalzustand ein;
die Schutzklausel benennt hingegen die suspendierbaren und ggf. derogationsfesten Rechte im Ausnahmezustand und die Bedingungen der Suspendierung.

Schutzklauseln sind eine Ausprägung des allgemeinen Rechtsgrundsat-
zes clausula rebus sic stantibus.[40] Im Vergleich zu anderen völkervertragsrechtlichen Instrumenten wie Kündigung, Revisionsklauseln und Vorbe-
halte beeinträchtigen sie das Vertragsverhältnis am wenigsten.[41] Eine
Schutzklausel versperrt aus Gründen der Spezialität den Weg zu allgemei-

---

rie von safeguards, vgl. dazu *Zila*, Die neuen Schutznormen der Beitrittsabkommen der Europäischen Union, S. 57.

36 Vgl. *Krajewski*, Modell-Investitionsschutzvertrag, S. 16, erstellt für das BMWi, abrufbar unter URL: https://www.bmwi.de/BMWi/Redaktion/PDF/M-O/modell-inv
estitionsschutzvertrag-mit-investor-staat-schiedsverfahren-gutachten,property=pdf
,bereich=bmwi2012,sprache=de,rwb=true.pdf [25.10.2016].

37 Für die Menschenrechtsverträge *Schreuer*, Yale Journal of International Law
Vol. 9 No. 1 (1982), 113–132 (113).

38 *Lehmann*, Essex Human Rights Review Vol. 8 No. 1 (2011), 103–122 (112) bezeichnet sie als "internal limitations clauses".

39 Derogations vs. Limitations, vgl. *Di Salerno*, Democracy and Security Review
Vol. 7 No. 1 (2017), 109–133 (111f.).

40 So auch *Quick*, Exportselbstbeschränkungen und Artikel XIX GATT, S. 96.

41 *Quick*, Exportselbstbeschränkungen und Artikel XIX GATT, S. 97.

nen Vorschriften der WVRK,[42] insb. Art. 62 WVRK, der die grundlegende Änderung der Umstände zum Inhalt hat und so auch Notstände erfassen würde. Die Schutzklauseln, die einen Staatsnotstand voraussetzen, sind zudem Ausdruck des allgemeinen völkerrechtlichen Rechtfertigungsgrunds des Staatsnotstands[43] und stehen zu diesem in einem Spezialitätsverhältnis. Auch zum Humanitären Völkerrecht bestehen Überschneidungen, da z. B. Art. 15 EMRK auch Krieg als Ausnahmesituation erfasst.[44] In der Entscheidung Hassan v UK[45] äußerte sich der EGMR erstmals zum Verhältnis EMRK – Humanitäres Völkerrecht. Er charakterisierte das Humanitäre Völkerrecht nicht als lex specialis und kam so dazu, dass EMRK und Humanitäres Völkerrecht nebeneinander anwendbar seien. Dies allerdings unter der Maßgabe, dass der Inhalt der von der EMRK verbürgten Rechte auf ihren „fundamental purpose"[46] reduziert sei. Die Frage stellte sich, weil das Vereinigte Königreich keine Derogationserklärung nach Art. 15 III EMRK abgegeben hatte. Wäre eine Derogationserklärung abgegeben worden – was die Staaten allerdings vermeiden, da sie damit die extraterritoriale Geltung der EMRK anerkannten[47] –, hätte die Frage gelautet, ob Humanitäres Völkerrecht neben den Voraussetzungen des Art. 15 EMRK Anwendung gefunden hätte. Dies ist Gegenstand einer völkerrechtlichen Debatte und in der Spruchpraxis offen.[48]

---

42 *Loof*, in Buyse (Ed.), Margins of Conflict, pp. 35–56 (39).
43 Vgl. *Roeder*, in Zwitter (Hrsg.), Notstand und Recht, S. 82–110 (92f.). Die Existenz eines solchen wird mit Hilfe von Art. 25 Draft Articles on Responsibility of States for Internationally Wrongful Acts begründet (UN Doc. A/56/10 (2001)), online abrufbar unter URL: http://www.un.org/documents/ga/docs/56/a5610.pdf [26.07.2017].
44 *Salomon*, Journal of International Law of Peace and Armed Conflict Vol. 28 No. 4 (2015), 153–162, online abrufbar unter URL: http://ifhv.de/documents/huvi/selectedarticles/4-2015-salomon.pdf [26.07.2017].
45 ECtHR (GC), Case of Hassan v UK, Appl. No. 29750/09, Judgement 16 September 2014.
46 ECtHR (GC), Case of Hassan v UK, Appl. No. 29750/09, Judgement 16 September 2014, § 105.
47 *Salomon*, Journal of International Law of Peace and Armed Conflict Vol. 28 No. 4 (2015), 153–162 (158), online abrufbar unter URL: http://ifhv.de/documents/huvi/selectedarticles/4-2015-salomon.pdf [26.07.2017].
48 *Hafner-Burton/Helfer/Fariss*, in Criddle (Ed.), Human Rights in Emergencies, pp. 83–123 (87); *Lehmann*, Essex Human Rights Review Vol. 8 No. 1 (2011), 103–122 (115ff.).

b) Ursprünge des Schutzklauselphänomens

Völkervertragliche Schutzklauseln gehen auf die Vereinigten Staaten von Amerika zurück:[49] Der Trade Agreements Act vom 12.06.1934 (TAA) führte für Zollabkommen eine Schutzklauselpolitik ein, die nationale Sicherheitsinteressen und die Vorteile internationalen Handels in Einklang bringen sollte. Es gab zwar zu Anfang noch keine generelle Schutzklauselbestimmung, aber allmählich entwickelte sich ein genereller Schutzklauseltypus. Schließlich erließ der amerikanische Präsident Harry S. Truman im Februar 1947 ein Dekret, nach dem alle Handelsverträge des Landes zwingend eine Schutzklausel vorsehen mussten. Der Trade Agreements Extension Act of 1951 (TAE Act) schließlich machte eine Schutzklausel zur zwingenden Voraussetzung: „No reduction in any rate of duty, or binding of any existing customs or excise treatment, or other concession shall be permitted to continue in effect when the product on which the concession has been granted is, as a result, in whole or in part, of the duty or other customs treatment reflecting such concession, being imported into the United States in such increased quantities, either actual or relative, as to cause or threaten serious injury to the domestic industry producing like or directly competitive products."[50] Die Vereinigten Staaten von Amerika sandten deshalb auch schon 1946 im Rahmen der Entwicklung einer UN Charter of International Trade einen Entwurf an das Preparatory Committee, der eine Schutzklausel enthielt. Dies führte dazu, dass auch das GATT 1947 eine Schutzklausel enthielt,[51] die fast wortgleich mit dem amerikanischen Entwurf übereinstimmte.[52] Viele spätere wirtschaftliche Verträge orientierten sich ebenfalls stark an Art. XIX GATT 1947.[53] Schutzklauseln in völkerrechtlichen Verträgen entstanden also zuerst in Verträgen mit Handelsbezug. Die ersten völkerrechtlichen Verträge mit Menschenrechts-

---

49 Umfassend zur Geschichte der amerikanischen Schutzklauselpolitik *Kravis*, The American Economic Review Vol. 44 No. 3 (1954), 319–338 (320ff.).

50 Zitiert nach *Kravis*, The American Economic Review Vol. 44 No. 3 (1954), 319–338 (321).

51 Havana Charter MTN.GNG.NG9/W/7.

52 *Kravis*, The American Economic Review Vol. 44 No. 3 (1954), 319–338 (321).

53 So zum Beispiel die regionalen Handelsabkommen (Art. 6 des 1992 Agreement on the Common Effective Preferential Tariff Scheme for the ASEAN Free Trade Area, Art. 16 des South Asia FTA, Art. 17 des Asia-Pacific Agreement, Art. 23 Annex 1 to the Agreement on Amendment and Accession to the Central European Free Trade Agreement oder Art. 61 Common Market for Eastern and Southern Africa) oder die spezielleren Handelsabkommen wie Art. 6 des Textil- oder Art. 5 des Landwirtschaftsabkommens.

bezug wurden im Anschluss an den Zweiten Weltkrieg verhandelt,[54] als Art. XIX des GATT 1947 bereits existierte. Dennoch wurde im Rahmen der Verhandlungen zu den Menschenrechtsverträgen – soweit ersichtlich[55] – nicht auf Art. XIX GATT 1947 Bezug genommen. Die erste Schutzklausel eines völkerrechtlichen Vertrags aus dem Menschenrechtskontext ist Art. 4 IPbpR, der auf einen Entwurf Großbritanniens zurückgeht.[56] Ob und ggf. inwiefern Großbritannien durch die US amerikanische Schutzklausel bzw. Art. XIX GATT inspiriert war, geht aus den entstehungsgeschichtlichen Dokumenten nicht hervor, da diese keinen Aufschluss über die innerstaatliche Willensbildung geben.

c) Schutzklauseln und Ausnahmezustand

Schutzklauseln sind völkerrechtliche Regeln für den Ausnahmezustand. Insofern sollen die Erkenntnisse der Theorien des Ausnahmezustands[57] zur Beschreibung des Mechanismus Schutzklausel abgeschöpft werden. Zwei Formen der theoretischen Konzeption von Ausnahmezuständen werden unterschieden:[58] die Form des von der Rechtsordnung losgelösten Ausnahmezustands und die des einer Rechtsordnung immanenten Ausnahmezustands. Letztere Form wurde insbesondere von Carl Schmitt und Giorgio Agamben theoretisiert, wobei Carl Schmitt von einer Suspendierung der Tatbestände und Giorgio Agamben von einer Suspendierung der Rechtsfolgen der Rechtsnormen ausgeht.[59] Wenn man den völkerrechtlichen Vertrag als Rechtsordnung und die Schutzklauseln als Ausnahmezustand begreift, handelt es sich um die zweite Form eines Ausnahmezustandes. Die Schutzklauseln sind selbst Bestandteil des völkerrechtlichen Vertrags und betten die Nichtanwendung der vertraglichen Pflichten in den völkerrechtlichen Vertrag ein. Rechtsfolge der Aktivierung einer Schutzklausel ist eine Suspendierung einer oder mehrerer Normen eines völkerrechtlichen Vertrages. Insofern lässt sich vor allem die Scharnierfunktion von Schutzklauseln mit Hilfe der Theorie des Ausnahmezustands beschrei-

---

54 *Winkler*, in Bergmann (Hrsg.), Handlexikon EU, Menschenrechte.
55 Überprüft für Art. 4 IPbpR und Art. 25 EMRK, nicht jedoch für Art. 27 AMRK usw.
56 Näheres zur Entstehungsgeschichte des Art. 4 IPbpR auf den S. 71ff.
57 *Agamben*, Ausnahmezustand und *Schmitt*, Politische Theologie sowie deren Rezipienten, vgl. statt vieler *Lemke* (Hrsg.), Ausnahmezustand.
58 *Van Laak*, in Förster/Lemke (Hrsg.), Die Grenzen der Demokratie, S. 7–28 (9ff.).
59 *Van Laak*, in Förster/Lemke (Hrsg.), Die Grenzen der Demokratie, S. 7–28 (11ff.).

ben. Darüber hinaus weisen Schutzklauseln und Ausnahmezustand erhebliche Unterschiede auf. So kann sich die Ausnahmesituation einer Schutzklausel aus den unterschiedlichsten Situationen ergeben. Im Menschenrechtskontext sind dies vor allem Krieg, innere Aufruhr usw. Im Wirtschaftsrechtskontext kann es sich auch um eine besondere wirtschaftliche Situation handeln. Außerdem fassen die völkerrechtlichen Schutzklauseln die innerstaatlichen Ausnahmezustände nur völkerrechtlich ein und haben gegenüber dem innerstaatlichen Ausnahmezustand keinen eigenen materiellen Gehalt, d.h. sie ermöglichen nur die völkerrechtliche Legitimität der Handlungen, die ein innerstaatlicher Ausnahmezustand mit sich bringt. Sie verlagern die völkerrechtliche Kontrolle auf eine Kontrolle des Ausnahmezustands statt auf die Einhaltung der völkervertraglichen Pflichten.

II. Internationale Integration als Forschungsgegenstand

Schutzklauseln sind Grenzpunkte von Integration und Nichtintegration, indem sie innerhalb des Vertragsregimes einen Zustand ermöglichen, der – abgesehen von einer Kontrolle der Inanspruchnahme – dem vorvertraglichen Zustand ähnelt, in dem die vertraglichen Pflichten nicht existierten. Um Schutzklauseln als Grenzpunkte rechtlicher Integration zu beschreiben, ist es nötig, das Phänomen der völkervertraglichen Integration für eine rechtliche Analyse handhabbar zu machen. Dafür knüpft diese Arbeit nicht an den sehr heterogenen Integrationsbegriff an, sondern beschreibt den beobachtbaren Prozess der Integration im Rahmen eines völkerrechtlichen Vertrages. Der Integrationsprozess weist danach drei Schritte – Entstehung, Bestand und Vertiefung – auf, die sich abschichten lassen. So entsteht ein klar definierbarer Gegenstand für die Analyse:

1. Der völkervertragliche Integrationsprozess

Eine Beschreibung völkervertraglicher Integration ist zumeist innerhalb des originär politikwissenschaftlichen Bereichs der Internationalen Beziehungen zu verorten, der sich u.a. mit dem Design und der Einhaltung völkerrechtlicher Verträge befasst.[60] Dabei stehen naturgemäß die politischen

---

60 *Hafner-Burton/Helfer/Fariss*, in Criddle (Ed.), Human Rights in Emergencies, pp. 83–123 (84). Zu den Designmöglichkeiten von Schutzklauseln *Nickel*, in Criddle (Ed.), Human Rights in Emergencies, pp. 56–80.

Prozesse im Vordergrund. In Abgrenzung dazu ist hier der völkerrechtliche Vertrag als Manifestation rechtlicher Integration Gegenstand des Interesses. Das bedeutet, die rechtliche Betrachtung setzt mit dem Vertragsschluss ein und endet bzw. beginnt neu mit einer textlichen Änderung des Vertrages durch die politischen Entscheidungsträger. Streng genommen müssten so auch die Prozesse, die zur Entstehung bzw. textlichen Änderung des Vertrages führen, gänzlich außen vor bleiben. Da das Recht als Konfliktbearbeitungsmechanismus schon auf die Entstehung des Vertrages zurückwirken kann, soll der Grenzbereich trotzdem mit aufgenommen werden. Daraus ergibt sich für die Analyse: Die Form der internationalen Integration durch völkerrechtliche Verträge lässt sich in mehrere Schritte aufgliedern. Am Anfang steht der Abschluss des völkerrechtlichen Vertrages. Damit beginnt die rechtliche internationale Integration. Danach geht es um den Erhalt, d.h. um den Bestand des Vertrages. Das rechtliche Integrationsregime dauert fort. Integration[61] kann aber nicht nur Prozess und Zustand, sondern zugleich auch das Ziel beschreiben.[62] Insoweit gehört ebenso die Entwicklungsperspektive dazu. Ein Vertrag kann sich durch explizite und implizite Vertragsvertiefungen weiterentwickeln. Bei der expliziten Vertragsvertiefung ändert sich der Wortlaut hin zu weitreichenderen Verpflichtungen – oder für die Schutzklauselsituation – strengeren Ausnahmenormen. Bei einer impliziten Vertragsvertiefung wird die Vertiefung nicht im Wortlaut sichtbar, sondern über die Auslegung der Spruchkörper erreicht.[63] Im Fall der impliziten Vertragsvertiefung handelt es sich daher um eine rechtlich veranlasste Integration, da die implizite Vertragsvertiefung vom politischen Willen der Parteien unabhängig ist.[64] Die Parteien müssten sich davon aktiv distanzieren – etwa durch die Kündigung des Vertrages.[65] Die explizite Vertragsvertiefung oder Vertragserweiterung hingegen ist genau wie die Form des Vertragsschlusses vom politischen Willen der Staaten abhängig. Da sie dem Vertragsschluss gleicht, bleibt sie außen vor. Schwerpunkt der Analyse sind die Kategorien Vertragsbestand

---

61 Zur Begriffsgeschichte vgl. *Herbst*, Vierteljahreshefte für Zeitgeschichte 34 (1986), 161–206 (163) m.w.N.
62 Dazu *Piepenschneider*, in Bergmann (Hrsg.), Handlexikon der EU, „Integration".
63 Vgl. ausführlich S. 52f.
64 Ein Beispiel für eine solche Erweiterung ist die Rechtsprechung der internationalen Gerichte zum vorläufigen Rechtsschutz. Die Kompetenz der Gerichte, vorläufige Maßnahmen zu erlassen, wird als „inherent power" bezeichnet, vgl. dazu *Shelton*, Chicago Journal of International Law 9 (2009), 537–571 (548ff.).
65 Zu den Möglichkeiten vgl. *Ginsburg*, Virginia Journal of International Law Vol. 45 (2004–2005), 631–673 (656ff.).

und implizite Vertragsvertiefung und am Rande die Kategorie des Vertragsschlusses. So wird der gesamte rechtliche Integrationsprozess erfasst und ist einer differenzierten Analyse zugänglich, die sich von einer politischen Analyse internationaler Integration unterscheidet.

2. Der Integrationsbegriff in der Literatur

Vom völkervertragsrechtlichen Integrationsprozess zu sprechen, ist in der Literatur anschlussfähig, auch wenn der Integrationsbegriff zum Teil anders besetzt ist. Nicht nur in unterschiedlichen Disziplinen, sondern auch innerhalb einer Disziplin ist die Verwendung des Begriffs der Integration uneinheitlich. Seine Verwendung ist immer erklärungsbedürftig, insbesondere aber, wenn er im interdisziplinären Diskurs verwendet wird. Die Soziologie nutzt den Integrationsbegriff, um das Verhältnis des Einzelnen zur Gesellschaft zu beschreiben.[66] Im Recht wird dieser Integrationsbegriff im Migrationsrecht aufgegriffen. Generell ist die Begriffsverwendung im juristischen Kontext divers: So werden sowohl die soziale Integration von Individuum und Gesellschaft als auch die staatsorganisatorische Integration der staatlichen Organe sowie der Bundesländer untereinander und zum Bund als auch die zwischenstaatliche Integration vom Integrationsbegriff erfasst.[67] Smend verwendet den Begriff, um das Verhältnis des Einzelnen zum Staat zu erfassen.[68] Auch die Wirtschaftswissenschaft benützt den Integrationsbegriff, allerdings nur, um die ökonomischen Beziehungen zwischen Staaten zu beschreiben; so meint ein integrierter Markt die Abwesenheit von Handelshemmnissen.[69] Möchte man die unterschiedlichen Verwendungen abstrakt in Kategorien fassen, so bietet sich folgende Einteilung an: Integration kann sich auf einer Ebene zwischen verschiedenen Akteuren (horizontal) oder zwischen verschiedenen Ebenen (vertikal) vollziehen. Außerdem sind verschiedene Instrumente denkbar: politische, kulturelle oder rechtliche.

In der interdisziplinären Integrationstheorie wird eine breite Definition verwendet, die alle Aspekte der einzelnen Disziplinen aufgreift. Integration umfasst dann die „friedliche und freiwillige Annäherung bzw. Zusam-

---

66 *Schubert/Klein*, Das Politiklexikon, Integration.
67 *Frankenberg*, in Vorländer (Hrsg.), Integration durch Verfassung, S. 43 – 69 (44).
68 *Smend*, in Smend (Hrsg.), Staatsrechtliche Abhandlungen und andere Aufsätze, S. 119–276 (136ff.).
69 *Hartog*, Weltwirtschaftliches Archiv 71 (1953), 165–181 (165).

menführung von Gesellschaften, Staaten und Volkswirtschaften über bislang bestehende nationale, verfassungs- und wirtschaftspolitische Grenzen hinweg"[70]. Abstrahiert man die gemeinsamen Merkmale der unterschiedlichen Verwendungsmöglichkeiten, so umfasst der Integrationsbegriff den Zusammenschluss einzelner Teile zu einem übergeordneten Ganzen.[71] Auch der Zusammenschluss mehrerer Staaten durch völkerrechtliche Verträge kann somit als Integration aufgefasst werden.

Das Völkerrecht, aus dem ein Großteil der zu untersuchenden Klauseln stammt, ist klassisches Kooperationsrecht. Insofern mag es zunächst verwundern, von internationaler Integration[72] durch völkerrechtliche Verträge zu sprechen. Auch im Völkerrecht wird jedoch von Integration gesprochen, wenn gewisse Kriterien vorliegen,[73] wie z. B. die Abgabe von Souveränität an eine übergeordnete Institution.[74] Zudem wird der Integrationsbegriff schlicht für Staatenverbindungen[75] verwendet, für zwischenstaatliche Einrichtungen[76] und für den Zusammenschluss von Staaten, um durch besondere Organe im Rahmen einer eigenen Rechtsordnung gemeinsam Aufgaben zu lösen.[77] Einigkeit besteht in der Literatur darüber, dass durch den internationalen Zusammenschluss eine Einheit bestehen muss, die größer ist als die Summe ihrer einzelnen Teile. Dies ist jedoch auch schon erfüllt, wenn Staaten dadurch Souveränität abgeben, dass sie sich durch einen völkerrechtlichen Vertrag binden. Dies ist der Grund,

---

70 *Giering/Möller*, in Masala/Sauer/Wilhelm (Hrsg.), Handbuch der internationalen Politik, S. 135–148 (135) m.w.N.

71 *Piepenschneider*, in Bergmann (Hrsg.), Handlexikon der EU, „Integration".

72 Vgl. dazu die Diskussion, welche Kriterien vorliegen müssen, damit von Integration von Staaten gegenüber bloßer Kooperation gesprochen werden kann: *Berber*, Völkerrecht, Band 3, Fünftes Kapitel; *Edler*, Die Integration der südamerikanischen Staaten durch den Mercosur; *Hartog*, Weltwirtschaftliches Archiv 71 (1953), 165–181; *Jaenicke*, in Schlochaucr (Hrsg.), Wörterbuch des Völkerrechts, Band 1, S. 466; *Krämer*, Formen und Methoden der internationalen wirtschaftlichen Integration, S. 2ff.

73 Vgl. dazu *Berber*, Völkerrecht, Band 3, Fünftes Kapitel; *Edler*, Die Integration der südamerikanischen Staaten durch den Mercosur; *Hartog*, Weltwirtschaftliches Archiv 71 (1953), 165–181 (165); *Jaenicke*, in Schlochauer (Hrsg.), Wörterbuch des Völkerrechts, Band 1, S. 466; *Krämer*, Formen und Methoden der internationalen wirtschaftlichen Integration, S. 2ff.

74 *Hartog*, Weltwirtschaftliches Archiv 71 (1953), 165–181 (165).

75 *Creifelds*, Rechtswörterbuch, „Integration" (S. 719); „Staatenverbindungen" (S. 1265).

76 *Tilch*, Münchener Rechtslexikon Band 2, „Integration" (S. 491); *ders.*, Deutsches Rechtslexikon Band 2, „Integration"(S. 2336).

77 *Huber*, Recht der Europäischen Integration, § 1 Rn. 2.

warum der Integrationsbegriff ins Völkerrecht Einzug gehalten hat.[78] Für das Europarecht als Unterkategorie des Völkerrechts wird der Integrationsbegriff auf Grund der Schaffung der supranationalen Organisation EU nie in Zweifel gezogen.

Die Herstellung einer Gemeinschaft durch Nationalstaaten[79], die das Zusammenwachsen von Staaten beschreibt,[80] kennzeichnet internationale Integration. Im Vordergrund steht in dieser Untersuchung das Zusammenwachsen durch völkerrechtliche Verträge, das juristische Instrument des Zusammenwachsens. Dies wird als völkervertragliche Integration umschrieben. Der Prozess der völkervertraglichen Integration wird in die oben beschriebenen Kategorien Vertragsschluss, Vertragsbestand und implizite Vertragsvertiefung gegliedert.

III. Integration durch Recht als Forschungsgegenstand

Bei der Suche nach einer Antwort auf die Wirkungsweise von Schutzklauseln stößt man auf zwei Ströme in der Literatur; zum einen diejenige, die sich konkret mit der Frage auseinandersetzt, welchen Einfluss Schutzklauseln auf völkerrechtliche Verträge haben (2.a)); zum anderen auf Literatur, die sich mit der Rolle des Rechts allgemein im (völkerrechtlichen) Integrationsprozess auseinandersetzt (2.b)). Beide Ströme geben jedoch nur eingeschränkt Aufschluss, ob gerade Schutzklauseln in ihrer konkreten Ausgestaltung und in ihrer Form als Recht einen (günstigen) Einfluss auf den völkerrechtlichen Vertrag haben, dem sie angehören. Dafür müssten die Ansätze beschreiben, inwiefern gerade die rechtliche Einbettung des Konflikts, den die jeweilige Schutzklausel verarbeitet, zu einer Begünstigung von Vertragsschluss, -bestand und -vertiefung führen kann.

1. Durch rechtliche Konfliktbearbeitung veranlasste Integration

Deshalb nimmt die Arbeit sich beschreibend der Frage an, was die rechtliche Konfliktbearbeitung von anderen Konfliktbearbeitungsmechanismen

---

78 *Behrens*, RabelsZ 45 (1981), 8–50.
79 *Haas*, International Organization Vol. 15 No. 3 (1961), 366–392 (366–367).
80 Vgl. *Bellers/Häckel*, in Rittberger (Hrsg.), Theorien der internationalen Beziehungen, S. 286–312 (287).

unterscheidet.[81] Dabei wird ein pluralistischer, holistischer und vor allem eklektischer Ansatz gewählt, der eigene und bestehende Beschreibungen des Konfliktbearbeitungsmechanismus Recht zusammenfügt.

Erst diese Beschreibung zeigt, wie rechtliche Konfliktbearbeitung Integration veranlassen kann. Integration *durch* Recht wird deshalb als *durch rechtliche Konfliktbearbeitung veranlasste* Integration verstanden. Der Ansatz ist deskriptiv und beobachtet die Entscheidungsbedingungen der Rechtsanwendung und den Entscheidungstext. Der Ansatz reflektiert die Auswirkungen einer rechtlichen Konfliktbearbeitung. Dabei wird deutlich, dass rechtliche Konfliktbearbeitung Integrationseffekte hervorbringen kann. Diejenigen Integrationseffekte, die Folge rechtlicher Konfliktbearbeitung sind, werden als rechtlich veranlasst beschrieben. Der Terminus „veranlasst" verdeutlicht, dass die Ursachen für Integration auf die Eigenschaften rechtlicher Konfliktbearbeitung zurückzuführen sind, ohne dass sie bei der Schaffung der Norm und ihrer anwendenden Institutionen intendiert gewesen sind. Sie ergeben sich aus den Merkmalen rechtlicher Konfliktbearbeitung, auch wenn ein solcher Integrationseffekt möglicherweise sogar unerwünscht ist.

Schutzklauseln stellen einen Grenzpunkt der Integration dar, indem sie die Nichtintegration zum Gegenstand des Vertrages machen. Sie heben im Vorfeld eines Vertrages streitige Punkte heraus und überlassen die Konfliktlösung für die Zukunft der juristischen Ebene. Eine Analyse der Schutzklauseln und ihrer Anwendung verspricht deshalb Aufschluss darüber, inwieweit die juristische Einhegung tatsächlich Integrationseffekte hervorbringen kann. Schutzklauseln erweisen sich als geeigneter Gegenstand, um Erkenntnisse zur Integration *durch* Recht, verstanden als rechtlich veranlasste Integration, zu entwickeln.

2. Literatur zum Themenfeld „Integration durch Recht"

a) Internationale Integration durch Schutzklauselrecht

In der rechtswissenschaftlichen Literatur haben Kravis[82] für den Vertragsschluss und Gentzcke[83] für den Vertragsbestand erstmals die Bedeutung

---

81 Vgl. § 3.
82 *Kravis*, Domestic interests and international obligations, pp. 26f.
83 *Gentzcke*, Ausweich- und Katastrophenklauseln im internationalen Wirtschaftsrecht, S. 161.

von Schutzklauseln für die internationale Integration erwähnt. Sie beschreiben Schutzklauseln wie die politikwissenschaftliche Literatur[84] als Bedingung für den Abschluss völkerrechtlicher Verträge[85] und meinen, sie trügen zu einer größeren Stabilität und Verfestigung der Verträge bei, indem sie einen Verstoß gegen den Grundsatz pacta sunt servanda verhindern.[86] Als erste systematisierende Arbeit ist die Dissertation von Müller-Heidelberg[87] hervorzuheben, die sich ebenso – wenn auch nur knapp – mit Grund und Nutzen der Schutzklauseln beschäftigt.[88] Die Untersuchungen beziehen sich jedoch nur auf einzelne Schutzklauseln des internationalen Wirtschaftsrechts oder der Europäischen Union und belassen es bei allgemeinen Andeutungen zu deren Funktionen.

Breiter, wenn auch naturgemäß auf Art. XIX GATT fokussiert, ist die wirtschaftswissenschaftliche Literatur,[89] die Schutzklauseln überwiegend als effizientes Flexibilitätsinstrument einordnet.[90] Mit Hilfe der Transaktionskostentheorie[91] und der sog. „ökonomischen Analyse des (Völker-)Rechts"[92] lässt sich ein positiver Einfluss von Schutzklauseln auf Vertragsschluss und -bestand begründen. Die ökonomische Analyse des Völkerrechts erklärt alles Handeln von Staaten mit einem Nutzenkalkül. Auch

---

84 *Hafner-Burton/Helfer/Fariss*, in Criddle (Ed.), Human Rights in emergencies, pp. 83–123 (84).

85 So auch wie selbstverständlich und ohne nähere Ausführungen *Wolff*, in Cline (Ed.), Trade policy in the 1980s, pp. 363–392 (368).

86 Zusammenfassend *Quick*, Exportselbstbeschränkungen und Artikel XIX GATT, S. 96.

87 *Müller-Heidelberg*, Schutzklauseln im Europäischen Gemeinschaftsrecht.

88 *Müller-Heidelberg*, Schutzklauseln im Europäischen Gemeinschaftsrecht, S. 6 f.; im Anschluss daran auch *Büchi*, Einfuhrbeschränkungen bei Zahlungsbilanzschwierigkeiten, S. 18.

89 Die Literatur zu Art. XIX GATT und seinen ökonomischen Herausforderungen ist groß, spart aber meist die Integrationsfrage aus.

90 *Bagwell/Staiger*, Journal of Legal Studies Vol. 34 No. 2 (2005), 471–513; *Bown/McCulloch*, Oxford Review of Economic Policy Vol. 23 No. 3 (2007), 415–439; *Pelc*, International Studies Quarterly Vol. 53 No. 2 (2009), 349–368; *ders.*, World Trade Review Vol. 9 No. 4 (2010), 629–642; *Rosendorff/Milner*, International Organization Vol. 55 No. 4 (2001), 829–857; im wirtschaftsrechtlichen Kontext *Sykes*, The WTO Agreement on Safeguards, 5 ff.; *ders.*, University of Chicago Law Review Vol. 58 No. 1 (1991), 255–305 (282).

91 Nach *Williamson*, Journal of Law and Economics Vol. 22 No. 2 (1979), 233–261 *ders.*, American Journal of Sociology Vol. 87 No. 3 (1981), 548–577 *ders.*, in Schmalensee/Willig (Eds.), Handbook of International Organization, pp. 135–182.

92 Zusammenfassend *Schwuchow*, Völkerrecht als Restriktion für das Handeln von Regierungen, Kap. 3.

ein Vertragsbruch wird mit einem Nutzenkalkül begründet, wenn der Vertragsbruch effizienter ist als die Vertragseinhaltung (efficient breach theory[93]). Dabei werden die Kosten für die Einhaltung mit den Kosten eines Vertragsbruchs verrechnet. Schutzklauseln ermöglichen einen „Vertragsbruch" im Rahmen des Vertrages. Damit senken sie die Kosten gegenüber einem echten Vertragsbruch. Aus der efficient breach theory ergibt sich also, dass sich Schutzklauseln positiv auf den Vertragsbestand auswirken. Auch die Transaktionskostentheorie[94] weist in die Richtung, dass Schutzklauseln sich positiv auf den Vertragsschluss und den Vertragsbestand auswirken. Schutzklauseln senken die Transaktionskosten für den Vertragsabschluss, weil sie die Einigungsschwelle herabsetzen. Sie senken außerdem die Transaktionskosten im Hinblick auf den Vertragsbestand, weil der Vertrag automatisch wieder auflebt und keine Neuverhandlungen nötig werden.[95]

b) Das Recht im Prozess der internationalen Integration

Die Arbeit nähert sich der Forschungsfrage nach der integrativen Wirkung von Schutzklauseln aus einer juristischen Perspektive.[96] Sie fragt danach, ob und inwiefern Schutzklauseln gerade in ihrer Form als Recht, das einen sensiblen politischen Gegenstand einhegt, eine integrative Funktion zukommen kann. Die Forschung zur Rolle des Rechts[97] im Rahmen der hier abgesteckten völkervertraglichen Integration soll Eingang in die theoretischen Überlegungen zur integrativen Wirkung von Schutzklauseln finden und kursorisch nachgezeichnet werden.

Die Forschung zur Rolle des Rechts im Integrationsprozess ist ein Mosaik aus Beiträgen unterschiedlicher Disziplinen und interdisziplinären An-

---

93 *Birmingham*, Rutgers Law Review Vol. 24 No. 2 (1970), 273–292 (284); *Goetz/ Scott*, Columbia Law Review Vol. 77 No. 4 (1977), 554–594 (558ff.).

94 Die Transaktionskostentheorie wird vor allem für die Verhandlungen der Konzessionen bemüht; Art. XIX GATT ermöglicht eine größere Handelsliberalisierung, vgl. *Piérola*, The Challenge of Safeguards in the WTO, pp. 84f.

95 Vorausgesetzt, dass ein Interesse besteht, den Vertrag im Anschluss an den Ausnahmezustand wieder aufzunehmen.

96 Zur rechtssoziologischen, politikwissenschaftlichen und interdisziplinären Vielfalt der Forschung zum Themenfeld „Politik und Recht" vgl. *Frick/Lembcke/Lhotta*, in dies. (Hrsg.), Politik und Recht, S. 17–38 (18).

97 Einen Überblick gibt auch *Kau*, Rechtsharmonisierung, S. 80ff.

sätzen.[98] Der prominenteste interdisziplinäre Ansatz ist die sog. Integrationstheorie, die jedoch vor allem eine Theorie der europäischen Integration ist.[99] Strukturieren lässt sich die Forschung mit Hilfe der Kategorien horizontal vs. vertikal. Die Forschung zu horizontaler internationaler Integration versucht, aus der Perspektive verschiedener Disziplinen, „die Prozesse der Einigung und des Zusammenwachsens"[100] von Staaten zu erklären. Von einer solchen Integrationsforschung abzugrenzen ist die Integrationsforschung, die sich dem vertikalen Verhältnis widmet, d.h. der Integration im Verhältnis Bürger – Staat[101] bzw. Bürger – Europäische Union[102], Mitgliedstaat – Europäische Union. Hier lassen sich Aussagen nur sehr vereinzelt auf die horizontale Ebene übertragen.

Die Politik-, die Wirtschaftswissenschaft, die Soziologie und auch die Rechtswissenschaft beschäftigen sich mit der Rolle des Rechts im Integrationsprozess. Die folgenden Abschnitte zeigen einerseits, inwiefern sie sich mit dem Recht und seinen Wirkungen auf internationale Integration in Form von völkerrechtlichen Verträgen auseinandersetzen bzw. aus ihren Annahmen Wirkungen geschlossen werden können. Andererseits wird durch die Zusammenstellung eine Lücke deutlich: Die Rolle des Rechts ist stets eine passive. So gelingt es den bisherigen Ansätzen nur sehr rudimentär, den Einfluss des Rechts – bzw. in der Terminologie dieser Arbeit der rechtlichen Konfliktbearbeitung – auf völkerrechtliche Verträge zu analysieren.

aa) Theorien der internationalen Integration

Obwohl das Recht die Integrationsform eines jeden völkerrechtlichen Vertrages ist, sind rechtswissenschaftliche Erklärungsversuche selten.[103] Wenn die Rede von der Integrationsfunktion des Rechts ist, ist damit im Regel-

---

98 *Diez/Wiener*, in Diez/Wiener (Eds.), European Integration Theory, pp. 1–24 (1ff.).

99 *Giering/Möller*, in Masala/Sauer/Wilhelm (Hrsg.), Handbuch der internationalen Politik, S. 135–148.

100 *Grimmel*, Europäische Integration im Kontext des Rechts, S. 3.

101 *Smend*, in Smend (Hrsg.), Staatsrechtliche Abhandlungen und andere Aufsätze, S. 119–276 (136ff.).

102 So *Meyer-Cording*, AVöR 10 (1962), 42–68, der die Ansätze *Smends* auf die Europäische Union überträgt.

103 *Behrens*, RabelsZ 45 (1981), 8–50 (8).

fall die vertikale Integration im Verhältnis Bürger-Staat gemeint.[104] Dabei erfüllt das Recht neben vielen anderen Funktionen[105] möglicherweise auch eine horizontale Integrationsfunktion.

Sowohl die Politik- als auch die Wirtschaftswissenschaft haben Theorien internationaler Integration entwickelt. Die Soziologie hingegen hat die innergesellschaftliche, nicht die internationale Integration zwischen Staaten im Blick.[106] Das Recht als eigenständiger Faktor für Integration spielt bei der Betrachtung jedoch keine oder nur eine untergeordnete Rolle:

Die Wirtschaftswissenschaft typisiert verschiedene Integrationsformen und untersucht sie unter ökonomischen Effizienzkriterien,[107] d.h. nach ihren Auswirkungen für die Marktintegration.[108] Integration wird meist als Gegenbegriff von Protektion verwendet und ist damit auf die wirtschaftliche Öffnung und Verflechtung reduziert. Der positive Einfluss von Schutzklauseln, der sich mit Hilfe der efficient breach theory und des Transaktionskostenansatzes begründen lässt,[109] setzt eine Analogie zum Markt voraus. Die Theorien betrachten das Recht als Instrument rational handelnder Akteure. Diese Annahmen sind auf Art. 15 EMRK, Art. 4 IPbpR und auch auf Art. 347 AEUV nicht übertragbar. Die Forschung konzentriert sich zudem auf wirtschaftsrechtliche Schutzklauseln, wie z.B. Art. XIX GATT. Auch eine vertragsvertiefende Wirkung von Schutzklauseln wird nicht behandelt. So lassen die wirtschaftswissenschaftlichen Ansätze Raum für eine ergänzende rechtswissenschaftliche Bewertung von Schutzklauseln.[110]

Gegenstand der politikwissenschaftlichen Integrationstheorie ist die Analyse von völkerrechtlichen Integrationsprozessen im Hinblick auf Strukturen, Entwicklungsstufen, Motoren, Erfolgsbedingungen und Dyna-

---

104 *Rüthers/Fischer/Birk*, Rechtstheorie, § 3 Rn. 82, 82a, die die Funktion möglicherweise andeuten, indem sie in ihrem Beispiel auf die EU eingehen.

105 Vgl. *Baer*, Rechtssoziologie, S. 103ff; *Rüthers/Fischer/Birk*, Rechtstheorie, § 3.

106 So z.B. *Bredemeier*, in Evan (Ed.), Law and Sociology, pp. 52–67. Die Gedanken zum Recht als einem innergesellschaftlichen Integrationsmechanismus lassen sich dennoch möglicherweise auf die internationale Ebene übertragen.

107 *Behrens*, RabelsZ 45 (1981), 8–50 (25f.).

108 *Kohler-Koch/Schmidberger*, in Kohler-Koch (Hrsg.), Lexikon der Politik, Band 5, „Integrationstheorien", S. 152–162 (153).

109 Siehe S. 33f.

110 Allenfalls „political economists" nennen am Rande die handelsliberalisierende Wirkung von bspw. Art. XIX GATT: *Meier*, in Pérez/Benedick (Eds.), Trade policies toward developing countries, pp. 115–151 (133).

miken.[111] Neben diversen kleineren Theorien[112] sind Intergouvernementalismus[113] und (Neo-) Funktionalismus die zwei konkurrierenden[114] Hauptströmungen.[115] Während der Intergouvernementalismus die Integrationsschritte auf die staatlichen Akteure zurückführt, rückt der Neofunktionalismus die überstaatlichen Akteure in den Vordergrund. Integration findet danach zunächst sektoral im Rahmen einer internationalen Organisation, gesteuert durch ihre Organe statt. Eine zentrale Annahme des Neofunktionalismus ist der sog. spillover effect[116], der dafür sorgt, dass sich eine vorerst sektorale Integration auf weitere Sektoren ausweitet.[117] Der Effekt wird dafür genutzt, die Entwicklung der EU von einer wirtschaftlichen hin zu einer politischen Institution zu erklären. Beide Theorien haben jedoch gemeinsam, dass die Akteure – welche auch immer sie für maßgebend halten – durch ein politisches Interesse an der Integration geleitet sind.[118] Es ist immer das politische Interesse, auf das eine Integration bzw. ein Fortschreiten der Integration zurückgeführt wird. Die politikwissenschaftlichen Theorien begründen mit viel Mühe die Eigenständigkeit des Rechts,[119] führen die Ergebnisse der Integration jedoch auf politische Interessen zurück. Eine Auseinandersetzung mit dem Recht und seinen Funktionsbedingungen findet nicht statt. Es bleibt als eigenständiger Erklärungsfaktor außen vor und als „Black Box"[120] unbeobachtet. So geschieht es auch in der Literatur zum „judicial activism", die sich mit der (zum Teil als illegitim empfundenen) erweiternden Auslegung des Rechts in politisch sensiblen Bereichen beschäftigt.[121] Somit lassen die politikwissenschaftlichen Theorien Raum für eine juristische Erklärungsalternati-

---

111 *Behrens*, RabelsZ 45 (1981), 8–50 (14); *Petersmann*, Wirtschaftsintegrationsrecht und Investitionsgesetzgebung der Entwicklungsländer, S. 43.
112 Einen guten Überblick über die vorhandenen Ansätze geben *Burley/Mattli*, International Organization Vol. 47 No. 1 (1993), 41–76.
113 Vgl. *Moravcsik*, International Organization Vol. 45 No. 1 (1991), 19–56; *ders.*, Journal of Common Market Studies Vol. 31 No. 4 (1993), 473–524.
114 *Grimmel*, Europäische Integration im Kontext des Rechts, S. 59.
115 Vgl. *Burley/Mattli*, International Organization Vol. 47 No. 1 (1993), 41–76 (41) sowie *Busch*, Akademie im Gespräch 1 (2017), 5–16.
116 Zu den Ursprüngen *Kau*, Rechtsharmonisierung, S. 85 Fn. 254.
117 Neofunktionalisten widmen sich im großen Stil der Analyse des EuGH, aber auch anderer internationaler Institutionen, wie z.B. des WTO Appellate Body, vgl. z.B. *Ghias*, Berkeley Journal of International Law Vol. 24 No. 2 (2006), 534–553.
118 *Grimmel*, Europäische Integration im Kontext des Rechts, S. 60.
119 Z.B. *Lange*, Implementing EU Pollution Control, p. 47.
120 *Grimmel*, EuR 2013, 146–169 (156).
121 *Mahoney*, Human Rights Law Journal Vol. 11 Nos. 1–2 (1990), 57–88 (57ff.).

ve,[122] die sich der Beschreibung des Rechts, dem Teilbereich rechtlicher Konfliktbearbeitung, annimmt.[123]

ab) Integration Through Law (ITL-Bewegung)

Das Forschungsfeld „Integration durch Recht" wurde erstmals von der von Cappelletti, Seccombe und Weiler begründeten ITL-Schule zum Gegenstand wissenschaftlicher Auseinandersetzung gemacht.[124] Cappelletti, Seccombe und Weiler[125] untersuchen die Rolle des Rechts und der Rechtsinstitutionen im Prozess der europäischen Integration. Sie sind die Begründer und Namensgeber der sog. „Integration through Law"–Bewegung,[126] die sich durch ein hohes Maß an Heterogenität und Fragmentierung auszeichnet.[127] Dabei interessieren sie sich für zweierlei: Recht als Instrument von Integration und Recht als eigenes Integrationsobjekt.[128] Sie schreiben dem Recht jedoch eine passive Rolle zu; sie untersuchen es in beiden Fällen unter dem Blickwinkel eines bloß politischen[129] Integrationsmittels. Im zweiten Fall nehmen sie zwar das Recht selbst in den Blick, bleiben aber dabei, das Recht zu beschreiben, statt die Gründe für Integrati-

---

122 Im Zusammenhang mit der Europäischen Union taucht in politikwissenschaftlichen Texten der sog. Legalismus auf. Diese Strömung verneint schlichtweg jeglichen politischen Einfluss auf rechtliche Akteure, wie z.B. den EuGH. Anders als der Titel der Strömung vermuten lässt, werden eigene Erklärungsansätze nicht versucht. Die Autoren Burley/Mattli werfen es den meisten EU-(Rechts-)Gelehrten vor, Anhänger dieser Strömung zu sein, ohne jedoch Vertreter zu nennen. Inwiefern es sich daher um eine viel vertretene Auffassung handelt, mag vor allem vor dem Hintergrund, dass der Legalismus keine positiven Erklärungsversuche anbietet, dahingestellt bleiben; vgl. *Burley/Mattli*, International Organization Vol. 47 No. 1 (1993), 41–76 (45).
123 Eine vollständige Beschreibung des Rechts und seiner Funktionsbedingungen schlösse mehr ein als die Beschreibung der Mechanismen rechtlicher Konfliktbearbeitung.
124 *Cappelletti/Seccombe/Weiler*, Integration through Law, Vol. I, Books 1–3.
125 *Cappelletti/Seccombe/Weiler*, Integration through Law, Vol. I, Books 1–3.
126 *Haltern*, Europarecht und das Politische, S. 282 spricht von einer Bewegung anstatt von einer Theorie, da es innerhalb der Bewegung keine gemeinsamen Annahmen gebe. Das, was die Bewegung eine, sei lediglich das Ziel, die Rolle des Rechts im Rahmen der europäischen Integration zu untersuchen.
127 *Haltern*, in Bieling/Lerch (Hrsg.), Theorien der europäischen Integration, S. 399–423 (399).
128 *Cappelletti/Seccombe/Weiler*, Integration through Law, Vol. I, p. 15.
129 So auch *Kau*, Rechtsharmonisierung, S. 94.

onsfortschritte im Recht selbst zu suchen. Die Bewegung vermag deshalb nicht das einzulösen, was sie im Titel verspricht.[130] Es handelt sich um Forschung zur Integration *mit* und nicht *durch* Recht.[131]

ac) „Rechtswissenschaftliche Integrationstheorien"

Auch wenn der Begriff hin und wieder verwendet wird, so gibt es bislang keine gefestigte rechtswissenschaftliche Integrationstheorie mit dem Inhalt einer Theorie über rechtlich veranlasste Integration, zur Integration *durch* Recht.

Joerges beispielsweise hat einen Lexikonbeitrag mit dem Titel „Rechtswissenschaftliche Integrationstheorien" verfasst.[132] Gegenstand dieser Integrationstheorien ist nach seiner Auffassung die „Systematisierung des Rechtsstoffes und die Ausbildung von Dogmatiken des europäischen Rechts"[133]. Damit ist eine solche rechtswissenschaftliche Integrationstheorie in doppelter Hinsicht begrenzt. Zum einen bezieht sie nur die Europäische Union ein; zum anderen ist sie darauf fokussiert, die Entwicklung der EU nachzuvollziehen. Inwiefern das Recht selbst zu einer fortschreitenden Integration beitragen kann, ist hingegen nicht Inhalt.

Bei Weber taucht der Begriff einer rechtlichen Integrationstheorie auf. Der Begriff wird nicht erläutert, sondern vielmehr so verwendet, als sei die rechtliche Integrationstheorie ein feststehendes Konzept.[134]

Höpner[135] setzt voraus, dass es eine Integration durch Recht gibt, wenn er seinen Beitrag, in dem er die Ursachen für die proeuropäische Rechtsprechung des EuGH untersucht, in eine „umfassendere Theorie über die Ursachen und Dynamiken der ‚Integration durch Recht'"[136] einordnen will. Sein Beitrag steht auf zwei Standbeinen, einer strukturellen und einer akteursbezogenen Erklärung für die prointegrative Rechtsprechung. Er

---

130 *Grimmel/Jakobeit*, in Hatje/Müller-Graff (Hrsg.), Europäisches Organisations- und Verfassungsrecht, § 2 Rn. 40.

131 *Grimmel/Jakobeit*, in Hatje/Müller-Graff (Hrsg.), Europäisches Organisations- und Verfassungsrecht, § 2 Rn. 40.

132 *Joerges*, in Kohler-Koch (Hrsg.), Lexikon der Politik, Band 5, „Rechtswissenschaftliche Integrationstheorien", S. 229–232.

133 *Joerges*, in Kohler-Koch (Hrsg.), Lexikon der Politik, Band 5, „Rechtswissenschaftliche Integrationstheorien", S. 229–232 (229).

134 Schutznormen und Wirtschaftsintegration, S. 33.

135 *Höpner*, Berliner Journal für Soziologie 21 (2011), 203–229.

136 *Höpner*, Berliner Journal für Soziologie 21 (2011), 203–229 (205).

selbst scheint gar nicht von der Möglichkeit eines eigenständigen rechtswissenschaftlichen Beitrags zur Integration *durch* Recht auszugehen.[137] Auch in einem späteren Beitrag wird nicht dargelegt, was genau Gegenstand der „Integration durch Recht" ist.[138] Vielmehr wird der Ausdruck als feststehender Begriff verwendet. Der einzige Hinweis, der auf ein juristisches Erklärungskonzept deutet, ist die Aussage, „Integration durch Recht" sei ein (bisher) v.a. juristisch dominiertes Forschungsfeld.[139]

Der prominenteste Akteur einer rechtswissenschaftlichen Integrationstheorie ist Rudolf Smend. Smend macht den bis dato soziologischen Begriff der Integration erstmals für die Rechtswissenschaft fruchtbar. In seiner Theorie befasst er sich mit der Integration des Staates im Verhältnis Bürger – Staat und schafft damit eine vertikale Integrationstheorie.[140] Bei der Frage nach der integrativen Wirkung von Schutzklauseln geht es jedoch um die horizontale Integration von Staaten, sodass die Smendsche Lehre darauf nicht unmittelbar übertragbar ist.

Behrens forderte 1981 erstmals eine allgemeine Integrationstheorie der internationalen wirtschaftlichen Integration, damit diese in ihrer natürlichen „Dreidimensionalität"[141] erfasst werden könne: Er schlägt daher eine juristische Integrationstheorie vor, die über eine völkerrechtliche Integrationstheorie[142] oder eine der europäischen Gemeinschaften[143] hinausgeht und das gesamte öffentliche und private internationale Wirtschaftsrecht erfasst.[144] Strukturierende Elemente seien die institutionelle Integration, das Integrationsverfahren und die Integrationsrechtsprinzipien.[145] Auch Behrens' Theorie ist jedoch limitiert; seine Theorie ordnet das Recht der politischen Dimension unter und schreibt dem Recht keinerlei eigene Dynamiken zu, die einen Integrationsfortschritt ermöglichen.[146]

Der jüngste rechtswissenschaftliche Beitrag zur – abermals Europäischen – Integration stammt von Delfs.[147] Auch er kritisiert die Fokussierung der

---

137 *Höpner*, Berliner Journal für Soziologie 21 (2011), 203–229 (226).
138 *Höpner*, MPIfG Discussion Paper, No. 14/8 (2014), S. 6.
139 *Höpner*, MPIfG Discussion Paper, No. 14/8 (2014), S. 6.
140 *Smend*, in Smend (Hrsg.), Staatsrechtliche Abhandlungen und andere Aufsätze, S. 119–276.
141 *Behrens*, RabelsZ 45 (1981), 8–50 (13).
142 *Petersmann*, Wirtschaftsintegrationsrecht und Investitionsgesetzgebung der Entwicklungsländer, S. 46ff., 51.
143 *Bülck*, BerDGesVölkR 1959, 66.
144 *Behrens*, RabelsZ 45 (1981), 8–50 (38).
145 *Behrens*, RabelsZ 45 (1981), 8–50 (39).
146 *Behrens*, RabelsZ 45 (1981), 8–50 (50).
147 Komplementäre Integration.

Europarechtswissenschaften auf den EuGH.[148] Er wendet sich gegen das Narrativ der Eigengesetzlichkeit des Rechts und sieht die Entwicklung des Europarechts schon in den Gründungsdokumenten angelegt.[149] Er bietet daher eine rechtshistorische Erklärungsalternative für die Europäische Integration. Keineswegs vorweggenommen ist damit eine rechtswissenschaftliche Erklärung für eine Integration *durch* Recht, die sich komplementär zu den Erklärungen der Politikwissenschaft sieht.

ad) Judicial impact und Judicial implementation

Die nachgezeichnete Forschung zur „Integration durch Recht" grenzt an die Wirkungsforschung zur Wirkung von Gerichtsurteilen, die unter den Stichworten „judicial impact" und „judicial implementation" stattfindet. Auch diese Forschung wird zum Teil als Integrationsforschung betrieben, weil sie sich mit dem Einfluss des Rechts beschäftigt. Die Forschung zur „Integration durch Recht" unterscheidet sich dadurch von der Wirkungsforschung, dass sie der Wirkungsforschung vorgelagert ist. Sie fragt nicht wie judicial impact bzw. implementation Ansätze danach, wie internationale Gerichtsurteile innerhalb der politischen Sphäre verarbeitet werden,[150] sondern wie es zu diesen Entscheidungen kommt und welche Gründe für die Ausgestaltung der Entscheidungen gefunden werden können.

ae) Forschung zur Integration *durch* Recht?

Erst jüngst gibt es einige wenige Beiträge, die das Recht als eigenständigen Erklärungsfaktor für Integration untersuchen[151] und damit einer Analyse

---

148 *Delfs*, Komplementäre Integration, S. 12ff.
149 *Delfs*, Komplementäre Integration, S. 396f.
150 Einen guten Überblick über die Entwicklung der judicial impact/implementation-Forschung geben *Keck/Strother*, Oxford Research Encyclopedias Politics, Judicial Impact, online abrufbar unter URL: http://politics.oxfordre.com/view/10.1093/acrefore/9780190228637.001.0001/acrefore-9780190228637-e-103 [20.07.2017].
151 V.a. *Grimmel*, Europäische Integration im Kontext des Rechts; *ders.*, EuR 2013, 146–169. Auch *Kau*, Rechtsharmonisierung, S. 103 ist der Auffassung, dass „die Funktion des Rechts [...] sich nicht mehr nur auf instrumentelle oder funktio-

einer Integration *durch* Recht im hier verstandenen Sinn sehr nahe kommen.

Grimmel betrachtet das Recht aus politikwissenschaftlicher Perspektive als eigenständigen Erklärungsfaktor in Integrationsprozessen.[152] Allerdings bezieht sich seine Analyse zunächst nur auf die europäische Integration, für die er eine Kontextanalyse fordert.[153] Mit dieser Kontextanalyse will er die „Black Box"[154] des Rechts öffnen, um Entwicklungen auf europäischer Ebene, wie z. B. die Grundrechterechtsprechung des EuGH, zu erklären. Er teilt den Kontext in eine historische, lokale und temporale Dimension, in denen die Rationalität des Rechts erklärbar werde.[155] Danach unterscheide sich die Rationalität des Rechts für unterschiedliche historische Kontexte, variiere nach den Anforderungen, die der Kontext an seine Akteure stellt, und sei dem Wandel der Zeit unterworfen.[156] Grimmel setzt für seine Kontextanalyse voraus, dass es etwas gibt, das das Recht (egal welcher Rechtsordnung) von anderen Kontexten unterscheidet. Leider grenzt er die rechtliche Rationalität nicht gegenüber nicht-rechtlichen Handlungskontexten ab, sondern stellt nur fest, dass sie nach anderen Regeln als die der Politik und Ökonomie funktioniert. Worin genau die Eigenständigkeit des rechtlichen Kontextes bestehen soll, bleibt offen, obwohl dieser erste gedankliche Schritt die Grundvoraussetzung für seine Kontextanalyse ist. Durch die Unterscheidung der Rechtssphären auf Grund ihrer Kontextabhängigkeit und die Fokussierung der temporalen, lokalen bzw. historischen Differenzierung verliert er „das Spezifische" des Rechts im Allgemeinen[157] aus dem Auge, dessen Analyse im Hinblick auf sein Integrationspotenzial Teil dieser Arbeit ist.

Auch Haltern greift über die Annahmen der ITL-Schule hinaus.[158] Er ergänzt sie, indem er argumentiert, dass die Beschreibung als Mittel und Objekt der Integration zwar richtig sei, dem Recht aber nicht gerecht werde. Das Recht sei mehr, es speichere das einer Normgemeinschaft Eigene und

---

nale Aspekte innerhalb des Gesamtprozesses beschränken lässt", wobei offen bleibt, was genau dies bedeutet.

152 *Grimmel*, EuR 2013, 146–169 (146).

153 *Grimmel*, EuR 2013, 146–169 (146).

154 *Grimmel*, EuR 2013, 146–169 (156).

155 *Grimmel*, Europäische Integration im Kontext des Rechts, S. 357.

156 *Grimmel*, EuR 2013, 146–169 (154f.).

157 Hier scheint er eine abstrakte Rationalität zu verneinen, vgl. *Grimmel*, EuR 2013, 146 -169 (155).

158 *Haltern*, in Bieling/Lerch (Hrsg.), Theorien der europäischen Integration, S. 399.

entfalte damit auch eine symbolische bzw. ästhetische Kraft.[159] An diese Feststellungen soll innerhalb der Beschreibung rechtlicher Konfliktbearbeitung angeknüpft werden.

af) Forschungslücke: keine Integration *durch* Recht

Die wirtschaftswissenschaftlichen Konzepte weisen zwar in die Richtung, dass Schutzklauseln günstig für die internationale Integration von Staaten sind. Sie sind aber für die Untersuchung des Integrationspotenzials von Schutzklauseln nicht ausreichend, weil sie sich auf handelsrechtliche Schutzklauseln fokussieren, viele künstliche Annahmen treffen und das Recht lediglich als Instrument rational handelnder (Markt-) Akteure wahrnehmen.

Die Politikwissenschaft führt überwiegend jeden Integrationsfortschritt auf das Eigeninteresse[160] von Akteuren zurück. Damit ist die Politikwissenschaft für die Eigendynamik bzw. die Nebenwirkungen von Recht blind.

Die Integration Through Law-Bewegung ist sehr heterogen[161] und beschäftigt sich – anders als der Name verspricht – nicht mit rechtlich veranlasster Integration.

Eine komplexe „rechtswissenschaftliche Integrationstheorie" gibt es bislang nicht, auch wenn immer wieder angestoßen wurde, „das Recht" in den Mittelpunkt des Analyseinteresses zu stellen.

Der in dieser Arbeit vorgestellte Ansatz verhält sich nicht konkurrierend, sondern komplementär zu den vorhandenen Erklärungsversuchen aus Wirtschafts- und Politikwissenschaft. Der Auftrag, eine Integration *durch* Recht zu erklären, wird wörtlich genommen. Es werden Erklärungen für einen Integrationsfortschritt gesucht, der rechtlich veranlasst ist, d.h. sich auf das Recht – die rechtliche Konfliktbearbeitung – zurückführen lässt.

---

159 *Haltern*, in Bieling/Lerch (Hrsg.), Theorien der europäischen Integration, S. 417f.

160 Dass die Rechtsprechung des EGMR durch das Interesse der Richter an der Reputation des Gerichts geleitet ist, ist die These der Dissertation von *Dothan*, Reputation and Judicial Tactics.

161 *Wolff*, in Liebert/Wolff (Hrsg.), Interdisziplinäre Europastudien, S. 69–92 (86).

B. Vorgehensweise

Die Arbeit hat zwei Standbeine, um die Frage nach der Wirkung von Schutzklauseln zu beantworten. Dabei geht es nicht um die Ermittlung einer Wirkung von Rechtsprechung auf politische Akteure[162] und auch nicht um das instrumentelle Einsetzen von Recht durch politische Entscheidungsträger[163] Für eine solche Analyse sind die Ansätze der Politikwissenschaft respektive der Rechtssoziologie besser geeignet. Es geht um die Wirkungen der Schutzklauseln und ihrer Anwendung innerhalb der aufgezeichneten Kategorien des völkervertraglichen Integrationsprozesses, sprich auf den Vertragsschluss, den Vertragsbestand und eine implizite Vertragsvertiefung. Damit bleibt die Wirkungsanalyse in den (engen) Grenzen des rechtlichen Integrationsprozesses.

Im ersten Schritt findet eine Analyse des Schutzklauselmaterials statt, d.h. entstehungsgeschichtlicher Dokumente, der Inanspruchnahmehäufigkeit und der Spruchpraxis. Daran schließt ein Theoriekapitel an, in dem entwickelt wird, wie sich im Rahmen rechtlicher Konfliktbearbeitung Integration durch Recht vollziehen kann. Im Anschluss daran werden diese theoretischen Erwägungen auf das Schutzklauselmaterial angewendet, um die Ergebnisse aus der Analyse zu ergänzen.

I. Gang der Analyse des Schutzklauselmaterials

Die theoretische Aufspaltung des völkervertragsrechtlichen Integrationsprozesses in Vertragsschluss, Vertragsbestand und Vertragsvertiefung strukturiert die Analyse des Schutzklauselmaterials.

---

162 So die judicial impact/implementation-Ansätze; dazu im Überblick *Keck/Strother*, Oxford Research Encyclopedias Politics, Judicial Impact, online abrufbar unter URL: http://politics.oxfordre.com/view/10.1093/acrefore/9780190228637.0 01.0001/acrefore-9780190228637-e-103 [20.07.2017].

163 Zu den Grundlagen der rechtssoziologischen Wirkungsforschung vgl. *Rottleuthner/Rottleuthner-Lutter*, in Cottier/Estermann/Wrase (Hrsg.), Wie wirkt Recht?, S. 17–41, deren Wirkungsforschung ein instrumentelles Rechtsverständnis zu Grunde liegt. Diese Wirkungsforschung erfasst sowohl intendierte Wirkungen als auch „Nebenwirkungen", d.h. Rechtsreflexe, die erwünscht und unerwünscht sein können.

1. Vertragsschluss: Auswertung der Entstehungsdokumente

Der Einfluss von Schutzklauseln auf den Vertragsschluss als Startmarke der rechtlichen Integration im Rahmen eines völkerrechtlichen Vertrags wird mithilfe einer entstehungsgeschichtlichen Analyse ermittelt. Ein positiver Einfluss wird in der Literatur vielfach vorausgesetzt.[164] So wird beispielsweise nach Anhaltspunkten in den Protokollen der Verhandlungen gesucht, ob der Vertrag ohne die Aufnahme einer Schutzklausel nicht zustande gekommen wäre. Aufschlussreich wären auch Berichte von Teilnehmern oder Beobachtern der Verhandlungen. Doch sind solche Berichte – soweit ersichtlich – nicht vorhanden. Auch die Verhandlungsführer stehen nicht für Interviews zur Verfügung, weshalb sich die Analyse auf die Entstehungsdokumente stützen muss.

Die Analyse der Entstehungsdokumente sieht sich in doppelter Hinsicht methodischen Schwierigkeiten ausgesetzt: einerseits schon bei der Beschaffung der Entstehungsdokumente, andererseits bei deren Interpretation.

Die Entstehungsdokumente können nicht vollständig beschafft werden. Denn die Dokumentation internationaler Verhandlungen ist fragmentarisch. Es existiert ein Archivbestand bei den internationalen Organisationen,[165] der gegebenenfalls durch die Archivbestände der Nationalstaaten ergänzt wird, die über die innerstaatliche Willensbildung Aufschluss geben. Für die ausgewählten Schutzklauseln kann im Rahmen dieser Untersuchung nur das Archivmaterial der internationalen Organisationen ausge-

---

164 *Gentzcke*, Ausweich- und Katastrophenklauseln im internationalen Wirtschaftsrecht, S. 161; *Hafner-Burton/Helfer/Fariss*, in Criddle (Ed.), Human Rights in Emergencies, pp. 83–123 (84); *Kravis*, Domestic interests and international obligations, p. 26f.; *Müller-Heidelberg*, Schutzklauseln im Europäischen Gemeinschaftsrecht, S. 6f.; *Schreuer*, Yale Journal of International Law Vol. 9 No. 1 (1982), 113–132 (115).

165 Die Entstehungsdokumente von Art. XIX GATT, Art. 4 IPbpR und Art. 15 EMRK sind im Archiv der jeweiligen internationalen Organisation gesammelt. Es gibt auch Sammlungen in der Forschung, z.B. für Art. 4 IPbpR *Bossuyt*, Guide to the "Travaux Préparatoires" of the International Covenant on Civil and Political Rights" und für Art. 15 EMRK *Europarat*, Collected Edition of The „Travaux Préparatoires". Die entstehungsgeschichtlichen Dokumente für Art. XIX GATT sowie Art. 4 IPbpR und Art. 15 EMRK sind zum Teil auch online zugänglich (für Art. XIX GATT vgl. URL: https://www.wto.org/gatt_docs/ und http://www.worldtradelaw.net/history/ursafeguards/ursafeguards.htm; für Art. 4 IPbpR und Art. 15 EMRK vgl. URL: http://www.un.org/en/search/index.s html [05.12.2016]). Die Dokumente zu Art. 347 AEUV befinden sich im Archiv der Europäischen Union in Florenz, Sammlung CM3-nego.

wertet werden. Das bedeutet, dass, auch wenn der Archivbestand der internationalen Organisation keine Auskunft über die Motive für die Einfügung einer Schutzklausel gibt, nicht darauf geschlossen werden kann, dass die Schutzklausel nicht förderlich für den Vertragsschluss war.

Für die Interpretation von entstehungsgeschichtlichen Dokumenten hält die Rechtswissenschaft keine Methoden bereit, obwohl im Rahmen der historischen Auslegungsmethode oft auf entstehungsgeschichtliche Quellen zurückgegriffen wird. Die rhetorische Rechtstheorie, die sich auch entstehungsgeschichtlichen Texten widmen könnte, hat ihren Fokus auf der Rechtsprechungspraxis.[166] Für die Analyse der Entstehungsdokumente der Schutzklauseln soll deshalb auf politikwissenschaftliche Methoden[167] zur Interpretation internationaler Verhandlungen[168] verwiesen werden. Die politikwissenschaftliche „Negotiation Analysis" sensibilisiert dafür, dass internationale Verhandlungen komplex sind[169] und unter Berücksichtigung u.a. folgender Schlüsselfaktoren[170] analysiert werden müssen, die internationale Verhandlungen charakterisieren: Setting (Voraussetzungen bzw. der Kontext der Verhandlungen), Akteure[171] (deren Anzahl, Vorhandensein von Koalitionen, Zusammensetzung des Verhandlungsteams, Verteilung der Verhandlungsmacht, offene und verdeckte Verhandlungsstrategien), Sachthemen und deren Anzahl, Rahmenbedingungen der Verhandlungen (privat vs. öffentlich, Zeitrahmen, Notwendigkeit eines Ergebnisses und eventuell bestehende Ratifikationserfordernisse). Welchen Einfluss diese Faktoren im Einzelnen haben, geht aus der Forschung jedoch nicht hervor, da die meisten Studien sich mit Verhandlungen zwischen wenigen

---

166 Vgl. *Gräfin von Schlieffen (geb. Sobota)*, Sachlichkeit, Rhetorische Kunst der Juristen; *dies.*, in Fix/Gardt/Knape (Hrsg.), Rhetorik und Stilistik, S. 1811–1833; *dies*, in Ueding (Hrsg,), Rhetorik. Begriff – Geschichte – Internationalität, S. 313–324; *dies.*, in Dyck/Jens/Ueding (Hrsg.), Rhetorik. Ein internationales Jahrbuch, Band 15 Juristische Rhetorik, S. 115–136; *dies.*, JA 2013, 1–7; *dies.*, ZDRW 2013, 44–61; *dies.*, JZ 2011, 109–116; *dies.*, JZ 1992, 231–237.

167 Allgemein zum Design internationaler Verträge vgl. *Guzman*, European Journal of International Law Vol. 16 No. 4 (2005), 579–612.

168 Einen Überblick über den "Negotiation Analysis – Approach" gebend *Sebenius*, Management Science Vol. 38 No. 1 (1992), 18–38 und *Starkey/Boyer/Wilkenfeld*, International Negotiation in a Complex World.

169 *Watkins*, Negotiation Journal Vol. 15 No. 3 (1999), 245–270 über die 10 Schlüsselelemente von Komplexität in internationalen Verhandlungen.

170 Auflistung nach *Starkey/Boyer/Wilkenfeld*, International Negotiation in a Complex World, pp. 50ff.

171 Zur Bedeutung der Auswahl der Verhandlungsführer vgl. *Wolfrum*, in Ipsen (Hrsg.), FS für Dieter Rauschning, S. 407–418 (416).

Parteien über begrenzte Inhalte beschäftigen.[172] Die Schlüsselfaktoren haben deshalb wenig Relevanz für die Analyse, da es gerade völkerrechtliche Verträge sind, bei denen viele Parteien über vielschichtige Themenkomplexe verhandeln. Dazu kommt, dass die genannten Charakteristika in den meisten Fällen nicht aus den entstehungsgeschichtlichen Dokumenten hervorgehen, weshalb sie für die Interpretation ohnehin keine Berücksichtigung finden können, sondern nur der Sensibilisierung bei der Auswertung dienen.

Aus den Einzelbeiträgen[173] zum Forschungsfeld „Negotiation Analysis" lassen sich jedoch einige wenige praktische Interpretationshilfen extrahieren, die keine Kenntnis der genauen Umstände der Verhandlungen verlangen. So laufen Verhandlungen oft indirekt ab[174], d.h. Absichten werden nicht offen geäußert.[175] Aus den Entstehungsdokumenten gehen deshalb nicht unbedingt die tatsächlichen Motive für die Befürwortung der Einfügung einer Schutzklausel hervor. Der Grad der Indirektheit ist mit der Diskussionskultur der Verhandelnden[176] verknüpft. So lässt der Befund, dass es einen offen kommunizierten Grund für die Einführung einer Schutzklausel gibt, abhängig vom kulturellen Hintergrund nicht unbedingt den Schluss zu, dies sei der maßgebliche und einzige Grund. Deshalb kann eine Schutzklausel durchaus Bedingung für den Vertragsschluss gewesen sein, auch wenn sich dies nicht in den Protokollen niederschlägt.

Auch unter Zuhilfenahme dieser Interpretationshilfen stößt die Untersuchung der Entstehungsdokumente auf Erkenntnisgrenzen, vor allem weil entstehungsgeschichtliche Dokumente Verhandlungen nie vollständig wiedergeben können. Alle Verhandlungen sind nur schriftlich dokumentiert und nicht aufgenommen worden, weshalb nicht garantiert ist, dass auch alles protokolliert wurde. Verhandlungsergebnisse entstehen dazu oft informell, d.h. wichtige Punkte werden außerhalb des formalisierten Rahmens besprochen, so dass sie nicht Teil der Dokumentation wer-

---

172 *Watkins*, Negotiation Journal Vol. 15 No. 3 (1999), 245–270 (246).

173 Vor allem aus den zahlreichen Beiträgen zum Einfluss der Diskussionskultur auf die Verhandlungen, vgl. z.B. *Bell*, Negotiation Journal Vol. 4 No. 3 (1988), 233–246; *Raiffa*, The Art and Science of Negotiation; *Salacuse*, Negotiation Journal Vol. 14 No. 3 (1998), 221–240.

174 *Bell*, Negotiation Journal Vol. 4 No. 3 (1988), 233–246 (242).

175 Dem könnte zwar durch eine Suche nach staateninternen Motivationen in den jeweiligen Verhandlungsstaaten begegnet werden, vgl. dazu *Kischel*, AVöR 29 (2001), 268–296 (268). Dies ist aber faktisch nicht zu leisten.

176 Vgl. *Salacuse*, Negotiation Journal Vol. 14 No. 3 (1998), 221–240 m.w.N.

den.[177] Selbst zeitgenössische Berichterstattung über die Verhandlungen oder Abhandlungen beteiligter Verhandlungsführer könnten darüber kaum hinweghelfen, zumal sie kaum existieren bzw. beschaffbar sind. Außerdem sind Emotionen und rhetorische Fähigkeiten nicht protokolliert, so dass nicht immer klar ist, wieso es am Ende zu diesem oder jenem Ergebnis gekommen ist. Nicht zu übersehen sind im internationalen Kontext auch Sprachbarrieren, sei es in der Person des jeweiligen Verhandlungsführers, bei der Protokollierung oder schließlich bei der Auswertung des Materials. Deshalb ist es schwierig, sich bei der Interpretation auf Formulierungen und eine bestimmte Wortwahl zu stützen. Die Gesichtspunkte zeigen, dass die Einfügung einer Schutzklausel durchaus vertragsschlussfördernd gewesen sein kann, auch wenn dies nicht aus den Protokollen hervorgeht.

Die politikwissenschaftlichen Methoden sensibilisieren für die Interpretation von Entstehungsdokumenten, indem sie darauf aufmerksam machen, nicht nur das in den Protokollen Niedergeschriebene, sondern auch alle Entstehungsbedingungen und nicht Niedergeschriebenes zu berücksichtigen. Auch wenn die Analyseergebnisse unvollständig sind und ihre Aussagekraft vor dem Hintergrund der oben genannten Schwierigkeiten betrachtet werden muss, so wird erstmals empirisch der Einfluss von Schutzklauseln auf den Vertragsschluss überprüft und damit – in den aufgezeigten Erkenntnisgrenzen – die Argumentationslücke geschlossen.

2. Vertragsbestand: Auswertung der notifizierten Inanspruchnahmen

Auch die Frage nach der Wirkung von Schutzklauseln auf den Vertragsbestand ist bisher in der Literatur noch nicht untersucht worden. Es findet sich lediglich die plausible Aussage, dass Schutzklauseln eine den Vertrags-

---

177 *Colosi*, in Bendahmane/McDonald (Eds.), International Negotiation: Art and Science, pp. 15–34 (20) zitiert Fred C. Ikle, der auf die Bedeutung von Aktivitäten außerhalb des Konferenzraums verweist: „The activities that are important for the potential outcome of a given negotiation are far richer and more widespread than the actual discussions at the conference itself. [...] The signals of intent, of capability, of staying power and the things that shape our own and our partner's expectations [...] are affected by a great many things outside the conference room."; vgl. auch *Jawara/Kwa*, Behind the Scenes at the WTO, p. 282.

bestand sichernde Funktion haben,[178] ohne dass sich einer der Autoren dieser Frage analytisch genähert hätte.

Eine Analyse der Wirkung von Schutzklauseln auf den Vertragsbestand ist deshalb der zweite Ansatzpunkt der Arbeit. Ob Schutzklauseln überhaupt im Zusammenhang mit dem Bestand des Vertrags stehen, kann durch eine Analyse der Inanspruchnahmehäufigkeit, d.h. der Anzahl der Fälle, in denen die Schutzklausel angewendet wird, beurteilt werden. Als Quellen zur Verfügung stehen dafür Datenbanken der internationalen Organisationen, die die Notifikationen durch die Staaten ausweisen.

Werden Schutzklauseln häufig in Anspruch genommen, lässt dies auf einen bestehenden Flexibilitätsbedarf schließen.[179] Dass Schutzklauseln als partielle Suspendierungsklauseln Flexibilität ermöglichen und gegenüber der Beendigung des Vertrags das weichere Instrument darstellen, ergibt sich auch aus Art. 62 III WVRK. Art. 62 III WVRK erlaubt einer Partei die Suspendierung eines Vertrages, wenn die Voraussetzungen für eine Beendigung oder Kündigung gegeben sind. In den Verhandlungen wurde Art. 62 III WVRK ausdrücklich als ein Flexibilitätsinstrument dargestellt und befürwortet, das den Bestand des Vertrages erhalten konnte.[180] Nach dem Wortlaut des Art. 62 III WVRK ist eine Suspendierung des Vertrages zwar alternativ zur Beendigung des gesamten Vertrages oder dem Ausscheiden eines Vertragspartners möglich. Anders als der Wortlaut indiziert, wird Art. 62 III WVRK so ausgelegt, dass eine Suspendierung vorrangig ist, sofern es sich um vorübergehende fundamentale Änderungen handelt.[181] Die Suspendierung erhält den Vertragsstaaten außerdem die Möglichkeit, eine Anpassung zu verhandeln,[182] die ihnen mit Beendigung des Vertrages nicht mehr zur Verfügung stünde. Schutzklauseln können den Flexibilitätsbedarf niedrigschwellig befriedigen, indem sie eine Anpassung oder gar Kündigung des Vertrags verhindern.[183]

---

178 *Gentzcke*, Ausweich- und Katastrophenklauseln im internationalen Wirtschaftsrecht, S. 161; *Kravis*, Domestic interests and international obligations, pp. 26f.; *Müller-Heidelberg*, Schutzklauseln im Europäischen Gemeinschaftsrecht, S. 6f.

179 In diese Richtung weisend auch *Binder*, Leiden Journal of International Law Vol. 25 No. 4 (2012), 909–934 (934): „undeniable need for temporary derogation".

180 Official Records of the United Nations Conference on the Law of Treaties, Vol. I, p. 378 para. 3 – Greek delegate; Vol. II, p. 120 para. 35 – German delegate, online abrufbar unter URL: http://legal.un.org/diplomaticconferences/1968_lot/ [19.01.2018].

181 *Giegerich*, in Dörr/Schmalenbach (Hrsg.), VCLT, Art. 62 para. 95.

182 *Giegerich*, in Dörr/Schmalenbach (Hrsg.), VCLT, Art. 62 para. 96.

183 *Müller-Heidelberg*, Schutzklauseln im Europäischen Gemeinschaftsrecht, S. 7.

Aber auch wenn Schutzklauseln in der Praxis nicht in Anspruch genommen werden, kann ihre bloße Existenz Auswirkungen auf den Bestand eines Vertrages haben: nämlich allein durch die Option, von einer Schutzklausel Gebrauch machen zu können – so entspricht es wenigstens der Intuition. Diese psychologische Komponente lässt sich mit Hilfe der Inanspruchnahmeanalyse allerdings nicht erhellen.

Es gibt verschiedene Daten zur Inanspruchnahme von Schutzklauseln: tatsächliche Fälle der Suspendierung von Pflichten auf Grund einer Ausnahmesituation und bei der jeweiligen internationalen Organisation notifizierte Inanspruchnahmefälle.

Die Ermittlung der tatsächlichen Fälle sähe sich jedoch Schwierigkeiten ausgesetzt. Sie wäre naturgemäß nicht vollständig, da nicht alle Fälle bekannt würden. Tatsächliche, nicht notifizierte Inanspruchnahmen ergeben sich vor allem aus Berichten von Nichtregierungsorganisationen. So zählte man sicher Fälle, in denen ein Staat in gutem Glauben nicht von der Schutzklausel Gebrauch gemacht hat, weil er das Vorliegen eines Ausnahmezustands für nicht gegeben hielt.[184] Außerdem stellen nicht notifizierte Inanspruchnahmen einen Vertragsbruch dar. Es wurde in diesem Fall gerade nicht bewusst vom Flexibilitätsinstrument Gebrauch gemacht. Diese Fälle sprechen deshalb auf den ersten Blick dafür, dass eine Schutzklausel für die Flexibilität keine Bedeutung hat; denn mit und ohne Schutzklausel kommt es zum Vertragsbruch. Inwieweit eine Schutzklausel leer läuft, ließe sich durch die Differenz von notifizierter Inanspruchnahme und der tatsächlichen Suspendierung ermitteln, wobei die Quellenlage für die nur tatsächlichen Notstände unsicher ist. Allerdings bedeutet die vertragswidrige Inanspruchnahme einer Schutzklausel nicht, dass Schutzklauseln keine Flexibilität ermöglichen. Denn alle notifizierten Fälle sind Ausdruck eines bestehenden Flexibilitätsbedarfs, der von der Schutzklausel befriedigt werden konnte, weshalb sich diese Analyse auf die notifizierten Inanspruchnahmen fokussiert.

Die Auswertung der notifizierten Inanspruchnahmen der ausgewählten Schutzklauseln kann deshalb zeigen, ob Schutzklauseln sich als Flexibilitätsinstrument positiv auf den Vertragsbestand auswirken.

---

184 *Toullier*, International Comparative Jurisprudence Vol. 3 No. 1 (2017), 8–24 (10).

3. Vertragsvertiefung: Auswertung der Spruchpraxis

Ob Schutzklauseln sogar eine Vertragsvertiefung begünstigen, ist bisher nicht Gegenstand der wissenschaftlichen Auseinandersetzung gewesen. Der dritte Ansatzpunkt der Arbeit besteht in der Analyse der Anwendungspraxis der ausgewählten Schutzklauseln, anhand derer eine Vertragsvertiefung sichtbar würde. Bei der Auslegung von Art. 4 IPbpR beispielsweise werden die in seinem Absatz 2 normierten notstandsfesten Rechte immer extensiver ausgelegt, was sogar so weit geht, dass dort nicht genannte Artikel für „de-facto notstandsfest" erklärt werden.[185] Dies läuft auf eine implizite Vertragsvertiefung hinaus.[186] Eine implizite Vertragsvertiefung[187] findet statt, wenn Ausnahmenormen enger bzw. Verpflichtungen über die Zeit weiter ausgelegt werden, ihr Wortlaut aber unverändert bleibt. Dies ist insbesondere der Fall, wenn der zur Auslegung kompetente Spruchkörper sich vom ursprünglichen Verständnis eines Rechtsbegriffs in einer Norm entfernt. Voraussetzung für diese Form der sich verändernden Auslegung ist die Feststellung, dass alle Rechtsnormen überhaupt unbestimmte Bereiche besitzen, die der Konkretisierung durch besondere Organe bedürfen.[188] Was auf der nationalen Ebene für die Normbereiche der Gesetze[189] selbstverständlich ist, ist auch im Völkerrecht anzutreffen[190] und wird unter den Stichworten „dynamic/evolutive[191] treaty interpretation" und

---

185 Human Rights Committee, General Comment No. 29 v. 31.08.2001, CCPR/C/21/Rev. 1/Add.11, abrufbar unter URL: http://www.un.org/en/ga/searc h/view_doc.asp?symbol=CCPR/C/21/Rev. 1/Add.11 [30.01.2014].

186 Für die EU vgl. *Falkner*, Journal of European Public Policy Vol. 9 No. 1 (2002), 1–11 (1): „Treaty reform of a de facto (though not de jure) quality since the meaning but not the letter of rules is changed".

187 Von „implicit lawmaking" spricht auch *Ginsburg*, Virginal Journal of International Law Vol. 45 No. 3 (2004–2005), 631–673 (639ff.), der damit sowohl die Auslegung – egal in welche Richtung – und das Schaffen von Gewohnheitsrecht erfasst.

188 *Kelsen*, Reine Rechtslehre, S. 346.

189 Bspw. unter dem Stichwort „gewandelter Normbereich", vgl. *Hoffmann-Riem*, in Scherzberg (Hrsg.). Kluges Entscheiden, S. 3–23 (4).

190 Zur Rechtsentwicklung durch Rechtsprechung im Völkerrecht allgemein *Milej*, Entwicklung des Völkerrechts; für die englisch sprachige Literatur stellvertretend *Ginsburg*, Virginia Journal of International Law Vol. 45 (2004–2005), 631–673.

191 *Bernhardt*, German Yearbook of International Law Vol. 42 (1999), 11–25.

„inter-temporal problem of treaty interpretation"[192] diskutiert.[193] Explizit gemacht hat dies bisher vor allem der EGMR mit der Interpretation der EMRK als „living instrument".[194] Aber nicht nur für die EMRK, sondern für alle völkerrechtlichen Verträge, ist eine implizite Vertragsvertiefung denkbar. Auch Art. 31 WVRK stützt in seinen Absätzen 1 und 3 die dynamische Interpretation völkerrechtlicher Verträge, unterscheidet aber danach, ob dem Begriff selbst eine evolutive Natur inhärent ist (Abs. 1) oder ob der Vertragsinhalt sich durch die veränderten Praktiken der Parteien verändert hat (Abs. 3 lit.b). Beides sind Fälle impliziter Vertragsvertiefungen, aber nur Abs. 1 ist Ausdruck einer impliziten Vertragsvertiefung durch Rechtsprechung und nicht durch das (politische) Handeln der Vertragsparteien. Nur in den seltensten Fällen macht der Spruchkörper explizit, ob er sich auf Art. 31 Abs. 1 oder 3 WVRK stützt.[195] Denn in der Praxis lässt sich für den Spruchkörper nicht zweifelsfrei feststellen, welcher Absatz passt oder ob sich beide überlappen.[196] Im Rahmen der hier analysierten Schutzklauselrechtsprechung wurde nie auf Art. 31 WVRK Bezug genommen, weshalb hier nicht weiter darauf eingegangen werden soll, welche völkerrechtlichen Maßstäbe für die Norminterpretation gelten. Für den dritten Teil der Untersuchung genügt die Feststellung, dass für jeden völkerrechtlichen Vertrag eine implizite Vertragsvertiefung durch Rechtsprechung möglich ist.[197] Auf eine solche hin untersucht die Arbeit in ihrem dritten analytischen Ansatzpunkt die Rechtsprechung der ausgewählten Schutzklauselspruchkörper.

---

192 Vgl. *Lindenfalk*, International Community Law Review Vol. 10 (2008), 109–141 (111).

193 *Arato*, The Law and Practice of International Courts and Tribunals Vol. 9 (2010), 443–494.

194 Zuerst im Fall Tyrer, ECtHR, Case of Tyrer v UK, Appl. No. 5856/72, Judgment 25 April 1978, § 31; vgl. auch *Letsas*, in Ulfstein/Føllesdal/Peters (Eds.), Constituting Europe: The European Court of Human Rights in a National, European and Global Context, pp. 106–141 und *White/Boussiakou*, Human Rights Law Review Vol. 9 (2009), 37–60 (41ff.) unter dem wertenden Stichwort "Judicial activism".

195 Im Fall des ICJ, Costa Rica v Nicaragua, Judgement of 13 July 2009 + Separate Opinions wurde der Unterschied transparent gemacht.

196 *Arato*, The Law and Practice of International Courts and Tribunals Vol. 9 (2010), 443–494 (449).

197 Dazu *Bernhardt*, German Yearbook of International Law Vol. 42 (1999), 11–25 (16 and 25): "Even if one can hardly find express statements that every treaty is a living instrument and has to be interpreted accordingly, it is also obvious that in substance this is and must be accepted."

Manche Schutzklauseln inkorporieren außerdem andere völkerrechtliche Verträge,[198] wie z.B. Art. 15 II EMRK. Erfolgt dort eine extensivere Auslegung, so spiegelt sich diese auch in der verweisenden Schutzklausel, womit der beschriebene Effekt eine ganze Reihe von Vertragsvertiefungen in Gang setzen kann.

Sicher aufschlussreich wäre auch ein Vergleich von Verträgen mit und ohne Schutzklausel im Hinblick darauf, ob sich die Verträge unterschiedlich weiterentwickeln. Allerdings müssten sich die Verträge bis auf die Schutzklausel ähneln, damit eine unterschiedliche Entwicklung auch auf die Schutzklausel zurückgeführt werden könnte. Gerade daran fehlt es aber: Zwar haben viele Menschenrechtsverträge keine Schutzklauseln. Diese unterscheiden sich aber auch in vielen anderen Punkten von den Menschenrechtsverträgen mit Schutzklausel. Die Menschenrechtsverträge mit Schutzklausel weisen zum Beispiel allgemein eine höhere Integrationstiefe[199] auf, etwa durch das Vorhandensein eines Durchsetzungsmechanismus.[200] Außerdem müssten die Verträge etwa zur gleichen Zeit entstanden sein, am besten unter denselben Rahmenbedingungen, wie z.B. der IPbpR und IPwskR. Genau daran scheitert der Vergleich von GATT und GATS. Zwar weisen beide dieselbe Integrationstiefe auf, sind aber zu unterschiedlichen Zeiten entstanden (1947 gegenüber 1995). Die Analyse einer Vertragsvertiefung durch Schutzklauseln wird sich daher auf die oben beschriebene Anwendungspraxis der Schutzklauseln konzentrieren, d.h. die Spruchpraxis der Spruchkörper auswerten.

Für die Analyse völkerrechtlicher Spruchpraxis – und noch allgemeiner für die Analyse von Urteilen – gibt die rechtswissenschaftliche Forschung kaum methodisches Werkzeug an die Hand.[201] Eine Ausnahme stellt hier die rhetorische Rechtstheorie dar, die im Zusammenhang ihrer rhetorischen Analyse des Rechts auf den Nutzen der Rhetorik als Analysewerk-

---

198 Vgl. z.B. die Klauseln der Menschenrechtsverträge: Art. 15 EMRK, Art. 30 ESC, Art. 4 IPbpR.

199 Der Begriff stammt aus der Betriebswirtschaftslehre. Vgl. zur Integrationstiefe als Grad des Ausmaßes der Vergemeinschaftung im Völker- und Europarecht, *Grimmel/Jakobeit*, in Grimmel/Jakobeit (Hrsg.), Regionale Integration, S. 435–440.

200 Schon dieser Befund kann als Indiz dafür gewertet werden, dass mit Schutzklauseln Verträge mit größerer Integrationstiefe geschlossen werden oder diese eine Vertragsvertiefung begünstigen.

201 *Gräfin von Schlieffen* bemängelt, dass es „keine explizite Lehre für die juristische Kernkompetenz", das Lösen von Fällen gebe, vgl. *dies.*, ZDRW 2013, 44–61 (44).

zeug aufmerksam macht.[202] Obwohl die Analyse von Urteilen zu den Kernaufgaben der Rechtswissenschaft gehört, werden Urteile überwiegend lediglich inhaltlich unter Zuhilfenahme der klassischen Auslegungsmethoden ausgewertet.[203] Das heißt nicht, dass die die Urteile prägenden Rahmenbedingungen und Urteilstechniken[204] der Spruchkörper nicht berücksichtigt werden; es geschieht jedoch oft nur implizit und damit auf intransparente Weise. Nur einige wenige Autoren machen sich Urteilsaufbau und -technik als notwendige Vorarbeiten der Urteilsanalyse bewusst,[205] bevor sie die Rechtsprechung inhaltlich bewerten. Derjenige, der Entscheidungen internationaler Spruchkörper analysieren will, ist damit weitgehend der eigenen juristischen Intuition überlassen, die zudem häufig in der nationalen Juristenausbildung gewachsen ist. Auch die Analyse dieser Arbeit kann nur vor dem eigenen begrenzten Erfahrungshorizont stattfinden, will sich aber von den wenigen methodischen Hinweisen für den Kontext und die Techniken der Spruchpraxis des jeweiligen Spruchkörpers leiten lassen.

II. Art. 4 IPbpR, Art. 15 EMRK, Art. XIX GATT und Art. 347 AEUV als repräsentativer Querschnitt

Die bisherigen Schutzklauselanalysen verbleiben innerhalb einzelner Integrationsregime.[206] Einbezogen werden in dieser Arbeit Art. XIX GATT

---

202 *Gräfin von Schlieffen (geb. Sobota)*, Sachlichkeit, Rhetorische Kunst der Juristen; *dies.*, in Fix/Gardt/Knape (Hrsg.), Rhetorik und Stilistik, S. 1811–1833; *dies*, in Ueding (Hrsg,), Rhetorik. Begriff – Geschichte – Internationalität, S. 313–324; *dies.* in Dyck/Jens/Ueding (Hrsg.), Rhetorik. Ein internationales Jahrbuch, Band 15 Juristische Rhetorik, S. 115–136; *dies.*, JA 2013, 1–7; *dies.*, ZDRW 2013, 44–61; *dies.*, JZ 2011, 109–116; *dies.*, JZ 1992, 231–237.

203 Ähnlich *Albers*, VVDStRL Band 71 (2012), 257–295 (263).

204 *Albers* fordert die Berücksichtigung des „eigenständigen Text- und Kommunikationsformats", VVDStRL Band 71 (2012), 257–295.

205 Z.B. *Gebauer*, Parallele Grund- und Menschenrechtsschutzsysteme in Europa?, S. 225ff. für den EGMR und S. 269ff. für den EuGH.

206 *Benke*, Die Schutzklausel der gemeinsamen Agrarmarktorganisationen der Europäischen Wirtschaftsgemeinschaft; *Ehlermann*, EuR 1966, 305–334; *Harz*, Die Schutzklauseln des Kapital- und Zahlungsverkehrs im EWG-Vertrag; *Gentzcke*, Ausweich- und Katastrophenklauseln im internationalen Wirtschaftsrecht; *Hoang*, Liberalisierung und (Notstands)Schutzklauseln im internationalen Warenhandel; *Müller-Heidelberg*, Schutzklauseln im Europäischen Gemeinschaftsrecht; *Oppermann*, EuR 1969, 231–239; *Quick*, Exportselbstbeschränkungen und

i.V.m. Safeguard Agreement,[207] Art. 347 AEUV[208] sowie Art. 15 EMRK[209] und Art. 4 IPbpR[210]. Diese erschließen sowohl das Völker- und Europa-

---

Artikel XIX GATT; *Weber*, Schutznormen und Wirtschaftsintegration; *Zila*, Die neuen Schutznormen der Beitrittsabkommen der EU.

207 „If, as a result of unforeseen developments and of the effect of the obligations incurred by a contracting party under this Agreement, including tariff concessions, any product is being imported into the territory of that contracting party in such increased quantities and under such conditions as to cause or threaten serious injury to domestic producers in that territory of like or directly competitive products, the contracting party shall be free, in respect of such product, and to the extent and for such time as may be necessary to prevent or remedy such injury, to suspend the obligation in whole or in part or to withdraw or modify the concession.", s. Anhang.

208 „Die Mitgliedstaaten setzen sich miteinander ins Benehmen, um durch gemeinsames Vorgehen zu verhindern, dass das Funktionieren des Binnenmarkts durch Maßnahmen beeinträchtigt wird, die ein Mitgliedstaat bei einer schwerwiegenden innerstaatlichen Störung der öffentlichen Ordnung, im Kriegsfall, bei einer ernsten, eine Kriegsgefahr darstellenden internationalen Spannung oder in Erfüllung der Verpflichtungen trifft, die er im Hinblick auf die Aufrechterhaltung des Friedens und der internationalen Sicherheit übernommen hat.", s. Anhang.

209 „1. In time of war or other public emergency threatening the life of the nation any High Contracting Party may take measures derogating from its obligations under this Convention to the extent strictly required by the exigencies of the situation, provided that such measures are not inconsistent with its other obligations under international law.
2. No derogation from Article 2, except in respect of deaths resulting from lawful acts of war, or from Articles 3, 4 (paragraph 1) and 7 shall be made under this provision.
3. Any High Contracting Party availing itself of this right of derogation shall keep the Secretary General of the Council of Europe fully informed of the measures which it has taken and the reasons therefor. It shall also inform the Secretary General of the Council of Europe when such measures have ceased to operate and the provisions of the Convention are again being fully executed.", s. Anhang.

210 „1. In time of public emergency which threatens the life of the nation and the existence of which is officially proclaimed, the States Parties to the present Covenant may take measures derogating from their obligations under the present Covenant to the extent strictly required by the exigencies of the situation, provided that such measures are not inconsistent with their other obligations under international law and do not involve discrimination solely on the ground of race, colour, sex, language, religion or social origin.
2. No derogation from articles 6, 7, 8 (paragraphs 1 and 2), 11, 15, 16 and 18 may be made under this provision.
3. Any State Party to the present Covenant availing itself of the right of derogation shall immediately inform the other States Parties to the present Covenant, through the intermediary of the Secretary-General of the United Nations, of the

recht als auch die menschenrechtliche und wirtschaftliche Dimension von Schutzklauseln. Damit bilden sie einen repräsentativen Querschnitt der aufgefundenen Schutzklauseln. Die unterschiedlichen Rahmenbedingungen und Integrationstiefen der Vertragsregime versprechen eine differenzierte Analyse der Wirkungsweise von Schutzklauseln.[211]

Um Schutzklauseln als Normtypus untersuchen zu können, ist die Auswahl am Gang der Analyse ausgerichtet. So muss für alle Schritte des völkervertragsrechtlichen Integrationsprozesses – Vertragsschluss, Vertragsbestand, Vertragsvertiefung – Analysematerial vorhanden sein. Für die Analyse, ob Schutzklauseln eine Rolle im Vertragsabschlussverfahren zukommt, müssen Entstehungsdokumente zur Verfügung stehen, was beispielsweise für die Vorschriften des EU-Primärrechts nur sehr eingeschränkt der Fall ist. Für die Analyse der Wirkung von Schutzklauseln auf den Vertragsbestand müssen die bei der jeweiligen internationalen Organisation erfolgten Notifikationen einsehbar sein. Für die Beobachtung der rechtlichen Anwendungspraxis schließlich muss Spruchpraxis bestehen und zugänglich sein, die die Schutzklauseln konkretisiert.

Man könnte sich auf den Standpunkt stellen, dass es aufschlussreicher wäre, möglichst viele Schutzklauseln – auch für nur einen Integrationsschritt – zu berücksichtigen. Dafür spricht eine größere Breite, die die Aussagekraft der Untersuchung hätte erhöhen können. Allerdings hätte es die Qualität der Gesamtaussage zu Schutzklauseln als Integrationsmechanismus geschmälert, denn nur die Analyse aller Schritte des Integrationsprozesses gibt Aufschluss über die Rolle von Schutzklauseln im (gesamten) Integrationsprozess.

a) Auswahl von Art. 4 IPbpR und Art. 15 EMRK

Für Art. 15 EMRK gibt es Entstehungsdokumente sowie Material zur Inanspruchnahmerealität. Überdies gibt es eine übersichtliche Anzahl an Gerichtsentscheidungen des EGMR. Art. 15 EMRK eignet sich daher für diese Untersuchung.

---

provisions from which it has derogated and of the reasons by which it was actuated. A further communication shall be made, through the same intermediary, on the date on which it terminates such derogation.", s. Anhang.

211 Inwiefern der Vergleich auch rechtsvergleichenden Anforderungen standhält, S. S. 62ff.

Ähnlich steht es um die Quellen für Art. 4 IPbpR. Auch für diesen sind die Entstehungsdokumente zugänglich, die Notifikationen auf der Homepage einsehbar. Vom UN-Menschenrechtsausschuss gibt es einige Entscheidungen und Stellungnahmen, so dass auch Art. 4 IPbpR in die Untersuchung aufgenommen werden kann.

Für Art. 27 AMRK gibt es Entstehungsdokumente in spanischer Sprache.[212] Ferner gibt es zwar eine obligatorische Individualbeschwerde, allerdings nur wenn die Staaten sich der Jurisdiktion des Inter-Amerikanischen Gerichtshofs für Menschenrechte unterworfen haben.[213] Dementsprechend gering ist die vorhandene Spruchpraxis; zu Artikel 27 AMRK gibt es keinen einzigen Fall.[214] Noch dazu liegt die Schwelle zur Inanspruchnahme von Art. 27 AMRK niedriger als bei Art. 4 IPbpR und Art. 15 EMRK, da Art. 27 AMRK keine Bedrohung für das Leben der Nation fordert.[215] Der Vorzug der Analyse gebührt daher Art. 4 IPbpR und Art. 15 EMRK, womit der Menschenrechtssektor ausreichend repräsentiert ist.

Art. 30 ESC wird nicht einbezogen. Es fehlt zum einen an Spruchpraxis, die analysiert werden könnte. Art. 21 ESC sieht nur Staatenberichte vor, die in mehreren Stufen von verschiedenen Gremien geprüft werden, vgl. Art. 25 zum Sachverständigenausschuss, Art. 27 zum Unterausschuss des Regierungssozialausschusses und Art. 29 zum Ministerkomitee. In einem Zusatzprotokoll[216] ist zwar eine Kollektivbeschwerde vorgesehen, diese ist jedoch nicht mit den (quasi-) gerichtlichen Durchsetzungsmechanismen der anderen Menschenrechtsverträge vergleichbar. Zum anderen handelt es sich um Staatszielbestimmungen, zu deren Erstreben – und das auch nur zum Teil – sich die Staaten verpflichten.[217]

Art. 4 b Arabische Menschenrechtscharta wird nicht mit in die Untersuchung einbezogen. Zum einen handelt es sich um eine junge und kleine

---

212 Die Mehrheit der Vertragsstaaten ist spanisch sprachig, vgl. *Ruiz Miguel*, Israel Yearbook on Human Rights Vol. 33 (2003), 105–122 (105).

213 *Schilling*, Internationaler Menschenrechtsschutz, Rn. 20.

214 Suche auf http://www.corteidh.or.cr/index.php/en/jurisprudencia, „Articulo 27" [14.08.2014]. Auch in *Medina*, The American Convention on Human Rights, S. 29 wird auf keinen Fall des Inter-Amerikanischen Gerichtshofs Bezug genommen, obwohl viele Notstände erklärt wurden.

215 *Nugraha*, International Journal of Human Rights 2017, 1ff. (7), online abrufbar unter URL: http://www.tandfonline.com/doi/abs/10.1080/13642987.2017.13595 51 [30.12.2017].

216 ZP zur ESC über Kollektivbeschwerden, online abrufbar unter URL: https://ww w.sozialcharta.eu/zusatzprotokoll-zur-europaeischen-sozialcharta-ueber-kollektiv beschwerden-9186/ [31.01.2018].

217 *Schilling*, Internationaler Menschenrechtsschutz, Rn. 14.

Kooperation, weshalb die Quellenlage entsprechend gering ist. Zum anderen ähnelt Art. 4 Arabische Menschenrechtscharta stark Art. 4 IPbpR. Zudem beschränkt sich die Kontrolle auf Staatenberichte, weshalb es an Spruchpraxis fehlt. Der menschenrechtliche Untersuchungsteil sollte zudem nicht überrepräsentiert sein.

b) Auswahl von Art. XIX GATT

Für Art. XIX GATT sind Entstehungsdokumente verfügbar. Darüber hinaus wird die Inanspruchnahmepraxis dokumentiert und es existiert seit der Reformierung des Dispute Settlement Body eine Spruchpraxis, die komplett analysiert werden kann. Da Art. XIX GATT häufig Vorlage bzw. Referenzpunkt für andere wirtschaftliche Schutzklauseln ist, ist eine Analyse des Art. XIX GATT für wirtschaftliche Schutzklauseln repräsentativ. Überdies sind für alle drei Integrationsschritte Quellen erschließbar, so dass Art. XIX GATT als Repräsentant für wirtschaftliche Schutzklauseln in der Untersuchung dienen wird.

Die anderen wirtschaftlichen Schutzklauseln bleiben aus verschiedenen Gründen außen vor: Zum einen verweisen sie oft nur auf Art. XIX GATT bzw. geben diesen wieder. Zum anderen sind für viele nicht alle drei Integrationsschritte analysierbar. So fehlt es beispielsweise Art. 6 ASEAN CEPT an Spruchpraxis. Es gibt zwar einen mit der WTO vergleichbaren Dispute Settlement Mechanismus[218], von diesem ist aber bisher noch kein Gebrauch gemacht worden.

Ähnliches gilt für die Schutzklauseln der EU-Außenwirtschaftsabkommen. Auch für diese gibt es keine Spruchpraxis. Darüber hinaus sind die eigentlichen Verhandlungsdokumente nicht einsehbar. Es existieren lediglich Positionspapiere der EU bzw. die Dokumentation des EU-internen Abstimmungsverfahrens. An einer umfassenden Dokumentation des Verhandlungsprozesses zwischen der EU und dem entsprechenden Vertragsstaat aber fehlt es.

Für die EU-Beitrittsabkommen sind genau wie bei den EU-Außenwirtschaftsbeziehungen keine Verhandlungen mit den eigentlichen Vertragspartnern dokumentiert. Einzig verfügbar sind archivierte Dokumente des Rats der Europäischen Union, die jedoch erst dreißig Jahre nach ihrer Ent-

---

218 2004 ASEAN Protocol on Enhanced Dispute Settlement Mechanism, abrufbar unter: http://www.asean.org/news/item/asean-protocol-on-enhanced-dispute-sett lement-mechanism [12.08.2014].

stehung öffentlich bzw. nur mittels eines spezifischen Antrags zugänglich sind.[219] Die Ergebnisse müssten aus den zahlreichen EU-Dokumenten, die den Verhandlungsprozess auf Seiten der EU dokumentieren, geschlossen werden. Da eine Analyse der primären Entstehungsdokumente schon Hürden ausgesetzt ist, würde eine solche Analyse das Bild noch weiter verzerren. Außerdem gibt es nahezu keine Anwendungsfälle, so dass auch die Vertragsvertiefungsdimension nicht analysiert werden kann. Die Schutzklauseln der Beitrittsverträge werden daher nicht in die Untersuchung mit einbezogen.[220]

Auch Art. 2 II Schengen Abkommen eignet sich mangels Spruchpraxis nicht für die Untersuchung.

Die bereits ausgelaufenen Schutzklauseln Art. 115 und 226 EWG werden nicht einbezogen, weil sie beide nur für eine Übergangszeit vereinbart wurden. Die Verhandlungen zur Aufnahme einer Übergangsschutzklausel[221] können nicht beantworten, ob die Schutzklausel Bedingung für den Vertragsschluss war, sondern nur, ob sie den Abschluss des Vertrags schon zu einem früheren Zeitpunkt ermöglichten. Zudem sah Art. 226 EWG vor, dass die Mitgliedstaaten zuvor eine Genehmigung der Kommission einholen mussten, so dass Art. 226 EWG im Gegensatz zu Art. 347 AEUV, Art. XIX GATT, Art. 15 EMRK und Art. 4 IPbpR nicht autonom aktiviert werden konnte. Alle anderen Schutzklauseln existieren noch heute, wodurch der Betrachtungszeitraum besser vergleichbar ist. Zwar liegen die ausgewählte älteste (Art. XIX GATT) und jüngste Schutzklausel (Art. 4 IPbpR) in ihrer Entstehung auch fast 20 Jahre auseinander und Art. 115 und Art. 226 EWG wurden erst 1997 mit dem Vertrag von Amsterdam abgeschafft; allerdings findet sich die meiste Rechtsprechung erst im Zeitraum nach 1970, weshalb die Differenz im Entstehungsalter weniger ins Gewicht fällt als die Abschaffung vor knapp 20 Jahren.

---

219 Rat der Europäischen Union, http://www.consilium.europa.eu/documents/archi ves?lang=de [14.08.2014].

220 Außerdem finden sich in der Literatur Stimmen, die die Schutzklauseln der Beitrittsverträge nicht für solche halten, vgl. dazu *Zila*, Die neuen Schutznormen der Beitrittsabkommen der Europäischen Union, S. 370ff.; dagegen *Sack*, EuZW 2002, 706; *Seidel*, ZEI Working Paper B 10 2005, online abrufbar unter https://w ww.zei.uni-bonn.de/publikationen/archiv/zei-working-paper [06.06.2017].

221 Siehe zur Entstehungsgeschichte *Delfs*, Komplementäre Integration, S. 270.

c) Auswahl von Art. 347 AEUV

Art. 347 AEUV erfasst sowohl wirtschafts- als auch menschenrechtliche Ausnahmesituationen. So wie alle Vorschriften des EU-Primärrechts ist auch die Entstehungsgeschichte von Art. 347 AEUV bisher nur rudimentär ausgewertet.[222] Zwar waren die Quellen lange Zeit nicht zugänglich, doch seit 1983 sind die Archive nun geöffnet.[223] Einer Analyse der Entstehungsdokumente steht auch die 30-Jahre-Regel nicht im Wege, nach der die Dokumente erst 30 Jahre nach ihrem Entstehen für die Öffentlichkeit zugänglich sind.[224] Das eigentliche praktische Problem besteht darin, dass die Quellen über mehrere Archive verstreut sind; zum einen über sämtliche Mitgliedstaaten, zum anderen über die verschiedenen Archive der Organe der Europäischen Union.[225] In Florenz existiert das Historische Archiv der Europäischen Union, das u.a. die Dokumente zu den EWG-Vertragsverhandlungen hält.[226] Für Art. 347 AEUV (ex Art. 224 EWG) kann daher eine – auf das Historische Archiv der Europäischen Union in Florenz begrenzte – entstehungsgeschichtliche Analyse durchgeführt werden. Zwar gibt es kein förmliches Notifikationsverfahren, wohl aber eine Kooperationspflicht.[227] Da eine solche weiter geht als eine bloße Notifikation, stehen auch die Anforderungen an eine Inanspruchnahmeanalyse der Aufnahme von Art. 347 AEUV nicht entgegen. Es ist auch (wenig) Rechtsprechung des EuGH vorhanden.[228] So ist eine Analyse von Art. 347 AEUV möglich.

---

222 Es existiert bisher nur die Sammlung von *Schulze (Hrsg.)*, Dokumente zum europäischen Recht, Band 1: Gründungsverträge, 1999; Dokumente auch online abrufbar unter URL: http://www.uni-muenster.de/Jura.itm/eudoc/gruendung/index_gruendung.htm [16.09.2014].

223 VO (EWG, Euratom) Nr. 354/83 des Rates v. 1. 2. 1983, ABl. 1983 L 43/1.

224 Auf Antrag auch früher, vgl. VO (EG) Nr. 1049/2001 des Europäischen Parlaments und des Rates vom 30. 5. 2001, ABl. 2001 L 145/43.

225 Eine Übersicht über die vorhandenen Quellen gibt *Schorkopf*, JZ 2014, 421–431 (424f.).

226 Historical Archives EU, Sammlung CM3-Nego, Index abrufbar unter URL: http://archives.eui.eu/en/fonds/95145?item=CM3/NEGO.C-07-261 [27.01.2015].

227 Vgl. dazu *Calliess*, in Calliess/Ruffert (Hrsg.), AEUV, Art. 347 Rn. 11.

228 Vgl. die Sammlung von *Roeder*, in Zwitter (Hrsg.), Notstand und Recht, S. 82–110 (82).

III. Anforderungen der Rechtsvergleichung an die Auswahl

Die Auswahl der Schutzklauseln aus verschiedenen Rechtsordnungen des Völkerrechts hält den Anforderungen der rechtsvergleichenden Methode stand. Art. XIX GATT, Art. 4 IPbpR, Art. 15 EMRK und Art. 347 AEUV sind miteinander vergleichbar.

Die Rechtsvergleichung hat den Nutzen, sich dem Rechtstypus[229] Schutzklausel zu nähern, ohne sich in den Details der einzelnen Tatbestandsvoraussetzungen einzelner Schutzklauseln zu verlieren. Dies geschieht durch das „methodische Grundgerüst" der Rechtsvergleichung, dem Prinzip der Funktionalität.[230]

1. Rechtsvergleichung als Methode für die Analyse von Schutzklauseln

Die rechtsvergleichende Methode schafft Distanz und Abstand.[231] Sie ermöglicht es, von den einzelnen Auslegungsproblemen Abstand schaffend, den eigentlichen Mechanismus zu untersuchen, der allen Schutzklauseln zu Grunde liegt. Es gibt vier Szenarien der Rechtsvergleichung: staatenintern, zwischenstaatlich, zwischen einem Staat und einer internationalen Organisation[232] und zwischen internationalen Organisationen.[233] Die Literatur bezieht sich vor allem auf den zwischenstaatlichen Vergleich; auf das Völkerrecht wird allenfalls im Rahmen der Entwicklung einer Rechtsordnung innerhalb des Völkerrechts, wie z. B. des UN-Kaufrechts oder des Europarechts Bezug genommen. Noch rarer sind Abhandlungen zum Vergleich verschiedener Rechtsordnungen des Völkerrechts.[234]

Alle ausgewählten Schutzklauseln sind Teil der Rechtsordnung von internationalen Organisationen, so dass es sich bei der hier vorgenommenen Rechtsvergleichung um das vierte Szenario handelt. Dabei treten die Pro-

---

229 *Brand*, JuS 2003, 1082–1091 (1084).
230 *Brand*, JuS 2003, 1082–1091 (1086).
231 *Schönberger*, VRÜ 43 (2010), 6–27 (21).
232 *Schönberger*, in Bogdandy/Cassese/Huber (Hrsg.), Handbuch Ius Publicum Europaeum, Band IV: Verwaltungsrecht in Europa: Wissenschaft, § 71 Rn. 52.
233 Dazu *Picker/Heckendorn Urscheler/Solenik* (Eds.), Comparative Law and International Organisations.
234 *Picker*, in Picker/Heckendorn Urscheler/Solenik (Eds.), Comparative Law and International Organisations pp. 11–40 (12), der eine „Comparative legal cultural analysis" vorschlägt.

bleme der Rechtsvergleichung verstärkt auf:[235] Vergleichen fordert immer eine Referenzgröße. Bei den Szenarien 1–3 ist dies das (eigene) nationale Recht. Im vierten Szenario läuft der Vergleich entweder jeweils über das eigene Recht oder das dem Vergleichenden am ehesten zugängliche Recht. In jedem Fall findet eine verstärkte Verzerrung durch Vorbewertung statt.[236]

Die Methode der Rechtsvergleichung lässt sich in drei sich teils überlappenden Phasen beschreiben.[237] In der ersten Phase geht es darum, vergleichbare Elemente vorzusondieren, unabhängig von der Rechtsordnung, der sie angehören.[238] Daran schließt die zweite Phase des Verstehens an, in der das Element isoliert unter Berücksichtigung der Rechtsordnung, der es angehört, analysiert wird.[239] Erst im Anschluss ist ein Vergleich der verstandenen Elemente möglich (Synthese).[240] Diese Phasen strukturieren den Vergleich der Schutzklauseln in dieser Arbeit.

2. Vergleichbarkeit der ausgewählten Schutzklauseln

Angestrebt wird ein Vergleich der Rechtsordnungen der WTO (Art. XIX GATT), der UN (Art. 4 IPbpR), des Europarats (Art. 15 EMRK) sowie der EU (Art. 347 AEUV). Um die Vergleichbarkeit zu gewährleisten, müssen unter Berücksichtigung der Rechtsvergleichung sowohl die Rechtsordnungen als auch die zu vergleichenden Elemente der ausgewählten Rechtsordnungen vergleichbar sein.[241]

---

235 *Picker*, in Picker/Heckendorn Urscheler/Solenik (Eds.), Comparative Law and International Organisations, pp. 11–40 (22–25).
236 *Augenhofer*, in Krüper (Hrsg.), Grundlagen des Rechts, § 10 Rn. 22; *Constantinesco*, Rechtsvergleichung Band 2: Die rechtsvergleichende Methode, S. 279.
237 *Constantinesco*, Rechtsvergleichung Band 2: Die rechtsvergleichende Methode, S. 137ff.
238 *Constantinesco*, Rechtsvergleichung Band 2: Die rechtsvergleichende Methode, S. 137.
239 *Constantinesco*, Rechtsvergleichung Band 2: Die rechtsvergleichende Methode, S. 150f.
240 *Constantinesco*, Rechtsvergleichung Band 2: Die rechtsvergleichende Methode, S. 139; Bild der Pyramide/Rakete.
241 *Constantinesco*, Rechtsvergleichung Band 2: Die rechtsvergleichende Methode, S. 68f.

a) Vergleichbarkeit der Rechtsordnungen

Ein Vergleich von Völker- und Europarecht sieht sich oft gewissen Vorbehalten ausgesetzt:[242] Zweigert/Kötz[243] beispielsweise fordern einen ähnlichen Entwicklungsgrad der Rechtsordnungen. Andere fordern gar, dass nur Objekte innerhalb von Rechtsordnungen verglichen werden.[244] Natürlich weisen das Europa- und das Völkerrecht abstrakt betrachtet stark unterschiedliche Integrationstiefen auf.[245] Zum einen handelt es sich bei Schutzklauseln um einen Gegenstand, der an der Grenze zur Nichtintegration steht. Insofern hat die Integrationstiefe des gesamten Projektes kein allzu starkes Gewicht. Zum anderen finden sich auch innerhalb des Völkerrechts Teilrechtsordnungen unterschiedlicher Integrationstiefe. Alle Schutzklauseln sind überdies Teil der Rechtsordnung von internationalen Organisationen[246] und nicht bloß multilateraler Verträge, d.h. ein gewisser gemeinsamer Grad an Integration ist erreicht.

b) Vergleichbarkeit der einzelnen Schutzklauseln

Alle ausgewählten Schutzklauseln weisen gemeinsame Strukturmerkmale auf.[247] Sie alle fordern das Vorliegen eines Ausnahmezustands, die Verhältnismäßigkeit der Maßnahmen und die Notifikation bzw. Verständigung mit den anderen Vertragsstaaten, die eine Überwachung durch ein internationales Gremium ermöglicht.

---

242 *Brand*, JuS 2003, 1082–1091 (1089 Fn. 101).
243 *Zweigert/Kötz*, Einführung in die Rechtsvergleichung, S. 40.
244 *Starck*, JZ 1997, 1021–1030 (1026).
245 Die EU wird als Gegenpol bezeichnet, vgl. *Naßmacher*, Politikwissenschaft, S. 464.
246 „Von mindestens zwei Staaten durch völkerrechtlichen Vertrag geschaffene, mit Organen und mit eigenem Willen ausgestattete völkerrechtsfähige Verbände, denen ein bestimmter Verbandszweck eigen ist", so *Ress*, ZAöRV 36 (1976), 227–279 (229).
247 *Schreuer*, Yale Journal of International Law Vol. 9 No. 1 (1982), 113–132 (116); für Art. 4 IPbpR und Art. 15 EMRK vgl. *Toullier*, International Comparative Jurisprudence Vol. 3 No. 1 (2017), 8–24 (9).

aa) Vergleichbarkeit menschen- und wirtschaftsrechtlicher Schutzklauseln

Darüber hinaus müssen die Elemente der Rechtsordnungen vergleichbar sein. Es ist ein funktionaler Vergleich gefordert,[248] d.h. nicht der Vergleich von Instituten, sondern von dahinter stehenden Problemen,[249] ein Vergleich von Bedürfnissen, die ein Rechtsinstitut befriedigt.[250] Ausgangspunkt jeder Rechtsvergleichung ist ein identisches Sachproblem,[251] in dieser Untersuchung die Einbettung einer „Vertragsverletzung" in den Vertrag.[252]

In der Literatur wird häufig davon ausgegangen, dass Schutzklauseln eine wirtschaftliche Ausnahmesituation erfordern.[253] Diese Stimmen würden den Vergleich wirtschaftlicher und menschenrechtlicher Schutzklauseln wohl in Frage stellen. Außerdem könnte gegen eine Vergleichbarkeit sprechen, dass menschenrechtliche Klauseln dreipolig sind: Staat, Staatengemeinschaft, Individuum; wirtschaftsrechtliche Klauseln sind zwar auch dreipolig: Staat, Staatengemeinschaft, Wirtschaftsakteure, allerdings liegt kein innerstaatlicher Konflikt zwischen dem Staat und seinen Bürgern vor. Eine darauf basierende Differenzierung wäre zu kurz gegriffen; denn Derogationsklauseln haben ebenso den Zweck, den Staat und damit seine Bürger zu schützen.[254]

Die Differenzierung wirtschaftliche – nicht wirtschaftliche Ausnahmesituation erscheint willkürlich und vor allem sprachbasiert. Natürlich kann

---

248 *Augenhofer*, in Krüper (Hrsg.), Grundlagen des Rechts, § 10 Rn. 17; oder „Regelung von Lebensproblemen", *Starck*, JZ 1997, 1021–1030 (1027); *Zweigert/Kötz*, Einführung in die Rechtsvergleichung, S. 33; *Zweigert*, Studium generale 13 (1960), 193–200 (197).

249 *Augenhofer*, in Krüper (Hrsg.), Grundlagen des Rechts, § 10 Rn. 17.

250 *Zweigert*, Studium generale 13 (1960), 193–200 (197).

251 *Constantinesco*, Rechtsvergleichung Band 2: Die rechtsvergleichende Methode, S. 100.

252 Natürlich ist es vorbewertend, das identische Sachproblem auszumachen. Diesem Problem kann die Rechtsvergleichung jedoch nicht entgehen. Zur Voreingenommenheit *Großfeld*, Kernfragen der Rechtsvergleichung, S. 106 und *Schönberger*, VRÜ 43 (2010), 6–27 (24).

253 *Gentzcke*, Ausweich- und Katastrophenklauseln im internationalen Wirtschaftsrecht, S. 12, *Müller-Heidelberg*, Schutzklauseln im Europäischen Gemeinschaftsrecht, S. 33, 55 und *Weber*, Schutznormen und Wirtschaftsintegration, S. 42. In der neueren Literatur *Zila*, Die neuen Schutznormen der Beitrittsabkommen der EU, S. 370ff.

254 *Greene*, German Law Journal Vol. 12 No. 11 (2011), 1764–1785 (1764).

eine ähnliche sprachliche Gestalt auf eine Vergleichbarkeit hinweisen.[255] Bei der Rechtsvergleichung soll es nicht auf die Benennung der Objekte ankommen.[256] Strukturell sind beide Normtypen durchaus vergleichbar: Sie machen eine Ausnahmesituation zum Anlass für eine Suspendierungsberechtigung.[257] Sowohl Art. XIX GATT als auch Art. 15 EMRK und Art. 4 IPbpR werden im Rahmen der Entstehungsdokumente die Funktion von Sicherheitsventilen zugeschrieben.[258] Ihrer Funktion nach, welche Maßstab der Rechtsvergleichung ist, sind sie vergleichbar. Von der fehlenden sprachlichen Identität[259] absehend werden menschen- und wirtschaftsrechtliche Schutzklauseln als funktionell[260] gleichwertige Klauseln[261] verglichen. Wirtschaftliche und menschenrechtliche Schutzklauseln werden daher in dieser Arbeit unter dem gemeinsamen Oberbegriff der Schutzklausel behandelt.

ab) Vergleichbarkeit der Schutzklausel-Spruchkörper

Ein Vergleich der Rechtsprechung zu den ausgewählten Schutzklauseln könnte sich dem Vorwurf ausgesetzt sehen, die Spruchpraxis sei nicht miteinander vergleichbar, weil die Spruchkörper nicht miteinander vergleichbar sind. Während es sich bei EGMR und EuGH unbestritten um internationale Gerichte handelt, sind WTO Appellate Body und das Human

---

255 *Constantinesco*, Rechtsvergleichung Band 2: Die rechtsvergleichende Methode, S. 94.

256 *Starck*, JZ 1997, 1021–1030 (1027).

257 *Binder*, Leiden Journal of International Law Vol. 25 No. 4 (2012), 909–934 (926) nennt sie „treaty-based emergency exceptions".

258 Für Art. XIX GATT vgl. Negotiating Group on Safeguards, MTN.GNG/NG9/W/10, p. 2; für Art. 4 IPbpR vgl. schon in der ersten Diskussion Wilson (UK), E/CN.4/AC.1/SR.11, p. 6. Auch in der Literatur werden die Klauseln als Sicherheitsventil o.Ä. bezeichnet: Für Art. XIX GATT vgl. *Bown/McCulloch*, Oxford Review of Economic Policy Vol. 23 No. 3 (2007), 415–439 (426); *Hilpold*, ZAöRV 55 (1995), 89–127 (91); für Art. 4 IPbpR und Art. 15 EMRK vgl. *Gross*, Yale Journal of International Law Vol. 23 No. 2 (1998), 437–501 (441) „maneuverability"; *Higgins*, British Yearbook of International Law Vol. 48 (1976/77), 281–320 (281) „clawback clause".

259 Sprache ist ohnehin eine der Hauptschwierigkeiten der Rechtsvergleichung, *Constantinesco*, Rechtsvergleichung Band 2: Die rechtsvergleichende Methode, S. 164.

260 „Prinzip der Funktionalität", dazu *Brand*, JuS 2003, 1082–1091 (1086).

261 *Constantinesco*, Rechtsvergleichung Band 2: Die rechtsvergleichende Methode, S. 91.

Rights Committee nur internationale Spruchkörper. Spruchkörper erfüllen nicht alle Kriterien einer internationalen Gerichtsbarkeit.[262] Eines der wichtigsten Kriterien ist die Verbindlichkeit der Entscheidungen für die Parteien. Seit Einführung der negative consensus rule haben die Empfehlungen des Appellate Body jedoch Verbindlichkeit, vgl. Art. 17 XIV DSU, weshalb auch die Berichte des Appellate Body mit EGMR und EuGH-Entscheidungen für vergleichbar gehalten werden.[263] Die Auffassungen des Human Rights Committee haben allerdings weder eine rechtliche noch eine faktische Bindungswirkung, weshalb die Vergleichbarkeit zweifelhaft erscheint. Abgesehen davon, erfüllt das Human Rights Committee alle Kriterien einer internationalen Gerichtsbarkeit[264]. Es ist langfristig errichtet, entscheidet auf Grund fester Regeln, die Besetzung findet ohne Einflussnahme der Prozessparteien statt usw. Im internationalen Kontext ist die Bindungswirkung weniger relevant als im nationalen Kontext, da es auf internationaler Ebene ohnehin an einer Instanz fehlt, die zur Durchsetzung ermächtigt würde.[265] Viel wichtiger ist noch, dass sich die Bindungswirkung von Gerichtsurteilen ohnehin nur auf den Tenor erstreckt. Wenn es um die Frage nach der Integrationswirkung von Schutzklauseln geht, kommt es vor allem auf die rechtliche Verarbeitung des Konflikts im Urteil, d.h. auf die Entscheidungsgründe an. Dass die Auffassungen des Menschenrechtsausschusses nicht bindend sind, fällt somit nicht ins Gewicht, zumal die Auffassungen genauso in den völkerrechtlichen Diskurs einfließen wie die Spruchpraxis der anderen Gremien auch.[266] Die Vergleichbarkeit der Schutzklauselspruchpraxis von EGMR, Human Rights Committee, Appellate Body und EuGH ist daher gewährleistet.[267]

---

262 Zu den Kriterien vgl. *Mosler*, in Badura (Hrsg.); HStR VII, § 179 Rn. 17.

263 So auch *Kneubühler*, Integration durch Rechtsprechung in der EG und der WTO und *Weber*, WTO-Streitbeilegung und EuGH im Vergleich.

264 *Mosler*, in Badura (Hrsg.), HStR VII, § 179 Rn. 17.

265 *Birkenkötter*, APuZ 2016, 10–16 (15).

266 *Birkenkötter*, APuZ 2016, 10–16 (15).

267 Ein Vergleich internationaler Spruchpraxis, unabhängig vom Gerichtsstatus, ist nicht unüblich, z.B. *Kneubühler*, Integration durch Rechtsprechung in der EG und der WTO; *von Bernstorff*, Der Staat 2011, 165–190; *Weber*, WTO-Streitbeilegung und EuGH im Vergleich.

IV. Theoretischer Zugang: durch rechtliche Konfliktbearbeitung veranlasste Integration

Die theoretische Auseinandersetzung mit der Forschungsfrage nach der integrativen Wirkung von Schutzklauseln ist das zweite Standbein der Arbeit. Die Notwendigkeit einer theoretischen Analyse ergibt sich daraus, dass die empirische Analyse des Schutzklauselmaterials auf Grund der beschriebenen methodischen Unzulänglichkeiten nicht ausreichend ist.

Innerhalb der Rechtswissenschaft ist das Thema einer Integration *durch* Recht – verstanden als durch rechtliche Konfliktbearbeitung veranlasste Integration – noch nicht besetzt.[268] Auch aus den Teilbereichen der Rechtswissenschaft, etwa dem Zivilrecht, können keine Lehren für die Forschungsfrage gezogen werden.[269] Die Unmöglichkeitsregeln – die de facto Unmöglichkeit nach § 275 II BGB – mögen manchen an den Schutzklauselmechanismus erinnern. Auch diese Regeln sind für den Ausnahmefall bestimmt, dass die vereinbarte vertragliche Leistung nicht erbracht werden kann. Sie gelten auch für Dauerschuldverhältnisse, was die völkerrechtlichen Verträge in der Terminologie des Zivilrechts sind. Die Pflichten, die durch eine Schutzklauselanwendung suspendiert werden, stehen aber nicht im Synallagma. Dies hätte zur Konsequenz, dass die anderen Vertragspartner von der Pflicht zur Vertragserfüllung im selben zeitlichen Umfang frei würden. Dies ist jedoch nicht der Fall. Vielmehr müssen die Voraussetzungen für die Anwendung der Schutzklausel für jeden Staat vorliegen, der sich von seinen Pflichten befreien will. Die Ansätze aus den Nachbardisziplinen sind aus den genannten Gründen[270] nicht weiterführend oder ausreichend.

Aus Mangel an bestehenden theoretischen Konzepten entwirft diese Arbeit daher einen eigenen theoretischen Zugang zur Frage nach der Wir-

---

268 Siehe S. 32ff. und S. 151ff.

269 Aus dem Rahmen fällt hier Art. XIX GATT, der es den anderen Vertragsparteien in seinem Abs. 3 gestattet, Gegenmaßnahmen zu ergreifen. Schon im Zivilrecht ist die Handhabung der vorübergehenden Unmöglichkeit bei Dauerschuldverhältnissen jedoch alles andere als klar. Es scheint somit fragwürdig, was aus der Diskussion für die Analyse von Art. XIX GATT und seinen Einfluss auf die Integration der GATT-Staaten gewonnen werden könnte. Auch die Motive des BGB zum Thema Unmöglichkeit schweigen zum Sinn der Unmöglichkeitsregeln. Dass es solcher bedürfe, schien von vornherein klar; nur die konkrete Ausgestaltung war Gegenstand der Diskussion (vgl. zur Entstehungsgeschichte der Unmöglichkeitsregeln *Lobinger*, Die Grenzen rechtsgeschäftlicher Leistungspflichten).

270 Vgl. S. 42f.

kungsweise von Schutzklauseln.[271] Ausgangspunkt des Ansatzes ist die folgende Beobachtung: Politik und Recht sind im Völkerrecht besonders verflochten. Vertragsschluss und Vertragserweiterung eines völkerrechtlichen Vertrages sind Politik, die sich des Rechts als Mittel bedient. Dazwischen liegen der Vertragsbestand und eine mögliche implizite Vertragsvertiefung. Hier dominiert das Recht. Gemeint ist das Recht in seiner Anwendung. Die Grenzen sind aber fließend, weil die beim Vertragsschluss geschaffenen Normen innerhalb der Rechtsanwendung wirken und eine Vertragserweiterung durch eine geänderte Staatenpraxis im Völkerrecht auch innerhalb der Rechtsanwendung verarbeitet wird. Geht man von der Spruchpraxis als Manifestierung rechtlicher Konfliktbearbeitung aus, so kann man sich einerseits die Frage stellen, wie es zu Entscheidungen kommt und wie diese textlich ausgestaltet sind. Andererseits kann man danach fragen, wie die Spruchpraxis auf die politischen Akteure wirkt. Beide Fragen werden von der Politikwissenschaft bearbeitet. Für die erste Frage zieht sich die Politikwissenschaft allerdings nicht auf das zurück, was sie beobachten kann, sondern stellt Mutmaßungen über die Motive der Akteure an. Die zweite Frage wird unter dem Stichwort judicial impact bzw. implementation diskutiert. Diese Arbeit erhofft sich aus der Beobachtung der juristischen Konfliktbearbeitung – und zwar nur aus den beobachtbaren Teilen rechtlicher Konfliktbearbeitung – Erkenntnisse über eine Integration *durch* Recht, die sich möglicherweise auf das Recht in seiner Anwendung und nicht etwa nur auf politische Motivationen zurückbeziehen lässt. Helfen können rechtssoziologische und rechtspsychologische Erklärungsmuster.

Mit ihrem deskriptiven Ansatz beschreibt die Arbeit zunächst das Recht als Konfliktbearbeitungsmechanismus, um sodann zu zeigen, dass rechtliche Konfliktbearbeitung günstig für die Schritte des völkervertraglichen Integrationsprozesses sein kann. Um den Zusammenhang von Recht und Integration herzustellen, bindet sie bislang unverbundene Forschung zur Konfliktlösungs- und Neutralisierungsfunktion und Eigengesetzlichkeit von Recht ein. Es entsteht die These der Integrationsfunktion des Rechts. In einem zweiten Schritt findet die Anwendung der Überlegungen auf das Schutzklauselmaterial statt. Schutzklauseln als Grenzpunkte von rechtlicher Integration eignen sich besonders gut zur Veranschaulichung der Integrationsfunktion des Rechts.

---

271 Zur Qualität öffentlich-rechtswissenschaftlicher Forschung vgl. *Schulze-Fielitz*, JöR 50 (2002), 1–68.

§ 2 Analyse des Schutzklauselmaterials

In diesem Kapitel werden die Entstehungsdokumente, die Inanspruchnahme- und Spruchpraxis von Art. 4 IPbpR, Art. 15 EMRK, Art, XIX GATT und Art. 347 AEUV analysiert, um Hinweise darauf zu finden, ob Schutzklauseln sich positiv auf den Vertragsschluss (Entstehungsdokumente), Vertragsbestand (Inanspruchnahmepraxis) und eine Vertragsvertiefung (Spruchpraxis) auswirken.

A. Vertragsschluss: Analyse der Entstehungsdokumente

I. Die Entstehungsdokumente von Art. 4 IPbpR

Die Entstehungsgeschichte des IPbpR geht bis ins Jahr 1947 zurück. Die vom Economic and Social Council 1946 ins Leben gerufene Commission on Human Rights wurde damit betraut, eine internationale Menschenrechtscharta zu schaffen.[272] Grundlage der ersten Diskussion im Februar 1947 waren verschiedene Entwürfe des Sekretariats sowie aus Großbritannien und Nordirland, den Vereinigten Staaten und Frankreich.[273] Der britische Entwurf enthielt bereits eine dem heutigen Art. 4 IPbpR sehr ähnliche Vorschrift:

„1. In time of war or other national emergency, a state may take measures derogating from its obligations under Article 2 above to the extent strictly limited by the exigencies of the situation.

2. Any state party hereto availing itself of this right of derogation shall inform the Secretary-General of the United Nations fully of the measures which it has thus enacted and the reasons therefor. It shall also inform him as and when the measures cease to operate and the provisions of Article 2 are being fully executed"[274]:

Nachdem der Entwurf in der Abstimmung der Working Group gescheitert war[275], brachte Großbritannien den Entwurf trotzdem in der Commis-

---

272 UN, Doc. A/2929, p. 2.
273 UN, Doc. E/CN.4/21.
274 UN, Doc. E/CN.4/21, Annex B, p. 25 (Annex 1, Article 4).
275 UN, Doc. E/CN.4/AC.3/SR.8, p. 11.

sion on Human Rights ein.[276] Diesmal mit Erfolg; der Entwurf wurde knapp[277] mit 4 zu 3 Stimmen und 8 Enthaltungen angenommen.[278] Der chilenische Versuch, Art. 4 IPbpR wieder zu löschen, wurde mit 10 zu 2 Stimmen und nur 2 Enthaltungen mehrheitlich zurückgewiesen.[279] Dass Großbritannien den Entwurf erneut einbrachte, lässt auf das Interesse Großbritanniens schließen, das es an der Einfügung einer Schutzklausel hatte. Dass die Annahme des Entwurfs gegenüber der Ablehnung des Löschungsversuchs knapp war, zeigt entweder, dass die Mehrheit von Großbritannien überzeugt wurde oder muss auf die Pfadabhängigkeit von Verhandlungsergebnissen zurückgeführt werden.

Die Protokolle der Diskussionen im Committee of Human Rights, im Drafting Committee und der Working Group geben Aufschluss, welche Rolle Art. 4 IPbpR in der Entstehung des IPbpR spielte.[280] Zwar ist – soweit ersichtlich – nicht dokumentiert, dass ein Vertragsstaat etwa mit der Nichtunterzeichnung gedroht hätte; dennoch war die Schaffung und Ausgestaltung der Schutzklausel Gegenstand intensiver Debatten, die auf die Bedeutung von Art. 4 IPbpR Rückschlüsse zulassen:

Eine von Großbritannien offen ausgesprochene Begründung für die Einfügung einer Schutzklausel war, dass ansonsten in Kriegszeiten eine Suspendierung ohne internationale Kontrolle zu befürchten sei.[281] Dieses Argument hängt mit dem Verhältnis von Menschenrechtsverträgen und dem Humanitären Völkerrecht zusammen.[282] In Teilen des Schrifttums wird davon ausgegangen, dass in Friedenszeiten die Menschenrechtsverträge und in Kriegszeiten das Humanitäre Völkerrecht gelten. Das Argument des Gegenlagers, dass Menschenrechtsverträge und Humanitäres Völkerrecht komplementär anzuwenden sind, stützt sich darauf, dass die Notstandsklauseln der Menschenrechtsverträge sonst leer liefen. Denn diese sind gerade auch für den Kriegsfall konzipiert und stellen eine internatio-

---

276 UN, Doc. E/CN.4/SR.423, p. 4.

277 *Loof*, in Buyse (Ed.), Margins of Conflict, pp. 35–56 (38) schließt daraus, dass Art. 4 IPbpR nicht mit der Intention eingeführt wurde, ein Schlupfloch für die Staaten zu bieten.

278 UN, Doc. E/CN.4/SR.431, p. 5; UN, Doc. E/CN.4/SR.42, p. 5.

279 *Bossuyt*, Guide to the "Travaux Préparatoires" of the International Covenant on Civil and Political Rights", p. 83; UN Doc. E/CN.4/SR.195, § 96.

280 Ausführlich auf die einzelnen Änderungsvorschläge eingehend *Hartman*, Human Rights Quarterly Vol. 7 No. 1 (1985), 89–131.

281 Lord Dukeston, UN, Doc. E/CN.4/SR.42, pp. 4–5.

282 *Hafner-Burton/Helfer/Fariss*, in Criddle (Ed.), Human Rights in Emergencies, pp. 83–123 (87).

nale Kontrolle sowie derogationsfeste Rechte auch in Kriegszeiten sicher. Die Einfügung des Artikels erhöht damit sogar die Reichweite des IPbpR. Nur in Nebensätzen wird deutlich, dass es den Briten auch um Souveränität gegangen sein muss;[283] etwa wenn der britische Vertreter auf das Plädoyer der USA zu Gunsten einer allgemeinen Rechtfertigungsklausel erwidert, dass es eine extra Vorschrift für Ausnahmesituationen, wie z.B. Krieg geben müsse[284] und in diesem Zusammenhang nicht mit internationaler Kontrolle etc. argumentiert. Vieles spricht dafür, dass Art. 4 IPbpR somit quasi unter dem Deckmantel eines durch ihn engeren Vertrages vorgeschlagen wurde. Diese These lässt sich auch mithilfe der methodischen Hinweise[285] stützen. Die Rahmenbedingungen der Verhandlung – das sog. Setting – beispielsweise spielten vermutlich eine große Rolle bei der Argumentation. Der IPbpR entstand unmittelbar im Anschluss an den Zweiten Weltkrieg. Vor dem Hintergrund der vergangenen Menschenrechtsverletzungen verwundert es nicht, dass seitens der Briten nicht offen zugunsten von Ausnahmevorschriften argumentiert wurde; schließlich war es Sinn und Zweck, einen Vertrag gegen künftige Menschenrechtsverletzungen gerade auch in Kriegszeiten zu schließen.[286] Außerdem handelte es sich um einen Entwurf Großbritanniens. Wie gezeigt, sensibilisiert die „Negotiation Analysis" dafür, die Diskussionskultur der Verhandelnden in den Blick zu nehmen. In Großbritannien herrscht generell eine sehr indirekte Diskussionskultur, die auf Einigung und Kompromiss ausgerichtet ist.[287] Möglicherweise findet sich nur deshalb in den Protokollen die Aussage, Art. 4 IPbpR sei nötig, um eine internationale Kontrolle zu ermöglichen und nicht um den Nationalstaaten mehr Handlungsspielraum zu belassen. Diese Argumentationsweise zielt auf Einigung, nicht auf Konfrontation. Einer solchen Argumentation lässt es sich leichter zustimmen.

Dass Art. 4 IPbpR eine wichtige Rolle für den Vertragsschluss spielte,[288] zeigt sich daran, dass viele Punkte umstritten waren:[289] So sprachen sich

---

283 Dies stützt auch *Macdonald*, Columbia Journal of Transnational Law Vol. 36 (1997), 225–267 (227), der davon spricht, dass die Briten Art. 4 IPbpR als „optional privilege" verstanden.

284 Wilson, UN, Doc. E/CN.4/SR.22, p. 4.

285 S. 46f.

286 Dazu *Di Salerno*, Democracy and Security Review Vol. 7 No. 1 (2017), 109–133 (110f.).

287 *Schmid/Thomas*, Beruflich in Großbritannien, S. 52 unter Hinweis auf die britische Geschichte.

288 So auch *Hartman*, Human Rights Quarterly Vol. 7 No. 1 (1985), 89–131 (96).

289 *Nowak*, CCPR Commentary, Article 4, mn. 9.

die Vereinigten Staaten von Amerika generell gegen eine Schutzklausel aus und setzten auf eine allgemeine Rechtfertigungsklausel im Stil des (viel später entwickelten) Art. 52 EU-GRCh. Die Ausgestaltung von Art. 4 IPbpR war so umstritten, dass man sich im Drafting Committee nicht einigen konnte und daher zwei Entwürfe an die Commission on Human Rights sandte.[290] Die Frage, ob es suspendierungsfeste Rechte geben und welche gegebenenfalls dazugehören sollten, war ebenfalls Gegenstand der Auseinandersetzung. Weiter wurde um das Verfahren der Inanspruchnahme gerungen, wobei insbesondere die Notwendigkeit der Proklamation des Notstandes einen Streitpunkt darstellte. Gerade an der Diskussion um die Notwendigkeit des Art. 4 zeigt sich dessen Bedeutung für den Abschluss des IPbpR. Während die USA dafür plädierten, Art. 4 IPbpR nicht in den Vertrag aufzunehmen, da dieser bei gleichzeitiger Existenz einer allgemeinen Rechtfertigungsklausel überflüssig sei, sprachen sich andere für spezielle Rechtfertigungsgründe in den einzelnen Rechten aus.[291] Einer Suspendierungsmöglichkeit wurde zudem eine hohe Missbrauchsgefahr attestiert; außerdem sei die Bestimmtheit der Vorschrift nicht gewährleistet.[292] Nichtsdestotrotz setzte sich das Lager durch, das eine Suspendierungsvorschrift befürwortete. Schlagend war das Argument, dass ein Notstand, sei er durch Krieg oder andere außergewöhnliche Umstände verursacht, nicht unter die bestehenden Rechtfertigungsgründe falle.[293] Wichtiger noch: Wäre ein Notstand als Rechtfertigungsgrund einzuordnen, so bestünde eine erhebliche Missbrauchsgefahr: Denn die Entscheidungskompetenz über das Vorliegen eines Rechtfertigungsgrundes liegt zunächst beim eingreifenden Staat. Eine Suspendierungsklausel hingegen bietet die Möglichkeit, das Ausüben von Notstandsgewalt mittels Notifikationspflichten[294] zu kontrollieren, um Missbrauch vorzubeugen.[295] Mittels einer Informationspflicht, so meinte man, sei ein moralischer Druck vorhanden, bei der Anwendung des Art. 4 IPbpR Zurückhaltung zu üben.[296] Nicht nur bei der Konzeption, sondern auch bei der genauen Ausgestaltung des Art. 4 IPbpR war Vieles umstritten: Kernpunkt der Debatte war es, eine Balance

---

290 UN, Doc. E/CN.4/AC.1/SR.34.
291 UN, Doc. A/2929, p. 65.
292 UN, Doc. A/2929, p. 65.
293 UN, Doc. A/2929, p. 66.
294 UN, Doc. A/2929, p. 69.
295 UN, Doc. A/2929, p. 66.
296 Wilson (UK), UN, Doc. E/CN.4/AC.1/SR.11, p. 6.

zwischen der Natur des Art. 4 IPbpR als Schlupfloch[297] der Staaten und der damit einhergehenden Missbrauchsgefahr zu schaffen.[298] So konnte man sich erst nach langer und intensiver Debatte auf „public emergency which threatens the life of the nation" einigen.[299] Mit dieser Wortwahl intendierte man Missbrauch vorzubeugen, da ein Notstand, der die Nation als Ganze bedroht, den weiten Begriff des „public emergency" eingrenzt. Gleichzeitig umfasste man den Kriegsfall, ohne in einem Menschenrechtspakt Krieg ausdrücklich erwähnen zu müssen.[300] Um Widersprüche zu verhindern, wurde zudem das Erfordernis der öffentlichen Proklamation aufgenommen.[301] Auch die breite Diskussion um den Umfang der notstandsfesten Rechte,[302] Art. 4 II IPbpR, unterstreicht die Wichtigkeit des Artikels. Welche Anforderungen an die innerstaatliche Verkündung (Absatz 1) zu stellen sein sollten, war ebenso umstritten. In der Diskussion um den Wortlaut „officially" oder „legally proclaimed" zeigte sich deutlich das nationalstaatliche Interesse. Diejenigen, die sich für „officially" aussprachen, hatten auf ihrer Seite, dass bei dieser Formulierung nicht die Gefahr bestand, andere Staaten könnten darüber befinden, ob das nationale Recht rechtmäßig angewendet wurde.[303]

Im Ergebnis lässt sich nicht ausdrücklich bestimmen, ob Art. 4 IPbpR Bedingung für den Vertragsabschluss war. Zum Teil wird die Auffassung vertreten, dass Art. 4 IPbpR als Schlupfloch gesehen wurde und deshalb eine große Anzahl von Staaten gegen die Einfügung war.[304] Man könnte sogar meinen, die umfassenden Diskussionen verzögerten einen Vertragsabschluss sogar. Nichtsdestotrotz sprechen Art und Umfang der Schaffung und Ausgestaltung des Art. 4 IPbpR dafür, in der Tendenz eine Begünstigung des Vertragsschlusses anzunehmen.

---

297 *Hoang*, Liberalisierung und (Notstands)Schutzklauseln im internationalen Warenhandel, S. 43.

298 So schon in der ersten Diskussion Wilson (UK), UN, Doc. E/CN.4/AC.1/SR.11, p. 6.

299 Für Alternativformulierungen vgl. UN, Doc. A/2929, p. 66; hitzige Diskussion auch in UN, Doc. E/CN.4/SR.127, pp. 5–10 und UN, Doc. E/CN.4/SR.195.

300 UN, Doc. A/2929, p. 67; UN, Doc. E/CN.4/SR.126, p. 6.

301 UN, Doc. A/2929, p. 67.

302 UN, Doc. A/2929, pp. 68, 69.

303 *Bossuyt*, Guide to the "Travaux Préparatoires" of the International Covenant on Civil and Political Rights", p. 88; UN Doc. A/5655, § 48.

304 So *Loof*, in Buyse (Ed.), Margins of Conflict, pp. 35–56 (38).

II. Die Entstehungsdokumente von Art. 15 EMRK

Es gab kaum offene Diskussionen über Art. 15 EMRK.[305] Die Entstehung der EMRK überschnitt sich mit der Entstehung des IPbpR; dieser wurde hauptsächlich von 1947–1952 entworfen,[306] die ersten Diskussionen für die Schaffung der EMRK fanden erst 1949 statt. Es hieß im Committee of Ministers of the Council of Europe, dass bei der Schaffung der EMRK die Entwicklung des IPbpR auf UN-Ebene genau beobachtet werden solle.[307] In den ersten Entwürfen existierte jedoch keine mit Art. 4 IPbpR vergleichbare Vorschrift.[308] Es war – wie beim IPbpR – das Vereinigte Königreich, das den Vorläufer von Art. 15 EMRK als Entwurf einbrachte,[309] obwohl das eigens für die Untersuchung einer Notwendigkeit der Schaffung eines mit Art. 4 IPbpR vergleichbaren Artikels eingesetzte Expertenkomitee eine Derogationsklausel für die EMRK ablehnte,[310] weil es einen vergleichbaren Artikel für unnötig hielt.[311]

Keine Partei erklärte in der Diskussion um die Ausgestaltung von Art. 15 EMRK, dass sie den Abschluss einer Derogationsklausel zur Voraussetzung für den Vertragsschluss machen würde. Es wurde lediglich offen kommuniziert, für eine Derogationsklausel spreche, dass damit auch für den Ausnahmezustand absolute, nicht der Derogation zugängliche Rechte festgesetzt werden könnten.[312] Die Entstehungsgeschichte der EMRK ist somit wenig aufschlussreich für die Frage, ob Art. 15 EMRK den Vertragsschluss begünstigte. Weil die Entstehung parallel zur Entstehung des IPbpR und unter Verweis auf die Entstehung des Art. 4 IPbpR lief, können

---

305 *Macdonald*, Columbia Journal of Transnational Law Vol. 36 (1997), 225–267 (227).

306 *Macdonald*, Columbia Journal of Transnational Law Vol. 36 (1997), 225–267 (227).

307 European Commission on Human Rights, DH (56) 4; Brief des Präsidenten des Ministerkomitees, Doc. AS (1) 116, para. 6, pp. 288–289.

308 *Macdonald*, Columbia Journal of Transnational Law Vol. 36 (1997), 225–267 (228).

309 *Macdonald*, Columbia Journal of Transnational Law Vol. 36 (1997), 225–267 (229); *Europarat*, Collected Edition of The „Travaux Préparatoires", Vol. III, p. 190.

310 *Macdonald*, Columbia Journal of Transnational Law Vol. 36 (1997), 225–267 (228).

311 *Europarat*, Collected Edition of The „Travaux Préparatoires", Vol. III, p. 28.

312 *Macdonald*, Columbia Journal of Transnational Law Vol. 36 (1997), 225–267 (230).

die Ergebnisse zu Art. 4 IPbpR auf die Entstehung von Art. 15 EMRK übertragen werden.

III. Die Entstehungsdokumente von Art. XIX GATT

Der Text des heutigen Art. XIX GATT basiert auf den Verhandlungen für eine Charta einer internationalen Handelsorganisation der Vereinten Nationen (sog. Havana Charter).[313] Die Vereinigten Staaten von Amerika sandten einen Entwurf an das Preparatory Committee, der mit Art. 29 eine dem heutigen Art. XIX GATT ähnliche Vorschrift enthielt.[314] Diese Vorschrift entsprach dem Schutzklauseltypus, den alle bilateralen Verträge der USA beinhalteten und beinhalten mussten.[315] In Konferenzen in London, New York und Genf wurde der Artikel umnummeriert und modifiziert. Zuletzt enthielt die Havana Charta in Art. 40 einen dem heutigen Art. XIX GATT sehr ähnlichen Artikel. Die Havana Charter selbst trat nie in Kraft, weshalb das GATT als eigenständiger völkerrechtlicher Vertrag verabschiedet wurde. Dieser sah Art. XIX GATT bereits in seiner heutigen Form vor.

Art. XIX GATT ist fast identisch mit den Schutzklauseln der amerikanischen bilateralen Handelsverträge. Dass die Vereinigten Staaten von Amerika dies durchzusetzen vermochten, ist ein starkes Indiz dafür, dass internationale Handelsverträge eher zustande kommen, wenn sie eine Schutzklausel enthalten.[316] Dafür spricht seitens der USA auch die 1947 erlassene Verfügung des amerikanischen Präsidenten, dass Handelsabkommen nur abgeschlossen werden dürfen, wenn sie eine Schutzklausel enthalten.[317]

Im Gegensatz zu den Schutzklauseln der Menschenrechtsverträge wurde die Funktion der Schutzklausel, Flexibilität zu ermöglichen, explizit angesprochen[318] – womöglich weil es sich im Hinblick auf die vergangenen zwei Weltkriege um ein weniger sensibles Thema handelte.

Generell wurde die Schutzklausel für notwendig erachtet, während um die Ausgestaltung, insbesondere im Hinblick auf Informationspflichten, intensiv gerungen wurde.[319] Nur Norwegen hielt eine Schutzklausel für

---

313 Negotiating Group on Safeguards, MTN.GNG.NG9/W/7.
314 *Piérola*, The Challenge of Safeguards in the WTO, pp. 5ff.
315 *Hahn*, Die einseitige Aussetzung von GATT-Verpflichtungen als Repressalie, S. 17.
316 *Quick*, Exportselbstbeschränkungen und Art. XIX GATT, S. 100.
317 *Quick*, Exportselbstbeschränkungen und Art. XIX GATT, S. 100.
318 UN, Doc. E/PC/T/C.II/38, p. 1 (Mr. Hawkins).
319 UN, Doc. E/PC/T/C.II/38, p. 6 (Chairman).

unnötig.[320] Die generelle Befürwortung der Einführung einer Schutzklausel wurde dokumentiert.[321] Dadurch, dass über die Notwendigkeit einer Schutzklausel nicht debattiert wurde, lässt sich nicht ausdrücklich nachweisen, dass die Existenz der Schutzklausel maßgebend für den Abschluss des Vertrages war. Auch hier kann nur über die Intensität der Debatte über die Ausgestaltung auf die Wichtigkeit der Klausel für das Gesamtwerk geschlossen werden. Zumindest war schon im alten Streitbeilegungssystem der WTO klar: „Article XIX had been inserted as a safety valve [...].“[322]

Art. XIX GATT wird durch das Safeguard Agreement konkretisiert. Auch dessen Entstehungsgeschichte soll daher in die Analyse mit einbezogen werden. Das Safeguard Agreement ist in der Uruguay-Runde (1986–1994) mit der Unterzeichnung des Marrakesh Agreements am 15. April 1994 entstanden. Aber auch schon während der Tokyo-Runde hatte man sich ausführlich mit dem Thema befasst.[323]

In der Erklärung der Ministerkonferenz zu Beginn der Tokyo-Runde im September 1973 war vorgesehen, unter anderem über das Schutzklauselsystem und die Anwendungsmodalitäten von Art. XIX GATT zu verhandeln. Es wurde zu diesem Zweck sogar eine Negotiating Group on Safeguards eingerichtet.[324] Einige Entwicklungsländer forderten eine spezielle Behandlung bei der Anwendung von Schutzmaßnahmen und die USA reichten einen Entwurf mit Prinzipien ein, der die Diskussion leiten sollte. Trotz intensiver Diskussionen kam es zu keiner Einigung. Die Positionen lagen insbesondere im Hinblick auf die Frage nach der nichtdiskriminierenden Anwendung von Schutzmaßnahmen zu weit auseinander. Hervorzuheben ist das vorgebrachte Argument für eine selektive Anwendung von Schutzmaßnahmen, das davon ausgeht, dass Länder eher zu einer Vertiefung der Handelsliberalisierung bereit seien, wenn eine selektive Anwendung von Schutzmaßnahmen möglich sei.

Weil es in der Tokyo-Runde zu keinem Ergebnis kam,[325] entschlossen sich die Vertragsparteien in der zweiten Jahreshälfte 1979, ein Committee on Safeguards ins Leben zu rufen,[326] in dem die Diskussionen fortgeführt

---

320 UN, Doc. E/PC/T/C.II./PV/7, p. 11.
321 *Piérola*, The Challenge of Safeguards in the WTO, p. 12 unter Verweis auf E/PC/T/C.II./PV/7, p. 17.
322 US – Fur Felt Hats, GATT, Doc. GATT/CP.5/22, 7 November 1950, pp. 1–3.
323 Negotiating Group on Safeguards, MTN.GNG/NG9/W/1.
324 Negotiating Group on Safeguards, MTN.GNG/NG9/W/1, p. 4.
325 „Major failure of the negotiations"; *Meier*, Cornell International Law Journal Vol. 1980, 239–256 (245).
326 *Robertson*, GATT Rules for Emegency Protection, p. 68.

werden sollten.[327] Die unterschiedlichen Auffassungen im Hinblick auf eine selektive Anwendung von Schutzmaßnahmen konnten auch innerhalb des Committee nicht überwunden werden.[328]

Im November 1982 entschloss sich die Ministerkonferenz dazu, sich auf die Agenda zu schreiben, ein „Comprehensive understanding on Safeguards" zu vereinbaren, das die folgenden Punkte im Hinblick auf die Anwendung von Schutzmaßnahmen enthalten sollte:[329] Transparenz, Selektivität der Maßnahmen, Kriterien für das Vorliegen eines „serious injury" oder „threat thereof", Temporarität und Degressivität der Maßnahmen, Kompensation und das Notifikationsverfahren.[330] Um dies zu erreichen, waren zunächst informelle Verhandlungen vorgesehen, in deren Nachgang für jedes Element eine Entscheidung getroffen werden sollte. Nach wie vor konnte jedoch keine Einigkeit über wichtige Punkte hergestellt werden.

Auf Grund dessen nahm die nächste Ministerial Declaration vom September 1986 in Punta del Este dieselben Punkte aus der Ministerial Declaration von 1982 erneut auf. Es wurde eine Negotiating Group on Safeguards eingerichtet, die regelmäßig von April 1987 bis November 1990 zusammenkam.[331] Weil die Positionen klar waren,[332] konnte die Negotiating Group rasch mit ihrer Arbeit beginnen.[333]

Ziel war es, ein Abkommen zu entwickeln, „to strengthen the GATT system and facilitate the observance of the standstill and rollback committments leading to trade liberalization" sowie „to help the progress of the entire Multilateral Trade Negotiations".[334] Die Diskussionen rankten sich erneut vorrangig um „selectivity" vs. „non-discriminatory measures" sowie um Temporarität und Degressivität verbunden mit struktualer Anpassung, die Definition von „serious injury" und „threat thereof", Transparenz der Maßnahmen, einen effektiven Überwachungsmechanismus, die

---

327 Negotiating Group on Safeguards, MTN.GNG/NG9/W/1, p. 4.
328 *Robertson*, GATT Rules for Emegency Protection, p. 69.
329 *Robertson*, GATT Rules for Emegency Protection, p. 69.
330 Ministerial Declaration of 19 November 1982, L/5424, BISD 29S/12 (1983), wiedergegeben in Negotiating Group on Safeguards, MTN.GNG/NG9/W/1, pp. 5, 6.
331 Uruguay Round Safeguards Agreement Negotiating History, online abrufbar unter URL: http://www.worldtradelaw.net/history/ursafeguards/ursafeguards.htm [19.05.2014].
332 *Robertson*, GATT Rules for Emegency Protection, p. 85.
333 *Croome*, Reshaping the World Trading System, p. 55.
334 Negotiating Group on Safeguards, MTN.GNG/NG9/1, p. 1.

Behandlung von Entwicklungsländern,[335] eine zeitliche Anwendungsbegrenzung[336] und die Natur der Schutzmaßnahmen (mengenmäßige Beschränkungen oder nur Zölle).[337]

Mehrere Länder reichten Entwürfe ein.[338] Bis Ende 1988 gab es keine wesentlichen Annäherungen. Insbesondere die Frage nach der selektiven Anwendung war nach wie vor hoch umstritten.[339] Man einigte sich schließlich darauf, dass der Chairman einen Entwurf auf der Grundlage der Verhandlungen anfertigen sollte.[340] Auf der Grundlage dieses Entwurfes und von Entwürfen der Vereinigten Staaten und der EU begannen in der zweiten Jahreshälfte 1989 ernsthafte Verhandlungen.[341] Der Entwurf des Chairmans wurde als Grundlage der weiteren Verhandlungen akzeptiert. An diesen anknüpfend konnten weitere Vorschläge gemacht werden, die beim nächsten Treffen diskutiert wurden. Der Chairman änderte daraufhin den Entwurf und stellte ihn abermals zur Diskussion. So konnten Schritt für Schritt alle wichtigen Punkte diskutiert und langsam angepasst werden. Noch bis Oktober 1990 handelte es sich um einen persönlichen Entwurf des Chairmans.[342] Die divergierenden Punkte waren gesondert gekennzeichnet. Ende Oktober gelang es der Negotiating Group on safeguards einen Entwurf zu verabschieden, der als Arbeitspapier für die finale Verhandlungsphase dienen konnte.[343] In der finalen Verhandlungsphase wurde zwar der Wortlaut noch angepasst, die wesentlichen Inhalte blieben jedoch gleich.[344]

Mit der Entstehung des Safeguard Agreements kann nicht die Frage beantwortet werden, ob die Vertragsstaaten den Vertragsschluss von der Existenz einer Schutzklausel abhängig machten. Nichtsdestotrotz untermauert die Entstehungsgeschichte die Brisanz der Schutzklauselfrage. Dies äußerte sich zum einen in der enormen Verhandlungsdauer, sogar über mehrere Runden hinweg. Zum anderen wird die Wichtigkeit in den Äußerungen der Parteien offenbar: So sind die safeguards nach der EU ein „key element which could unblock negotiations in other fields in the Uruguay

---

335 Negotiating Group on Safeguards, MTN.GNG/NG9/1, p. 2.
336 Negotiating Group on Safeguards, MTN.GNG/NG9/2, p. 2.
337 Negotiating Group on Safeguards, MTN.GNG/NG9/2, p. 4.
338 *Croome*, Reshaping the World Trading System, p. 55.
339 *Croome*, Reshaping the World Trading System, p. 57.
340 *Croome*, Reshaping the World Trading System, p. 168.
341 *Croome*, Reshaping the World Trading System, p. 168.
342 Negotiating Group on Safeguards, MTN.GNG/NG9/20, p. 1.
343 Negotiating Group on Safeguards, MTN.GNG/NG9/W/25/Rev. 3.
344 *Croome*, Reshaping the World Trading System, pp. 170, 261.

Round"[345], woraus sich die „urgency and seriousness the Group attached to the negotiations on safeguards"[346] erklärt. Wenn Schutzklauseln tatsächlich dazu führen, dass die Integration in anderen Feldern fortschreitet, so sind Schutzklauseln sowohl für den Vertragsschluss als auch für weitere Verhandlungsrunden Integrationsmotoren. Die internationalen Verhandlungen wurden von einer breiten wissenschaftlichen Diskussion um die Reform von Art. XIX GATT begleitet.[347] Auch dies ist ein Indiz für die Wichtigkeit des Artikels.

IV. Die Entstehungsdokumente von Art. 347 AEUV

Die Quellenlage zu Art. 347 ist unvollständig. Eine vollständige Analyse der Entstehungsgeschichte ist praktisch nicht möglich. Es gibt zwar die Sammlung CM3-nego des Historischen Archivs der Europäischen Union in Florenz, die die Entstehungsgeschichte der Vertragsartikel des EWG-Vertrages wiedergibt.[348] Die vollständige Entstehungsgeschichte ließe sich aber nur mithilfe der Archive der Auswärtigen Ämter der Mitgliedstaaten erschließen.[349] Dies wäre zum einen zeitlich und zum anderen in vielen Fällen auch tatsächlich nicht möglich. Die Bestände des deutschen Auswärtigen Amtes etwa sind nicht hinreichend verschlagwortet. Auch Sekundärquellen gibt es nicht: Kommentare, wie z. B. Wohlfahrt u.a.[350] machen keine Ausführungen zur Entstehungsgeschichte des Art. 347 AEUV.[351] Für die älteren Kommentare mag dies dadurch begründet sein, dass die Dokumente der Regierungskonferenz erst seit 1994 zugänglich sind.[352] Auch

---

345 Negotiating Group on Safeguards, MTN.GNG/NG9/6, p. 1.

346 Negotiating Group on Safeguards, MTN.GNG/NG9/6, p. 2.

347 *Meier*, in Pérez/Benedick (Eds.), Trade policies toward developing countries, pp. 115–151; *ders.*, Cornell International Law Journal Vol. 13 (1980), 239–256 (253); *ders.*, Harvard International Law Journal Vol. 18 No. 3 (1977), 508–517; *Wolff*, in Cline (Ed.), Trade policy in the 1980s, pp. 363–391.

348 *Schorkopf*, JZ 2014, 421–431 (425); Historical Archives of the European Union, URL: http://archives.eui.eu/en/fonds/94854?item=CM3/NEGO [29.09.2014].

349 *Schorkopf*, JZ 2014, 421–431 (425).

350 *Sprung*, in Wohlfahrt/Everling/Glaesner (Hrsg.), EWG-Kommentar, Art. 224 EWG.

351 Z. B. *Calliess/Ruffert*, EUV/AEUV; *Geiger*, EUV/EGV; *Grabitz/Hilf*, Das Recht der EU; *Lenz*, EUV/EGV; *Schwarze*, EU-Kommentar; *Streinz*, EUV/EGV; sämtliche Auflagen bis 2014.

352 Historical Archives of the European Union, URL: http://archives.eui.eu/en/fonds/94854?item=CM3/NEGO [13.09.2014].

nach 1994 veröffentlichte Kommentare greifen das Thema Entstehungsge-
schichte jedoch – soweit ersichtlich – nicht auf. Auch die einzige Reihe zur
Geschichte des Europarechts in drei Bänden enthält nichts zu Art. 347
AEUV.[353]

Ausgewertet wurde die Sammlung CM3-nego des Historischen Archivs
der Europäischen Union in Florenz. Nach einer Recherche im Findbuch
des Historischen Archivs ist im Wesentlichen der Bestand CM3-nego 261
maßgebend.[354] Gesucht wurde unter anderem nach den Suchbegriffen
Art. 224, clause de sauvegarde und Schutzklausel. Die Bestände des Archivs
sind sehr genau verschlagwortet, weshalb die Stichwortrecherche zuverläs-
sig ist.

Aus der Akte CM3-nego 261 geht hervor, dass die französische Delegation bei der Regierungskonferenz für den Gemeinsamen Markt und
Euratom im Rahmen der Arbeitsgruppe für den Gemeinsamen Markt Vorschriften für den Ausnahmezustand in die Diskussion einbrachte. So heißt
es unter anderem: „Die Bestimmungen dieses Vertrages […] hindern keinen der vertragsschließenden Teile daran, alle Massnahmen zu treffen, die
seines Erachtens für die Wahrung der wesentlichen Interessen seiner Sicherheit erforderlich sind und […] im Falle von schwerwiegenden Störungen innerhalb des Landes [… oder] im Falle eines Krieges oder einer ernst-
haften internationalen Spannung angewendet werden."[355] Die Konsultationspflicht des heutigen Art. 347 AEUV fehlt in diesem Entwurf, allerdings
sind alle sonstigen Teile – Ausnahmezustand und Maßnahmen – erkenn-
bar. Nur wenige Tage später wurde der Vorschlag der französischen Delegation von der Arbeitsgruppe für den Gemeinsamen Markt angenommen
und die Konsultationspflicht des heutigen Art. 347 AEUV ergänzt: „Im
Fall von schwerwiegende Störungen der öffentlichen Ordnung innerhalb
eines Mitgliedstaats oder im Falle eines Krieges oder kriegsähnlichen Zu-
stands konsultieren sich die Mitgliedstaaten, um gemeinsam die erforderlichen Massnahmen zu ergreifen, um so weitgehend wie möglich zu vermeiden, dass das Funktionieren des Gemeinsamen Marktes durch etwaige

---

353 *Schulze (Hrsg.)*, Dokumente zum europäischen Recht, Band 1: Gründungsverträge, 1999; Dokumente auch online abrufbar unter URL: http://www.uni-muenst
er.de/Jura.itm/eudoc/gruendung/index_gruendung.htm [16.09.2014].

354 Dieses Ergebnis beruht auf einer gemeinsamen Recherche mit Ruth Meyer-Bel-
ardini, der Senior Archivarin des Instituts, der an dieser Stelle recht herzlich ge-
dankt wird.

355 Regierungskonferenz für den Gemeinsamen Markt und Euratom, Arbeitsgruppe für den Gemeinsamen Markt, 03.01.1957, CM3-nego 261, MAE 11 d/57.

Notmassnahmen eines Mitgliedstaats beeinträchtigt wird."[356] In der Sitzung der Arbeitsgruppe am 08.01.1957 brachte die französische Delegation erneut einen Textvorschlag ein, der den der Arbeitsgruppe vorliegenden Entwurf wie folgt abänderte: „Die Mitgliedstaaten konsultieren einander zur gemeinsamen Ergreifung der erforderlichen Massnahmen, um soweit wie irgend möglich zu vermeiden, dass das Funktionieren des Gemeinsamen Marktes durch Dringlichkeitsmassnahmen beeinträchtigt wird, die ein Mitgliedstaat im Falle ernsthafter innerer Störungen der öffentlichen Ordnung, eines Krieges, oder einer ernsten internationalen Spannung, gegebenenfalls zu treffen hat, oder mit denen er gegebenenfalls seinen Verpflichtungen zu begegnen hat, die er im Hinblick auf die Aufrechterhaltung des Friedens und der internationalen Sicherheit [...] übernommen hat."[357] Am 17.01.1957 erneuerte die Delegation ihren Vorschlag fast wortidentisch.[358] Am 23.01.1957 wurde der Vorschlag der Franzosen durch die Arbeitsgruppe für den Gemeinsamen Markt fast wortgleich angenommen.[359] So lautete die damalige Fassung im Ausschuss der Delegationsleiter: „Die Mitgliedstaaten konsultieren einander zur gemeinsamen Ergreifung der erforderlichen Massnahmen, um zu vermeiden, dass das ordnungsgemäße Arbeiten des Gemeinsamen Marktes durch Massnahmen beeinträchtigt wird, die ein Mitgliedstaat im Falle ernser innerer Störungen der öffentlichen Ordnung, eines Krieges oder einer ernsten internationalen Spannung, die eine Kriegsgefahr darstellt, gegebenenfalls zu treffen hat, oder mit denen er gegebenenfalls seinen Verpflichtungen nachzukommen hat, die er im Hinblick auf die Aufrechterhaltung des Friedens und der internationalen Sicherheit übernommen hat."[360] Dieser Passus war bis dahin noch ein Absatz eines großen Artikels mit Ausnahmebestimmungen zur Wahrung der Staatssicherheit. In der ersten Lesung der Redaktionsgruppe

---

356 Regierungskonferenz für den Gemeinsamen Markt und Euratom, Arbeitsgruppe für den Gemeinsamen Markt, 08.01.1957, CM3-nego 261, MAE 43 d/57.
357 Vorschlag der französischen Delegation, Regierungskonferenz für den Gemeinsamen Markt und Euratom, Arbeitsgruppe für den Gemeinsamen Markt, 08.01.1957, CM3-nego 261, MAE 48 d/57.
358 Vorschlag der französischen Delegation, Regierungskonferenz für den Gemeinsamen Markt und Euratom, Arbeitsgruppe für den Gemeinsamen Markt, 17.01.1957, CM3-nego 261, MAE 156 d/57.
359 Regierungskonferenz für den Gemeinsamen Markt und Euratom, Arbeitsgruppe für den Gemeinsamen Markt, 23.01.1957, CM3-nego 261, MAE 253 d/57.
360 Regierungskonferenz für den Gemeinsamen Markt und Euratom, Ausschuss der Delegationsleiter, 15.02.1957. CM3-nego 261, MAE 545 d/57.

für den Entwurf des Vertrages über die Gründung der Europäischen Wirtschaftsgemeinschaft wurde der heutige Art. 347 AEUV herausgelöst.[361] Aus den Dokumenten gehen leider keine Zielsetzungen hervor. Auch gab es auf der Grundlage der vorhandenen Dokumente keine großen Diskussionen. Es wird auch nicht klar, wann und warum die Herauslösung aus der Ausnahmesammlung stattfand. Schon früh war der Wortlaut mit dem heutigen Art. 347 AEUV fast identisch. Auf Grund der Analyse der Entstehungsgeschichte ist es nicht möglich, Rückschlüsse zu ziehen, ob die Einführung der Schutzklausel für den Vertragsschluss relevant war.

Neben der Entstehungsgeschichte wurde deshalb noch die Weiterentwicklung der Verträge untersucht, insbesondere im Hinblick auf Änderungs- und Streichungsvorschläge. Aus der Analyse kann ein Umkehrschluss gezogen werden: Es gab einen Streichungsvorschlag der Kommission und Modifikationsvorschläge des Europäischen Parlaments. Diese wurden von den Mitgliedstaaten aber nicht umgesetzt:[362] Dies ist ein Indiz dafür, dass die Existenz dieser Vorschrift als maßgebend für den Vertrag angesehen wurde.

B. Vertragsbestand: Auswertung der notifizierten Inanspruchnahmen

I. Die Inanspruchnahme des Art. 4 IPbpR

Die Auswertung stützt sich auf die Analyse der Berichte des Human Rights Committee, Kapitel „Derogations pursuant to Article 4" von 1997 bis 2013[363] sowie auf die von der Commission on Human Rights herausgegebenen „List[s] of States which have proclaimed or continued a state of ermergency" von 1999–2005[364]. Der erste Bericht des Human Rights Com-

---

361 Regierungskonferenz für den Gemeinsamen Markt und Euratom, Redaktionsgruppe, 27.02.1957, CM3-nego 261, MAE 702 d/57.

362 Kommission, Dok. SEK (91) 500, S. 23, 59; vgl. auch *Wirbel*, Der Ausnahmezustand im Gemeinschaftsrecht, S. 30, 175.

363 Human Rights Committee, Doc. A/52/40 Vol.1; A/53/40 Vol.1; A/54/40 Vol.1; A/55/40 Vol.1; A/56/40, Vol.1; A/57/40 Vol.1; A/58/40 Vol.1; A/59/40 Vol.1; A/60/40 Vol.1; A/61/40 Vol.1; A/62/40 Vol.1; A/63/40 Vol.1; A/64/40/Vol.1; A/65/40 Vol.1; A/66/40 Vol.1; A/67/40 Vol.1; A/68/40 Vol.1; A/69/40 Vol.1, allesamt online abrufbar unter URL: http://tb.ohchr.org/default.aspx?ConvType=12 &docType=36 [19.08.2014].

364 Commission on Human Rights, Doc. E/CN.4/Sub.2/1999/31; E/CN.4/Sub.2/2001/6; E/CN.4/Sub.2/2003/39 und E/CN.4/Sub.2/2005/6, allesamt online abrufbar unter URL: http://www.un.org/en/documents/ [19.08.2014]. Die Liste

mittee aus dem Jahr 1997 enthält auch Informationen über die Jahre 1979–1997. Dies unterscheidet die Auswertung dieser Arbeit von anderen Projekten, die ihre Zählung erst 1995 beginnen.[365] Außerdem wurden alle auf der Webseite der UN Treaty Collection vorhandenen Notifikationen verarbeitet.[366] Für die Jahre 1997–2014 liegen dort Daten vor. Es ist so mittels der beschriebenen unterschiedlichen Quellen möglich, Notifikationen für fast den gesamten Geltungszeitraum des Vertrags zusammenzustellen.

Die Quellen wurden folgendermaßen ausgewertet: Für jeden Vertragsstaat wurden für den Zeitraum vom 01.01.1979 – 20.08.2014 alle Notifikationen aufgeschlüsselt. Notifikation meint im engen Sinn das Bekanntgeben oder Aufheben des Notstands über das Generalsekretariat. Sonstige Kommunikationen erfassen demgegenüber jegliche Mitteilungen an das Generalsekretariat, seien es Hinweise dazu, welche Rechte suspendiert werden, auf welches Territorium genau sich der Notstand bezieht, aber auch die Einschränkung und territoriale und zeitliche Ausweitung eines Notstandes. Bei der Auszählung haben sich einige Grenz- und Problemfälle ergeben: Wenn aus der Notifikation nicht hervorgeht, ob ein Notstand erklärt oder ausgeweitet wurde, wurde dies als Notifikation und nicht als Kommunikation, also im Zweifel als Notstanderklärung aufgefasst. Die Zweifelsfälle finden sich vor allem bei Notifikationen durch das Land Peru.

Folgende Länder haben danach im Untersuchungszeitraum einen Notstand notifiziert:[367] Venezuela, Paraguay, Chile, East Timor, Israel, Bahrain und Philippines (jeweils 1mal); Namibia, Sri Lanka, Algeria, France, Sudan und Trinidad and Tobago (jeweils 2mal); Serbia and Montenegro[368], Thailand und UK (jeweils 3mal); Georgia (4mal), Argentina, Colombia und Nepal (jeweils 5mal); Jamaica (6mal); Ecuador (11mal); Guatemala (22mal) und Peru (33mal).

---

ist zum Teil mit den Jahreszahlen ungenau, vgl. z. B. E/CN.4/Sub.2/2003/30, Peru, S. 8. Die erste Liste enthält auch Notstände vor 1997.

365 Das State of Emergency Mapping Project etwa erfasst Notstände ab 1995, vgl. *Zwitter/Fister/Groeneweg*, in Lemke (Hrsg.), Ausnahmezustand, S. 322–342 und die Webseite http://emergencymapping.org/index.html [20.07.2017].

366 UN Treaty Collection, URL: https://treaties.un.org/pages/CNs.aspx, Treaty Reference IV-4, für jedes Jahr nach Notifikationen gesucht [19.08.2014].

367 Demgegenüber sind Russia, Iraq, Turkey, Syria, Egypt, Pakistan, Nigeria, Ghana, Fiji, Liberia, Botswana, Bolivia, Sierra Leone, Indonesia, Zambia, Yogislavia, Vanuatu, Solomon Islands der internationalen Organisation als Staaten bekannt geworden, in denen ein Notstand vorlag, dieser aber nicht notifiziert wurde.

368 Zur Zeit der Notifikation noch Serbien und Montenegro.

Damit finden sich bis zum 19.08.2014 insgesamt 119 notifizierte Inanspruchnahmen von Art. 4 IPbpR.

Seit 2014 treibt Andrej Zwitter ein Projekt voran, das die Ausrufungen von Ausnahmezuständen erfasst, um auf dieser Grundlage die Derogationen von Art. 4 IPbpR zu ermitteln. Die Datenbank ist für Forscher zugänglich. Inzwischen trägt das Projekt den Namen STEMP – State of Emergency Mapping Project[369]. Für den Zeitraum von 1995–2015 hat das Projekt 98 Erklärungen an den Menschenrechtsausschuss gezählt. Über die bloße Zählung hinaus versucht das Projekt, tiefer gehende Erkenntnisse zu erlangen, etwa zu den Auslösern der Notstände, deren Dauer und der Art der derogierten Rechte. Auf natürliche Auslöser, wie z.B. Naturkatastrophen, fallen nur 11 Ausrufungen[370]; darüber hinaus sind solche Ausnahmezustände von deutlich kürzerer Dauer.[371] Die Studie zeigt, gerade Staaten, die lange Ausnahmezustandsperioden aufweisen, wie z.B. Israel, Syrien, Algerien oder Ägypten, können nicht erfasst werden, weil sie den Ausnahmezustand nicht gegenüber dem Menschenrechtsausschuss bekannt gemacht haben.[372] Auch die STEMP-Datenbank krankt deshalb daran, dass sie nur die notifizierten Ausnahmezustände zu fassen bekommt.

II. Die Inanspruchnahme des Art. 15 EMRK

Für Art. 15 EMRK wurden alle Kommunikationen ausgewertet, die die Vertragsstaaten gem. Art. 15 III EMRK an den Generalsekretär des Europarats gesendet haben. Diese sind über die Webseite des Council of Europe Treaty Office abrufbar.[373] 30mal wurde Art. 15 EMRK offiziell in Anspruch genommen. 140[374] Kommunikationen haben stattgefunden, in denen eine Inanspruchnahme bekanntgemacht, erneuert, verlängert oder zu-

---

369 http://emergencymapping.org/index.html [20.07.2017]. Vergleichbare Datenbanken fokussieren die innerstaatlichen Ausnahmezustände und nicht das Verhältnis zum IPbpR, vgl. *Zwitter/Fister/Groeneweg*, in Lemke (Hrsg.), Ausnahmezustand, S. 322–342 (328f.).

370 *Zwitter/Fister/Groeneweg*, in Lemke (Hrsg.), Ausnahmezustand, S. 322–342 (334).

371 *Zwitter/Fister/Groeneweg*, in Lemke (Hrsg.), Ausnahmezustand, S. 322–342 (336).

372 *Zwitter/Fister/Groeneweg*, in Lemke (Hrsg.), Ausnahmezustand, S. 322–342 (335).

373 Council of Europe, Treaty Office, URL: http://conventions.coe.int/Treaty/Commun/ChercheDeclEtat.asp?CM=5&CL=ENG [09.12.2016].

374 Council of Europe, Treaty Office, URL: http://conventions.coe.int/Treaty/Commun/ChercheDeclEtat.asp?CM=5&CL=ENG; Kriterien: [State] + [Human Rights (Convention and Protocols only)] + [Complete chronology] + [15] [09.12.2016].

rückgenommen wurde. Die Inanspruchnahme fällt nur auf neun[375] von 47 Vertragsstaaten. Folgende Länder haben im Untersuchungszeitraum einen Notstand notifiziert: Albanien, Armenien, Griechenland und die Ukraine (jeweils 1mal); Georgien, Irland und Frankreich (jeweils 2mal); die Türkei (9mal) und das Vereinigte Königreich (11mal).[376] Bei dem Ungleichgewicht zu Lasten der Türkei und des Vereinigten Königreichs ist die Dauer der jeweiligen Ausnahmezustände auffällig. Während Großbritannien viele kurze Perioden von etwa einem Jahr hatte, hatte die Türkei viele und lange Perioden bis zu sieben Jahren.

III. Die Inanspruchnahme des Art. XIX GATT

Anders als bei den menschenrechtlichen Schutzklauseln ist bei der Inanspruchnahme von Art. XIX GATT zwischen den Safeguard Initiations und den eigentlichen Safeguard Measures zu unterscheiden. Safeguard Initiations führen nicht immer dazu, dass auch Safeguard Measures ergriffen werden. Dementsprechend gibt es für Art. XIX GATT mehr angezeigte Initiations als Measures. Die WTO hält auf ihrer Website eine bis zum 01.01.1995 zurückreichende Auswertung der Safeguard Initiations und der tatsächlich ergriffenen Safeguard Measures für jeden Vertragsstaat bereit.[377] Im Zeitraum vom 01.01.1995 bis zum 30.06.2016 finden sich 154 tatsächlich ergriffene, notifizierte Safeguard Measures auf Grund von Art. XIX GATT.[378] Vor 1995 gab es 152 Safeguard Measures.[379]

Seit Inkrafttreten des Safeguards Agreement werden die Maßnahmen teilweise getrennt für Art. XIX GATT und das Safeguards Agreement aufgeschlüsselt. Von 1995–2010 wurde demnach nur in 10,6 % aller Safeguard-Fälle Art. XIX GATT ins Feld geführt; d.h. in absoluten Zahlen: 69-

---

375 So auch *Toullier*, International Comparative Jurisprudence Vol. 3 No. 1 (2017), 8–24 (10).

376 Zahlen ermittelt über den Council of Europe, Treaty Office, URL: http://conventions.coe.int/Treaty/Commun/ChercheDeclEtat.asp?CM=5&CL=ENG; Kriterien: [State] + [Human Rights (Convention and Protocols only)] + [Complete chronology] + [15] [09.12.2016]; aus den jeweiligen Notifikationen ergeben sich die Perioden der Ausnahmezustände.

377 WTO, Safeguard measures, online abrufbar unter URL: http://www.wto.org/english/tratop_e/safeg_e/safeg_e.htm [20.08.2014].

378 WTO, Safeguard measures, online abrufbar unter URL: http://www.wto.org/english/tratop_e/safeg_e/safeg_e.htm [30.06.2016].

379 Bis 1994 ermittelt auf Grund von *Piérola*, The Challenge of Safeguards in the WTO, p. 47. Für das Jahr 1994 hat er keine Daten.

mal wurde eine Verletzung von Art. XIX GATT und 580mal des Safe-guards Agreement geltend gemacht.[380]

Weitaus mehr Safeguard Initiations sind zu verbuchen. Allein im Zeit-raum vom 01.01.1995 – 23.01.2018 sind es 328.[381] Für den Zeitraum vor dem 01.01.1995 sind nur die Maßnahmen, nicht die Initiations ermit-telt.[382]

Im menschenrechtlichen Kontext wird die Notifizierung des Notstands erfasst. Im Rahmen der Notifizierung wird – im Idealfall – auch erläutert, welche Maßnahmen getroffen und welche Menschenrechte suspendiert werden. Das heißt zwar noch nicht, dass eine Einschränkung der Men-schenrechte auch tatsächlich stattfindet. Eine innerstaatliche Maßnahme etwa, die die Inhaftierung ohne Richtervorbehalt ermöglicht, ist nur die Voraussetzung für eine solche Inhaftierung. Wie oft es im Einzelfall zu einer Einschränkung der Menschenrechte kommt, ist nicht Inhalt der No-tifizierung. Mit jeder Notifizierung geht zumeist die Suspendierung meh-rerer Menschenrechte auf Grund diverser Maßnahmen einher. Die Safe-guard Initiations haben mit den Notifikationen auf der einen Seite tech-nisch gemein, dass es noch zu keiner Einschränkung vertraglicher Pflich-ten gekommen ist. Auf der anderen Seite erfolgt bei den Notifikationen keine weitere Meldung mehr an die internationale Organisation. Für die Inanspruchnahme von Art. XIX GATT soll deshalb auf die Safeguard Mea-sures, nicht die Initiations zurückgegriffen werden. Dafür spricht auch, dass die verfügbaren Daten für die Measures eher dem Erhebungszeitraum der Notifikationen entsprechen.

IV. Die Inanspruchnahme des Art. 347 AEUV

Anders als die anderen Schutzklauseln sieht Art. 347 AEUV keine zuständi-ge Stelle vor, bei der ein Notstand notifiziert werden müsste. Art. 347 AEUV geht weiter und formuliert nicht nur eine einseitige Notifikations-pflicht, sondern eine Kooperationspflicht, in deren Rahmen die Mitglied-

---

380 Vgl. *Horn/Johanesson/Mavroidis*, Journal of World Trade Vol. 45 No. 6 (2011), 1107–1146 (1129).

381 Für den Zeitraum vom 01.01.1995 – 23.01.2018 WTO, Safeguard Initiations, on-line abrufbar unter URL: https://www.wto.org/english/tratop_e/safeg_e/SG-Initi ationsByRepMember.pdf [23.01.2018].

382 Bis 1994 ermittelt auf Grund von *Piérola*, The Challenge of Safeguards in the WTO, p. 47.

staaten sich miteinander beraten müssen.[383] Innerhalb welcher Institution die Beratung der Mitgliedstaaten stattfinden soll, geht aus Art. 347 AEUV nicht hervor.[384] Aus diesem Grund gibt es auch keinen Datenbestand, der alle Notifikationen bzw. Konsultationen enthielte. Die Inanspruchnahme-praxis muss deshalb anhand anderer Quellen ermittelt werden. Auch aus den einschlägigen Kommentaren gehen allerdings keine konkreten Konsultationsverfahren hervor.[385] Es wird dort vielmehr abstrakt diskutiert, welche Voraussetzungen und Rechtsfolgen Art. 347 AEUV hat. In Betracht kommen deshalb nur die Rechtsprechung und deren Verarbeitung in der Literatur. Aus dem bislang einzigen Urteil des EuGH zu Art. 347 AEUV in der Rechtssache Johnston[386] geht hervor, dass das Vereinigte Königreich seiner Kooperationspflicht nicht nachgekommen ist.[387] Im zweiten Fall Kommission/Griechenland[388], in dem es nicht zu einem Urteil des EUGH gekommen ist, geht aus den Schlussanträgen des Generalanwalts Jacobs hervor, dass der damalige Art. 224 EGV erst als Verteidigungsstrategie im Verfahren vor dem EuGH seitens der griechischen Regierung vorgebracht wurde.[389] Daraus lässt sich ableiten, dass auch Griechenland seiner Kooperationspflicht nicht nachgekommen ist.

Da Art. 347 AEUV bislang nur als Verteidigungsstrategie angeführt wurde, gibt es – soweit ersichtlich – keine Inanspruchnahmepraxis in dem Sinne, dass mit Einführung der Notstandsmaßnahmen ein „mit einander ins Benehmen setzen" stattgefunden hätte. Aus der Analyse des Art. 347 AEUV können damit keine Erkenntnisse für die Wirkungsweise im Hinblick auf den Vertragsbestand gewonnen werden.

---

383 *Calliess*, in Calliess/Ruffert (Hrsg.), AEUV, Art. 347 Rn. 11.
384 *Dittert*, in von der Groeben/Schwarze (Hrsg.), Europäisches Unionsrecht, Art. 347 Rn. 31.
385 *Calliess*, in Calliess/Ruffert (Hrsg.), EUV/AEUV, Art. 347; *Dittert*, in von der Groeben/Schwarze (Hrsg.), Europäisches Unionsrecht, Art. 347 Rn. 29–33; *Jaeckel*, in Grabitz/Hilf/Nettesheim (Hrsg.), Das Recht der EU, Art. 347; *Kokott*, in Streinz (Hrsg.), EUV/AEUV, Art. 347.
386 EuGH, Urteil v. 15.05.1986, RS. 222/84, Slg. 1986 – Johnston / Chief Constable.
387 EuGH, Urteil v. 15.05.1986, RS. 222/84, Slg. 1986 – Johnston / Chief Constable, S. 1674.
388 GA Jacobs, Schlussanträge vom 06.04.1994, RS. C-120/94 – Kommission / Griechenland.
389 GA Jacobs, Schlussanträge vom 06.04.1994, RS. C-120/94 – Kommission / Griechenland, Rn. 6.

C. Implizite Vertragsvertiefung: Analyse der Spruchpraxis

In diesem Abschnitt wird die Spruchpraxis der ausgewählten Spruchkörper daraufhin untersucht, ob sich Integrationsfortschritte, etwa durch eine strengere Auslegung der Schutzklauseln, finden lassen. Dieser Abschnitt wird die Spruchpraxis zu den ausgewählten Schutzklauseln zunächst nachzeichnen und die Frage ausklammern, welche Gründe sich für die Entwicklung der Spruchpraxis finden lassen. Er ist damit Anlass und Grundlage für § 3, in dem in theoretischer Hinsicht der Frage nachgegangen wird, wie und warum es zu Integrationsfortschritten durch rechtliche Konfliktbearbeitung kommen kann. Die Ergebnisse dieses Abschnitts sind Anlass der theoretischen Untersuchung, weil sie die Frage provozieren, wie Integration durch Recht(sprechung) entsteht. Sie sind aber auch Grundlage des theoretischen Abschnitts, weil die Ergebnisse des theoretischen Kapitels an den Ergebnissen dieses Abschnitts überprüft werden können. Verkürzt dargestellt wird in jenem theoretischen Teil herausgearbeitet, dass die Eigenschaften rechtlicher Konfliktbearbeitung Integrationsfortschritte bewirken können, sei es durch die Rahmenbedingungen einer rechtlichen Entscheidung oder den Entscheidungstext selbst. Zu den Rahmenbedingungen einer Entscheidung gehören die anwendbaren Rechtsnormen und die Ausgestaltung der Institution Spruchkörper und der Verfahren. Der Entscheidungstext ist durch eine spezifische Sprache und Argumentation gekennzeichnet.

Die deskriptive Analyse der Rahmenbedingungen und der Entscheidung wird in § 4 mit den Ergebnissen dieses Kapitels zusammengeführt. Dort zeigt sich, dass die Entwicklung des theoretischen Kapitels (§ 3) sich in Teilen aus den in diesem Abschnitt erarbeiteten Ergebnissen speist, auch wenn sie sich von den konkreten Ergebnissen löst, diese abstrahiert und erweitert, um sie sodann in § 4 erneut auf die Ergebnisse anzuwenden. Es empfiehlt sich daher, diesen Abschnitt vor der Folie von §§ 3 und 4 zu lesen. Das bedeutet konkret, bei den Ergebnissen danach zu fragen, ob sie sich auf die Ausgestaltung der Schutzklauselverfahren zurückführen lassen. Es bedeutet über die Ergebnisse dieses Abschnitts hinaus auch, den Wortlaut bzw. die Darstellung des Ergebnisses durch die Spruchkörper zu reflektieren und Bezüge zur Wirkung des Entscheidungstextes herzustellen.

I. Die Spruchpraxis zu Art. 4 IPbpR

Das Human Rights Committee ist eine ständige Einrichtung des IPbpR und ein quasi gerichtliches Gremium,[390] das gem. Art. 28 I 2 IPbpR 18 Mitglieder hat und fast nur aus Juristen, v.a. Völkerrechtsprofessoren, besteht.[391] Das Human Rights Committee beschäftigt sich mit Staatenberichten, Individual- und Staatenbeschwerden.[392] Es examiniert gem. Art. 40 IV 1 IPbpR die Staatenberichte, die die Vertragsstaaten gem. Art. 40 I, II IPbpR alle fünf Jahre zwingend einreichen müssen. Damit richtet das Human Rights Committee sich an einzelne Staaten. Möchte sich das Human Rights Committee zu allgemeinen Auslegungsfragen usw. äußern, die sich aus diversen Berichten ergeben haben, erlässt es General Comments, die sich an alle Vertragsstaaten richten.

Für die Auslegungskriterien des Art. 4 IPbpR sind nicht nur die Entscheidungen, sondern auch die General Comments des Human Rights Committee relevant. Diese sind zwar nicht bindend und auch das Human Rights Committee selbst ist in seinen Entscheidungen nicht daran gebunden.[393] Sie sind aber deswegen für die Auswertung bedeutend, weil nur wenige Staaten sich mittels des Fakultativprotokolls zum IPbpR der Rechtsprechung des Menschenrechtsausschusses unterworfen haben und es dementsprechend wenig Spruchpraxis gibt. Für die Analyse der Spruchpraxis kommt es daher auf die General Comments sowie auf Individual- und Staatenbeschwerdeverfahren an.[394] Die in der Literatur für die Interpretation von Art. 4 IPbpR herangezogenen Siracusa Principles on the Limitation and Derogation Provisions in the International Covenant on Civil and Po-

---

390 Vgl. dazu ausf. S. 66f.
391 *McGoldrick*, The Human Rights Committee, p. 44, *Schilling*, Internationaler Menschenrechtsschutz, Rn. 475.
392 *McGoldrick*, The Human Rights Committee, p. 50.
393 *Lehmann*, Essex Human Rights Review Vol. 8 No. 1 (2011), 103–122 weist daraufhin, dass auf Grund der fehlenden Bindungswirkung nicht gesichert ist, dass das Human Rights Committee an der extensiven Auslegung von Art. 4 IPbpR auch im Anwendungsfall festhalten würde.
394 Die Staatenreporte enthalten keine Anhaltspunkte für die Anwendung des Art. 4 IPbpR. Sie werden daher nicht in die Analyse einbezogen.

litical Rights[395] bleiben außen vor, da diese nicht bindend und aus der Initiative von Völkerrechtlern hervorgegangen sind.[396]

1. General Comments

Zu Art. 4 IPbpR hat das Human Rights Committee bisher zwei General Comments abgegeben; einen frühen, sehr abstrakten Comment im Juli 1981 und einen konkretisierenden im Jahr 2001.

a) General Comment No. 5[397]

Der sehr allgemeine Comment zu Art. 4 IPbpR greift im Wesentlichen dessen Wortlaut auf. Die einzige Konkretisierung besteht darin, dass das Human Rights Committee Maßnahmen „of an exceptional and temporary nature" fordert.[398] Im Hinblick auf Art. 4 III IPbpR ergänzt das Human Rights Committee, dass nicht nur über die derogierten Rechte und die Gründe für die Derogation informiert werden muss, sondern auch in welchem Maße Rechte eingeschränkt werden: „to inform the other States parties of the nature and extent of the derogations they have made" „by indicating the nature and extent of each right derogated from together with the relevant documentation."[399]

---

395 UN Commission on Human Rights, 28 September 1984, E/CN.4/1985/4, online abrufbar unter URL: http://www.refworld.org/docid/4672bc122.html [30.12.2017].

396 *Nugraha*, International Journal of Human Rights 2017, 1ff., online abrufbar unter URL: http://www.tandfonline.com/doi/abs/10.1080/13642987.2017.13595 51 [30.12.2017].

397 Human Rights Committee, General Comment No. 5, 21 July 1981, online abrufbar unter URL: http://tbinternet.ohchr.org/_layouts/treatybodyexternal/TB Search.aspx?Lang=en&TreatyID=8&DocTypeID=11 [30.12.2017].

398 Human Rights Committee, General Comment No. 5, 21 July 1981, para. 3, online abrufbar unter URL: http://tbinternet.ohchr.org/_layouts/treatybodyexterna l/TBSearch.aspx?Lang=en&TreatyID=8&DocTypeID=11 [30.12.2017].

399 Human Rights Committee, General Comment No. 5, 21 July 1981, para. 3, online abrufbar unter URL: http://tbinternet.ohchr.org/_layouts/treatybodyexterna l/TBSearch.aspx?Lang=en&TreatyID=8&DocTypeID=11 [02.02.2018].

b) General Comment No. 29

In seinem General Comment No. 29[400] präzisiert das Human Rights Committee die Anforderungen des Art. 4 IPbpR. Zunächst bestätigt es seine Ausführungen aus General Comment No. 5, dass die Maßnahmen „of an exceptional and temporary nature" sein müssen.[401] Danach veranschaulicht es den Begriff „emergency", indem es einen „armed conflict", eine „natural catastrophe, a mass demonstration including instances of violence", und „a major industrial accident" als Beispiele anführt.[402] Das Proportionalitätskriterium erläutert es, indem es als Anhaltspunkte auf die „duration, geographical coverage and material scope of the state of emergency" verweist.[403] Außerdem ist es der Ansicht, dass der Verhältnismäßigkeitstest dazu führt, dass kein Recht vollständig derogierbar ist,[404] da die vollständige Missachtung immer unverhältnismäßig sei.[405] Die Äußerungen des Human Rights Committee lassen darauf schließen, dass eine strenge Kontrolle, v.a. des Verhältnismäßigkeitsprinzips, erfolgt. Anders als der EGMR gesteht das Human Rights Committee den Staaten keinen „margin of appreciation" zu.[406]

---

400 Human Rights Committee General Comment No. 29, UN Doc. CCPR/C/21/ Rev. 1, Add.11, 31 August 2001 (adopted 24 July 2001), online abrufbar unter URL: http://tbinternet.ohchr.org/_layouts/treatybodyexternal/Download.aspx?sy mbolno=CCPR%2fC%2f21 %2fRev. 1 %2fAdd.11&Lang=en [30.12.2017].

401 Human Rights Committee General Comment No. 29, UN Doc. CCPR/C/21/ Rev. 1, Add.11, 31 August 2001 (adopted 24 July 2001), para. 2, online abrufbar unter URL: http://tbinternet.ohchr.org/_layouts/treatybodyexternal/Download.a spx?symbolno=CCPR%2fC%2f21 %2fRev. 1 %2fAdd.11&Lang=en [30.12.2017].

402 Human Rights Committee General Comment No. 29, UN Doc. CCPR/C/21/ Rev. 1, Add.11, 31 August 2001 (adopted 24 July 2001), paras. 3, 5, online abrufbar unter URL: http://tbinternet.ohchr.org/_layouts/treatybodyexternal/Downlo ad.aspx?symbolno=CCPR%2fC%2f21 %2fRev. 1 %2fAdd.11&Lang=cn [30.12.2017]-.

403 Human Rights Committee General Comment No. 29, UN Doc. CCPR/C/21/ Rev. 1, Add.11, 31 August 2001 (adopted 24 July 2001), para. 4, online abrufbar unter URL: http://tbinternet.ohchr.org/_layouts/treatybodyexternal/Download.a spx?symbolno=CCPR%2fC%2f21 %2fRev. 1 %2fAdd.11&Lang=en [30.12.2017].

404 Human Rights Committee General Comment No. 29, UN Doc. CCPR/C/21/ Rev. 1, Add.11, 31 August 2001 (adopted 24 July 2001), para. 4, online abrufbar unter URL: http://tbinternet.ohchr.org/_layouts/treatybodyexternal/Download.a spx?symbolno=CCPR%2fC%2f21 %2fRev. 1 %2fAdd.11&Lang=en [30.12.2017].

405 *Joseph*, Human Rights Law Review Vol. 2 No. 1 (2002), 81–98 (86).

406 Allerdings verneint es einen solchen auch nicht ausdrücklich, *Joseph*, Human Rights Law Review Vol. 2 No. 1 (2002), 81–98 (86,87).

Die wohl weitreichendste Neuerung in der Auslegung von Art. 4 IPbpR enthalten die Absätze 13–16.[407] Das Committee hält Bestimmungen in Teilen für derogationsfest, obwohl sie nicht in Art. 4 II IPbpR aufgelistet sind, und weicht damit vom Wortlaut des Art. 4 IPbpR ab. Gerade weil Art. 4 II IPbpR die derogationsfesten Rechte ausdrücklich auflistet und weil im Rahmen der Entstehung darüber debattiert wurde, welche Rechte aufgenommen werden sollen,[408] könnte man meinen, die Aufzählung sei abschließend. Das Human Rights Committee nennt einige „illustrative examples", was darauf hinweist, dass die Liste der „quasi non-derogable rights" deutlich über die im Comment genannten Rechte hinausgeht. Rechtlicher Anknüpfungspunkt ist bei einigen Normen, dass sie aus der Sicht des Human Rights Committee zum zwingenden Völkerrecht gehören und daher über den in Art. 4 I IPbpR enthaltenen Verweis auf „other international obligations" inkorporiert werden.[409] Darüber hinaus begründet das Human Rights Committee seine Auffassung mit der Nähe zu derogationsfesten Normen[410] oder damit, dass ein Recht „inherent in the Covenant as a whole"[411] sei. Zum Teil fasst das Human Rights Committee auch ohne eine solche Begründung Rechte als notstandsfest auf, so zum

---

407 Human Rights Committee General Comment No. 29, UN Doc. CCPR/C/21/Rev. 1, Add.11, 31 August 2001 (adopted 24 July 2001), para. 13, online abrufbar unter URL: http://tbinternet.ohchr.org/_layouts/treatybodyexternal/Download.aspx?symbolno=CCPR%2fC%2f21 %2fRev. 1 %2fAdd.11&Lang=en [30.12.2017].

408 UN GA, Doc. A/2929, pp. 68, 69.

409 So zum Beispiel Art. 10 IPbpR (menschenwürdige Behandlung gefangener Personen), Human Rights Committee General Comment No. 29, UN Doc. CCPR/C/21/Rev. 1, Add.11, 31 August 2001 (adopted 24 July 2001), para. 13a, online abrufbar unter URL: http://tbinternet.ohchr.org/_layouts/treatybodyexternal/Download.aspx?symbolno=CCPR%2fC%2f21 %2fRev. 1 %2fAdd.11&Lang=en [30.12.2017].

410 Human Rights Committee General Comment No. 29, UN Doc. CCPR/C/21/Rev. 1, Add.11, 31 August 2001 (adopted 24 July 2001), para. 13a, online abrufbar unter URL: http://tbinternet.ohchr.org/_layouts/treatybodyexternal/Download.aspx?symbolno=CCPR%2fC%2f21 %2fRev. 1 %2fAdd.11&Lang=en [30.12.2017].

411 So für Art. 2 III, 14, 15 IPbpR, Human Rights Committee General Comment No. 29, UN Doc. CCPR/C/21/Rev. 1, Add.11, 31 August 2001 (adopted 24 July 2001), paras. 14, 15, online abrufbar unter URL: http://tbinternet.ohchr.org/_layouts/treatybodyexternal/Download.aspx?symbolno=CCPR%2fC%2f21 %2fRev. 1 %2fAdd.11&Lang=en [30.12.2017].

Beispiel Art. 20 IPbpR,[412] der ein Verbot von Kriegspropaganda sowie von nationalem, rassistischem oder religiösem Hass enthält.

2. Individualbeschwerden

Individualbeschwerden vor dem Human Rights Committee gegen einen Paktstaat sind nur möglich, wenn dieser das Optional Protocol 1[413] unterzeichnet (und ggf. ratifiziert) hat. Zwar haben über zwei Drittel der Vertragsstaaten inzwischen das Protokoll unterzeichnet,[414] in vielen Staaten, wie z. B. auch in Deutschland, wurde der Vertrag aber noch nicht ratifiziert und ist daher nicht unmittelbar anwendbar. Auch Staatenbeschwerden sind nur fakultativ, wenn auch im IPbpR selbst, in Art. 41 IPbpR, vereinbart. Damit eine Staatenbeschwerde möglich ist, müssen alle beteiligten Staaten die Erklärung nach Art. 41 IPbpR abgegeben haben, sich der Spruchpraxis des Human Rights Committee zu unterwerfen. Das Staatenbeschwerdeverfahren ist bisher allerdings noch nie in Anspruch genommen worden.[415] Auf Grund dessen ist die Spruchpraxis des Human Rights Committee deutlich weniger umfangreich als die des EGMR. Bisher existieren nur drei Individualbeschwerden, die Art. 4 IPbpR zum Gegenstand hatten.[416]

---

412 Human Rights Committee General Comment No. 29, UN Doc. CCPR/C/21/ Rev. 1, Add.11, 31 August 2001 (adopted 24 July 2001), para. 13e, online abrufbar unter URL: http://hrlibrary.umn.edu/gencomm/hrc29.html [27.07.2017].

413 Dieses ist im März 1976 in Kraft getreten, Art. 9 des Optional Protocol.

414 *Schilling*, Internationaler Menschenrechtsschutz, Rn. 494.

415 *Milej*, Entwicklung des Völkerrechts, S. 201; *Schilling*, Internationaler Menschenrechtsschutz, Rn. 488.

416 Es gibt noch weitere Individualbeschwerden, in denen Art. 4 IPbpR Erwähnung findet. Dies beschränkt sich aber auf die Feststellung, dass von ihm kein Gebrauch gemacht wurde oder er offensichtlich nicht erfüllt sei, siehe z. B. William Torres Ramirez v Uruguay, Comm. No. R.1/4, U.N. Doc. Supp. No. 40 (A/35/40) at 121 (1980), para. 17, online abrufbar unter URL: http://www1.umn .edu/humanrts/undocs/session35/R1-4.htm [24.01.2018] oder Joseoph Kavanagh v Ireland, UN. Doc. CCPR/C/71/D/819/1998, para. 9.4, online abrufbar unter URL: http://juris.ohchr.org/Search/Details/915 [02.02.2018].

a) Consuelo Salgar de Montejo v Colombia

Im Fall Consuelo Salgar de Montejo v Colombia[417] rügt die Beschwerde-führerin die Verletzung von Art. 9[418] und 14[419] IPbpR. Die Beschwerde-führerin wurde von einem Militärgericht wegen des Verkaufs einer Waffe zu einem Jahr Haft verurteilt. Das einzig vorhandene Rechtsmittel führte zum selben Richter des Militärgerichts, der den Schuldspruch bestätigte. Die Beschwerdeführerin verbrachte daraufhin drei Monate und 15 Tage in Haft. Danach wurde sie vorzeitig freigelassen. Sie rügte deshalb eine Ver-letzung von Art. 9 und Art. 14 IPbpR. Die kolumbianische Regierung be-rief sich auf Art. 4 I IPbpR, der dazu führe, dass Art. 9 und Art. 14 IPbpR suspendiert seien. Die Beschwerdeführerin stellte sich auf den Standpunkt, dass die kolumbianische Regierung die Voraussetzungen von Art. 4 III IPb-pR nicht erfüllt habe, weshalb diese sich nicht auf Art. 4 I IPbpR berufen könne. Das Human Rights Committee geht auf Art. 4 IPbpR nur in einer Randnotiz ein.[420] Zwar habe die Regierung einen Notstand notifiziert, da-bei habe sie in ihrer Erklärung nur Art. 19 und 21, nicht aber Art. 9 und Art. 14 IPbpR suspendiert. Allein das Verkünden eines Notstands stellt nach Auffassung des Human Rights Committee keine Generalermächti-gung zur Suspendierung aller Paktrechte dar: „The state Party, by merely invoking the existence of a state of siege, cannot evade the obligations which it has undertaken by ratifying the Covenant"[421]. Zwar stellt das Hu-man Rights Committee noch fest, dass die formale Notifizierung zwar kein Wirksamkeitserfordernis sei, um von Art. 4 IPbpR Gebrauch zu ma-chen. Allerdings müsse der betreffende Staat hinreichend darlegen, dass tatsächlich ein Notstand bestehe: „The State party concerned is duty-bound [...] to give a sufficiently detailed account of the relevant facts to show that a situation of the kind described in article 4 (1) of the Covenant

---

417 Human Rights Committee, Comm. No. 64/1979, U.N. Doc. CCPR/C/OP/1 at 127 (1985), online abrufbar unter URL: http://www1.umn.edu/humanrts/undoc s/newscans/64-1979.html [27.03.2014].

418 Recht auf Freiheit und Sicherheit, vergleichbar mit Art. 5 EMRK.

419 Enthält Justiz- und Verfahrensgrundrechte.

420 Human Rights Committee, Comm. No. 64/1979, U.N. Doc. CCPR/C/OP/1 at 127 (1985), para. 10.1 – 3, online abrufbar unter URL: http://www1.umn.edu/h umanrts/undocs/newscans/64-1979.html [27.03.2014].

421 Human Rights Committee, Comm. No. 64/1979, U.N. Doc. CCPR/C/OP/1 at 127 (1985), para. 10.3, online abrufbar unter URL: http://www1.umn.edu/huma nrts/undocs/newscans/64-1979.html [27.03.2014].

exists in the country concerned"[422]. Das Human Rights Committee zieht sich letztlich auf eine Beweiswürdigung zurück. Es maßt sich nicht an, das Vorliegen eines Notstandes zu verneinen, stellt aber beweisrechtliche Anforderungen an den Staat.

b) Landinelli Silva v Uruguay[423]

Die Beschwerdeführer waren für die Wahlen 1966 und 1971 allesamt von diversen politischen Gruppen als Kandidaten aufgestellt worden. Im November 1973 wurden diese Gruppen durch ein Dekret der neuen uruguayischen Regierung für illegal erklärt. Der Institutional Act 1976 sah für illegale politische Gruppierungen vor, dass es den Mitgliedern für die nächsten fünfzehn Jahre verboten war, zu wählen und sich politisch zu engagieren. Die Beschwerdeführer rügten deshalb eine Verletzung von Art. 25 IPbpR, der das aktive und passive Wahlrecht, den Zugang zu öffentlichen Ämtern und die Mitgestaltung der öffentlichen Angelegenheiten garantiert. Am 28. Juni 1979 hatte Uruguay von Art. 4 IPbpR Gebrauch gemacht, weshalb sich die Regierung darauf berief, dass Art. 25 IPbpR suspendiert sei.

Das Human Rights Committee stellt fest, dass Voraussetzungen von Art. 4 IPbpR nicht erfüllt sind. Dabei hält es sich in der Formulierung sehr zurück: „Although the sovereign right of a State party to declare a state of emergency is not questioned, yet"[424]. So stellt das Human Rights Committee nicht das tatsächliche Vorliegen eines Notstandes in Frage, sondern weist darauf hin, dass Uruguay nicht genug Fakten dargebracht habe, um das Committee vom Vorhandensein eines Notstands zu überzeugen: „the State party concerned is duty-bound to give a sufficiently detailed account

---

422 Human Rights Committee, Comm. No. 64/1979, U.N. Doc. CCPR/C/OP/1 at 127 (1985), para. 10.3, online abrufbar unter URL: http://www1.umn.edu/huma nrts/undocs/newscans/64-1979.html [27.03.2014].

423 Human Rights Committee, Comm. No. R.8/34, U.N. Doc. Supp. No. 40 (A/36/40) at 130 (1981), online abrufbar unter URL: http://www1.umn.edu/hu manrts/undocs/session36/8-34-htm [26.07.2017].

424 Human Rights Committee, Comm. No. R.8/34, U.N. Doc. Supp. No. 40 (A/36/40) at 130 (1981), para. 8.3, online abrufbar unter URL: http://www1.um n.edu/humanrts/undocs/session36/8-34-htm [26.07.2017].

of the relevant facts"[425]; „if the respondent Government does not furnish the required Justification itself [...], the Human Rights Committee cannot conclude that valid reasons exist to legitimize a departure from the normal legal regime prescribed by the Covenant"[426]. Darüber hinaus stützt sich das Human Rights Committee ergänzend darauf, dass das Proportionalitätskriterium selbst bei der Bejahung eines Notstandes nicht gewahrt wäre, so dass es nicht allein auf die Einschätzung bzgl. eines Notstands ankommt: „In addition, even on the assumption that there exists a situation of emergency in Uruguay..."[427]. Und auch bei der hypothetischen Prüfung der Verhältnismäßigkeit zieht sich das Human Rights Committee darauf zurück, dass die Regierung nicht habe darlegen können, dass der Ausschluss der Beschwerdeführer von politischen Aktivitäten erforderlich gewesen sei: „The Government has failed to show"[428]. Auch wenn das Human Rights Committee insgesamt deutlichere Worte findet als der EGMR, lässt es Vorsicht walten, wenn es um die Wahrung der staatlichen Souveränität geht.

c) Guerrero v Colombia

Im Fall Husband of Maria Fanny Suarez de Guerrero v. Colombia[429] wandte sich eine Ehefrau wegen der Verletzung von Art. 6 IPbpR an das Human Rights Committee, weil ihr Ehemann bei einer unrechtmäßigen Razzia durch die Polizei ums Leben gekommen war. Die kolumbianische Regierung berief sich auf Art. 4 IPbpR. Genau wie im Fall Consuelo Salgar de

---

425 Human Rights Committee, Comm. No. R.8/34, U.N. Doc. Supp. No. 40 (A/36/40) at 130 (1981), para. 8.3, online abrufbar unter URL: http://www1.um n.edu/humanrts/undocs/session36/8-34-htm [26.07.2017].

426 Human Rights Committee, Comm. No. R.8/34, U.N. Doc. Supp. No. 40 (A/36/40) at 130 (1981), para. 8.3, online abrufbar unter URL: http://www1.um n.edu/humanrts/undocs/session36/8-34-htm [26.07.2017].

427 Human Rights Committee, Comm. No. R.8/34, U.N. Doc. Supp. No. 40 (A/36/40) at 130 (1981), para. 8.4, online abrufbar unter URL: http://www1.um n.edu/humanrts/undocs/session36/8-34-htm [26.07.2017].

428 Human Rights Committee, Comm. No. R.8/34, U.N. Doc. Supp. No. 40 (A/36/40) at 130 (1981), para. 8.4, online abrufbar unter URL: http://www1.um n.edu/humanrts/undocs/session36/8-34-htm [26.07.2017].

429 Human Rights Committee, Comm. No. R.11/45, U.N. Doc. Supp. No. 40 (A/37/40) at 137 (1982), online abrufbar unter URL: http://www1.umn.edu/hu manrts/undocs/session37/11-45.htm [27.03.2014].

Montejo v Colombia[430] stützt sich das Human Rights Committee darauf, dass die Derogationserklärung nur Art. 19 und 21 IPbpR erfasst habe. Darüber hinaus gehöre Art. 6 zu den derogationsfesten Rechten nach Art. 4 II IPbpR.[431]

d) Adrien Mundyo Busyo, Thomas Osthudi Wongodi, René Sibu Matubuka et al v Congo

Adrien Mundyo Busyo, Thomas Osthudi Wongodi, René Sibu Matubuka et al v Congo[432] stellt die erste Individualbeschwerde nach Erlass des General Comment No. 29 dar. Die Beschwerdeführer sind Richter der Republik Kongo, die auf Grund eines Dekrets des Präsidenten ihrer Ämter enthoben wurden. In Frage stand eine Verletzung von Art. 14 I (Verfahrensstandards) und 25 lit.c (gleicher Zugang zu öffentlichen Ämtern) IPbpR, aber auch von Art. 9 IPbpR, weil zwei der Beschwerdeführer inhaftiert worden waren. Das Human Rights Committee stellt eine Verletzung dieser Rechte fest. Vorab stellt es klar, dass Art. 4 IPbpR nicht zur Anwendung kommt, auch wenn das präsidentielle Dekret zur Rechtfertigung auf „specific circumstances" verweist. Es fehle zum einen an einer Notifikationserklärung,[433] zum anderen werden weder Art noch Ausmaß und Dauer der Derogationen erläutert.[434] Die Verletzung der – nicht suspendierten – Rechte begründet das Human Rights Committee allein damit, dass die Republik Kongo sich nicht eingelassen habe: „the absence of any reply from the Sta-

---

430 Human Rights Committee, Comm. No. 64/1979, U.N. Doc. CCPR/C/OP/1 at 127 (1985), online abrufbar unter URL: http://www1.umn.edu/humanrts/undoc s/newscans/64-1979.html [27.03.2014].

431 Human Rights Committee, Comm. No. R.11/45, U.N. Doc. Supp. No. 40 (A/37/40) at 137 (1982), para. 12.2, online abrufbar unter URL: http://www1.um n.edu/humanrts/undocs/session37/11-45.htm [27.03.2014].

432 Human Rights Committee, Comm. No. 933/2000, U.N. Doc. CCPR/C/78/D/33/2000, 19 September 2003, online abrufbar unter URL: http://tbinternet.ohchr.org/_layouts/treatybodyexternal/Download.aspx?symbol no=CCPR%2FC%2F78 %2FD%2F933 %2F2000&Lang=en [02.02.2018].

433 Dabei bleibt wieder offen, ob eine Notifikationserklärung für die Rechtmäßigkeit der Derogation Voraussetzung ist.

434 Human Rights Committee, Comm. No. 933/2000, U.N. Doc. CCPR/C/78/D/33/2000, 19 September 2003, para. 5.2, online abrufbar unter URL: http://tbinternet.ohchr.org/_layouts/treatybodyexternal/Download.asp x?symbolno=CCPR%2FC%2F78 %2FD%2F933 %2F2000&Lang=en [02.02.2018].

te party".[435] Wieder wird der Fall also alleinig über das Beweisrecht gelöst. Neuerungen im Hinblick auf die Tatbestandsvoraussetzungen von Art. 4 IPbpR bringt der Fall nicht.

3. Zusammenfassung der Spruchpraxis zu Art. 4 IPbpR

Das Human Rights Committee vermeidet eine politische Bewertung der Lage im betreffenden Vertragsstaat. Dafür bedient es sich der Darlegungslast. Diese Vorgehensweise ist eine kluge richterliche Strategie. Denn obwohl die Faktenlage nur schwer beurteilt werden kann,[436] bleibt der Spruchkörper mit Hilfe beweisrechtlicher Instrumente trotzdem handlungsfähig. Gleichzeitig vermeidet es das Human Rights Committee, sich angreifbar zu machen.[437] Denn erst im Evidenzfall müsste es Stellung beziehen. Mit Hilfe des burden of proof gelingt es dem Human Rights Committee im Ergebnis außerdem, Art. 4 IPbpR eng zu fassen. Darüber hinaus lässt sich eine im Ergebnis engere Auslegungspraxis beobachten, indem der abweichungsfeste Kern aus Art. 4 II IPbpR erweitert wird. Auffällig sind in der Argumentation vorkommende doppelte Begründungen bzw. Hilfserwägungen und sogar obiter dicta[438] trotz der allgemeinen Kürze der Entscheidungen.

---

435 Human Rights Committee, Comm. No. 933/2000, U.N. Doc. CCPR/C/78/D/33/2000, 19 September 2003, para. 5.2 und 5.3, online abrufbar unter URL: http://tbinternet.ohchr.org/_layouts/treatybodyexternal/Download.aspx?symbolno=CCPR%2FC%2F78 %2FD%2F933 %2F2000&Lang=en [02.02.2018].

436 Ähnlich auch *Lorz*, Israel Yearbook of Human Rights Vol. 33 (2003), 85–104 (90).

437 *Lorz*, Israel Yearbook of Human Rights Vol. 33 (2003), 85–104 (91).

438 Textbaustein: „Although the substantive right to take derogatory measures may not depend on a formal notification...", vgl. z.B. Consuelo Salgar de Montejo v Colombia, Human Rights Committee, Comm. No. 64/1979, U.N. Doc. CCPR/C/OP/1 at 127 (1985), online abrufbar unter URL: http://www1.umn.edu/humanrts/undocs/newscans/64-1979.html [27.03.2014].

II. Die Spruchpraxis zu Art. 15 EMRK

1. Die Spruchpraxis von EKMR und EGMR

Über die Hälfte der insgesamt 30 offiziellen Inanspruchnahmen von Art. 15 EMRK wurde gestritten, d.h. in 50 % der Fälle wurde die Inanspruchnahme von Art. 15 EMRK im Rahmen einer Staaten- oder Individualbeschwerde angegriffen. Wenn es eine Entscheidung des EGMR gibt, wird nur diese analysiert. Sonst wird auf die Entscheidungen der Europäischen Kommission für Menschenrechte zurückgegriffen.

In der Literatur gibt es einige Rechtsprechungssammlungen zu Art. 15 EMRK.[439] Selten liegt der Fokus auf der Rechtsprechungsentwicklung, sondern meist auf den politischen Gründen für den Ausnahmezustand oder der margin of appreciation doctrine.

a) The Cyprus Case

Bereits die ersten Staatenbeschwerden in der Geschichte der EMRK hatten Art. 15 EMRK zum Gegenstand.[440] Der sog. Cyprus Case umfasst zwei Beschwerden Griechenlands gegen Großbritannien, Nr. 176/56 vom 07.05.1956 und Nr. 299/57 vom 17.07.1957. Zu dieser Zeit war Zypern noch eine britische Kolonie.[441]

Mit der ersten Beschwerde wandte sich Griechenland am 7. Mai 1956 an die Europäische Kommission für Menschenrechte.[442] Griechenland mach-

---

439 Vgl. die einschlägigen EMRK-Kommentare *Frowein/Peukert*, EMRK, Art. 15; *Krieger*, in Dörr/Grote/Marauhn (Hrsg.), EMRK/GG, Kap. 8; *Meyer-Ladewig*, EMRK Handkommentar, Art. 15; für die englisch sprachige Literatur *Mowbray*, European Convention on Human Rights, pp. 840ff.; außerdem *Wolf*, in Lemke (Hrsg.), Ausnahmezustand, S. 257–270.

440 *Frowein/Peukert*, EMRK, Art. 15 Rn. 2.

441 Erst mit dem Treaty of Guarantee, signed at Nikosia on 16 August 1960 wurde Zypern unabhängig. Dieser Vertrag ist Teil des Zürcher und Londoner Abkommens.

442 Appl. No. 176/56, Zulässigkeitserklärung und Protokolle der mit Video aufgenommenen Verhandlungen abgedruckt in Yearbook of the ECHR 1958–1959, pp. 174–178, 182–198. Bis 1998 gab es eine Entscheidung des EGMR nur, wenn sich beide Parteien diesem unterworfen hatten. Vorgeschaltet war immer die Europäische Kommission für Menschenrechte. Je nachdem ging der Fall danach an den EGMR oder an das Ministerkomitee, vgl. zur Entwicklung des Rechtsschutzsystems *Grabenwarter/Pabel*, EMRK, § 6 Rn. 1.

te geltend, dass die Inanspruchnahme von Art. 15 EMRK durch Großbritannien sowohl formell als auch materiell konventionswidrig sei. Großbritannien sah u.a. Kollektivbestrafungen vor, die auch das Auspeitschen erlaubten. Auf Grund dessen rügte Griechenland eine Verletzung des Folterverbots gem. Art. 3 EMRK, das selbst im Notstandsfall nicht suspendiert werden darf. Nachdem eine einvernehmliche Streitbeilegung gescheitert war,[443] kam es zu einem Bericht der Kommission. In diesem entwickelte sie den Prüfungsmaßstab für Art. 15 EMRK. Sie stellte fest, dass sie vollumfänglich[444] prüfen könne, ob ein Notstand vorgelegen habe und die Wahl der Mittel verhältnismäßig gewesen sei.[445] In Bezug auf die Wahl der Mittel räumte sie Großbritannien jedoch einen Spielraum ein.[446] Zu einer Entscheidung des Ministerkomitees kam es nicht mehr, weil Großbritannien und Griechenland sich noch einig wurden.[447] Auch die zweite Beschwerde mit der Nr. 299/57 wurde eingestellt, weil Griechenland und Großbritannien sich politisch einigten.[448] Dass den Staaten hinsichtlich der Wahl der Mittel ein Spielraum eingeräumt wurde, macht die Sensibilität der Überprüfung durch die Organe des Europarats deutlich.

b) Lawless v Ireland

Einer der ersten Fälle, den der EGMR zu entscheiden hatte, war ein Art. 15-EMRK-Fall. In Lawless v Ireland (No. 3)[449] legte der EGMR anhand von Art. 15 EMRK den Grundstein für die viel beachtete margin of appreciation doctrine.[450] Der Beschwerdeführer rügte die Verletzung von Art. 5

---

443 Yearbook of the ECHR 1958–1959, p. 176.
444 Yearbook of the ECHR 1958–1959, p. 176.
445 *Jacobs/White/Ovey*, The European Convention on Human Rights, pp. 316, 317.
446 Damit legte sie die Grundsteine der „margin of appreciation doctrine", *Crysler*, Nordic Journal of International Law Vol. 65 (1996), 91–121 (94); *Gross/Ni Aolain*, Human Rights Quarterly Vol. 23 No. 3 (2011), 625–649 (631).
447 Committee of Ministers, Res. (59) 12, 20 April 1959, abgedruckt in Yearbook of the ECHR 1958–1959, p. 186; *Crysler*, Nordic Journal of International Law Vol. 65 (1996), 91–121 (94).
448 *Crysler*, Nordic Journal of International Law Vol. 65 (1996), 91–121 (94).
449 ECtHR, Case of Lawless v Ireland (No. 3), Appl. No. 332/57, Judgment 1 July 1961.
450 Der Fall gilt als Geburtsstätte der Doktrin, auch wenn die Europäische Kommission für Menschenrechte schon im Cyprus Case die Grundlagen gelegt hatte, indem sie den Staaten bei der Wahl der Mittel einen Spielraum einräumte, vgl. zu den Ursprüngen der Doktrin, *Arai-Takahashi*, The margin of appreciation doc-

(Recht auf Freiheit und Sicherheit), Art. 6 (Recht auf ein faires Verfahren) und Art. 7 (nulla poena sine lege) EMRK. Er wurde verdächtigt, der Irish Republican Army (IRA) anzugehören und deshalb gestützt auf den Offences against the State (Amendment) Act 1940 in ein Internierungslager gebracht. Die Haft wurde vom Justizminister verfügt und beruhte nicht auf einem Gerichtsurteil. Der Gerichtshof beurteilt das Vorliegen einer Notstandssituation nicht selbst, auch wenn er der Regierung nicht explizit einen Spielraum bei der Beurteilung einräumt: „a "public emergency threatening the life of the nation", was reasonably deduced by the Irish Government from a combination of several factors".[451] Bei der Verhältnismäßigkeitsprüfung räumt der EGMR der Regierung im Lawless-Urteil noch keinen Spielraum ein und setzt sich selbst mit der Erforderlichkeit der Maßnahmen auseinander, indem er argumentativ ausschließt, dass es mildere, gleich geeignete Mittel gegeben hätte.[452] Das Lawless-Urteil deutet noch in die Richtung, dass die formellen Erfordernisse des Art. 15 III EMRK für eine konventionsgemäße Inanspruchnahme von Art. 15 EMRK eingehalten werden müssen.[453]

c) The Greek Case

Im sog. Greek Case wandten sich eine Reihe von Staaten, und zwar Dänemark, Norwegen, Schweden und die Niederlande, gegen Griechenland.[454] Einer Gruppe von Militärs war 1967 ein Putsch, der sog. Obristenputsch,[455] gelungen. Die neue Regierung schuf eine Militärdiktatur und notifizierte im Mai 1967 die Suspendierung von Konventionsrechten. Massenhafte Inhaftierungen, Säuberungsaktionen im Hinblick auf politische

---

trine and the principle of proportionality in the jurisprudence of the ECHR, pp. 5f.

451 ECtHR, Case of Lawless v Ireland (No. 3), Appl. No. 332/57, Judgment 1 July 1961, § 28.

452 ECtHR, Case of Lawless v Ireland (No. 3), Appl. No. 332/57, Judgment 1 July 1961, §§ 36f. Anders die Europäische Kommission für Menschenrechte im Cyprus Case, s.o.

453 ECtHR, Case of Lawless v Ireland (No. 3), Appl. No. 332/57, Judgment 1 July 1961, § 47.

454 Appl. Nos. 3321/67 Denmark; 3322/67 Norway; 3323/67 Sweden, 3344/67 Netherlands, abgedruckt in Yearbook of the European Convention on Human Rights 1969, „The Greek Case".

455 *Krieger*, in Dörr/Grote/Marauhn (Hrsg.), EMRK/GG, Kap. 8 Rn. 6.

Gegner und Zensur waren an der Tagesordnung.[456] Der Greek Case wurde von der EKMR entschieden. Der Bericht ist das erste umfassende Dokument von 1200 Seiten, das sich grundlegend Art. 15 EMRK widmet.[457] Denn für die EKMR hing der Fall davon ab, ob die griechische Regierung rechtmäßig von Art. 15 EMRK Gebrauch gemacht hatte. Es blieb dabei, dass der Regierung sowohl hinsichtlich des Vorliegens eines Notstands als auch bei der Wahl der Mittel ein Spielraum eingeräumt wurde. Mit dem Mittel des „margin of appreciation" ist allerdings noch nichts über die Beweislastregeln gesagt. Zwar mag der betreffenden Regierung ein Spielraum bei der Bewertung der Fakten zukommen, nichtsdestotrotz muss sie das Vorliegen dieser Fakten beweisen.[458] Dies gelang der griechischen Regierung nicht. Die Kommission setzte sich zudem selbst ausführlich[459] mit den Fakten in Griechenland auseinander[460] und versagte der griechischen Revolutionsregierung mit zehn zu fünf Stimmen, sich auf Art. 15 EMRK zu berufen.[461] Dies ist der einzige Fall, in dem die Kommission darauf bestand, selbst Fakten zu ermitteln[462] und nicht auf das Vorbringen Griechenlands zu vertrauen.[463] Dies hängt wohl damit zusammen, dass es sich um eine Revolutionsregierung handelte.

Hinsichtlich der Definition des „public emergency threatening the life of the nation" fand eine Weiterentwicklung des Lawless-Standes[464] statt. Der französische Text des Lawless-Urteils enthielt das zusätzliche Kriterium, dass der Notstand gegenwärtig sein müsse. Weil die Kommission den französischen Text als authentisch bewertete, [465] ergänzte sie die Not-

---

456 *Becket*, Human Rights Law Journal Vol. 1 No. 1 (1970), 91–117 (93).

457 *Becket*, Human Rights Law Journal Vol. 1 No. 1 (1970), 91–117 (107).

458 *Becket*, Human Rights Law Journal Vol. 1 No. 1 (1970), 91–117 (108).

459 Dies wird in der Literatur auf die politische Brisanz und die Tatsache zurückgeführt, dass es sich um eine revolutionäre, nicht demokratische Regierung handelte, die von Art. 15 EMRK Gebrauch machte, vgl. z. B. *Tierney*, Modern Law Review Vol. 68 No. 4 (2005), 668–672 (669).

460 *Ni Aolain*, Fordham International Law Journal Vol. 19 No. 1 (1995), 100–142 (113).

461 Yearbook of the European Convention on Human Rights 1969, „The Greek Case", p. 76.

462 *Jacobs/White/Ovey*, The European Convention on Human Rights, p. 319.

463 *Ni Aolain*, Fordham International Law Journal Vol. 19 No. 1 (1995), 100–142 (114).

464 ECtHR, Case of Lawless v Ireland (No. 3), Appl. No. 332/57, Judgment 1 July 1961.

465 *Harris/O'Boyle/Warbrick*, Law of the ECHR, p. 624.

standsdefinition darum, dass der Notstand gegenwärtig sein oder zumindest unmittelbar bevorstehen müsse.

Auch wenn kein Notstand vorlag, so äußert sich die Kommission auch zu den gewählten Mitteln und hält diese für unverhältnismäßig.[466] Sie begründet damit ihre Entscheidung doppelt, um Griechenland die Berufung auf Art. 15 EMRK zu versagen. Sie begründet die Unverhältnismäßigkeit damit, dass die ordentlichen Gerichte durchaus in der Lage seien, die Anzahl von Inhaftierungsverfahren zu bewältigen.[467]

d) Ireland v UK

Im Fall Ireland v UK[468] wandte sich Irland gegen Großbritannien, weil es die Praxis Großbritanniens in Nordirland im Hinblick auf die Internierung, Inhaftierung und die Vernehmungsweise von Personen für mit der EMRK unvereinbar hielt.[469] 1971 wurden ca. 2300 Personen, darunter v.a. Katholiken, ohne Beteiligung eines Richters festgenommen und verhört.[470]

Auffällig ist, dass der Gerichtshof erneut die Prüfung von Art. 5 EMRK voranstellt und sich erst im Anschluss Art. 15 EMRK widmet.[471] Dies erscheint systemwidrig,[472] kann aber auch als Ausweichstrategie gewertet werden, um sich nicht zu Art. 15 EMRK äußern zu müssen.

Weil keine der Parteien bestritt, dass ein Notstand vorlag, prüft der EGMR nicht das Vorliegen eines solchen, sondern verweist schlicht auf den Sachverhalt.[473] Im Fall Ireland v UK bestätigt der EGMR, dass den Vertragsstaaten ein Spielraum bei der Bewertung, ob ein Notstand vor-

---

466 Yearbook of the European Convention on Human Rights 1969, „The Greek Case"; pp. 104, 135–136, 148–149.

467 Yearbook of the European Convention on Human Rights 1969, „The Greek Case"; p. 136.

468 ECtHR (Plenary), Case of Ireland v UK, Appl. No. 5310/71, Judgment 18 January 1978.

469 *Marks*, Oxford Journal of Legal Studies Vol. 15 No. 1 (1995), 69–95 (74).

470 *Krieger*, in Dörr/Grote/Marauhn (Hrsg.), EMRK/GG, Kap. 8 Rn. 6.

471 ECtHR (Plenary), Case of Ireland v UK, Appl. No. 5310/71, Judgment 18 January 1978, § 191.

472 So auch Fitzmaurice in seinem Sondervotum §§ 38ff., ECtHR (Plenary), Case of Ireland v UK, Appl. No. 5310/71, Judgment 18 January 1978; anders sieht dies *Krieger*, in Dörr/Grote/Marauhn (Hrsg.), EMRK/GG, Kap. 8 Rn. 25.

473 ECtHR (Plenary), Case of Ireland v UK, Appl. No. 5310/71, Judgment 18 January 1978, § 205.

liegt, und bei der Wahl der Mittel zukommt. In der Entscheidung geht der EGMR noch weiter und bezeichnet diesen Spielraum als weit. Begründet wird dies damit, dass die nationalen Organe die Situation vor Ort viel besser einschätzen können als internationale Richter,[474] die weit weg[475] vom Geschehen sind und die Situation zudem nur aus der Retrospektive beurteilen können.[476] In diesem Rahmen findet aber eine Kontrolle durch den EGMR statt. Deshalb kommt es nicht nur darauf an, ob es nachvollziehbar ist, dass ein Staat von bestimmten Fakten auf einen Notstand geschlossen hat, sondern vor allem darauf, inwieweit ein Staat die Fakten beweisen muss, die Grundlage für seine Entscheidung waren.[477] Dazu stellt der Gerichtshof fest, dass er an keine Beweisregeln gebunden ist.[478] Die Parteien beschwerten sich über die Europäische Kommission für Menschenrechte, die im Fall Ireland v UK als Vorschaltinstanz für die Faktenfindung zuständig war. Für den EGMR stellte sich daher die Frage nach der Verwertbarkeit der von der Kommission gefundenen Erkenntnisse. Er stellt fest, dass er nach eigenen Beweisregeln entscheide und nicht an die Beweisaufnahme durch die Kommission gebunden sei.[479] Aus dem Folgenden geht leider nicht hervor, ob der Gerichtshof das Material berücksichtigt, das die irische Regierung unberücksichtigt wissen wollte. Der Fall gibt daher leider keinen Aufschluss über die genauen Beweisanforderungen für die Fakten, die einen Notstand und verhältnismäßige Mittel erlauben. Es fällt auf, dass der EGMR sich bei der Bewertung der Verhältnismäßigkeit der Maßnahmen sehr zurückhält. Zur Veranschaulichung: „It is certainly not the Court's function to substitute for the British Government's assessment any further assessment of what might be the most prudent or most expedient

---

474 ECtHR (Plenary), Case of Ireland v UK, Appl. No. 5310/71, Judgment 18 January 1978, § 207.

475 *Bernhardt*, in FS Mosler, S. 75 – 88 (86).

476 ECtHR (Plenary), Case of Ireland v UK, Appl. No. 5310/71, Judgment 18 January 1978, §§ 207, 214; vgl. auch *Krieger*, in Dörr/Grote/Marauhn (Hrsg.), EMRK/GG, Kap. 8 Rn. 8, 12.

477 Das verkennt Krieger, wenn sie die Frage der Nachvollziehbarkeit mit Beweisfragen vermischt, vgl. *Krieger*, in Dörr/Grote/Marauhn (Hrsg.), EMRK/GG, Kap. 8 Rn. 9.

478 Inzwischen existieren Beweisregeln in den Rules of Court, beachte v.a. den Amtsermittlungsgrundsatz, Rule A1 Annex to the Rules of Court of 7 July 2003, online abrufbar unter URL: http://www.echr.coe.int/Documents/Rules_Court_ENG.pdf [18.03.2014].

479 ECtHR (Plenary), Case of Ireland v UK, Appl. No. 5310/71, Judgment 18 January 1978, § 210.

policy to combat terrorism."[480] So zeigt sich die gesamte Prüfung des EGMR sehr genau und auch ausführlich, indem er für die Maßnahmen, die unter Art. 15 EMRK zulässig sind, z. B. sauber zwischen den einzelnen Absätzen des Art. 15 EMRK trennt. Trotz vieler Worte entsteht der Eindruck, dass der EGMR nur das nennt, was beide Parteien vorbringen, um sodann dem Vereinigten Königreich zu folgen, das Art. 15 EMRK aktiviert hatte. Das einzige inhaltliche Argument des EGMR beschränkt sich darauf, dass die Regelungen zur Inhaftierung ohne Beteiligung eines Richters das Recht auf Freiheit des Einzelnen grundsätzlich respektierten.[481]

Der Fall enthält eine Erweiterung von Art. 15 EMRK. Obwohl Art. 15 EMRK einschlägig ist, prüft er den suspendierten Art. 14 i.V.m. Art. 5 EMRK (Diskriminierungsverbot).[482] Der EGMR erklärt nicht, wie er zu dieser Auffassung gelangt. Eine mögliche Erklärung wäre die Beachtung über den Verweis auf sonstige internationale Verpflichtungen, da Art. 4 IPbpR verbietet, dass Notstandsmaßnahmen diskriminierend sind.

e) Brannigan and Mc Bride v UK

Auch im Fall Brannigan and McBride v UK[483] ging es um die Inhaftierung von Personen ohne die Konsultierung eines Richters. Section 12 des Prevention of Terrorism Act (Temporary Provisions) 1984 ermöglichte es der Polizei, Personen eigenmächtig bis zu 48 Stunden zu internieren, wenn diese des Terrorismus im Zusammenhang mit der IRA verdächtig waren.[484] Die Haft konnte ohne einen Richter um fünf Tage verlängert werden. Sowohl Brannigan als auch McBride waren genau wie Lawless Mitglieder der Irish Republican Army (IRA).

Wieder stellt der EGMR zunächst eine Verletzung von Art. 5 EMRK fest, bevor er sich mit Art. 15 EMRK beschäftigt.

In Brannigan and McBride v UK war erneut die Beweislast Thema. Während die Beschwerdeführer nicht bestritten, dass de facto ein Notstand vor-

---

480 ECtHR (Plenary), Case of Ireland v UK, Appl. No. 5310/71, Judgment 18 January 1978, § 214.

481 ECtHR (Plenary), Case of Ireland v UK, Appl. No. 5310/71, Judgment 18 January 1978, § 220.

482 ECtHR (Plenary), Case of Ireland v UK, Appl. No. 5310/71, Judgment 18 January 1978, §§ 225–232.

483 ECtHR (Plenary), Case of Brannigan and McBride v UK, Appl. Nos. 14553/89 and 14554/89, Judgment 26 May 1993.

484 *Mowbray*, European Convention on Human Rights, p. 850.

lag, forderten sie vom Vereinigten Königreich, dass dieses Beweis führen müsse.[485] Leider nimmt der Gerichtshof dazu keine Stellung, sondern bleibt bei der Feststellung, dass der Gerichtshof alle vorliegenden Beweise selbstständig würdige. Auf Grund dessen kommt er zu dem Ergebnis, dass hinsichtlich des Bestehens eines Notstandes kein Zweifel bestehe.[486]

Die Prüfung des EGMR auf Verhältnismäßigkeit der Maßnahmen fällt gegenüber früheren Urteilen ausführlicher aus. So berücksichtigt er beispielsweise das Gewicht der derogierten Rechte, die Dauer des Notstandes und die Umstände, die zur Ausnahmesituation geführt haben.[487] Der EGMR setzt sich außerdem detailliert mit den vorgebrachten Argumenten der Parteien und der Kommission auseinander und argumentiert damit, dass die Regierung andere Sicherheiten vor Missbrauch vorgesehen hatte,[488] die die Funktion der richterlichen Kontrolle ersetzen sollten. Die rhetorische Zurückhaltung bleibt jedoch in der Tendenz.[489]

Im Fall Brannigan and McBride v UK wurde zudem die Inkorporation internationaler Verpflichtungen erstmalig virulent. Der EGMR musste überprüfen, ob ein Verstoß gegen Art. 4 IPbpR vorliegt, der im Unterschied zu Art. 15 EMRK die öffentliche Proklamation des Notstandes fordert.[490] Dabei sah sich der EGMR der Schwierigkeit ausgesetzt, dass er den Wortlaut des IPbpR auslegen müsse. Hier zeigt sich der EGMR sehr zurückhaltend und nimmt an, dass das Vereinigte Königreich die Anforderungen von Art. 4 IPbpR wohl erfüllt habe.[491]

---

485 ECtHR (Plenary), Case of Brannigan and McBride v UK, Appl. Nos. 14553/89 and 14554/89, Judgment 26 May 1993, § 44.
486 ECtHR (Plenary), Case of Brannigan and McBride v UK, Appl. Nos. 14553/89 and 14554/89, Judgment 26 May 1993, § 47.
487 ECtHR (Plenary), Case of Brannigan and McBride v UK, Appl. Nos. 14553/89 and 14554/89, Judgment 26 May 1993, §§ 43, 48.
488 ECtHR (Plenary), Case of Brannigan and McBride v UK, Appl. Nos. 14553/89 and 14554/89, Judgment 26 May 1993, § 61.
489 ECtHR (Plenary), Case of Brannigan and McBride v UK, Appl. Nos. 14553/89 and 14554/89, Judgment 26 May 1993, § 59.
490 *Krieger*, in Dörr/Grote/Marauhn (Hrsg.), EMRK/GG, Kap. 8, Rn. 31.
491 ECtHR (Plenary), Case of Brannigan and McBride v UK, Appl. Nos. 14553/89 and 14554/89, Judgment 26 May 1993, §§ 69–73.

f) Aksoy v Turkey

Im Fall Aksoy v Turkey[492] hatte die Türkei die Derogation von Art. 5 EMRK erklärt. Seit 1985 hatte es immer wieder gewalttätige Auseinandersetzungen zwischen Sicherheitskräften und Mitgliedern der PKK gegeben. Daraufhin hatte die türkische Regierung den Notstand erklärt und es möglich gemacht, Personen bis zu dreißig Tage ohne richterliche Mitwirkung zu inhaftieren. Der Beschwerdeführer Zeki Aksoy war in diesem Zusammenhang, als PKK-Terrorist verdächtig, vom 26.11. bis 10.12.1992 in Haft genommen worden. Neben einer Verletzung von Art. 3 EMRK, auf den hier auf Grund der Notstandsfestigkeit nicht eingegangen werden soll, rügte er eine Verletzung von Art. 5 III EMRK, weil er mindestens 14 Tage lang keinem Richter vorgeführt worden war.

Aksoy v Turkey ist der erste Fall, in dem der EGMR entschied, dass die Derogation wegen Unverhältnismäßigkeit der gewählten Mittel konventionswidrig war.[493] Vorher hatte sich der EGMR immer in Zurückhaltung geübt. Es ist daher interessant zu analysieren, wie der EGMR die Verweigerung der Inanspruchnahme von Art. 15 EMRK gegenüber der Türkei begründete und wie tiefgehend seine Argumentation ist.

Der EGMR knüpft an den in Brannigan and McBride aufgestellten Prüfungsmaßstab an.[494] In aller Kürze stellt er zunächst fest, dass die PKK-Aktivitäten unzweifelhaft einen Notstand ausgelöst hätten.[495] Die Prüfung der Verhältnismäßigkeit fällt differenziert aus. Der EGMR unterstreicht die Wichtigkeit des Art. 5 III EMRK, weil dieser in Zusammenhang mit nicht derogierbaren Rechten stehe.[496] Zwar sei Art. 5 EMRK selbst nicht notstandsfest; nicht vergessen werden dürfe aber, dass die Nichtbeachtung dieses Rechts Folter erleichtern kann. Das Folterverbot aus Art. 3 EMRK ist derogationsfest. Als zweites Argument nennt er, dass der Zeitraum von mindestens vierzehn Tagen ohne richterliche Kontrolle extrem lang sei. Zudem habe die Regierung keine Gründe vorgebracht, warum eine rich-

---

492 ECtHR, Case of Aksoy v Turkey, Appl. No. 21987/93, Judgment 18 December 1996.

493 *Krieger*, in Dörr/Grote/Marauhn (Hrsg.), EMRK/GG, Kap. 8, Rn. 6.

494 ECtHR, Case of Aksoy v Turkey, Appl. No. 21987/93, Judgment 18 December 1996, § 68.

495 ECtHR, Case of Aksoy v Turkey, Appl. No. 21987/93, Judgment 18 December 1996, § 70.

496 ECtHR, Case of Aksoy v Turkey, Appl. No. 21987/93, Judgment 18 December 1996, § 76.

terliche Kontrolle nicht praktikabel gewesen sei.[497] Anders als im Fall Brannigan and McBride hält der EGMR hinreichende Sicherheiten gegen Missbrauch nicht für gegeben.[498] So kommt er vorsichtig zu dem Schluss, dass die ergriffenen Maßnahmen unverhältnismäßig waren: „However, (the Court) ist not persuaded that the exigencies of the situation necessitated the holding of the applicant on suspicion of involvement in terrorist offences for fourteen days or more in incommunicado detention without access to a judge or other judicial officer."[499] Mit der Formulierung „not persuaded" distanziert sich der EGMR sprachlich von den reellen Gegebenheiten. Er maßt sich nicht an, zu beurteilen, dass die Maßnahmen tatsächlich nicht notwendig waren. Er zieht sich darauf zurück, dass die türkische Regierung nicht genug Beweise vorbringen konnte. Die Zurückhaltung des EGMR kommt auch in diesem Urteil zum Ausdruck.

g) Sakik and others v Turkey

Im Fall Sakik and others v Turkey[500] reichten sechs frühere Mitglieder der türkischen Nationalversammlung eine Beschwerde ein. Diese standen unter Verdacht einer Straftat nach Artikel 125 des türkischen Strafgesetzbuches. Dieser stellt es unter Strafe, die staatliche Souveränität in irgendeiner Form anzugreifen. Nachdem die Nationalversammlung die Immunität der Abgeordneten aufgehoben hatte, wurden zwei von ihnen am 2. März 1994, die vier anderen am 4. März von der Ankara Sicherheitspolizei in Polizeigewahrsam genommen. Dieser sollte bis zum 16. März anhalten, ohne dass die Beschwerdeführer einem Richter vorgeführt worden wären, obwohl zwei von ihnen dies, vertreten durch ihre Anwälte, mehrfach verlangten. Sie rügten daher u.a. eine Verletzung von Art. 5 III EMRK.

Sakik and others v Turkey ist der erste Fall, in dem der EGMR sich erst der Frage widmet, ob eine Derogation nach Art. 15 EMRK vorliegt: „The Court must accordingly first determine whether the derogation concerned

---

497 ECtHR, Case of Aksoy v Turkey, Appl. No. 21987/93, Judgment 18 December 1996, § 78.
498 ECtHR, Case of Aksoy v Turkey, Appl. No. 21987/93, Judgment 18 December 1996, § 83.
499 ECtHR, Case of Aksoy v Turkey, Appl. No. 21987/93, Judgment: 18 December 1996, § 84.
500 ECtHR, Case of Sakik and others v Turkey, Appl. Nos. 87/1996/706/898–903, Judgment 25 November 1997.

applies to the facts of the case".[501] Anders als in Aksoy v Turkey scheitert die Inanspruchnahme von Art. 15 EMRK nicht an der Unverhältnismäßigkeit der Maßnahmen, sondern daran, dass die türkische Regierung für die Region Ankara nicht ausdrücklich den Notstand erklärt hatte. Art. 15 EMRK war ratione loci nicht anwendbar.[502] Dass der EGMR sich zuerst Art. 15 EMRK widmet, liegt damit wohl daran, dass er sich nicht inhaltlich mit Art. 15 EMRK auseinandersetzt, sondern schon die territoriale Anwendbarkeit verneint. Andererseits ließe sich auch die territoriale Anwendbarkeit unter Art. 15 III EMRK fassen. Die Suspendierungserklärung soll nämlich nicht nur Art und Umfang, sondern auch Ort und Dauer umfassen. Der EGMR geht davon aus, dass auch de facto im Gebiet Ankara kein Notstand vorlag, der hätte erklärt werden können. Denn bevor der EGMR Art. 15 EMRK für unanwendbar hält, geht er auf die Verhältnismäßigkeit ein: „It should be noted, however, that Article 15 authorises derogations from the obligations arising from the Convention only 'to the extent strictly required by the exigencies of the situation'".[503] Daraus könnte man schließen, der EGMR fasse das ratione loci-Argument unter die Verhältnismäßigkeit. Dagegen spricht aber, dass er Art. 15 EMRK für gar nicht anwendbar hält. Unabhängig davon, wie man die Herangehensweise des EGMR interpretiert: Es lässt sich zeigen, dass der EGMR sich in Zurückhaltung übt. Er spricht der türkischen Regierung nicht ab, dass sie die Fakten richtig beurteilt. Er zieht sich auf das sachliche Argument zurück, der Notstand sei für die Region Ankara nicht ausdrücklich erklärt.

h) Demir and others v Turkey

Der Fall Demir and others v Turkey[504] weist große Ähnlichkeiten mit Aksoy v Turkey auf. Die Beschwerdeführer, die alle in Südostanatolien lebten, wurden zu unterschiedlichen Zeiten von der Sicherheitspolizei in Polizeigewahrsam genommen. Als Grund dafür gab die türkische Regierung an, die Beschwerdeführer seien Mitglieder der PKK, in deren terroristische Ak-

---

501 ECtHR, Case of Sakik and others v Turkey, Appl. Nos. 87/1996/706/898–903, Judgment 25 November 1997, § 33.
502 ECtHR, Case of Sakik and others v Turkey, Appl. Nos. 87/1996/706/898–903, Judgment 25 November 1997, § 39.
503 ECtHR, Case of Sakik and others v Turkey, Appl. Nos. 87/1996/706/898–903, Judgment 25 November 1997, § 39.
504 ECtHR, Case of Demir and others v Turkey, Appl. Nos. 71/1997/855/1062–1064, Judgment 23 September 1998.

tivitäten verwickelt und hätten an illegalen Versammlungen etc. teilgenommen. Der Gewahrsam dauert zwischen 16 und 23 Tagen an, ohne dass ein Richter konsultiert worden war. Die Beschwerdeführer rügten deshalb eine Verletzung von Art. 5 III EMRK.

In Demir an others v Turkey stellt der EGMR wieder zuerst eine Verletzung von Art. 5 III EMRK fest, bevor er sich Art. 15 EMRK zuwendet. Nachdem er knapp das Vorliegen eines Notstandes bejaht,[505] prüft der EGMR die Verhältnismäßigkeit der Maßnahme. Dies geschieht überaus ausführlich: Der EGMR nimmt Bezug auf den Fall Aksoy v Turkey, in dem er erstmals die Verhältnismäßigkeit der Haft ohne richterliche Kontrolle verneint hatte.[506] Im Unterschied zu diesem Fall hatte die türkische Regierung die Beschwerdeführer medizinisch untersuchen lassen, um dem Vorwurf zu entgehen, eine Haft ohne richterliche Kontrolle erhöhe die Gefahr von Folter etc. Damit wollte die Türkei wohl den Zusammenhang von Art. 5 III EMRK und Art. 3 EMRK beseitigen, der für den EGMR für die Begründung der Unverhältnismäßigkeit tragend gewesen war. Außerdem machte die Regierung diesmal Gründe für die Notwendigkeit der Haft ohne richterliche Kontrolle geltend und führte die Beschwerdeführer einem Richter vor, sobald die Untersuchungen gegen sie abgeschlossen waren. Dies akzeptierte der EGMR nicht; Art. 5 III EMRK sehe gerade eine richterliche Beteiligung vor, während die Untersuchungen noch laufen.[507] Warum es erforderlich gewesen sein soll, die Beschwerdeführer nicht einem Richter vorzuführen, konnte die türkische Regierung nicht erklären. Art. 5 III EMRK wurde auch nicht durch einem Richter vergleichbare Schutzmechanismen gewahrt. Dass die türkische Regierung gegenüber dem Aksoy-Fall medizinische Untersuchungen vorweisen kann, hindert die Verletzung von Art. 5 III EMRK nicht, der gerade eine richterliche Kontrolle fordert.[508] Auf Grund dessen kommt der EGMR zu dem Ergebnis, dass die Maßnahmen unverhältnismäßig waren und die Voraussetzungen von Art. 15 EMRK deshalb nicht erfüllt sind.

Am Urteil fällt auf, dass der EGMR sich jedem Argument der Türkei genau widmet und jedes einzeln widerlegt. Dabei greift der EGMR das Ak-

---

505 ECtHR, Case of Demir and others v Turkey, Appl. Nos. 71/1997/855/1062–1064, Judgment 23 September 1998, § 45.

506 ECtHR, Case of Demir and others v Turkey, Appl. Nos. 71/1997/855/1062–1064, Judgment 23 September 1998, § 49.

507 ECtHR, Case of Demir and others v Turkey, Appl. Nos. 71/1997/855/1062–1064, Judgment 23 September 1998, § 52.

508 ECtHR, Case of Demir and others v Turkey, Appl. Nos. 71/1997/855/1062–1064, Judgment 23 September 1998, § 56.

soy-Urteil auf, in dem die Unverhältnismäßigkeit viel deutlicher war. Um dennoch die Unverhältnismäßigkeit zu begründen, prüft der EGMR sehr detailliert und verwendet abschließend dieselbe zurückhaltende Aussage: The „Court is not convinced that the applicant's incommunicado detention for at least sixteen or twenty-three days, without any possibility of seeing a judge or judicial officer, was strictly required by the crisis relied on by the Government."[509] Zum zweiten Mal verweigert der EGMR das Gebrauchmachen von Art. 15 EMRK auf Grund von Unverhältnismäßigkeit.

i) Marshall v UK

Bei der Unzulässigkeitsentscheidung Marshall v UK[510] handelt es sich ebenfalls um einen Fall von Haft ohne richterliche Kontrolle. Gary Marshall war knapp sieben Tage in Haft gewesen, ohne dass er einem Richter vorgeführt worden wäre. Er rügt daher u.a. eine Verletzung von Art. 5 III EMRK. Für das Vorliegen eines Notstands verweist der EGMR schlicht auf die Analyse in Brannigan and McBride und stellt fest, dass sich seitdem die Situation nicht verbessert habe.[511] Dasselbe gilt für die Verhältnismäßigkeit der Maßnahme, in Haft keine richterliche Kontrolle zu gewährleisten. Der EGMR hatte dieses Vorgehen in Brannigan and McBride akzeptiert, deshalb folgt er dieser Wertung auch in der vorliegenden Entscheidung und kommt zu dem Schluss, dass die Beschwerde bereits unzulässig ist.

j) Weitere Türkei-Fälle

Dem Fall Nuray Sen v Turkey[512] liegt ein ähnliches Szenario wie den anderen Fällen gegen die Türkei zugrunde. Auch Frau Nuray Sen wurde wegen des Verdachts einer PKK-Mitgliedschaft elf Tage inhaftiert und in diesem Zeitraum keinem Richter vorgeführt. Genau wie in Aksoy und Demir stellt der EGMR das Vorliegen eines Notstands nicht in Frage.[513] Weil die

---

509 ECtHR, Case of Demir and others v Turkey, Appl. Nos. 71/1997/855/1062–1064, Judgment 23 September 1998, § 57.
510 ECtHR, Case of Marshall v UK, Appl. No. 41571/98, Decision 10 July 2001.
511 ECtHR, Case of Marshall v UK, Appl. No. 41571/98, Decision 10 July 2001, B.
512 ECtHR, Case of Nuray Sen v Turkey, Appl. No. 41478/89, Judgment 17 September 2003.
513 ECtHR, Case of Nuray Sen v Turkey, Appl. No. 41478/89, Judgment 17 September 2003, § 26.

türkische Regierung anders als in Demir keine weiteren Gründe vorbrachte, prüft der EGMR nicht die Verhältnismäßigkeit, sondern verweist auf seine vorangegangenen Urteile.[514]

In Elci and others v Turkey[515] wurden abermals Beschwerdeführer auf Grund ihrer Kontakte zur PKK inhaftiert und zwar wiederum ohne richterliche Kontrolle. Trotzdem ist Art. 15 EMRK in diesem Fall nur eine Randnotiz. In nur einer Randnummer stellt der Gerichtshof fest: „However, even if the derogation and the resultant legislative Decrees could be considered relevant to the facts of the present case, the Court is not persuaded that the applicants' unlawful detention could thereby be legitimised. The Government have not shown how the applicants' detention without adequate authorisation could have been strictly required by the exigencies of the situation envisaged by Article 15 § 1 of the Convention."[516]

Die Entscheidungen des EGMR in den Fällen Sadak c Turquie[517] und Yurttas c Turquie[518] stellen nahezu eine Replikation des Sakik-Falles dar. Auch der Fall Abdülsamet Yaman v Turkey[519] ist ein Art. 5 III-Fall, in dem der EGMR Art. 15 EMRK ratione loci nicht für anwendbar gehalten hat:[520] „Consequently, it is not necessary to determine whether it satisfies the requirements of Article 15."[521]

---

514 ECtHR, Case of Nuray Sen v Turkey, Appl. No. 41478/89, Judgment 17 September 2003, § 27.

515 ECtHR, Case of Elci and others v Turkey, Appl. Nos. 23145/93 and 25091/94, Judgment 24 March 2004.

516 ECtHR, Case of Elci and others v Turkey, Appl. Nos. 23145/93 and 25091/94, Judgment 24 March 2004, § 684.

517 CEDH, Affaire Sadak c. Turquie, Req. 25142/94 et 27099/95, Arrêt 8 avril 2004.

518 CEDH, Affaire Yurttas c. Turquie, Req. 25143/94 et 27098/95, Arrêt 27 mai 2004.

519 ECtHR, Case of Abdulsamet Yaman v Turkey, Appl. No. 32446/96, Judgment 2 November 2004.

520 ECtHR, Case of Abdulsamet Yaman v Turkey, Appl. No. 32446/96, Judgment 2 November 2004, § 69.

521 ECtHR, Case of Abdulsamet Yaman v Turkey, Appl. No. 32446/96, Judgment 2 November 2004, § 70.

k) A and others v UK

Der Fall A and others v UK[522] aus 2009 ist der jüngste Derogationsfall. Der EGMR arbeitet die Ereignisse des elften Septembers auf, indem er sich der Frage widmet, ob Terrorismus einen Notstand i.S.v. Art. 15 EMRK rechtfertigen kann. Nach den Terroranschlägen auf des World Trade Center hatte Großbritannien von Art. 15 EMRK Gebrauch gemacht, um Art. 5 I EMRK zu suspendieren. Eine Verletzung dessen rügen die Beschwerdeführer. Das Vereinigte Königreich hatte 2001 den Anti Terrorism, Crime and Security Act erlassen. Dieser ermöglichte es, Ausländer zu inhaftieren, wenn eine Abschiebung nicht möglich war. Dies galt nur, wenn der Betreffende als des Terrorismus verdächtig klassifiziert worden war. Gegen diese Klassifizierung hatten die Betroffenen die Möglichkeit, vor der Special Immigration Appeals Commission zu klagen. Darüber hinaus war eine Kontrolle durch diese Kommission auch automatisch in regelmäßigen Abständen vorgesehen. Die Beschwerdeführer waren zum Teil mehrere Jahre inhaftiert worden.

A and others v UK ist eines der wenigen Urteile, in denen der EGMR das Vorliegen eines Notstands detailliert prüft.[523] Der EGMR musste die Frage beantworten, ob Großbritannien von einem Notstand „threatening the life of the (British) nation" ausgehen konnte, da die Anschläge sich gegen die Vereinigten Staaten von Amerika gerichtet hatten. Das Vereinigte Königreich war das einzige Land, das von Art. 15 EMRK Gebrauch gemacht hatte. Außerdem war fraglich, ob der Notstand auch gegenwärtig existierte, da Terrorismus eine abstrakte, dauerhafte Bedrohung darstellt. Anders als Art. 4 IPbpR verlangt Art. 15 EMRK nicht, dass der Notstand nur temporär ist. Die Anforderungen des IPbpR an die Temporarität hatte der EGMR immer nur im Rahmen der Verhältnismäßigkeit berücksichtigt.[524] Dadurch, dass Großbritannien eine jährliche Erneuerung durch das Parlament vorgesehen hatte, sieht der EGMR das Temporaritätskriterium als erfüllt an.[525] Hinsichtlich der Frage, ob ein Notstand für die gesamte Nation vorliegt, besinnt sich der EGMR auf den „wide margin of apprecia-

---

522 ECtHR (GC), Case of A and others v UK, Appl. No. 3455/05, Judgment 19 February 2009.

523 ECtHR (GC), Case of A and others v UK, Appl. No. 3455/05, Judgment 19 February 2009, §§ 175ff.

524 ECtHR (GC), Case of A and others v UK, Appl. No. 3455/05, Judgment 19 February 2009, § 178.

525 ECtHR (GC), Case of A and others v UK, Appl. No. 3455/05, Judgment 19 February 2009, § 178.

tion"[526]. So akzeptiert er, dass jeder Vertragsstaat für sich entscheiden könne, ob ein Notstand vorliege, und achtet damit die Souveränität der Vertragsstaaten: „The Court accordingly shares the view of the majority of the House of Lords that there was a public emergency threatening the life of the nation."[527]

Weiter musste der Gerichtshof beurteilen, ob die Inhaftierungsmöglichkeiten verhältnismäßig waren. Auch hier hält sich der Gerichtshof zurück. Er gesteht den Staaten auch bei der Auswahl der Maßnahmen einen Spielraum zu. Die Beschwerdeführer waren vor dem House of Lords schon gehört worden; dieses hatte die Maßnahmen für unverhältnismäßig erklärt. Weil das House of Lords zu den „national authorities" gehört, denen ein Spielraum eingeräumt wird, zieht sich der EGMR darauf zurück, nur zu prüfen, ob das House of Lords Art. 15 EMRK offensichtlich fehlinterpretiert hat.[528] Er macht darauf aufmerksam, dass er schon deshalb zu einem anderen Ergebnis kommen könne, da der „margin of appreciation" das Verhältnis des EGMR zu den nationalen Behörden bestimme.[529] Der Gerichtshof schloss sich aber dem House of Lords an, dass die Inhaftierungsmöglichkeiten nur für Ausländer unverhältnismäßig seien, weil es keinen Grund gebe, Ausländer ohne und Inländer nur mit Anklage zu inhaftieren. In A and others kommt der EGMR damit zu dem Ergebnis, dass die britische Regierung sich nicht auf Art. 15 EMRK berufen kann. Anders als in Ireland v UK[530] begründet er dies nicht über eine Verletzung des Art. 14 EMRK, sondern bindet das Diskriminierungsverbot in die Prüfung der Verhältnismäßigkeit der Mittel ein. Er sieht sich so nicht dem Vorwurf ausgesetzt, dass er Art. 14 EMRK anwendet, obwohl er nicht derogationsfest ist. Über den Verweis auf andere internationale Verpflichtungen – Art. 4 IPbpR – hätte er zum selben Ergebnis kommen können.

---

526 ECtHR (GC), Case of A and others v UK, Appl. No. 3455/05, Judgment 19 February 2009, § 180.
527 ECtHR (GC), Case of A and others v UK, Appl. No. 3455/05, Judgment 19 February 2009, § 181.
528 ECtHR (GC), Case of A and others v UK, Appl. No. 3455/05, Judgment 19 February 2009, § 182.
529 ECtHR (GC), Case of A and others v UK, Appl. No. 3455/05, Judgment 19 February 2009, § 184.
530 ECtHR (Plenary), Case of Ireland v UK, Appl. No. 5310/71, Judgment 18 January 1978.

2. Zusammenfassung der Spruchpraxis zu Art. 15 EMRK

Der EGMR hat in allen Urteilen die Geltendmachung eines Notstands akzeptiert[531] und nie die staatliche Souveränität in Frage gestellt. Nur in einem Fall[532] hat er das Vorliegen eines Notstands überhaupt detailliert geprüft;[533] anders die Kommission im Griechenland-Fall, wobei Beachtung finden muss, dass es sich im Griechenland-Fall um eine Putschregierung[534] handelte. Der EGMR hat bisher anders als der UN-Menschenrechtsausschuss keine ausdrückliche Ausweitung der notstandsfesten Rechte vorgenommen.[535] Allerdings prüft der EGMR zum Teil Art. 14 EMRK trotz rechtmäßiger Derogation, obwohl dieser kein notstandsfestes Recht darstellt und daher eigentlich suspendiert wäre.[536] Ob dabei von engerer Auslegung gesprochen werden kann, ist fraglich, da Art. 4 IPbpR das Diskriminierungsverbot ohnehin enthält und dieser über den Verweis in Art. 15 I EMRK auf die Einhaltung anderer internationaler Pflichten Beachtung finden müsste. Zum Teil umgeht der EGMR diesen Konflikt dadurch, dass er Art. 14 EMRK im Rahmen der Verhältnismäßigkeitsprüfung einbindet.[537] Stimmen in der Literatur gehen sogar davon aus, dass die Inanspruchnahme von Art. 15 EMRK immer einfacher wird. Außerdem wird argumentiert, die Inanspruchnahme des Art. 15 EMRK entwickle sich mehr und mehr zu einem „legal grey hole"[538], weil die Tatbestandvoraussetzungen vage und die Prüfungsdichte des EGMR zu gering sei. Illustriert wird das an den Terrorismusfällen[539] und der Tatsache, dass der EGMR

---

531 *Krieger*, in Dörr/Grote/Marauhn (Hrsg.), EMRK/GG, Kap. 8 Rn. 24.

532 ECtHR (GC), Case of A and others v UK, Appl. No. 3455/05, Judgment 19 February 2009.

533 Zur These, dass der EGMR nicht zwischen Normalzu- und Notstand unterscheidet und deshalb nicht prüft, ob ein Notstand vorliegt, *Greene*, German Law Journal Vol. 12 (2011), 1764–1785 (1764ff.).

534 Zur Frage der rechtmäßigen Inanspruchnahme von Art. 15 EMRK in Putschsituationen vgl. *Nugraha*, International Journal of Human Rights 2017, 1ff., online abrufbar unter URL: http://www.tandfonline.com/doi/abs/10.1080/1364298 7.2017.1359551 [30.12.2017].

535 *Krieger*, in Dörr/Grote/Marauhn (Hrsg.), EMRK/GG, Kap. 8 Rn. 35.

536 ECtHR (Plenary), Case of Ireland v UK, Appl. No. 5310/71, Judgment 18 January 1978.

537 ECtHR (GC), Case of A and others v UK, Appl. No. 3455/05, Judgment 19 February 2009.

538 *Loof*, in Buyse (Ed.), Margins of Conflict, pp. 35–56 (51).

539 *Van der Sloot*, Military Law and the Law of War Review Vol. 53 No. 1 (2014), 319–358.

auch dauerhafte Notstandslagen akzeptiert.[540] Dabei gebe es eigentlichen keinen Grund für den EGMR, sich hinsichtlich der Prüfungsdichte zurückzuhalten; dies tue er in anderen heiklen Fällen schließlich auch nicht.[541]Außerdem nimmt der EGMR de facto keine Prüfung vor, ob ein Notstand tatsächlich vorliegt. Damit ist die erste Hürde des Art. 15 EMRK wirkungslos. Sie beschränkt sich auf das prozedurale Kriterium, dass Staaten den Notstand anzeigen.[542] Anders als die Kommission[543] ermittelt der EGMR aus Kapazitätsgründen trotz seiner Befugnis in den Rules of Court die Fakten nicht selbst.[544] Außerdem kann die Entwicklung von einem „certain measure of discretion" zu einem „wide margin of appreciation"[545] so interpretiert werden, dass die Kriterien sogar weiter werden, so dass auf keinen Fall von einer Vertragsvertiefung gesprochen werden kann.

Allerdings sollte nicht unberücksichtigt bleiben, zu welchen Ergebnissen der EGMR kommt. Diese zeigen an, ob eine Vertragsvertiefung stattfindet, wenn immer weniger Staaten sich im Ergebnis auf Art. 15 EMRK berufen können. Der großzügige Spielraum, den der EGMR gewährt, erscheint dann in einem anderen Licht. Er kann diesen Spielraum gewissermaßen gewähren, um die Staaten zu besänftigen. Denn die „margin of appreciation doctrine" ist Ausdruck der Subsidiarität und der Achtung staatlicher Souveränität. Das Schutzsystem der EMRK basiert auf der Annahme, dass es zuerst die Aufgabe der Vertragsstaaten ist, die Menschenrechte zu schützen.[546]

Außerdem darf nicht vergessen werden, dass mit dem „margin of appreciation" noch nichts über die beweisrechtlichen Hürden gesagt ist.[547] So-

---

540 *Greene*, German Law Journal Vol. 12 (2011), 1764–1785 (1782).

541 *Loof*, in Buyse (Ed.), Margins of Conflict, pp. 35–56 (45).

542 Dies wird an den Fällen Brogan und Brannigan and McBride deutlich, denen dieselben Fakten zugrunde lagen. Der einzige Unterschied besteht darin, dass Großbritannien im Fall Brannigan and McBride den Notstand angezeigt hat, bei Brogan nicht, dazu *Greene*, German Law Journal Vol. 12 (2011), 1764–1785 (1783).

543 Sie hatte in mehreren Fällen, z. B. auch in Elci and others v Turkey Delegierte in die Türkei geschickt, um dort Beweise zu sammeln.

544 Amtsermittlungsgrundsatz, Rule A1 Annex to the Rules of Court of 7 July 2003, online abrufbar unter URL: http://www.echr.coe.int/Documents/Rules_Court_ENG.pdf [18.03.2014].

545 *Gross/Ni Aloain*, Human Rights Quarterly Vol. 23 No. 3 (2011), 625–649 (630).

546 Zum Subsidiaritätsprinzip in der EMRK vgl. *Di Salerno*, Democracy and Security Review Vol. 7 No. 1 (2017), 109–133 (119).

547 Zum Verhältnis margin of appreciation und Beweismaß vgl. *Schlüter*, Archiv des Völkerrechts 54 (2016), 41–66.

lange ein Staat nämlich die Tatsachen nicht beweisen kann, bei deren Vorliegen ein Spielraum gewährt würde, kommt es gar nicht dazu, dass der Spielraum zur Geltung kommt. Die Kritik, der sich der EGMR ausgesetzt sieht,[548] vermag nur bedingt zu überzeugen, nämlich nur in den Fällen, in denen der EGMR den Notstand und die Wahl der Mittel akzeptiert hat, was mit lediglich drei Entscheidungen[549] den deutlich geringeren Teil der entschiedenen Fälle ausmacht. Betrachtet man nur die Ergebnisse der Entscheidungen, so tritt zu Tage, dass der EGMR zu Beginn das Vorliegen eines Notstands eher akzeptiert hat. Danach hat er eine ganze Reihe von Jahren eine Notstandssituation verneint und einzig in A and others v UK[550] zwar eine Notstandssituation angenommen, aber auch hier die Rechtmäßigkeit der Derogation verneint. Vom Ergebnis der Urteile her betrachtet scheint die Auslegung doch strenger zu werden. Der EGMR versteckt dies unter beschwichtigenden Ausführungen. Gross und Ni Aloain[551] erkennen dies auch als Rhetorik, werfen dem EGMR aber vor, dass er nur rhetorisch die Konventionsrechte zu wahren bereit sei. Sie beachten nicht die Ergebnisse der Urteile.

Auffällig ist die Zurückhaltung der Konventionsorgane auch darin, dass der EGMR es bis heute vermieden hat, festzulegen, ob Verstöße gegen die Informationspflicht aus Art. 15 III EMRK die Unwirksamkeit der Notifikation zur Folge haben.[552]

III. Die Spruchpraxis zu Art. XIX GATT

Bis 1995 gab es sechs Fälle,[553] die mit Hilfe des alten Streitbeilegungsmechanismus gelöst werden mussten. Es fehlte dem alten Streitbeilegungssystem an Kriterien internationaler Gerichtsbarkeit, die für einen Vergleich mit dem EGMR und dem Human Rights Committee nötig sind. So war es der unterliegenden Partei möglich, die Annahme der Empfehlungen des

---

548 V.a. *Di Salerno*, Democracy and Security Review Vol. 7 No. 1 (2017), 109–133; *Gross/Ni Aloain*, Human Rights Quarterly Vol. 23 No. 3 (2011), 625–649; *van der Sloot*, Military Law and the Law of War Review Vol. 53 No. 1 (2014), 319–358.

549 Die Unzulässigkeitsentscheidung in Marshall v UK, Appl. No. 41571/98, 10 July 2001 nicht mitgerechnet.

550 ECtHR (GC), Case of A and others v UK, Appl. No. 3455/05, Judgment 19 February 2009.

551 *Gross/Ni Aloain*, Human Rights Quarterly Vol. 23 No. 3 (2011), 625–649.

552 *Stein*, in Maier (Hrsg.), Europäischer Menschenrechtsschutz, S. 135–145 (139).

553 Zusammenfassend *Piérola*, The Challenge of Safeguards in the WTO, pp. 40f.

Panels durch die Ministerkonferenz zu blockieren, weil dafür Einstimmigkeit – den unterliegenden Vertragsstaat eingeschlossen – nötig war.[554] Die Analyse bezieht sich deshalb auf die Spruchpraxis, die im Streitbeilegungssystem des Dispute Settlement Understanding entstanden ist, so wie es in der Uruguay-Runde vereinbart wurde.

Art. XXIII GATT sieht ein Streitschlichtungsverfahren vor, das die Parteien im DSU weiter ausgestaltet haben.[555] Darin wurde ein besonderes Streitbeilegungsorgan, der Dispute Settlement Body eingerichtet, vgl. Art. 2 DSU. Dieser setzt im Streitfall ein in der Regel dreiköpfiges Panel[556] ein, das binnen sechs bis neun Monaten die Fakten ermittelt und ergriffene Maßnahmen auf ihre Konformität mit dem WTO-Recht überprüft. Die Mitglieder des Panels sind unabhängig und müssen sachkundig sein[557]; es wird darauf geachtet, dass das Panel möglichst divers zusammengesetzt ist und ein breites Spektrum an Erfahrungen bündelt.[558] Das Panel erstellt in der Regel binnen sechs Monaten[559] einen Bericht, vgl. Art. 11 DSU. Gegen die Entscheidung des Panels kann der Appellate Body, das ständige Berufungsgremium[560], angerufen werden, der eine rein rechtliche Überprüfung[561] des Falles vornimmt, Art. 17 DSU. Der Appellate Body ist im Gegensatz zum Panel ein ständiges Gremium, in das sieben rechtskundige, unabhängige Experten[562] – nicht notwendigerweise Juristen – für vier Jahre mit einmaliger Wiederwahlmöglichkeit[563] gewählt werden.[564] Jeweils drei Mitglieder beraten einen Fall und fertigen in der Regel binnen 60 Tagen[565] eine Entscheidung mit sog. Empfehlungen an den DSB an. Der DSB nimmt gem. Art. 17.14 DSU die Entscheidungen des Appellate Body an, wenn keine einstimmige Ablehnung (negative consensus) gegenüber

---

554 *Ghias*, Berkeley Journal of International Law Vol. 24 No. 2 (2006), 534–553 (539).
555 *Herdegen*, Internationales Wirtschaftsrecht, Rn. 108.
556 Vgl. Art. 8.5 DSU.
557 Vgl. Art. 8 DSU.
558 *Lee*, World Trade Regulation, p. 318.
559 *Lee*, World Trade Regulation, p. 330.
560 In der deutschen Terminologie eigentlich Revision, da nur eine rechtliche Überprüfung stattfindet.
561 Art. 17.6 DSU.
562 Art. 17.3 DSU.
563 Vgl. Art. 17.2 DSU; *Lee*, World Trade Regulation, p. 320.
564 *Lee*, World Trade Regulation, p. 317.
565 Art. 17.5 DSU; *Lee*, World Trade Regulation, p. 332.

dem Bericht vorliegt, weshalb die Berichte faktisch Verbindlichkeit erlangen.[566] Das betreffende Mitglied muss die Entscheidung umsetzen.[567]

Die Spruchpraxis von Panel und Appellate Body ist mit den Entscheidungen des EGMR und des HRC vergleichbar. Zwar sind im WTO-Streitbeilegungssystem Konsultationen vorrangig und statt der eigentlich entscheidenden Gremien steht der DSB im Vordergrund. Zudem ist das Verfahren in ein Verfahren vor dem Panel und erst als Überprüfungsgremium vor dem – gerichtsähnlichen – Appellate Body unterteilt. Eine ähnliche Struktur gibt es seit der Auflösung der EKMR im europäischen System nicht mehr. Auch das Human Rights Committee kennt kein solches Vorgehen. Vor dem EuGH gibt es eine zweistufige Struktur mit zwei vollwertigen Gerichten. Nur der Appellate Body erfüllt viele Kriterien eines internationalen Gerichts, nicht aber das Streitbeilegungssystem in seiner Gesamtheit.[568] Der Appellate Body nähert sich stark einem Gerichtsverfahren, weil er faktisch bindend entscheidet, da die „Empfehlungen" an den DSB nur im Wege des negativen Konsenses abgelehnt werden können. Außerdem stehen die Mitglieder des Appellate Body nicht zur Disposition der Parteien und die Regeln,[569] nach denen der Appellate Body entscheidet, sind zwingend.[570] Es stellt sich deshalb die Frage, ob auch die Panelberichte in die Auswertung mit einbezogen werden können, denn dort stehen die Mitglieder zur Disposition der Parteien, insoweit diese sie von der Liste der Panelists auswählen dürfen. Auch sind die Verfahrensregeln nicht zwingend. Dafür ist bei den Panelverfahren eher als beim Appellate Body das Prinzip der Verfahrenstransparenz verwirklicht, da die Panelverfahren seit 2005 zunehmend öffentlich stattfinden.[571] Ein Vorteil der Panel-Berichte besteht darüber hinaus darin, dass sie nicht nur rechtliche, sondern auch faktische Beurteilungen enthalten, was eine vergleichende Analyse mit dem EGMR und dem Human Rights Committee ermöglicht, die beide – zumindest in der Theorie – Fakten ermitteln können. Im Folgenden werden die Entscheidungen des Appellate Body und des Panels analysiert; kam der Fall nicht zur Berufung, bleibt es bei der Analyse der Panel-Be-

---

566 *Lee*, World Trade Regulation, p. 317.
567 *Herdegen*, Internationales Wirtschaftsrecht, Rn. 113.
568 *Hilf/Salomon*, in Appel (Hrsg.), FS Wahl, S. 707–722 (715).
569 Zu den Working Procedures *Monnier*, The Law and Practice of International Courts and Tribunals 1 (2002), pp. 481–538.
570 *Hilf/Salomon*, in Appel (Hrsg.), FS Wahl, S. 707–722 (714).
571 *Hilf/Salomon*, in Appel (Hrsg.), FS Wahl, S. 707–722 (716).

richte. Die Fälle, die gar nicht bis vor ein Panel kamen, bleiben unberücksichtigt.[572]

1. Die Spruchpraxis des Panel und des Appellate Body

Die Spruchpraxis der Streitbeilegungsorgane ist einhellig ablehnend, was den Gebrauch von Art. XIX GATT betrifft. Dessen Inanspruchnahme wird mit unterschiedlichen Begründungen für rechtswidrig erklärt.

a) Argentina – Footwear (EC)

Im Frühjahr 1997 machte Argentinien zunächst provisorisch von Art. XIX GATT i.V.m. Safeguard Agreement Gebrauch, weil es seine Schuhindustrie von massiven Importen bedroht sah, und führte geringfügige Zölle auf Schuhe ein. Die endgültige Schutzmaßnahme folgte im Spätsommer 1997. Auslöser für die Importwelle war die Handelsliberalisierung im System des MERCOSUR, der selbst keine Schutzklauseln vorsieht.[573]Die Europäische Union leitete ein Verfahren vor dem DSB ein[574] und rügte die Verletzung von Art. 2, 4, 5, 6 und 12 des Safeguard Agreement und von Art. XIX:1(a) GATT. Das eingesetzte Panel kommt zu dem Ergebnis, dass die Maßnahmen Argentiniens Art. 2 und 4 des Safeguards Agreement verletzen, nimmt aber keine Verletzung von Art. 12 Safeguards Agreement an und hält eine Prüfung von Art. 5 und 6 Safeguards Agreement für nicht notwendig.

Am 27.09.1999 wandte Argentinien sich an den Appellate Body, die EU folgte am 30.09.1999. Streitig waren mehrere Punkte im Zusammenhang mit der Schutzklausel des GATT: Zum einen stellte sich die Frage, ob Art. XIX des GATT 1994, der im Gegensatz zu Art. 2 des Safeguards Agreement das Kriterium „as a result of unforseen developments [...]" vorsieht, neben dem Safeguards Agreement anzuwenden ist. Das Panel hält beide

---

572 Z.B. WT/DS226 Chile – Edible Oils; WT/DS278 Chile – Fructose; WT/DS228 und 230 Chile – Sugar I und II; WT/DS303 Ecuador – Fibreboard; WT/DS159 Hungary – Steel; WT/DS235 Slovakia – Sugar; WT/DS78 US – Brooms; WT/DS214 US – Steel Wire Rod.

573 *Baracat/Nogués*, World Bank Policy Research Working Paper 3614, May 2005, online abrufbar unter URL: https://papers.ssrn.com/sol3/papers.cfm?abstract_id =743113 [07.06.2017].

574 Appellate Body Report, WT/DS121/AB/R, 14 December 1999.

Texte für nebeneinander anwendbar, meint aber, dass Art. XIX GATT im Lichte des Safeguards Agreement auszulegen sei.[575] Dahinter steht wohl die Auslegungsregel des Art. 31 III lit.a WVRK, auch wenn das Panel diesen nicht ausdrücklich nennt. So definiere das Safeguards Agreement die Schutzklausel-Begriffe aus Art. XIX GATT und habe klarstellenden und sogar modifizierenden Charakter.[576]

Anders als das Panel kommt der Appellate Body zu dem Schluss, dass es auf das Kriterium der „unforeseen developments" in Art. XIX GATT ankommt.[577]Art. 31 III lit.a WVRK – ebenfalls ohne ihn zu nennen – verneint er, in dem er darauf hinweist, dass gem. Art. II des WTO-Übereinkommens Art. XIX GATT und das Safeguards Agreement als Anlagen Bestandteil des WTO-Ü sind. Sie sind deshalb mit Inkrafttreten des WTO-Ü gleichzeitig in Kraft getreten.[578] Außerdem verweist der Appellate Body auf die Entstehungsgeschichte des WTO-Ü. Die Auslegung des Art. 11 Safeguards Agreement ergebe, dass die Herren der Verträge gerade nicht ausdrücklich auf die Tatbestandsmerkmale von Art. XIX GATT verzichten wollten.[579] Dahinter steht wohl der Gedanke, dass das Safeguards Agreement nicht als spätere Übereinkunft gem. Art. 31 III lit.a WVRK betrachtet werden könne, die die Auslegung von Art. XIX GATT betrifft.

Auf Grund dessen musste der Appellate Body sich damit auseinandersetzen, wie diese Passage in Art. XIX GATT auszulegen ist. Dabei nutzt der Appellate Body die Wortlaut-, die systematische und die teleologische Auslegungsmethode[580] und kommt zu dem Ergebnis, dass es sich um eine „unexpected" „emergency situation" handeln müsse, die „matters out of the ordinary […and…] an extraordinary remedy" erfordere.[581] Weil der Appellate Body der Interpretation des Panels folgt, dass ohnehin schon eine Verletzung des Safeguards Agreement vorliegt, kommt es auf eine Prüfung nicht an, ob die zusätzlichen Voraussetzungen des Art. XIX GATT vorliegen. Dies konnte der Appellate Body offen lassen.[582]

---

575 Panel Report, WT/DS121/R, 25 June 1999, paras. 8.55ff.
576 Panel Report, WT/DS121/R, 25 June 1999, para. 8.58.
577 Appellate Body Report, WT/DS121/AB/R, 14 December 1999, para. 88.
578 Appellate Body Report, WT/DS121/AB/R, 14 December 1999, para. 81.
579 Appellate Body Report, WT/DS121/AB/R, 14 December 1999, paras. 83, 88.
580 Appellate Body Report, WT/DS121/AB/R, 14 December 1999, paras. 91–97.
581 Kritisch dazu *Sykes*, World Trade Review Vol. 2 No. 3 (2003), 261–295 (277), der anmerkt, dass es an einem zeitlichen Anknüpfungspunkt fehlt, in dem eine Unvorhersehbarkeit vorgelegen haben muss.
582 Appellate Body Report, WT/DS121/AB/R, 14 December 1999, para. 98.

Ferner stand der Prüfungsmaßstab der Streitbeilegungsorgane in Rede. Argentinien hatte gerügt, dass das Panel seine Analyse der Fakten an die Stelle der zuständigen nationalen Behörden gesetzt (de novo review) und so das Ermessen der nationalen Behörden missachtet habe.[583]Der Appellate Body folgt dem Panel und verweist auf Art. 11 DSU, der immer dann Anwendung findet, wenn ein Abkommen keinen speziellen Prüfungsmaßstab vorsieht.[584] So meint er, dass das Panel nur nachgeprüft habe, ob die argentinischen Behörden alle relevanten Fakten berücksichtigt hätten und auf Grund dieser zu einer nachvollziehbaren Beurteilung der Lage gelangt seien. Insofern habe das Panel den Spielraum berücksichtigt und seinen Prüfungsmaßstab nach Art. 11 DSU nicht überschritten.[585]

Im Hinblick auf die Auslegung der Tatbestandsmerkmale des Safeguards Agreement folgt der Appellate Body dem gefundenen Ergebnis des Panels, ergänzt aber dessen Auslegung: Bezüglich des Merkmals „increased imports" betont der Appellate Body, dass die Importe nicht nur erhöht sein müssen,[586] sondern darüber hinaus „recent enough, sudden enough, sharp enough and significant enough, both quantitatively and qualitatively"[587]. In Bezug auf das Merkmal „serious injury" stimmt der Appellate Body dem Panel zu, dass Argentinien nicht genug Faktoren dargelegt habe, die ein „serious injury" befürchten ließen. Das Panel musste daher nicht danach fragen, ob die Faktoren, wenn sie denn dargelegt worden wären, die Annahme eines „serious injury" legitimiert hätten. Auch im Hinblick auf das Kausalitätskriterium konnte Argentinien nach Ansicht des Panels nicht darlegen, dass die erhöhten Einfuhren zu einer ernstzunehmenden Gefährdung des heimischen Sektors führen können.

Im Ergebnis hielten sowohl Panel als auch Appellate Body die Anwendung der Schutzklausel für rechtswidrig. Die Begründung wird vorrangig darauf gestützt, dass Argentinien nicht genug Fakten dargebracht habe; nicht dass es die Situation falsch eingeschätzt habe.

---

583 Appellate Body Report, WT/DS121/AB/R, 14 December 1999, para. 121.
584 Appellate Body Report, WT/DS121/AB/R, 14 December 1999, para. 120.
585 Appellate Body Report, WT/DS121/AB/R, 14 December 1999, para. 121.
586 *Sykes*, World Trade Review Vol. 2 No. 3 (2003), 261–295 (278) merkt kritisch an, dass der Appellate Body nichts dazu sagt, was die Bezugsgröße für erhöhte Importe ist. „Recent" helfe nicht weiter.
587 Appellate Body Report, WT/DS121/AB/R, 14 December 1999, para. 131.

b) Korea – Dairy

Der Bericht des Appellate Body in der Sache Korea – Definitive safeguard measures on imports of certain dairy products stammt ebenfalls vom 14.12.1999.[588] Ein Großteil des Textes ist mit dem Bericht des Appellate Body in der Sache Argentina – Footwear (EC) identisch, obwohl es in der personellen Besetzung keine Überschneidungen gab.[589] Am 07.03.1996 hatte Korea von Art. XIX GATT Gebrauch gemacht, indem es auf Grund einer erhöhten Einfuhr von Magermilchpulverzubereitungen eine quantitative Einfuhrbeschränkung vornahm. Dagegen wandte sich die Europäische Union, nachdem die Beratung im Committee on Safeguards erfolglos war, und beantragte beim DSB die Einsetzung eines Panels. Das Panel kam zu dem Ergebnis, dass Korea unrechtmäßigerweise von der Schutzklausel Gebrauch gemacht hatte.[590]

Korea wandte sich daraufhin am 15.09.1999 an den Appellate Body; die EU folgte am 30.09.1999. Im Ergebnis folgt der Appellate Body der Einschätzung des Panels, dass die Schutzmaßnahmen Koreas WTO-rechtswidrig waren, allerdings mit modifizierter Begründung. Genau wie in Argentina – Footwear (EC) stellt der Appellate Body heraus, dass Art. XIX des GATT 1997 ein zusätzliches Kriterium enthält, das im Safeguards Agreement nicht vorkommt: „unforseen developments".[591] Das Panel hingegen war davon ausgegangen, dass es auf dieses Kriterium nicht ankomme. Da der Appellate Body nur Rechtsfragen beantworten kann, konnte er nach der Auslegung dieses Kriteriums[592] mangels Sachverhaltsangaben zu diesem Kriterium nicht feststellen, ob es erfüllt war.[593]

Die größte inhaltliche Abweichung zum Panelbericht stellt die Auslegung von Art. 5.1 S. 1 Safeguards Agreement dar, der die Verhältnismäßigkeit der Maßnahme betrifft. In S. 2 gibt es eine Sonderregelung für quantitative Einfuhrbeschränkungen, die nur dann nicht greift, wenn der betreffende Staat eine besondere Rechtfertigung abgibt. Das Panel war davon ausgegangen, dass die in S. 2 erforderliche Erklärung auch in S. 1 hineinge-

---

588 Appellate Body Report, WT/DS98/AB/R, 14 December 1999.
589 Vgl. Appellate Body Report, WT/DS98/AB/R, 14 December 1999, Korea – Dairy und Appellate Body Report, WT/DS121/AB/R, 14 December 1999, Argentina – Footwear (EC).
590 Panel Report, WT/DS98/R, 21 June 1999.
591 Appellate Body Report, WT/DS98/AB/R, 14 December 1999, paras. 78, 82, 90.
592 Appellate Body Report, WT/DS98/AB/R, 14 December 1999, paras. 83ff.
593 Appellate Body Report, WT/DS98/AB/R, 14 December 1999, para. 92.

lesen werden müsse.[594] Der Appellate Body stellt klar, dass es nach Art. 5.1 S. 1 Safeguards Agreement nur erforderlich ist, dass der Staat die Verhältnismäßigkeit der gewählten Schutzmaßnahme nachweist. Darüber hinaus gehende Angaben, wie sie Art. 5.1 S. 2 Safeguards Agreement erfordert, seien nicht von Nöten.[595] Der Appellate Body wendet sich in diesem Fall der beschwerten Partei zu und gibt ihr ein Stück weit Recht. Ob Korea unter diesen Maßstäben gegen S. 2 verstoßen hatte, konnte der Appellate Body mangels Fakten nicht prüfen.[596]

Im Ergebnis verneint der Appellate Body jedoch auch, dass Korea alle notwendigen Angaben gemacht hat, fasst dies aber unter die Mitwirkungsverpflichtung aus Art. 12.2 Safeguards Agreement, der die Verpflichtung der Staaten vorsieht „all pertinent information" zu liefern. Anders als das Panel hält der Appellate Body dies nicht für gegeben, weshalb er das Vorliegen einer rechtmäßigen Notifikation verneint. Damit begründet er sein Ergebnis prozedural und nicht inhaltlich.

Im Fall Korea – Dairy setzte sich der Appellate Body darüber hinaus mit Fragen der Beweislast auseinander. Die klagende Partei muss prima facie nachweisen, dass eine Verletzung des Safeguards Agreement vorliegt. Erst wenn dies geschehen ist, ist es an der beklagten Partei, diese Behauptung zurückzuweisen. Korea hatte gerügt, dass das Panel die EU von ihrer Beweislast weitgehend entlastet und direkt Korea aufgefordert habe, darzulegen, warum keine Verletzung des Safeguards Agreement vorliegt.

c) US – Wheat Gluten

Im Fall „United States – Definitive Safeguard Measures on Imports of Wheat Gluten from the European Communities"[597] ging die Europäische Union gegen die USA vor, weil diese ab dem 01.06.1998 eine mengenmäßige Importbeschränkung für Weizengluten vorgenommen hatten. Das Panel kam zu dem Ergebnis, dass die auf Art. XIX GATT gestützte Maßnahme rechtswidrig war.[598]

Streitig war in diesem Fall, welche Faktoren die nationalen Behörden in ihre Bewertung einbeziehen müssen, ob ein Fall des Art. XIX GATT i.V.m.

---

594 Panel Report, WT/DS98/ 21 June 1999, para. 7.109.
595 Appellate Body Report, WT/DS98/AB/R, 14 December 1999, para. 99.
596 Appellate Body Report, WT/DS98/AB/R, 14 December 1999, para. 102.
597 Appellate Body Report, WT/DS166/AB/R, 22 December 2000.
598 Panel Report, WT/DS166/R, 31 July 2000.

dem Safeguards Agreement vorliegt. Art. 4.2 lit.a Safeguards Agreement listet einige Faktoren auf und fordert, dass die nationalen Behörden darlegen müssen, dass sie diese für ihre Bewertung berücksichtigt haben. Das Panel hatte entschieden, dass darüber hinaus nur Faktoren berücksichtigt werden müssen, die interessierte Parteien in der nationalen Untersuchung explizit vorgebracht haben.[599] Der Appellate Body erinnert an seinen Bericht Argentina – Footwear (EC), in dem er entschieden hatte, dass Art. 4.2 lit.a nur das Minimum der zu berücksichtigenden Faktoren auflistet und dass darüber hinaus alle relevanten Faktoren berücksichtigt werden müssen,[600] nicht nur die anderen Faktoren, auf die die nationalen Behörden explizit hingewiesen wurden:[601] „the competent authorities shall evaluate all relevant factors of an objective and quantifiable nature having a bearing on the situation of that industry, in particular, the rate and amount..." (Art. 4.2. lit.a Safeguards Agreement). Trotzdem erhält der Appellate Body das Ergebnis des Panels aufrecht, da die US Behörden aus Sicht des Appellate Body alle relevanten Faktoren berücksichtigt hatten.[602]

Das Panel hatte festgestellt, dass das Tatbestandsmerkmal der Kausalität nicht erfüllt sei, weil es gefordert hatte, dass die erhöhten Importe „alone", „in and of themselves" oder „per se" für eine „serious injury" der heimischen Industrie sorgen. Der Appellate Body hatte sich deshalb ausführlich damit auseinanderzusetzen, wie das Tatbestandsmerkmal der Kausalität auszulegen ist. Er kommt zu dem Ergebnis, dass der Staat nur darlegen müsse, dass die erhöhten Importe auch – ggf. mit anderen Faktoren – zu einer Beeinträchtigung der heimischen Industrie führen. Er sieht im Ergebnis die Kausalität nicht als gegeben an, weil die Vereinigten Staaten von Amerika auch die geringeren Anforderungen an die Kausalität nicht darzulegen vermochten.[603]

Die USA hatten u.a. Kanada von den Einfuhrbeschränkungen ausgenommen. Im Rahmen der Streitbeilegung stellte sich daher die Frage, ob eine Schutzmaßnahme diskriminierend vorgenommen werden darf. Art. 2.2 Safeguards Agreement sieht vor, dass eine Schutzmaßnahme sich gegen Importprodukte unabhängig ihrer Herkunft wendet. Sowohl das Pa-

---

599 Panel Report, WT/DS166/R, 31 July 2000, para. 8.69.
600 Appellate Body Report, DS121/AB/R, 14 December 1999, Argentina – Footwear (EC), para. 136.
601 Appellate Body Report, WT/DS166/AB/R, 22 December 2000, para. 56.
602 Appellate Body Report, WT/DS166/AB/R, 22 December 2000, paras. 58, 59.
603 Appellate Body Report, WT/DS166/AB/R, 22 December 2000, paras. 79ff.

nel als auch der Appellate Body hielten die Praxis der Vereinigten Staaten von Amerika daher für rechtswidrig.[604]

Das Panel stellte zudem einen Verstoß gegen die Notifikationspflichten fest, wogegen die Vereinigten Staaten vor dem Appellate Body vorgingen. Nach Auffassung des Panels war die Notifikation nicht unverzüglich erfolgt, weshalb ein Verstoß gegen Art. 12.1 Safeguards Agreement vorlag. Der Appellate Body setzt sich auf Grund dessen mit der Definition von „unverzüglich" auseinander und schließt sich im Ergebnis dem Panel an, auch wenn er teilweise einen Verstoß verneint.[605] Hier findet eine Hinwendung zum beschwerten Staat statt, auch wenn letztlich das Ergebnis aufrechterhalten wird.

Das Panel hatte sich von „judicial economy" Gebrauch gemacht und die von der EU geforderte Prüfung einer Verletzung von Art. XIX GATT und Art. 5 Safeguards Agreement unterlassen, weil es die Maßnahme der USA schon wegen eines Verstoßes gegen Art. 2.1 und 4.2 Safeguards Agreement für rechtswidrig erklärt hatte. Der Appellate Body folgt dieser Einschätzung.[606] Diese Entscheidung ist ein Paradebeispiel für das Offenlassen von Fragen mangels Entscheidungserheblichkeit.

d) US – Lamb

Im Fall United States – Safeguard measures on imports of fresh, chilled or frozen lamb meat from New Zealand and Australia[607] wandten sich Neuseeland und Australien gegen die Vereinigten Staaten, weil diese zum Schutz der heimischen Lammfleischindustrie TRQs, wirksam ab dem 22.07.1999, eingeführt hatten. TRQs, Tariff-rate quotas, im Deutschen Tarifsatzquoten, sind ein protektives Instrument, das Zollsätze mit Kontingenten kombiniert. Es werden zwei Zollsätze festgelegt. Der niedrigere gilt, bis ein bestimmtes Kontingent erreicht ist; danach gilt der höhere Zollsatz. Das Panel hielt diese Maßnahme für rechtswidrig.[608] Der Appellate Body folgt dieser Einschätzung.

Zum einen hält der Appellate Body die Entscheidung des Panels aufrecht, es fehle in diesem Fall am aus Art. XIX GATT kommenden Kriteri-

---

604 Appellate Body Report, WT/DS166/AB/R, 22 December 2000, para. 100.
605 Appellate Body Report, WT/DS166/AB/R, 22 December 2000, paras. 93ff.
606 Appellate Body Report, WT/DS166/AB/R, 22 December 2000, para. 186.
607 Appellate Body Report, WT/DS177/AB/R, WT/DS178/AB/R, 1 May 2001.
608 Panel Report, WTS/DS177/R, WT/DS178/R, 21 December 2000.

um der „unforeseen developments". Dies begründet er mit einer fehlenden Glaubhaftmachung durch die USA: „It follows that [the US] does not <u>demonstrate</u>[609] that the safeguard measure at issue has been applied [...] as a result of unforeseen developments."[610]

Zum anderen ging es um die Auslegung der „domestic industry".[611] Auch hier folgt der Appellate Body dem Panel und legt das Merkmal der „domestic industry" sehr eng aus, d.h. entgegen dem Verlangen der Vereinigten Staaten von Amerika zählt der Appellate Body nur Lammfleisch zur heimischen Industrie und nicht auch die Farmer der Lämmer und die Verpackungs- und Verkaufsindustrie von Lammfleisch. Er unterscheidet strikt zwischen dem Produkt Lammfleisch und der Herstellungskette. Zur Begründung führt er an, Art. 4.1 lit.c Safeguards Agreement stelle auf die „producers [...] of the like or directly competetive products"[612] ab und setze den Fokus damit auf eine spezifische Produktgruppe. Diese Auslegung werde auch von Art. 2.1 Safeguards Agreement unterstützt, der beispielsweise von „such product" spricht. Ob die Produkte Lamm und Lammfleisch in einer Produktionslinie verbunden seien, sei nicht relevant, solange sie nicht „like or directly competitive" seien.

Nach Art. 4.2 lit.a Safeguards Agreement ist es die Pflicht der Staaten „[to] evaluate all relevant factors", auf Grund derer sie zu der Einschätzung gelangen, dass eine Bedrohung für die heimische Industrie vorliegt. Das Panel war zu dem Ergebnis gekommen, die USA hätten nicht alle relevanten Faktoren berücksichtigt, weil sie nicht für die gesamte Lammfleischindustrie Fakten erhoben hatten. Der Appellate Body teilt diese Bewertung.

Weiter war das Merkmal „threat of serious injury" Thema, zunächst in Bezug auf den Standard of Review, der auch schon im Fall Argentina – Footwear (EC) Streitgegenstand war. Die USA warfen dem Panel vor, ihre Einschätzung an die Stelle der Einschätzung der US-Behörden zu setzen. Der Standard of Review richtet sich nach Art. 11 DSU und besteht in ständiger Praxis darin: „The applicable standard is neither de novo review as such, nor ‚total deference‘, but rather the ‚objective assessment of the facts‘"[613]. Dieses „objective assessment" setzt sich aus zwei Elementen zu-

---

609 Im Original kursiv.
610 Appellate Body Report, WT/DS177/AB/R, WT/DS178/AB/R, 1 May 2001, para. 73.
611 Appellate Body Report, WT/DS177/AB/R, WT/DS178/AB/R, 1 May 2001, paras. 77ff.
612 Appellate Body Report, WT/DS177/AB/R, WT/DS178/AB/R, 1 May 2001, para. 84.
613 Appellate Body Report, WT/DS26/AB/R, 16 January 1998, para. 117.

sammen; es muss erstens nachvollzogen werden, ob der betreffende Staat alle relevanten Faktoren ausgewertet hat, und zweitens, ob der Staat eine „reasoned and adequate explanation" dafür abgeben kann, wie er auf Grund der Fakten zu seiner Überzeugung gekommen ist. Der Appellate Body betont, dass die „panels are not entitled to conduct a de novo review of the evidence, nor to substitute their own considerations for those of the competent authorities, this does not mean that panels must simply accept the conclusions of the competent authorities"[614]. Auch die Streitbeilegungsgremien gehen so einen Mittelweg. Sie achten die nationale Souveränität, setzen dieser Achtung aber gleichzeitig Grenzen. Der Appellate Body spezifiziert das Kriterium der Nachvollziehbarkeit, indem er diese verneint, wenn das überprüfende Gremium eine alternative Begründung geben kann. Der Appellate Body weist die Beschwerde zurück, das Panel habe eine „de novo review" vorgenommen.

Auch die konkrete Auslegung des Merkmals „threat of serious injury" war Gegenstand der Auseinandersetzung. Das Panel war nicht auf das Vorbringen Neuseelands und Australiens eingegangen, weshalb der Appellate Body selbst darüber befinden musste, ob die USA einen „threat of serious injury" glaubhaft machen konnten. Der Appellate Body verneint dies, hält sich im Ergebnis aber stark in einer Bewertung zurück: „We wish to emphasize again that our remarks about the price data are not intended to suggest that the domestic industry was not threatened with serious injury. Rather, our conclusion is simply that the USITC has not adequately explained how the facts relating to prices support its determination, under Art. 4.2 lit.a, that the domestic industry was threatened with such injury. "[615]

Zudem stritten die Parteien über die Kausalität. Obwohl der Appellate Body im Fall US – Wheat Gluten die Auslegung des Panels beanstandet hatte, hatte das Panel die Auslegung erneut genauso vorgenommen. Deshalb weist der Appellate Body auch in diesem Fall daraufhin, dass zwar eine Kausalität zwischen den erhöhten Importen und einer Schädigung der heimischen Industrie bestehen müsse, die erhöhten Importe aber nicht alleinig für die Schädigung verantwortlich sein müssen, sondern auch andere Faktoren berücksichtigt werden dürfen. Dennoch pflichtet der Appellate Body dem Panel im Ergebnis bei, dass die USA die Kausalität nicht

---

614 Appellate Body Report, WT/DS177/AB/R, WT/DS178/AB/R, 1 May 2001, para. 106.
615 Appellate Body Report, WT/DS177/AB/R, WT/DS178/AB/R, 1 May 2001, para. 160.

hinreichend begründen konnten: „We find that the USITC, in its Report, did not adequately explain how it ensured that injury caused to the domestic industry by factors other than increased imports was not attributed to increased imports."[616] Auch in diesem Fall findet bei der Verarbeitung des Panelberichtes eine Hinwendung zur antragstellenden Partei statt, auch wenn das Ergebnis aufrechterhalten wird.

e) US – Line Pipe

Der Fall „United States – Definitive Safeguard Measures on Imports of Circular Welded Carbon Quality Line Pipe from Korea"[617] hatte erhöhte amerikanische Zollsätze für drei Jahre auf Rohre zum Gegenstand, sofern die Importe 9.000 short tons aus einem Land überstiegen. Die Schutzmaßnahme wurde am 18.02.2000 wirksam, um die amerikanische Rohrindustrie zu schützen, und bezog sich nur auf rundumlaufend geschweißte Qualitäts-Carbon-Rohre. Wiederum nahmen die USA Kanada und diesmal auch Mexiko von der Schutzmaßnahme aus. Korea wandte sich gegen diese Maßnahme und konnte nach fehlgeschlagenen Konsultationen das Panel von der Rechtswidrigkeit der Maßnahme überzeugen.[618] Die USA beantragten beim DSB die Befassung des Appellate Body mit dem Fall, der sich jedoch im Ergebnis dem Panel anschloss. Der durch das Panel festgestellte Verstoß gegen Art. XIX GATT war nicht Gegenstand der Beschwerde vor dem Appellate Body. Es stand daher schon von vornherein fest, dass die amerikanische Schutzmaßnahme gegen WTO-Recht verstieß.[619] Trotzdem kam es den Parteien darauf an, weitere rechtliche Fragen durch den Appellate Body klären zu lassen:

Bevor der Appellate Body in diesem Fall zu einer rechtlichen Analyse kommt, äußert er sich in einführenden Bemerkungen zu vergangenen Entscheidungen, ohne einen konkreten Fallbezug herzustellen:[620] „With these general considerations in mind, we address the issues raised in this particular appeal".[621]

---

616 Appellate Body Report, WT/DS177/AB/R, WT/DS178/AB/R, 1 May 2001, para. 188.
617 Appellate Body Report, WT/DS202/AB/R, 15 February 2002.
618 Panel Report, WT/DS202/R, 29 October 2001.
619 Appellate Body Report, WT/DS202/AB/R, 15 February 2002, para. 4.
620 Appellate Body Report, WT/DS202/AB/R, 15 February 2002, paras. 5–10.
621 Appellate Body Report, WT/DS202/AB/R, 15 February 2002, para. 10.

In diesem Fall stand Art. 9.1 Safeguards Agreement in Rede. Korea rügte, dass die Schutzmaßnahme auch für Entwicklungsländer galt, die unterhalb der Schwellen in Art. 9.1 Safeguards Agreement lagen. Sowohl das Panel als auch der Appellate Body stellten deshalb eine Verletzung von Art. 9.1 Safeguards Agreement fest.[622]

Neu war auch die Frage, ob das Safeguards Agreement es erfordert, dass der Schutzmaßnahmen ergreifende Staat sich darauf festlegt, ob eine schwere Beeinträchtigung der heimischen Industrie vorliegt oder ob es sich nur um eine drohende schwere Beeinträchtigung handelt.[623] Dafür setzt sich der Appellate Body ausführlich mit der Auslegung des „or" in „cause or threaten to cause" auseinander. Das Panel hingegen versuchte eine Antwort auf die Frage über die Auslegung der Begriffe „serious injury" und „threat of serious injury" zu finden, wobei es zu dem Ergebnis kam, dass diese Szenarien in einem Exklusivitätsverhältnis stünden.[624] Im Ergebnis schließt sich der Appellate Body nach einer ausführlichen Auslegung des Wortes „or" der Auffassung des Panels an. Allerdings ziehen Panel und Appellate Body daraus unterschiedliche Schlüsse: Nach Auffassung des Appellate Body erreicht man über die Auslegung nur eine Antwort darauf, wann das Recht besteht, eine Schutzmaßnahme zu ergreifen, und nicht, welche Anforderungen an die Staaten zu stellen sind, ob sie sich auf ein Szenario festlegen müssen. Für diese genügt es, eine Bedrohung darzulegen, da ab diesem Zeitpunkt das Recht besteht.[625]

Weiter stellte sich die Frage, ob die für die Analyse der Beeinträchtigung des heimischen Marktes berücksichtigten Importe auch Gegenstand der Schutzmaßnahmen sein müssen (Parallelism).[626] Zur Veranschaulichung: Berücksichtigt der in Anspruch nehmende Staat Importe aus einem bestimmten Land und kommt deshalb zum Ergebnis, eine Beeinträchtigung anzunehmen, so kann er dieses Land nicht von den Schutzmaßnahmen ausnehmen. Korea rügte, dass die USA bei der Analyse der Situation die Importe aus Kanada und Mexiko berücksichtigten, die beiden Länder aber von der Anwendung der Schutzmaßnahme ausgenommen hätten. Eine Ausnahme hätte nur dann gegolten, wenn die USA hätten nachweisen können, dass allein schon die Importe ohne Kanada und Mexiko zu einer

---

622 Appellate Body Report, WT/DS202/AB/R, 15 February 2002, paras. 45ff.
623 Appellate Body Report, WT/DS202/AB/R, 15 February 2002, paras. 59ff.
624 Panel Report, WT/DS202/R, 29 October 2001, para. 7.264.
625 Appellate Body Report, WT/DS202/AB/R, 15 February 2002, paras. 96f., 102.
626 Appellate Body Report, WT/DS202/AB/R, 15 February 2002, paras. 103ff.

Beeinträchtigung führen.[627] Während das Panel meinte, Korea habe nicht dargelegt, dass die USA bei der Ermittlung der Beeinträchtigung die beiden Länder berücksichtigt hätten, lässt es der Appellate Body genügen, dass Korea darauf hinwies, dass die USA in ihrem Bericht mit der Gesamtsumme an Importen gerechnet hatten. Die Vereinigten Staaten hätten darlegen müssen, dass die Importe aus den anderen Ländern für sich eine Beeinträchtigung der heimischen Industrie dargestellt hätten. Ob dies zur Rechtmäßigkeit geführt hätte, lässt der Appellate Body ausdrücklich offen.[628] Der Appellate Body kann sich Korea zuwenden, ohne dass dies Konsequenzen für das Gesamtergebnis hätte.

Abermals stritten die Parteien über das Vorliegen der Kausalität gem. Art. 4.2 lit.b Safeguards Agreement. Danach müssen Behörden, wenn sie feststellen, dass es noch andere Faktoren für die Beeinträchtigung als erhöhte Importe gibt, sicherstellen, dass sie deren Folgen nicht auf die erhöhten Importe schlagen. Die Behörden müssen darlegen, dass sie dieses Erfordernis beachtet haben. Genau wie das Panel geht der Appellate Body davon aus, dass es den Vereinigten Staaten nicht gelungen ist, die Einhaltung dieser Pflicht glaubhaft zu machen.[629]

Genau wie in Korea – Dairy[630] ging es um die Nachweise des in Anspruch nehmenden Staates in Bezug auf Art. 5.1 Safeguards Agreement, d.h. ob eine prozedurale Nachweispflicht wie in Art. 5.1 S. 2 Safeguards Agreement besteht. Zwar mussten die USA sowohl nach Auffassung des Panels als auch des Appellate Body nicht gesondert darlegen, dass die Maßnahme verhältnismäßig war (Umkehrschluss aus S. 2). Dies ist von der Frage zu trennen, ob die Schutzmaßnahme tatsächlich unverhältnismäßig war. Der Appellate Body macht deutlich, dass eine Schutzmaßnahme nur verhältnismäßig ist, wenn sie nicht die gesamte Beeinträchtigung der heimischen Industrie zu verhindern geeignet ist, sondern nur den Teil der Beeinträchtigung, der durch die erhöhten Importe entstanden ist. Weil die USA die anderen schädigenden Faktoren nicht von den erhöhten Importen getrennt haben, geht der Appellate Body davon aus, dass Korea glaubhaft gemacht hat, dass die Maßnahme nicht notwendig war. Der Appellate Body knüpft ausdrücklich an dem prima facie-Beweis Koreas an. Nur weil die USA dies nicht widerlegt haben, geht er von einer Verletzung des

---

627 Appellate Body Report, WT/DS202/AB/R, 15 February 2002, para. 122.
628 Appellate Body Report, WT/DS202/AB/R, 15 February 2002, para. 123.
629 Appellate Body Report, WT/DS202/AB/R, 15 February 2002, paras. 125ff.
630 Appellate Body Report, WT/DS98/AB/R, 14 December 1999.

Art. 5.1 Safeguards Agreement aus.[631] Automatisch führe eine Verletzung des Art. 4.2 lit.b Safeguards Agreement nicht zu einer Verletzung des Art. 5.1 Safeguards Agreement. Er findet abermals eine prozedurale statt einer materiellen Begründung.

f) Argentina – Preserved Peaches (Panel)

Der Panel Bericht Argentina – Definitive safeguard measures on imports of preserved peaches[632] hatte Abgaben[633] für Pfirsichkonserven zum Gegenstand, die Argentinien gegenüber allen Staaten mit Ausnahme der Mercosur-Staaten und Südafrika einführte.

Das Panel konkretisierte das Merkmal der „unforeseen developments". Es reiche nicht aus, sich auf erhöhte Einfuhrmengen zu berufen; dies sei ein separates Tatbestandsmerkmal und nicht mit dem Kriterium der „unforeseen developments" gleichzusetzen: „the entry of the imports, or the way in which they were being imported, was unforeseen, but there is no mention that the alleged developments themselves were unforeseen".[634] Nach einer ausführlichen Auseinandersetzung mit den von Argentinien dargebrachten Fakten kommt das Panel zu dem Schluss: „A mere phrase in a conclusion, without supporting analysis of the existence of unforeseen developments, is not a substitute for a demonstration of fact."[635]

Weiteres Kernthema war, ob Argentinien wirklich von erhöhten Importen betroffen war. Gem. Art. XIX GATT i.V.m. Art. 2.1 Safeguards Agreement ist dies „in absolute or relative terms" möglich. Das Panel prüft die Tatbestandsvarianten separat.[636]

Bei der Beeinträchtigung durch erhöhte Einfuhren in absoluten Zahlen muss es sich nicht nur um eine quantitative, sondern auch qualitativ erhöhte Einfuhr handeln. In der Beurteilung der quantitativen Beeinträchtigung hält sich das Panel zurück: "We do not disagree."[637] Obwohl das Panel den argentinischen Behörden zugesteht, dass sie alle Fakten zusam-

---

631 Appellate Body Report, WT/DS202/AB/R, 15 February 2002, para. 187.
632 Panel Report, WT/DS238/R, 14 February 2003.
633 Sog. miminum specific duties, im ersten 0,50, im zweiten 0,45 und im dritten Jahr 0,40 US Dollar pro kg, Panel Report, WT/DS238/R, 14 February 2003, para. 7.1.
634 Panel Report, WT/DS238/R, 14 February 2003, paras. 7.18ff.
635 Panel Report, WT/DS238/R, 14 February 2003, para. 7.33.
636 Panel Report, WT/DS238/R, 14 February 2003, para. 7.44.
637 Panel Report, WT/DS238/R, 14 February 2003, para. 7.53.

mengetragen haben ("We find that the competent authorities did at least acknowledge all the facts"[638]), verneint es die korrekte Beurteilung einer qualitativ erhöhten Einfuhr.[639] Eine Beeinträchtigung durch erhöhte Einfuhren in relativen Zahlen, d.h. relativ zur Produktionsmenge der heimischen Industrie, konnte Argentinien ebenfalls nicht glaubhaft machen.[640] Dazu kommt, dass das Panel auch die Bedrohung einer schweren Schädigung (threat of serious injury) verneint.[641] Prüfungsmaßstab dafür ist gem. Art. 4.2 Safeguards Agreement, ob die nationalen Behörden bei ihrer Beurteilung alle relevanten Faktoren berücksichtigt haben und ob sie eine nachvollziehbare Erklärung dafür abgeben konnten, wie sie auf Grund der Fakten zu ihrer Beurteilung gelangt sind.[642] Beides verneint das Panel.[643] Auch in diesem Fall begründet das Panel seine Entscheidung prozedural.

g) Chile – Price Brand System (Panel)

In Chile – Price Brand System[644] stand eine Schutzmaßnahme Chiles in Form von Extraabgaben auf Weizen(-mehl) und pflanzliche Speiseöle in Rede. Inhaltlich finden sich keine Erweiterungen der Rechtsprechung: Wieder ging es um das Kriterium der „unforeseen developments". Die Behörden müssen in ihrem Bericht nachweisen, dass „unforeseen developments" vorgelegen haben. Findet sich im Bericht keine Diskussion zu diesem Kriterium, geht das Panel wie auch in diesem Fall davon aus, dass das Kriterium nicht erfüllt ist.[645] Das Panel verneint weitere Tatbestandsmerkmale: „like/directly competetive product" und „serious injury", „threat thereof"; „causal link", „necessary". Nachdem das Panel einen Verstoß gegen die materiellen Voraussetzungen des Art. XIX GATT i.V.m. Safeguards Agreement festgestellt hat, beruft es sich auf „judicial economy"[646] und

---

638 Panel Report, WT/DS238/R, 14 February 2003, para. 7.61.
639 Panel Report, WT/DS238/R, 14 February 2003, paras. 7.60ff.
640 Panel Report, WT/DS238/R, 14 February 2003, paras. 7.70ff.
641 Panel Report, WT/DS238/R, 14 February 2003, para. 7.134.
642 Panel Report, WT/DS238/R, 14 February 2003, para. 7.93.
643 Panel Report, WT/DS238/R, 14 February 2003, paras. 7.99, 7.117.
644 Panel Report, WT/DS207/R, 3 May 2002, es gibt zwar einen Appellate Body Report, WT/DS207/R, 23 September 2002; dieser hatte aber nicht Art. XIX GATT i.V.m. dem Safeguards Agreement zum Gegenstand.
645 Panel Report, WT/DS207/R, 3 May 2002, para. 7.136.
646 Im Überblick *Busch/Pelc*, International Organization Vol. 64 No. 2 (2010), 257–279.

nimmt nicht etwa zu einer Verletzung der Notifikationspflichten Stellung.[647]

h) US – Steel Safeguards

Im sog. Stahlstreit[648] kam erneut das Thema „Standard of Review" gem. Art. 11 DSU auf den Tisch.[649] Wieder ging es hauptsächlich um die Frage, ob die US-amerikanischen Behörden eine „reasoned and adequate explanation" dafür hatten, davon auszugehen, dass die Tatbestandsvoraussetzungen von Art. XIX GATT i.V.m. dem Safeguards Agreement vorlagen.

Die USA konnten keine „reasoned explanation" dafür abgeben, dass das Tatbestandsmerkmal der „unforeseen developments" aus Art. XIX I lit.a GATT für eine erhöhte Einfuhr jeder Produktgruppe erfüllt war („the USITC's report failed to demonstrate, through a reasoned and adequate explanation, that "unforeseen developments" had resulted in increased imports of [every product]").[650] Im Ergebnis bemängelt auch der Appellate Body, dass die Erklärung der USA nicht ausreicht, um eine erhöhte Einfuhr von Stahlprodukten darzulegen („failed to provide a reasoned and adequate explanation"), so dass er einen Verstoß gegen Art. 2.1 und 3.1 Safeguards Agreement annimmt.[651] Auch in diesem Fall gibt er der beschwerdeführenden Partei ein Stück weit Recht und weist Teilergebnisse des Panels zurück, denn zumindest für Edelstahldraht und Weißblech sei nach Ansicht des Appellate Body eine nachvollziehbare und begründete Erklärung der USA vorhanden gewesen.[652] Er verzichtet auf eine weitere Prüfung auf Grund der sonstigen festgestellten Verstöße (judicial economy).[653] Insgesamt fällt der Appellate Body Bericht durch die verstärkte Verwendung von judicial economy auf.[654]

---

647 Panel Report, WT/DS207/R, 3 May 2002, para. 7.191.
648 Appellate Body Report, WT/DS248–54, 58–9, 10 November 2003.
649 Appellate Body Report, WT/DS248–54, 58–9, 10 November 2003, paras. 273ff.
650 Appellate Body Report, WT/DS248–54, 58–9, 10 November 2003, para. 330.
651 Appellate Body Report, WT/DS248–54, 58–9, 10 November 2003, para. 399.
652 Appellate Body Report, WT/DS248–54, 58–9, 10 November 2003, para. 429.
653 Appellate Body Report, WT/DS248–54, 58–9, 10 November 2003, para. 431.
654 Im Überblick Appellate Body Report, WT/DS248–54, 58–9, 10 November 2003, para. 513.

i) Dominican Republic – Safeguard Measures (Panel)

Im Panel Bericht im Fall Dominican Republic – Safeguard Measures[655] musste erstmals die Anwendbarkeit von Art. XIX GATT i.V.m. Safeguards Agreement positiv festgestellt werden.[656] Abgesehen davon bringt auch dieser Fall zwar keine neuen Erkenntnisse für die Auslegung von Art. XIX GATT i.V.m. dem Safeguards Agreement, weist aber die Besonderheit auf, dass die Dominikanische Republik in großen Teilen Recht bekommt: So konnte die Dominikanische Republik als erster Vertragsstaat nachvollziehbar darlegen, dass er mit einer erhöhten Einfuhr in absoluten Zahlen konfrontiert war.[657] Außerdem sah das Panel das Prinzip der Parallelität erstmals nicht als verletzt an[658] und verneinte auch einen formellen Verstoß gegen das Notifikationserfordernis[659]. Trotzdem kommt es mit Hilfe der festgestellten Verstöße zu dem Ergebnis, dass die Schutzmaßnahmen der Dominikanischen Republik rechtswidrig waren.

j) Ukraine – Passenger Cars (Panel)

Der Fall Ukraine – Passenger Cars[660] hatte einen Schutzzoll auf Personenkraftwagen seitens der Ukraine zum Gegenstand. Auch in diesem Fall befand das Panel, dass die Schutzmaßnahme rechtswidrig war. Wieder gelang es dem inanspruchnehmenden Staat nicht, die „unforeseen developments" gem. Art. XIX I lit.a GATT darzulegen.[661] Außerdem konnte die Ukraine u.a. nicht zeigen, dass sie von erhöhten Importen i.S.v. Art. 2.1 Safeguards Agreement betroffen war[662] und einen „clearly imminent threat of serious injury" (Article 4.2 lit.a Safeguards Agreement) darzulegen.[663] Auch die Notifikationspflichten wurden von der Ukraine umfassend verletzt (Art. 4.2 lit.c, 12.1, 12.2 und 12.3 Safeguards Agreement).[664] In Teilen bekam die Ukraine auch in diesem Fall Recht: So weist das Panel den Vor-

---

655 Panel Report, WT/DS415–418/R, 31 January 2012.
656 Panel Report, WT/DS415–418/R, 31 January 2012, paras.7.50ff.
657 Panel Report, WT/DS415–418/R, 31 January 2012, paras. 7.217 – 7.240.
658 Panel Report, WT/DS415–418/R, 31 January 2012, para. 7.391.
659 Panel Report, WT/DS415–418/R, 31 January 2012, para. 7.438.
660 Panel Report WT/DS468/R, 26 June 2015.
661 Panel Report WT/DS468/R, 26 June 2015, paras. 7.38 – 7.84.
662 Panel Report WT/DS468/R, 26 June 2015, para. 7.191.
663 Panel Report WT/DS468/R, 26 June 2015, para. 7.271.
664 Panel Report WT/DS468/R, 26 June 2015, para. 8.1.

wurf Japans zurück, die Ukraine hätte gegen Art. 3.1, 4.2 lit.c, 5.1, 7.1, 7.4 und 12.1 lit.c Safeguards Agreement verstoßen.[665]

k) Indonesia — Iron or Steel Products (Panel)

Im jüngsten Fall Indonesia — Iron or Steel Products (Viet Nam)[666] verneint das Panel die Rechtsnatur der Maßnahme als Safeguard Measure. Viet Nam hat den Panelbericht angegriffen. Die Entscheidung des Appellate Body steht noch aus. Viet Nam wendet sich gegen die Feststellung des Panels, bei der indonesischen Maßnahme handele es sich nicht um eine Safeguard Measure i.S.v. Art. 1 Safeguards Agreement und Art. XIX GATT.[667]

Indonesien hatte für drei Jahre Zölle auf Produkte aus Galvalume eingeführt. Dieser Maßnahme war eine Untersuchung der nationalen Behörden hervorgegangen, die für die Umsetzung des Safeguards Agreement zuständig sind. Indonesien hatte die Maßnahme als Safeguard Measure eingeführt.

Das Panel kommt zu dem Ergebnis, es handele sich bei der Maßnahme nicht um eine Safeguard Measure i.S.v. Art. 1 Safeguards Agreement und Art. XIX GATT. Denn einerseits hatte Indonesien keine Verpflichtung nach Art. II GATT übernommen, die es hätte suspendieren müssen. Allein, dass die Maßnahme in Folge einer nationalen Safeguards-Untersuchung war, genügt nicht.[668] Andererseits ist nach Auffasung des Panels Art. I:1 GATT nicht suspendiert. Denn das Panel fordert, dass eine Maßnahme nicht nur eine Verpflichtung suspendieren, sondern auch dem Zweck dienen muss,[669] eine ernsthafte Schädigung der Wirtschaft abzuwenden.[670] Wenn dies nicht der Fall ist, ist die Maßnahme keine Safeguard Measure und Art. XIX GATT i.V.m. dem Safeguards Agreement nicht anwendbar. Die Maßnahme ist deshalb auf Grund einer Verletzung des MFN-Prinzips aus Art. I:1 GATT unwirksam.[671]

---

665 Panel Report WT/DS468/R, 26 June 2015, para. 8.1.
666 Panel Report WT/DS496/R, 18 August 2017.
667 Notification by Vietnam, Doc. WT/DS496/7, 5 October 2017.
668 Panel Report WT/DS496/R, 18 August 2017, paras. 7.33ff.
669 Der Appellate Body wird dieser Argumentation möglicherweise nicht folgen. Ob eine ernsthafte Schädigung abgewehrt werden soll, sagt nichts über die Rechtsnatur der Maßnahme, sondern über deren Rechtmäßigkeit.
670 Panel Report WT/DS496/R, 18 August 2017, para. 7.14.
671 Panel Report WT/DS496/R, 18 August 2017, para. 7.4.

Weil es sich bei der Maßnahme nicht um eine Safeguard Measure handelt, ist Art. 9 Safeguards Agreement nicht anwendbar, auf Grund dessen Indonesien Entwicklungsländer von der Maßnahme ausgenommen hatte.[672] Art. 9 Safeguards Agreement kann deshalb die diskriminierende Anwendung nicht rechtfertigen.

Indonesien argumentiert, dass Art. I:1 GATT auf Grund von Art. 9 Safeguards Agreement suspendiert sei. Obwohl das Panel die Anwendbarkeit des Safeguards Agreements schon verneint hat, geht es trotzdem weiter auf Art. 9 Safeguards Agreement ein und liefert eine doppelte Begründung. Selbst wenn Art. 9 Safeguards Agreement anwendbar wäre, suspendierte Art. 9 Art. I:1 GATT nicht. Dieses Argument stützt das Panel auf die General Interpretative Note to Annex 1A of the WTO Agreement.[673] Darüber hinaus findet sich noch eine weitere hypothetische Begründung: „We would come to the same overall conclusion, if we were to find…".[674]

Obwohl das Panel entschieden hat, dass es sich bei der Maßnahme Indonesiens nicht um eine Safeguard Measure handelt, trifft es noch Aussagen zu Art. XIX GATT. Erst stellt es fest, „we see no need to make any alternative findings …", um sodann auf Art. XIX GATT einzugehen: „Nevertheless, in the light of the unique circumstances of the case, we have decided to proceed to address the complainants' claims, but only to the extent of identifying facts […]. Given our conclusions above, we do not go on to consider the legal merits of the complainants' claims."[675] Auf Grund der Besonderheit, dass alle Parteien davon ausgegangen sind, es handele sich um eine Safeguard Measure, will das Panel auf die vorgebrachten Argumente eingehen.[676]

2. Zusammenfassung der Spruchpraxis zu Art. XIX GATT

In allen Fällen sind immer wieder dieselben Tatbestandsvoraussetzungen Gegenstand der Auseinandersetzung: v.a. das Kriterium der „unforeseen developments" aus Art. XIX I lit.a GATT, die "increased quantities" (absolute or relative to domestic production) aus Art. XIX I lit.a GATT i.V.m. Art. 2.1 Safeguards Agreement, "serious injury" aus Art. XIX I lit.a GATT

---

672 Panel Report WT/DS496/R, 18 August 2017, para. 7.26.
673 Panel Report WT/DS496/R, 18 August 2017, paras. 7.29.
674 Panel Report WT/DS496/R, 18 August 2017, paras. 7.31.
675 Panel Report WT/DS496/R, 18 August 2017, paras. 7.46f.
676 Panel Report WT/DS496/R, 18 August 2017, Footnote 84.

i.V.m. Art. 2.1 und 4.1 Safeguards Agreement, "necessary" aus Art. XIX I lit.a GATT i.V.m. Art. 2.1 und 5.1 Safeguards Agreement und die Notifikationserfordernisse aus Art. XIX I lit.a GATT i.V.m. Art. 12 Safeguards Agreement. Die Lösung des Falles erfolgt zumeist über die fehlende "reasoned and adequate explanation". Diese ist Teil des Standards of Review. Der Standard of Review ist im Safeguards Agreement nicht ausdrücklich festgelegt und richtet sich daher nach Art. 11 DSU, der ein „objective assessment" verlangt. Dies beinhaltet eine zweistufige Prüfung: erstens ob die nationalen Behörden alle Fakten ermittelt haben (formaler Aspekt) und zweitens ob sie daraus nachvollziehbare Schlüsse gezogen haben (materieller Aspekt). Der Maßstab liegt damit zwischen „total deference" und einer „de novo- review".[677] Damit korrespondierend ist die Überprüfung, ob die zuständigen nationalen Behörden alle Fakten ermittelt haben (formales Element) und ob sie eine vernünftige Erklärung abgegeben haben, wie die ermittelten Fakten ihre Bewertung stützen (materielles Element).[678] So betrachtet enthält Art. 4.2 lit.a Safeguards Agreement immerhin das formale Element. So gibt insbesondere der Appellate Body kaum Hinweise für die nähere Interpretation des Art. XIX GATT und des Safeguards Agreement und zieht sich stattdessen im Ergebnis fast immer auf die Formel zurück,[679] der betreffende Staat habe keine vernünftige und adäquate Begründung für seine Maßnahmen abgegeben.[680] Mit Hilfe dieser Formel ist es möglich, nicht das Handeln der Staaten zu beurteilen und für rechtswidrig zu erklären, sondern nur das Vorbringen der Begründungen anzugreifen. Dadurch entsteht eine die Souveränität schonende Distanz. In diesen Zusammenhang passt auch die großzügige Verwendung der „judicial economy", einer „issue-avoidance-technique",[681] die ebenfalls dazu dienen kann, Kontroversen zu vermeiden.

In dieselbe Richtung weist die Tatsache, dass Appellate Body und Panel in jeder Empfehlung beiden Parteien ein Stück weit Recht geben, aber immer zu dem Ergebnis kommen, dass die Maßnahme des Staates nicht im

---

677 *Sykes*, The WTO Agreement on Safeguards, pp. 75–78.
678 *Oesch*, Journal of International Economic Law Vol. 6 No. 3 (2003), 635–659 (649).
679 *Davey*, in Cottier/Mavroidis (Eds.), The Role of the Judge in International Trade Regulation, pp. 43–79 (43).
680 So kritisch *Sykes*, World Trade Review Vol. 2 No. 3 (2003), 261–295 (283).
681 *Davey*, in Cottier/Mavroidis (Eds.), The Role of the Judge in International Trade Regulation, pp. 43–79 (58f.).

Einklang mit Art. XIX GATT und dem Safeguards Agreement steht.[682] Die Erfolgsquote liegt für alle WTO-Verfahren bei 89 %,[683] d.h. in 89 % der Verfahren wurde mindestens eine WTO-Verletzung festgestellt. Bei den Schutzklauselverfahren liegt die Erfolgsquote sogar bei 100 %. Appellate Body und Panel sorgen mit ihrer Rhetorik dafür, dass die Staaten zwar gehört werden, bleiben aber dennoch bei einer strikten Handhabung der Schutzklausel.

Zwischen 1995 und 2014 gab es 179 Panel-Verfahren. 129 dieser Beschwerdeverfahren wurden vor dem Appellate Body angegriffen (67 %).[684] Dieses Verhältnis trifft auch auf die Schutzklauselverfahren zu: zehn Panelverfahren und sechs daraus folgende Appellate Body Verfahren. Dass die beschwerdeführende Partei vor den Panels überwiegend Recht bekommt,[685] ist wie gesehen keine Besonderheit der Schutzklauselfälle. Anders liegt es jedoch bei den Ergebnissen des Appellate Body. Bei den Art. XX GATT-Fällen etwa ist die Erfolgsquote vor dem Appellate Body zwar auch gering, liegt aber immerhin bei 10 %.[686] Ähnlich sieht es laut einer Statistik aus dem Jahr 1999 für die Gesamtheit der Fälle aus. Danach hat der Appellate Body in 8 % der Fälle die Panelentscheidung in Gänze aufgehoben.[687] Demgegenüber ist die Erfolgsquote von 0 % in Schutzklauselverfahren auffällig.

Die besonders strenge Handhabung der Schutzklausel wird im Ergebnis durch den Standard of Review, judicial economy und das partielle Entgegenkommen des Appellate Body aufgefangen.

Ein praktisches Argument dafür, dass die Konfliktbearbeitung durch Recht zu einer impliziten Vertragsvertiefung führt, bietet zudem der Vergleich der Spruchpraxis des Panels und WTO Appellate Body mit der Bearbeitung der Fälle vor Inkrafttreten des DSU. Vorher sind insgesamt nur

---

682 Vgl. auch *Gnutzmann-Mkrtchyan/Lester*, BEROC Working Paper No. 34, p. 2, online abrufbar unter URL: https://ideas.repec.org/p/bel/wpaper/34.html [07.06.2017].

683 *Bossche, van den /Zdouc*, The Law and Policy of the World Trade Organization, p. 177.

684 WTO, Dispute Settlement Statistics, online abrufbar unter URL: https://www.wto.org/english/tratop_e/dispu_e/stats_e.htm [19.01.2017].

685 *Bossche, van den /Zdouc*, The Law and Policy of the World Trade Organization, p. 177.

686 Zwei der ersten 20 Fälle hatten vor dem Appellate Body Erfolg, vgl. *Moran*, in Adinolfi/Baetens/Caiado/Micara (Eds.) International Economic Law, pp. 3–21.

687 *Campbell/Bennett*, Canadian International Lawyer 2000, p. 7, online abrufbar unter URL: http://www.lmls.com/Files/The%20Contribution%20of%20WTO%20Appellate%20Review_Campbell_0600.pdf [19.01.2017].

sechs Streitfälle bekannt geworden.[688] Nur zwei dieser sechs Streitigkeiten wurden rechtlich durch ein Panel bearbeitet. In beiden Fällen wurde das Vorliegen der Tatbestandsmerkmale von Art. XIX GATT nicht beanstandet.[689]

IV. Die Spruchpraxis zu Art. 347 AEUV

Die Rechtsprechung des EuGH zu Art. 347 AEUV und seinen Vorläufern ist sehr begrenzt. In den meisten Fällen geht der EuGH nicht auf Art. 347 AEUV ein, da er ihn für nicht ausschlaggebend hält[690] oder muss sich nur am Rande mit der Vorschrift auseinander setzen.[691] Der prominenteste Fall, in dem sich der EuGH Art. 347 AEUV am Rande widmet, ist die Rechtssache Kadi.[692] Hier stellt der EuGH einen derogationsfesten Kern von Art. 347 AEUV fest, der textlich nicht vorgesehen ist; und zwar dergestalt, dass eine Abweichung von den Grundsätzen der Freiheit, der Demokratie und der Achtung der Menschenrechte (heute Art. 2 EUV)[693] unzulässig ist.[694] Dabei bleibt allerdings offen, wie es sich auswirkt, dass Art. 52 III der Grundrechtecharta – die gem. Art. 6 EUV auch zum Primärrecht gehört – auf die EMRK verweist, die wiederum in Art. 15 EMRK eine eigene Schutzklausel enthält. Da es im Fall Kadi darauf nicht ankam, konnte es der EuGH bei der Feststellung belassen, es gebe einen derogationsfesten Kern. Welchen Inhalt dieser im Notstandsfall tatsächlich hätte und nach

---

688 *Piérola*, The Challenge of Safeguards in the WTO, pp. 40ff.

689 Norway – Textile Products, C/M/125, 17 May 1978 und United States – Fur Felt Hats, GATT Doc. GATT/CP.5/22, 7 November 1950.

690 EuGH, Urteil vom 19.12.1968, RS. C-13/68, Salgoil Ministero del commercio con l'estero; EuGH, Urteil vom 15.12.2009, RS. C-239/06, Kommission / Italien; EuGH, Urteil vom 04.03.2010, RS. C-38/06, Kommission / Portugal; EuGH, Urteil vom 15.12.2009, RS. C-461/05, Kommission / Dänemark; EuGH, Urteil vom 15.12.2009, RS. C-409/05, Kommission / Griechenland; EuGH, Urteil vom 03.09.2008, RS. C-402/05 P, Kadi und Al Barakaat International Foundation / Rat und Kommission; EuGH, Urteil vom 15.12.2009, RS. C-387/05, Kommission / Italien; EuGH, Urteil vom 15.12.2009, RS. C-372/05, Kommission / Deutschland; EuGH, Urteil vom 15.12.2009, RS. C-294/05, Kommission / Schweden; EuGH, Urteil vom 15.12.2009, RS. C-284/05, Kommission / Finnland; EuGH, Urteil vom 09.03.2006, RS. C-371/03, Aulinger; EuGH, Urteil vom 11.03.2003, RS. C-184/01, Dory.

691 EuGH, Urteil vom 21.09.2005, RS. T-306/01, Kadi / Rat und Kommission.

692 EuGH, verb. RS. C-402/05 P und C-415/05 P – Kadi.

693 *Roeder*, in Zwitter (Hrsg.), Notstand und Recht, S. 82–110 (85).

694 EuGH, verb. RS. C-402/05 P und C-415/05 P – Kadi, Rn. 303.

welchen Maßstäben sich dieser bemäße, bleibt offen.[695] Insgesamt äußert sich der EuGH nur sehr zurückhaltend zu Art. 347 AEUV und scheint eine Prüfung möglichst zu vermeiden.[696] Es findet sich das typische Offenlassen von Fragen, die Vermeidung von heiklen Themen. Schon im ersten Fall Johnston / Chief Constable hielt er die Schutzklausel für unmaßgeblich;[697] äußerte sich aber insoweit, dass er Art. 347 AEUV als „einen ganz besonderen Ausnahmefall" regelnd bezeichnete.[698] Der EuGH stellt in weiteren Urteilen bloß fest, dass Art. 347 AEUV eng auszulegen sei: „Überdies sind die Abweichungen nach [...] Art. 297 EG[699] [...] eng auszulegen"[700].

Der EuGH äußert sich in keiner Entscheidung dazu, ob dem die Schutzklausel aktivierenden Mitgliedstaat bei der Beurteilung ein Spielraum zusteht, ob die Voraussetzungen des Art. 347 AEUV vorliegen. Allerdings bringt die Kommission im Verfahren des vorläufigen Rechtsschutzes in Kommission gegen Griechenland selbst vor, dass ihrer Auffassung nach dem Mitgliedstaat ein Ermessen zustehe.[701] In den Schlussanträgen hat GA Jacobs ebenfalls ausführlich Stellung bezogen: „Umfang und Intensität der Kontrolle, die der Gerichtshof ausüben kann, sind jedoch wegen der Art der aufgeworfenen Fragen eng begrenzt. Es mangelt an gerichtlich anwendbaren Kriterien, die dem Gerichtshof oder einem anderen Gericht die Feststellung ermöglichen würden."[702]

---

695 Zum Verhältnis von Art. 347 AEUV, Art. 6 I EUV, Art. 52 III 1 GrCH vgl. *Roeder*, in Zwitter (Hrsg.), S. 82–110 (86, 105f.).

696 *Kottmann*, Introvertierte Rechtsgemeinschaft, S. 140 meint, der EuGH „umschiffe" die Vorschrift interpretatorisch geschickt.

697 EuGH, Urteil v. 15.05.1986, RS. 222/84, Rn. 60 – Johnston / Chief Constable.

698 EuGH, Urteil v. 15.05.1986, RS. 222/84, Rn. 26 – Johnston / Chief Constable.

699 Entspricht inhaltlich Art. 347 AEUV, ex. Art. 297 EGV in der Fassung vom Vertrag von Amsterdam, in Kraft ab dem 01.05.1999.

700 EuGH, Urteil vom 04.03.2010, RS. C-38/06, Rn. 63 – Kommission / Portugal; EuGH, Urteil vom 15.12.2009, RS. C-239/06, Rn. 47 – Kommission / Italien; EuGH, Urteil v. 15.12.2009, RS. C-284/05, Rn. 46 – Kommission / Finnland; EuGH, Urteil v. 15.12 – 2009, RS. C-294/05, Rn. 44 – Kommission / Schweden; EuGH, Urteil v. 15.12.2009, RS. C-372/05, Rn. 69 – Kommission / Deutschland; EuGH, Urteil vom 15.12.2009, RS. C-387/05, Rn. 46 – Kommission / Italien; EuGH, Urteil vom 15.12.2009, RS. C-409/05, Rn. 51 – Kommission / Griechenland; EuGH, Urteil vom 15.12.2009, RS. C-461/05, Rn. 52 – Kommission / Dänemark.

701 EuGH, Beschluss vom 29.06.1994, RS. C-120/94 R, Rn. 47 – Kommission / Griechenland.

702 GA Jacobs, Schlussanträge vom 06.04.1994, RS. C-120/94, Rn. 50ff. – Kommission / Griechenland.

Eine Stellungnahme zu Art. 347 AEUV in jüngerer Zeit gibt es nicht. Zwar hat in Abt. u.a.[703] das eine Vorabentscheidung ersuchende Gericht nach Art. 347 AEUV gefragt, zu einer Stellungnahme des EuGH kam es aber wegen Unzuständigkeit nicht. Obwohl die Schutzklausel seit Beginn der europäischen Verträge existiert, gibt es keine ständige Rechtsprechung, auf die zurückgegriffen werden könnte. Die Zurückhaltung des EuGH gegenüber den anderen Spruchkörpern könnte auf die Integrationstiefe der Union zurückzuführen sein. Denn je tiefer und umfassender die Integrationstiefe, desto kritischer die Inanspruchnahme einer Ausnahmesituation. Dies gilt vor allem deshalb, weil Art. 347 AEUV sämtliche EU-Politiken erfasst und nicht wie die anderen Schutzklauseln sektoral ist. Die sektoralen Schutzklauseln der EU, wie z.B. die Schutzklauseln im Bereich des Zahlungsverkehrs[704] und des Agrarrechts, sind nach und nach abgeschafft worden. Auch die generelle Schutzklausel für den Binnenmarkt, Art. 226 EGV, existierte zuletzt im Vertrag von Maastricht.

D. *Schlussfolgerungen aus der Analyse des Schutzklauselmaterials*

I. Auswirkungen auf den Vertragsschluss

Eine von der Literatur wieder und wieder bemühte These ist, dass Schutzklauseln den Vertragsschluss fördern; dass es ohne sie womöglich gar nicht zum Vertragsschluss gekommen wäre. Belege werden allerdings nicht angebracht. Deshalb widmete sich ein Teil dieser Arbeit der Analyse der entstehungsgeschichtlichen Dokumente. Anhand der Literatur wäre zu erwarten gewesen, dass die Verhandlungsdokumente zeigen, dass Staaten sich nur unter der Bedingung einer Schutzklausel zum Vertragsschluss durchringen konnten. Sowohl für Art. XIX GATT, Art. 4 IPbpR und damit auch Art. 15 EMRK konnte dargestellt werden, dass die Schutzklauselfrage einen großen Raum in den Vertragsverhandlungen einnahm. Auch wenn sich keine ausdrücklichen Äußerungen der Teilnehmer finden, dass die Einführung einer Schutzklausel Vertragsbedingung war, so sprechen Ausmaß und Inhalt der Diskussionen dafür, der Einführung einer Schutzklausel einen den Vertragsschluss fördernden Charakter zuzuschreiben. Mittels der Analyse der Entstehungsdokumente positiv nachgewiesen werden

---

703 EuGH, Beschluss vom 24.03.2011, RS. C-194/10 – Abt u.a.
704 Für weitere sektorale Schutzklauseln vgl. *Müller-Heidelberg*, Schutzklauseln im Gemeinschaftsrecht.

kann die Bedeutung von Schutzklauseln für den Vertragsschluss völkerrechtlicher Verträge hingegen nicht.

II. Auswirkungen auf den Vertragsbestand

Im Überblick stellt sich die Inanspruchnahme der ausgewählten Schutz-
klauseln wie folgt dar: Für Art. 347 AEUV findet sich keine, für Art. 15
EMRK finden sich 30, für Art. 4 IPbpR 119 und für Art. XIX GATT 304[705]
Notifikationen.

Die absoluten Zahlen sprechen für einen Flexibilitätsbedarf, der durch
die Schutzklausel befriedigt wird und somit für die These der Literatur.

Wie im Methodenkapitel besprochen, lassen die Zahlen in Relation zur
tatsächlichen Inanspruchnahme dieses Ergebnis weniger eindeutig ausfal-
len. Die Differenz zwischen der tatsächlichen und der auch notifizierten
Inanspruchnahme ist beispielsweise bei Art. 4 IPbpR besonders groß. Die
Auswertung der Inanspruchnahmepraxis von Art. 4 IPbpR hat ergeben,
dass 18 Staaten die Notifikationspflicht gänzlich missachten gegenüber 24
Staaten, die sie einhalten. Dazu kommen sicher einige Staaten, bei denen
das Vorliegen eines Notstandes erst gar nicht bekannt geworden ist. Dennoch sind immerhin alle notifizierten Fälle Ausdruck der Tatsache, dass
(auch) ein Flexibilitätsbedarf[706] bestand, der von der Schutzklausel befriedigt werden konnte.

III. Auswirkungen auf eine Vertragsvertiefung

Eine implizite Vertragsvertiefung äußert sich in einer erweiternden Tatbe-
standsauslegung. Die Auslegung der Tatbestandsmerkmale wird nur bei
Art. 4 IPbpR enger. Das Human Rights Committee erweitert den abwei-
chungsfesten Kern ausdrücklich in seinem zweiten, zwar nicht binden-

---

705 Measures, nicht Initiations, vgl. S. 87.
706 In diese Richtung weisend auch *Binder*, Leiden Journal of International Law
Vol. 25 No. 4 (2012), 909–934 (934): „undeniable need for temporary derogation".

den,[707] aber autoritativen General Comment No. 29 zu Art. 4 IPbpR[708]. Art. 4 II IPbpR benenne nur einen Teil der peremptorischen Menschenrechte.[709] Darüber hinaus gebe es Normen wie Art. 11 und 18 IPbpR, deren Suspendierung nie dem Verhältnismäßigkeitserfordernis gerecht würde.[710] Außerdem nennt es noch einige „illustrative examples" für implizite derogationsfeste Rechte, was den nicht abschließenden Charakter derogationsfester Rechte unterstreicht.[711] Außerdem zählt es alle Prozessgarantien mit zu den derogationsfesten Rechten mit dem Argument, dass jene nur unter Geltung der Prozessgarantien geschützt seien.[712]

Bei den anderen Schutzklauseln ist dies anhand der analysierten Spruchpraxis nicht zu beobachten, auch wenn sich in der EMRK-Literatur Hinweise dafür finden.[713] Diese Stimmen übertragen das Argument der flan-

---

707 *Lehmann*, Essex Human Rights Review Vol. 8 No. 1 (2011), pp. 103–122 (121) weist daraufhin, dass mangels fehlender Bindungswirkung nicht gesichert ist, dass das Human Rights Committee an der extensiven Auslegung von Art. 4 IPbpR auch im Anwendungsfall festhalten würde.

708 Human Rights Committee General Comment No. 29, UN Doc. CCPR/C/21/ Rev. 1, Add.11, 31 August 2001 (adopted 24 July 2001), online abrufbar unter URL: http://tbinternet.ohchr.org/_layouts/treatybodyexternal/Download.aspx?sy mbolno=CCPR%2fC%2f21 %2fRev. 1 %2fAdd.11&Lang=en [30.12.2017].

709 Human Rights Committee General Comment No. 29, UN Doc. CCPR/C/21/ Rev. 1, Add.11, 31 August 2001 (adopted 24 July 2001), para. 11, online abrufbar unter URL: http://tbinternet.ohchr.org/_layouts/treatybodyexternal/Downlo ad.aspx?symbolno=CCPR%2fC%2f21 %2fRev. 1 %2fAdd.11&Lang=en [30.12.2017].

710 Human Rights Committee General Comment No. 29, UN Doc. CCPR/C/21/ Rev. 1, Add.11, 31 August 2001 (adopted 24 July 2001), para. 11, online abrufbar unter URL: http://tbinternet.ohchr.org/_layouts/treatybodyexternal/Downlo ad.aspx?symbolno=CCPR%2fC%2f21 %2fRev. 1 %2fAdd.11&Lang=en [30.12.2017].

711 Human Rights Committee General Comment No. 29, UN Doc. CCPR/C/21/ Rev. 1, Add.11, 31 August 2001 (adopted 24 July 2001), para. 13, online abrufbar unter URL: http://tbinternet.ohchr.org/_layouts/treatybodyexternal/Downlo ad.aspx?symbolno=CCPR%2fC%2f21 %2fRev. 1 %2fAdd.11&Lang=en [30.12.2017].

712 Human Rights Committee General Comment No. 29, UN Doc. CCPR/C/21/ Rev. 1, Add.11, 31 August 2001 (adopted 24 July 2001), para. 15, online abrufbar unter URL: http://tbinternet.ohchr.org/_layouts/treatybodyexternal/Downlo ad.aspx?symbolno=CCPR%2fC%2f21 %2fRev. 1 %2fAdd.11&Lang=en [30.12.2017].

713 *Hartman*, Harvard International Law Journal Vol. 22 No. 1 (1981), 1–52; *Toullier*, International Comparative Jurisprudence Vol. 3 No. 1 (2017), 8–24 (23) will eine Entwicklung in der Spruchpraxis des EGMR dahingehend feststellen,

kierenden Prozessgarantien auf die EMRK.[714] Sie interpretieren beispielsweise den Fall Brogan and others v UK[715] so, dass Art. 5 III EMRK nicht kompromittiert werden dürfe.[716] Ein Beleg für eine erweiternde Auslegung von Art. 15 EMRK ist damit nicht erbracht, zumal der EGMR in manchen Fällen auch eine Inhaftierung ohne richterliche Kontrolle gebilligt hat.[717] Konstruieren ließe sich eine erweiternde Auslegung von Art. 15 EMRK nur über den Verweis in Art. 15 EMRK auf andere internationale Verpflichtungen. Dies ist in der Praxis noch nicht bestätigt worden. Von einer impliziten Vertragsvertiefung kann nur bei Art. 4 IPbpR gesprochen werden.

Bei der Anwendung von Art. 347 AEUV ist eine Abweichung von den Grundsätzen der Freiheit, der Demokratie und der Achtung der Menschenrechte (heute Art. 2 EUV)[718] unzulässig.[719] Der Wortlaut des ursprünglichen Art. 224 EWG wird zwar erweitert. Das Vertragswerk hat jedoch, zuletzt mit der Schaffung des Lissabon Vertrages, umfangreiche Neuerungen und Änderungen erfahren. Zum Zeitpunkt der Veröffentlichung der Kadi-Entscheidung[720] war der Lissabon Vertrag schon unterzeichnet, wenn auch noch nicht in Kraft. Im mit Art. 347 AEUV rechtlich gleichrangigen Art. 2 EUV kommt nun der Wille der Vertragsparteien zum Ausdruck, dass die genannten Grundsätze das Fundament der Europäischen Union sind. Inwiefern die Auslegung des EuGH deshalb eine durch Rechtsprechung veranlasste, implizite Vertragsvertiefung darstellt, ist zweifelhaft. Es bleibt abzuwarten, wie der EuGH in künftigen Entscheidungen mit Art. 347 AEUV umgeht.

Dennoch: Für alle Schutzklauseln lässt sich eine Tendenz der Spruchpraxisergebnisse festhalten, d.h. wie häufig die Inanspruchnahme der Schutzklausel für rechtmäßig erkannt wurde. Bei Art. 4 IPbpR und Art. XIX GATT i.V.m. dem Safeguards Agreement haben das Human Rights Committee und der Appellate Body eine Inanspruchnahme immer für rechts-

---

dass dessen Anforderungen an eine richterliche Kontrolle bei Inhaftierungen strenger werden („from mild to a stricter control").

714 *Di Salerno*, Democracy and Security Review Vol. 7 No. 1 (2017), 109–133 (116f.).

715 ECtHR (Plenary), Case of Brogan and others v UK, Appl. Nos. 11209/84, 11234/84, 11266/84, 11386/85, Judgment 29 November 1988, § 62.

716 *Di Salerno*, Democracy and Security Review Vol. 7 No. 1 (2017), 109–133 (116).

717 ECtHR, Case of Marshall v UK, Appl. No. 41571/98, Decision 10 July 2011.

718 *Roeder*, in Zwitter (Hrsg.), Notstand und Recht, S. 82–110 (85).

719 EuGH, verb. RS. C-402/05 P und C-415/05 P – Kadi, Rn. 303.

720 EuGH, verb. RS. C-402/05 P und C-415/05 P – Kadi.

widrig gehalten. Bei Art. 15 EMRK haben der Gerichtshof bzw. die Kommission nur in vier von 14 zu entscheidenden Fällen die Inanspruchnahme für konventionsgemäß befunden. Die konventionskonformen Inanspruchnahmen waren unter den ersten Beschlüssen zu Art. 15 EMRK; in der Folgezeit wurde es zunehmend schwieriger, Art. 15 EMRK konventionsgemäß in Anspruch zu nehmen. Dazu kommt, dass zwei der Fälle, in denen Art. 15 EMRK erfolgreich aktiviert werden konnte, denselben Sachverhalt betrafen, weshalb die zweite Beschwerde gleich für unzulässig erklärt wurde (Brannigan and McBride und Marshall). Noch dazu befindet sich unter den vier Fällen ein Fall, in dem zwar Art. 15 EMRK erfolgreich aktiviert werden konnte, der EGMR die Konventionswidrigkeit der Maßnahmen aber über Art. 14 EMRK konstruiert hat. Daraus ergibt sich, dass es so nur zwei zählenswerte Fälle gab, in denen Art. 15 EMRK erfolgreich aktiviert werden konnte. Für den Vergleich zu Art. 4 IPbpR ist außerdem wichtig, dass die EKMR/EGMR-Rechtsprechung der 1950er mangels vergleichbarer Rechtsprechung zu Art. 4 IPbpR nicht so stark ins Gewicht fällt.

Im Ergebnis wird es schwieriger, die Schutzklauseln rechtmäßig in Anspruch zu nehmen. Dies wird von den unterschiedlichen Spruchkörpern, d.h. Human Rights Committee, Appellate Body und EGMR, auf ähnliche Weise[721] erreicht. Rechtstechnisch werden unterschiedliche Mechanismen gewählt, um die Balance zwischen Souveränität und Kontrolle zu wahren. Das Human Rights Committee löst den Konflikt rein beweisrechtlich; der EGMR geht den Weg der eingeschränkten richterlichen Kontrolle und Appellate Body und Panel kombinieren beide Ansätze im Standard of Review; in einer ersten Stufe muss der Staat darlegen, dass er alle relevanten Punkte berücksichtigt hat (formales Element). Ist dies der Fall, steht ihm ein Einschätzungsspielraum zu (materielles Element), insofern er nur eine nachvollziehbare Begründung abgeben muss, wie er auf Grund der ermittelten Fakten zu seiner Einschätzung kommt. Vor dem Hintergrund ihrer Funktion und dem System, in das die jeweilige Rechtsprechung gehört,

---

721 *Legg*, The Margin of Appreciation in International Human Rights Law, p. 6 weist daraufhin, dass das Human Rights Committee die Margin of Appreciation Doktrin zwar zurückweist, tatsächlich durch die Deference aber ähnliche Ergebnisse erzielt werden; *Engström*, Nordic Journal of Human Rights Vol. 34 No. 2 (2016), 73–88 betrachtet deference und margin of appreciation als zwei Seiten derselben Medaille; *Shany*, Hebrew University of Jerusalem Legal Studies Research Paper Series No. 17–16, abrufbar unter URL: https://papers.ssrn.com/sol3/Papers.cfm?abstract_id=2925652 [10.05.2017] als Mitglied des Committee spricht für das Human Rights Committee von einem Margin of Appreciation-like Approach, ohne die Vergleichbarkeit jedoch näher auszuführen.

lassen sich Gründe für die unterschiedlichen Mechanismen finden. Das Human Rights Committee stützt sich auf die Darlegungslast; damit muss es den Staaten keinen Spielraum einräumen[722] und bleibt de facto bei einer vollständigen Kontrolle, auch wenn letztlich ähnliche Ergebnisse erzielt werden wie beim EGMR. Dieser wird für das Gewähren eines Spielraums stark kritisiert, was für das Human Rights Committee ein Anreiz sein mag, von der Gewährung von Spielräumen Abstand zu halten. Auch wenn der EGMR einen Spielraum gewährt, so gelangt er im Ergebnis (fast) immer zu der Auffassung, dass die Inanspruchnahme des Art. 15 EMRK konventionswidrig war. Panel und Appellate Body bewegen sich nicht im sensiblen menschenrechtlichen Bereich und sehen sich daher nicht der Kritik ausgesetzt, Spielräume zu gewähren. Alle Vorgehensweisen sind dem Umstand geschuldet, dass es für einen internationalen Spruchkörper herausfordernd ist, die Lage im jeweiligen Mitgliedstaat zu beurteilen. Auch für den menschenrechtlichen Kontext ist es daher einleuchtend, dass die Kontrolle sich vorwiegend auf die vom Staat vorgebrachten Fakten stützt.

Die Analyse der Spruchpraxis hat ergeben: Die Rechtsprechung sorgt dafür, dass die Schutzklausel regelmäßig nicht rechtmäßig in Anspruch genommen werden kann. Dadurch können die Vertragsparteien die Schutzklausel nicht bzw. weniger leicht in Anspruch nehmen als es bei Vertragsschluss intendiert gewesen sein mag. Die implizite Vertragstextverengung durch Rechtsprechung wurde oben als Vertragsvertiefung beschrieben. In dieser Hinsicht kann folglich anhand der Analyse der Spruchpraxis für eine Vertragsvertiefung gegenüber dem Vertragsschluss argumentiert werden.

Dieser theoretische Befund kann sich auch gegen das praktische Argument wehren, dass es vor allem eine Reihe von wiederholten Verstößen gegen Art. 15 EMRK gab. Dies ist vor allem für die Türkei- und Irland-Fälle vor dem EGMR relevant. So könnte man auf den ersten Blick der Auffassung sein, dass die theoretische Vertragsvertiefung ins Leere laufe, wenn die Urteile des EGMR nicht befolgt werden. Die Türkei scheint die Urteile nicht zur Kenntnis zu nehmen bzw. faktisch nicht zu befolgen, da die Verstöße gegen die Konvention in aufeinander folgenden Fällen immer dieselben sind: Drei Mal scheitert es an der Verhältnismäßigkeit (Nuray Sen, De-

---

722 Ob, unter welchen Voraussetzungen und in welchem Maß es eine Form von "deference" vor dem Human Rights Committee gibt, wird unterschiedlich beurteilt; im Überblick dazu *Engström*, Nordic Journal of Human Rights Vol. 34 No. 2 (2016), 73–88.

mir, Aksoy), vier Mal an ratione loci (Sakik, Sadak, Yurttas, Abdülsamet Yaman). Auf den zweiten Blick muss man feststellen, dass es zum einen keine Verfahren wegen Nichtbefolgung der Schutzklauselurteile des EGMR gab. Zum anderen stellt der EGMR zwar im Ergebnis Verstöße fest, die Verstöße gegen die Verhältnismäßigkeit werden aber beispielsweise immer geringer.[723] Insgesamt wird dem EGMR eine hohe Compliance Rate bescheinigt.[724] Bei der WTO liegt die compliance rate sogar bei – geschätzten – 90 %.[725] Im Safeguards Bereich gab es nur ein Compliance Verfahren nach Art. 21.5 DSU im Zusammenhang mit Chile – Price Brand System.[726] So kann das allein aus der Spruchpraxis hergeleitete Ergebnis, dass Schutzklauseln zu einer Vertragsvertiefung führen, nicht durch den einfachen Verweis auf wiederholte Schutzklauselverstöße ins Wanken gebracht werden.

---

723 ECtHR, Case of Demir and others v Turkey, Appl. Nos. 71/1997/855/1062–1064, Judgment 23 September 1998, §§ 49ff. unter Bezugnahme auf ECtHR, Case of Aksoy v Turkey, Appl. No. 21987/93, Judgment 18 December 1996.

724 *Dothan*, University of Chicago Public Law & Legal Theory Working Paper, No. 358 (2011), pp. 115ff. (119ff.), online abrufbar unter URL: http://chicagounbou nd.uchicago.edu/cgi/viewcontent.cgi?article=1173&context=public_law_and_le gal_theory [22.05.2017]. Die genauen Zahlen finden sich in den Statistiken des Committee of Ministers, das für die Überwachung der Umsetzung zuständig ist. Diese sind online abrufbar unter URL: http://www.coe.int/en/web/execution/sta tistics [29.05.2017].

725 *Bashir*, WTO dispute settlement developments in 2012, online abrufbar unter URL: https://www.wto.org/english/tratop_e/dispu_e/bashir_13_e.htm [19.01.2017].

726 WTO, Dispute Settlement, Chronological List of Disputes, online abrufbar unter URL: https://www.wto.org/english/tratop_e/dispu_e/dispu_status_e.htm [17.01.2017].

§ 3 Theoretische Untersuchung: Integration durch Recht

Das vorstehende Kapitel zeigt, dass Schutzklauseln eine integrative Wirkung zugesprochen werden kann, da sie den Vertragsschluss und den Vertragsbestand begünstigen und es innerhalb der Spruchpraxis zu Vertragsvertiefungen kommt. Es bleibt allerdings offen, wie und warum es innerhalb der Spruchpraxis zu Vertragsvertiefungen kommt. Aus dieser offen gebliebenen Frage hat sich dieses Kapitel entwickelt. Dessen Aufgabe ist es, zu zeigen, dass sich eine Integrationswirkung von Recht – verstanden als eine Begünstigung des völkerrechtlichen Vertrags – auch theoretisch begründen lässt. Dies wird mittels einer Beschreibung des Konfliktbearbeitungsmechanismus Recht geschehen. Dem liegt die Annahme zu Grunde, dass bei der Beschreibung der Elemente rechtlicher Konfliktbearbeitung die Eigenschaften sichtbar werden, die sich (in ihrem Zusammenspiel) günstig auf völkerrechtliche Verträge auswirken.

Dieses Kapitel wird die Ergebnisse des § 2 ausklammern. Die Ergebnisse aus der Analyse des Schutzklauselmaterials (§ 2) werden erst in § 4 mit denen dieses Kapitels zusammengeführt. § 2 ist trotzdem Grundlage für dieses Kapitel, da seine Ergebnisse die Entwicklung dieses theoretischen Abschnitts veranlasst haben. Es ist deshalb sicher hilfreich, dieses Kapitel unter Heranziehung der Ergebnisse aus § 2 zu lesen. Dabei kann der Leser die Ausführungen zur Ausgestaltung der Institutionen und Verfahren auf Schutzklauselverfahren übertragen und die Ergebnisse der Spruchpraxis in die Kategorien Sprache und Argumentation im Rahmen einer rechtlichen Entscheidung einordnen. Auf diese Weise erschließt sich auch der anschließende § 4, in dem die hier abstrakt entwickelte integrative Wirkung von Recht auch für Schutzklauseln hergeleitet wird.

A. Ausgangsüberlegungen

Die oben nachgezeichnete Forschung zum Themenfeld „Integration durch Recht"[727] lässt offen, ob und wie sich gerade aus der rechtlichen Einhegung einer Ausnahmesituation ein positiver Einfluss auf die internationale Integration begründen lässt. Die Untersuchung hat deshalb an die bisheri-

---

727 S. dazu ausführlich S. 32ff.; 35ff.

ge Forschung die allgemeine Frage gestellt, ob Recht generell neben vielen anderen Funktionen auch eine Integrationsfunktion zukommt. Durchkämmt man die Literatur zur „Integrationsfunktion des Rechts", so wird man nicht fündig. Monografien, von denen eine integrative/konfliktlösende Funktionsbeschreibung zu erwarten wäre, lassen eine solche entweder ganz vermissen oder beschränken sich auf einige wenige Anhaltspunkte.[728] Viele Texte waren trotzdem wegweisend, weil sie die Fragen der Arbeit nicht beantwortet und daher die Lücke aufgezeigt haben, in die diese Arbeit treten will. Häufig werden mit dem Begriff der Funktion nur intendierte Eigenschaften einer Sache, ihre Hauptfunktion, und nicht ihre Nebenprodukte oder Teilfunktionen beschrieben.[729] Integration durch Recht entsteht durch Eigenschaften des Rechts, die zwar eine Integration begünstigen, die aber nicht darauf ausgelegt sind,[730] eine fortschreitende Integration hervorzubringen. Internationale Gerichtsentscheidungen können Funktionen haben, die selbst den Mitgliedern des Spruchkörpers nicht vor Auge standen.[731] So schreiben von Bogdandy/Venzke internationalen Gerichten neben der Funktion der Streitbeilegung auch die Stabilisierung normativer Erwartungen, Rechtsschöpfung[732] und die Kontrolle und Legitimation öffentlicher Gewalt zu.[733] Gerade die Funktion der Rechtsschöpfung lässt sich in Zusammenhang mit der Integrationsfunktion internationalen Rechts bringen, da mit einer Rechtsschöpfung eine implizite Vertragsänderung, möglicherweise Vertragsvertiefung, einhergeht. Es gibt noch weitere Anknüpfungspunkte in der Literatur:

---

728 *Rüthers*, Rechtstheorie, S. 46ff. beispielsweise widmet sich den Funktionen des Rechts, ohne darzulegen, wie genau das Recht diese erfüllen kann. Der § 5 Recht und Sprache ist zwar dem Kapitel II Das Recht und seine Funktionen zugeordnet; explizit untersucht wird aber an keiner Stelle, wie das Recht mittels der Sprache welche Funktion erfüllt. Vielmehr wählt er den umgekehrten Weg und erklärt mit Hilfe der Funktionen und Aufgaben des Rechts, was Recht ist.

729 Vergleiche zu den „Funktionen" des Rechts *Green*, Cogito Vol. 12 No. 2 (1998), 117–124 (117).

730 *Von Bogdandy/Venzke*, In wessen Namen?, S. 16 dazu: „Wenn ein Gericht einen Fall entscheidet, hat dies in aller Regel verschiedene rechtliche und soziale Konsequenzen, die man als Funktionen betrachten kann.

731 *Von Bogdandy/Venzke*, In wessen Namen?, S. 18.

732 Zu den Funktionen internationaler Gerichte vgl. *Caron*, Berkeley Journal of International Law Vol. 24 No. 2 (2006), 401–422 (405).

733 In wessen Namen?, S. 16ff.

I. Anknüpfungspunkte in der Literatur

1. Zwischen Formalismus und Instrumentalismus

Beschreibungen des Rechts lassen sich mit Hilfe der Kategorien des Formalismus und Instrumentalismus ordnen. Formalistische Auffassungen von Recht finden sich vereinfachend zusammengefasst häufig bei Rechts-, instrumentalistische bei Politikwissenschaftlern. Nach der formalistischen Auffassung ist das Recht ein autonomes System, das sich nur auf Grund seiner internen Logik bzw. Eigengesetzlichkeit erschließe. Jestaedt geht sogar davon aus, dass es eine „Eigenrationalität oder auch Eigengesetzlichkeit" des Rechts gibt und zwar sowohl der juristischen Disziplin als auch des Rechts selbst.[734] Nach Ansicht der Instrumentalisten bediene sich der politische Prozess des Rechts nur als Instrument, Objekt oder Mittel[735]; eine Autonomie wird kritisiert.[736] Das Recht sei dem politischen Prozess untergeordnet und von diesem abhängig. In der Soziologie geht man einen Mittelweg. So sind sich die prominentesten Vertreter Luhmann[737] und Bourdieu[738] zwar nicht über den Beschreibungsmodus einig, wohl aber darüber, dass dem Recht ein gewisses Maß an Autonomie zuzusprechen ist.[739] Luhmann beschreibt Recht als spezielle Kommunikationsform und Bourdieu als soziologisches Feld.

Auch im Rahmen der europarechtlichen Literatur taucht die Autonomie des Rechts auf: Es wird immer wieder der Satz von Walter Hallstein bemüht:[740] „Die Gemeinschaft ist eingebunden in eine rechtliche Organisation und in einen rechtlichen Funktionszusammenhang, der, quasi sich selbst antreibend, selbststeuernd, in innerer Dynamik immer weitere Integrationsschritte erzwingt."[741] Dieses Zitat impliziert, dass es das Recht selbst ist, das neue Integrationsschritte hervorbringt.

---

734 *Jestaedt*, in Jestaedt/Lepsius (Hrsg.), Rechtswissenschaftstheorie, S. 185–206 (191).
735 *Winkler*, in Grabitz/Hilf (Hrsg.), Das Recht der EU, Rn. 3.
736 *Joerges*, in Jachtenfuchs/Kohler-Koch (Hrsg.), Europäische Integration, S. 73–108 (73) bezeichnet denjenigen als naiv, der „sich das Recht als eine autonome Welt vorstellt, in der allein die Regeln der juristischen Kunst herrschen".
737 Das Recht der Gesellschaft.
738 *Bourdieu*, Hastings Law Journal Vol. 38 (1987), 814–853 (814).
739 Vergleichend *Van Krieken*, Social & Legal Studies Vol. 15 No. 4 (2006), 577–593.
740 So auch bei *Baur*, in Baur/Watrin (Hrsg.), Recht und Wirtschaft der EU, S. 115–143 (116).
741 *Hallstein*, Europäische Reden, S. 343.

Für diese Untersuchung sind diese Ansätze aus verschiedenen Gründen nicht unmittelbar weiterführend. Sie verstehen die Eigengesetzlichkeit nicht substantiell, sondern prozedural. Das Attribut eigengesetzlich bzw. autonom bezieht sich auf die operative Geschlossenheit/Autonomie eines Systems, beinhaltet aber keine Beschreibung der Kennzeichen der Prozesse innerhalb des Systems. Die Ansätze aus der Rechtswissenschaft sind außerdem normativ. Sie bleiben notwendigerweise abstrakt und verlieren das Recht in seiner Anwendung aus dem Auge, wenn sie sich vorwiegend mit einem Soll anstatt eines Ist-Zustandes befassen. Sie leisten so keine Beschreibung.

Dieser Arbeit geht es aber genau darum, zu beschreiben, was genau geschieht, wenn zwischenstaatliche Beziehungen in Recht gegossen und Konflikte über das Medium Recht ausgetragen werden. Damit ist der Anspruch dieser Arbeit bescheidener und zugleich innovativ. Denn bisher fehlt es an einer Sammlung und Beschreibung der Elemente rechtlicher Konfliktbearbeitung, denen integratives Potenzial innewohnen kann. Die angesprochenen Theorien können so nur als „Steinbruch für Ideen und Anregungen"[742] dienen.

2. Deskriptive Ansätze

In den 1970er Jahren wurde die Frage aufgeworfen, wie sich „juristische im Gegensatz zu nichtjuristischer Konfliktregulierung auf Konfliktentwicklungen auswirkt"[743]. Die Beantwortung dieser Frage würde eine Beschreibung juristischer Konfliktregulierung voraussetzen. Eine solche Beschreibung ist bislang noch sehr rudimentär und nicht aus der Perspektive der Rechtswissenschaft[744] vorgenommen worden. Einige der wenigen deskriptiven Ansätze sind die Feldanalyse Bourdieus[745], der die Kennzeichen des juristischen Felds beobachtet, und die rhetorische Rechtstheorie, die eine deskriptive Analyse rechtlichen Argumentierens liefert.

---

742 So formuliert *Hurrelmann*, in Lhotta (Hrsg.), Die Integration des modernen Staates, S. 163–190 (184).
743 *Brinkmann*, Soziale Welt 24 (1973), 79–93.
744 Selbst Brinkmann selbst hat seine Forderung nicht in die Tat umgesetzt, seine Dissertation *Brinkmann*, Konfliktpraxis und Rechtspraxis, 1975 schweigt dazu.
745 Hastings Law Journal Vol. 38 (1987), 814–853.

a) Soziologische Feldbetrachtung

Bourdieu[746] liefert eine Beschreibung des „juristischen Felds". Die Beschreibung des Felds ist weiter als die hier vorgenommene Fokussierung auf die rechtliche Konfliktbearbeitung und daher notwendigerweise abstrakter und in großen Teilen vage. Nichtsdestotrotz sind die Beschreibung der Juristensprache und ihrer Neutralisierungs- und Universalisierungseffekte[747] hilfreich. Auch auf die Beobachtungen zur Konfliktdurchbrechung[748] wird noch zurückzukommen sein.

b) Rhetorische Rechtstheorie

Einer der wenigen nicht-normativen[749], sondern deskriptiv-analytischen[750] Ansätze der Rechtstheorie ist die rhetorische Rechtstheorie, die aus Theodor Viewegs „Topik und Jurisprudenz" hervorgegangen ist[751]. Im Gegensatz zum überwiegenden Teil der Rechtstheorie befasst sie sich nicht mit einem Soll-Zustand juristischer Argumentation,[752] sondern analysiert die

---

746 Hastings Law Journal Vol. 38 (1987), 814–853.
747 *Bourdieu*, Hastings Law Journal Vol. 38 (1987), 814–853 (819ff.).
748 *Bourdieu*, Hastings Law Journal Vol. 38 (1987), 814–853 (830).
749 Auch die „Strukturierende Rechtslehre" Müllers und die „Fallreihe" Schapps (zusammengefasst in *Schapp* Rechtstheorie 32 (2001), 305–323) sind rechtstheoretische Ansätze, die sich mit der Rechtswirklichkeit befassen, wie sie ist, und nicht, wie sie sein soll(te).
750 Zusammenfassend *Launhardt*, Topik und Rhetorische Rechtstheorie, S. 152.
751 Fortgeführt von *Gräfin von Schlieffen* (geb. Sobota), Sachlichkeit. Rhetorische Kunst der Juristen; *dies.*, in Gabriel/Gröschner (Hrsg.), Subsumtion, S. 379–419; *dies.*, in Hof/Olenhusen (Hrsg.), Rechtsgestaltung – Rechtskritik – Konkurrenz von Rechtsordnungen, S. 472–485; *dies*, in Fix/Gardt/Knape (Hrsg.), Rhetorik und Stilistik, S. 1811–1833; *dies.*, in Soudry (Hrsg.), Rhetorik, S. 42–64; *dies.*, in Lerch (Hrsg.), Die Sprache des Rechts Bd. 2, S. 405–448; *dies.*, in Denninger u.a. (Hrsg.), FS Schneider, S. 501–514 (Sobota); *dies.*, JA 2013, 1–7; *dies.*, ZDRW 2013, 44–61; *dies.*, Rechtstheorie 2011, 601–619; *dies.*, JZ 2011, 109–116; *dies.*, Rechtstheorie 32 (2001), 175–196; *dies.*, ARSP 77 (1991), 243–256 (Sobota); *dies.*, International Journal for the Semiotics of Law Vol. 10 No. 1 (1991), 45–59 (Sobota); *dies.*, Argumentation Vol. 5 No. 1 (1991), 275–282 (Sobota).
752 *Alexy*, Theorie der juristischen Argumentation; *Bäcker*, Rechtstheorie 2009, 404ff.; *Koch/Rüßmann*, Juristische Begründungslehre.

Rechtspraxis. Damit grenzt sie sich von den normativen Theorien[753] juristischer Argumentation ab, die entweder die Logik[754], die Hermeneutik[755] oder das Diskursive rechtlichen Argumentierens[756] in den Mittelpunkt rücken.[757] Der Fokus der rhetorischen Rechtstheorie liegt auf der Analyse, der möglichst unvoreingenommenen und nüchternen Rekonstruktion,[758] wenngleich diese Theorie auch am Rande Aussagen zu den Wirkungen[759] der rhetorischen Analyseergebnisse trifft, die sie der Wirkungsforschung und Massenpsychologie entlehnt.[760]

So dient die rhetorische Rechtstheorie als theoretischer Anknüpfungspunkt für die Neutralisierungswirkung rechtlicher Entscheidungsbegründungen. Allerdings darf „die" rhetorische Rechtstheorie nicht als feststehende Größe betrachtet werden. Ihre Methodik befindet sich nach wie vor im Fluss.[761] So dürfte es zulässig sein, nur die Idee des rhetorischen Zu-

---

753 Diese Modelle haben gemein, dass sie nicht die forensische Argumentation, d.h. die Begründung eines Urteils im Blick haben. Zu den verschiedenen Arten juristischer Argumentation vgl. *Kreuzbauer*, ARSP Beiheft 99 (2004), 9–25 (10).

754 *Klug*, Juristische Logik; *Koch/Rüßmann*, Juristische Begründungslehre.

755 *Forsthoff*, Zur Problematik der Verfassungsauslegung; *Müller/Christensen*, Juristische Methodik.

756 *Alexy* stellt in seiner Dissertation Theorie der juristischen Argumentation fest, dass juristische Argumentation Leistungen erbringen kann, die allgemein praktische Argumentation nicht erbringen kann, und hat somit die Wirkungskomponente juristischer Argumentation im Blick. Dies begründet er mit den Besonderheiten, unter denen juristische Argumentation stattfindet. Die Feststellung ist als Ausgangspunkt für die Argumentation dieser Arbeit hilfreich. Sie unterstützt die These, dass es im Hinblick auf eine Konfliktlösung, auf eine zu erzielende Einigung, einen Unterschied macht, ob juristisch argumentiert wird oder nicht. Leider finden sich für diese Behauptung keine Begründungen in Alexys Arbeit. Er beschreibt zwar eingängig, was aus seiner Sicht juristische Argumentation ist und auf welchen Ebenen sie stattfindet, nicht aber welche Wirkungen sie erzielt. Dies stellt er nur an mehreren Stellen fest und setzt es damit als selbstverständlich voraus. Sein Hauptanspruch ist ein anderer. Er will juristische Argumentation theoretisch fassen und gibt eine normative Beschreibung juristischer Argumentation. Erst in einem zweiten Schritt stünden vermutlich die theoretischen Leistungen der juristischen Argumentation.

757 Überblick bei *Solbach*, Politischer Druck und richterliche Argumentation, S. 7ff.; *Neumann*, Juristische Argumentationslehre, S. 7.

758 Vgl. *Launhardt*, Topik und Rhetorische Rechtstheorie, S. 152.

759 Ihre Aussagen zur Wirkung werden außerdem durch „judicial minimalism"-Konzepte gedeckt, s.u. S. 193ff.

760 *Bachem*, in Ueding u.a. (Hrsg.), Historisches Wörterbuch der Rhetorik, Band 1, Stichwort Analyse, rhetorische unter A.

761 *Johnston*, Die rhetorische Architektur erstinstanzlicher Strafentscheidungen, S. 36f.

gangs aufzugreifen, aber eigene Analysekategorien aufzustellen.[762] Die Analysekategorien der rhetorischen Rechtstheorie sind auf die Analyse internationaler Spruchpraxis nicht übertragbar.

c) „Grammar of international law"

Martti Koskenniemis Werk „From Apology to Utopia" enthält neben einem normativen auch einen deskriptiven Ansatz,[763] der viele in der Literatur verarbeitete Punkte vereinigt, die sog. „Grammar of International Law". So begreift Koskenniemi das internationale Recht zunächst aus der Anwendungsperspektive: „Law is what lawyers do and think".[764] Hier ansetzend beschreibt er beobachtend, wie internationales Recht funktioniert. Dabei begreift er internationales Recht so wie Bourdieu als Praxis, deren Akteure sich durch eine Rechtsanwendungskompetenz[765] auszeichnen und mittels einer spezifischen Grammatik kommunizieren[766]. Insofern gibt es auch Parallelen zur rhetorischen Rechtstheorie; Koskenniemi geht ebenfalls von einem imitierenden Erlernen der Rechtssprache aus und setzt sich mit der Nichtübereinstimmung von Herstellung und Begründung einer juristischen Entscheidung auseinander.[767] Unterschiede ergeben sich vor allem durch das weite Verständnis Koskenniemis vom Rechtsanwendungsfeld. Seine Beobachtungen beziehen sich weniger auf die Spruchpraxis internationaler Gerichte als auf Rechtsanwender internationalen Rechts in Außenministerien usw. Bezogen auf die Fragestellung dieser Arbeit lässt sich daher nur Folgendes verarbeiten, das innerhalb des Ansatzes dieser Arbeit weiter expliziert werden wird. Auch der Ansatz dieser Arbeit ist deskriptiv und auf die Rechtsanwendung bezogen; allerdings nur insofern sich die Rechtsanwendung manifestiert hat und beobachten lässt, sprich in der Spruchpraxis der internationalen Streitbeilegungsorgane. Durch die Fokussierung der Arbeit auf die Spruchpraxis sind die Ergebnisse wesentlich konkreter und weniger metaphorisch als die Kosken-

---

762 V.a. im Fokus auf die Handlungsfiguren und die Analyse internationaler Spruchpraxis, s. dazu S. 155f.

763 Vgl. zum deskriptiven Ansatz den Epilog, 2 The descriptive project: towards a grammar of international law: *Koskenniemi*, From Apology to Utopia, pp. 563ff., auch wenn der normative Ansatz des Werkes namensgebend ist.

764 *Koskenniemi*, From Apology to Utopia, pp. 548, 568f., 615.

765 *Koskenniemi*, From Apology to Utopia, pp. 566ff., 571.

766 *Koskenniemi*, From Apology to Utopia, pp. 563ff

767 *Koskenniemi*, From Apology to Utopia, p. 589.

niemis. Indem die Arbeit auch weitere beobachtbare Einflüsse auf die Entscheidungen – wie z.B. die Ausgestaltung der Verfahren und Institutionen – aufgreift, geht sie über die Wahrnehmung des internationalen Rechts als Sprache mit einer spezifischen Grammatik hinaus. Ziel der Arbeit ist eine Beschreibung der Funktionsweise von Schutzklauseln – Normen des internationalen Rechts –, sie nähert sich einer solchen über die Beschreibung rechtlicher Konfliktbearbeitung allgemein und ist insofern anschlussfähiger.

3. Die Konfliktlösungs- und Neutralisationsfunktion des Rechts

Aus der Eigengesetzlichkeit wird immer wieder die Konfliktlösungs- oder Neutralisierungsfunktion des Rechts abgeleitet. Schutzklauseln verarbeiten wie alles Recht eine Konfliktsituation, nämlich den Konflikt zwischen nationalstaatlichen und internationalen Interessen. Deshalb wurden auch konflikttheoretische Ansätze ausgewertet, was sich aus mehreren Gründen als wenig hilfreich erwiesen hat: Es existiert bislang weder eine in sich geschlossene Konflikttheorie[768] noch gibt es systematische Auseinandersetzungen zur integrativen Funktion von Konflikten.[769] Um die hier gestellte Forschungsfrage zu beleuchten, bedürfte es einer analytischen Konflikttheorie, die auf die Austragungsformen von Konflikten zielt.[770] Eine solche gibt es bislang für das Recht als „Austragungsform" nicht. Insofern können die Beiträge dieser Arbeit zur Integrationsforschung auch zugleich als Beiträge zur Konfliktforschung betrachtet werden.

Zur Konfliktlösungsfunktion des Rechts[771], die Bestandteil einer Integrationsfunktion des Rechts ist, gibt es umfangreiche Literatur aus unterschiedlichen Disziplinen. Oft wird zur Veranschaulichung die Parabel vom zwölften Kamel des Kadis bemüht.[772] Die Parabel illustriert, welche

---

768 *Imbusch*, in Imbusch/Zoll (Hrsg.), Friedens- und Konfliktforschung, S. 143–178 (151).
769 *Imbusch*, in Imbusch/Zoll (Hrsg.), Friedens- und Konfliktforschung, S. 143–178 (174).
770 *Imbusch*, in Imbusch/Zoll (Hrsg.), Friedens- und Konfliktforschung, S. 143–178 (154).
771 Vgl. z. B. *Grasnick*, in Graul (Hrsg.) Gedächtnisschrift für Dieter Meurer, S. 513–534; *Luhmann*, Zeitschrift für Rechtssoziologie 21 (2000), 3–60 oder *Teubner/Zumbansen*, Zeitschrift für Rechtssoziologie 21 (2000), 189–215.
772 *Luhmann*, Zeitschrift für Rechtssoziologie 21 (2000), 3–60 (3f.); S. auch *Grasnick*, in Graul (Hrsg.) Gedächtnisschrift für Dieter Meurer, S. 513–524 (513f.).

Wirkungen eine rechtliche Konflikteinhegung haben kann, nämlich die Konfliktbeendigung und Teillösung durch rechtliche Bearbeitung. Gleichzeitig ist in der Parabel das Recht nur vage greifbar. Dies spiegelt die Beobachtung wider, dass Einigkeit darüber besteht, dass Recht konfliktlösend wirkt; und zwar weil es durch seine formalisierten Verfahren[773], die Rechtssprache und juristische Argumentation eine Objektivierung bzw. Neutralisierung[774] des Konflikts erreicht. Es fehlt an einer genauen Beschreibung der Mechanismen des Rechts, die dies leisten.

Auch die in der Literatur aufgearbeitete Neutralisierungsfunktion, die gleichzeitig Grund für die Konfliktlösungsfunktion ist, lässt sich für die Integrationsfunktion des Rechts fruchtbar machen. Die Neutralisierungsfunktion des Rechts wird von Luhmann damit begründet, dass Recht Konflikte kommunikativ in das Schema Recht/Unrecht[775] umcodiert und diesen dadurch ihre Brisanz nimmt.[776] Politische Spannungen etwa finden im Recht kein Gehör, da sie sich nicht dem binären Code Recht/Unrecht zuordnen lassen. Dieser Unterscheidung liegt die Luhmannsche Teilung der Welt in Systeme[777] zugrunde: Recht, Politik, Religion usw. Jedes System hat seinen eigenen Code (Codierung) und ist in sich geschlossen (operative Geschlossenheit). Jedes dieser Systeme reproduziert sich selbst (Autopoiesis). Trotz der Geschlossenheit sind die Systeme nicht völlig unabhängig voneinander, sondern strukturell gekoppelt, d.h. Kommunikationen in einem System können eine Störung in anderen Systemen auslösen. Die Berücksichtigung von Kommunikationen anderer Systeme ist nicht direkt möglich; es ist eine Transformation in das System Recht notwendig, die die systemfremden Entscheidungskomponenten ausscheidet.[778] Rechtliche Konfliktlösungen schaffen außerdem legitime, d.h. akzeptanzfähige Entscheidungen. Instrumente, um legitime Entscheidungen zu produzieren, sind zunächst all diejenigen, die auch zur Objektivierung und Neutralisierung von Konflikten führen, v.a. aber formalisierte Verfahren.[779] Luhmanns Theorie von der „Legitimation durch Verfahren"[780] geht davon aus,

---

773 *Voigt*, Politik und Recht, S. 24.
774 Z.B. *Teubner/Zumbansen*, Zeitschrift für Rechtssoziologie 21 (2000), 189–215. Ausdrücklich auch *Messmer*, in Lerch (Hrsg.), Die Sprache des Rechts Band 3, 233–266 (239).
775 *Luhmann*, Das Recht der Gesellschaft, S. 60.
776 *Teubner/Zumbansen*, Zeitschrift für Rechtssoziologie 21 (2000), 189–215 (189).
777 Zur Einführung *Vesting*, JURA 2001, 299–304.
778 *Messmer*, in Lerch (Hrsg.), Die Sprache des Rechts Band 3, 233–266 (239).
779 *Voigt*, Politik und Recht, S. 25.
780 *Luhmann*, Legitimation durch Verfahren.

dass eine Entscheidung legitim ist, d.h. hingenommen wird, wenn sie auf einem allgemein akzeptierten Verfahren beruht, so wie es bei Gerichtsverfahren, der politischen Wahl und auch bei Verwaltungsverfahren der Fall ist.[781] Mit Legitimation meint Luhmann nicht, dass ein gerechtes Ergebnis erreicht wird.[782] Die Hinnahmefähigkeit einer Entscheidung resultiert nur aus dem Verfahren, an das Luhmann bestimmte Anforderungen stellt. Das Verfahren ist für Luhmann mehr als nur der Entscheidungsprozess, nämlich selbst ein soziales System.[783] In diesem System „lernen" die Parteien, auch die unterlegene, die Entscheidung hinzunehmen. Die Hinnahme wird beispielsweise dadurch erleichtert, dass die Hinnahme erwartet und der Partei kein persönliches Versagen zugeschrieben wird, weil sie das Verfahren verloren hat. Auch so leistet das Recht eine Objektivierung bzw. Neutralisierung des Konflikts.

Verwerten lässt sich daraus zum einen die Feststellung, dass Recht ein Konfliktlösungsinstrument ist, und zum anderen die Annahme, dass es einen z. B. politischen Konflikt neutralisiert. Die von Luhmann genannten Kategorien Verfahren und Prozeduralisierung sind Ansatzpunkte für die Beschreibung des rechtlichen Integrationsprozesses.

4. Rechtsfortbildung durch Spruchpraxis

Von der viel belegten These der Rechtsfortbildung durch Spruchpraxis, auch durch die Offenheit der Rechtsnormen gerade im Völkerrecht,[784] ist es nicht mehr weit, eine Integrationsfunktion des Rechts zu begründen. Dafür muss der Prozess der Rechtsfortbildung aufgeschlüsselt werden. Genau dies ist der Ansatz dieser Arbeit. So wird nicht nur sichtbar, dass, sondern vor allem wie die Rechtsfortbildung geschieht.

II. Grundannahmen einer deskriptiven Analyse rechtlicher Konfliktbearbeitung

Die Beschreibung rechtlicher Konfliktbearbeitung liegt zwischen Formalismus und Instrumentalismus und verbindet viele Forschungssträge. Am

---

781 *Kieserling*, in Jahraus/Nassehi (Hrsg.), Luhmann-Handbuch, S. 145–149 (145).
782 *Luhmann*, Legitimation durch Verfahren, Vorwort zur Neuauflage.
783 *Luhmann*, Legitimation durch Verfahren, S. 41.
784 *Milej*, Entwicklung des Völkerrechts.

ehesten ist sie der juristischen Feldanalyse Bourdieus[785] verbunden, führt diese aber nicht von außen aus soziologischer, sondern von innen aus juristischer Perspektive durch. Sie ist außerdem konkreter und schärfer, da sie sich streng am Konfliktbearbeitungsmechanismus als rotem Faden orientiert, auch wenn soziologische Fragestellungen einfließen und psychologische Grundannahmen beansprucht werden.

1. Recht aus der Rechtsanwendungsperspektive: die rechtliche Entscheidung und ihre Herstellungsbedingungen

Für die Analyse einer Integration *durch* Recht versteht diese Arbeit unter „Recht" nicht nur die Rechtsnormen, die Schutzklauseln, sondern auch die Rechtsanwendung, die Schutzklauselspruchpraxis. Unabdingbar für Recht ist es, dass es auch durchgesetzt werden kann und wird. Das Recht muss „in Übung" bleiben, um seine Anschlussfähigkeit zu erhalten.[786] Die anwendende Instanz rückt so in den Vordergrund.[787] Auch wenn sie dadurch nicht zum „Recht" im engen Begriffssinn (=Rechtsnorm) werden mag, ist sie notwendig für die Erkennung des Rechts. Auch die rechtssoziologische ist eine anwendungsbezogene Perspektive auf das Recht.[788] Von Rechtsvergleichenden wird außerdem verlangt, dass sie das „lebende" Recht zum Gegenstand ihrer Analyse machen, um das wirkliche Bild des zu vergleichenden Elements zu erfassen.[789] Dies gilt auch für den Rechtsvergleich im Völkerrecht, auch wenn der Anwendungsbezug im Völkerrecht nur in Teilen über die rechtsprechenden völkerrechtlichen Spruchkörper erfolgt. Da es gerade für die hier ausgewählten Schutzklauseln Spruchkörper gibt, die für die Auslegung zuständig sind, und deren Sprüche analysiert werden können, bliebe der eigentliche Inhalt der Schutzklauseln verborgen bzw. unter Sichtung völkerrechtlicher Literatur darauf beschränkt, was nach Ansicht der Lehrmeinung Inhalt der Normen sein

---

785 Hastings Law Journal Vol. 38 (1987), 814–853.
786 Zum Anschlusszwang vgl. *Gräfin von Schlieffen (geb. Sobota)*, Rechtstheorie 2001, 175–196 (281f.); *dies.*, in Heuser/Schmied (Hrsg.), Gestalt, S. 45–55 (45).
787 Recht = diejenigen Normen, die die Gerichte anerkennen und anwenden, *Röhl/ Röhl*, Allgemeine Rechtslehre, S. 77, die das Recht immer in seiner Anwendung denken.
788 *Wrase*, in Frick/Lembcke/Lhotta (Hrsg.), Politik und Recht, S. 63–83.
789 *Constantinesco*, Rechtsvergleichung Band 2: Die rechtsvergleichende Methode, S. 193.

soll oder müsste.[790] So ist es erklärbar, dass die Frage, ob Schutzklauseln die internationale Integration von Staaten begünstigen, nicht ohne Berücksichtigung der Anwendungs- und Spruchpraxis beantwortet werden kann. Für eine Einbeziehung der Spruchpraxis spricht auch, dass eine Integration *durch* Recht nicht nur strukturell, sondern auch akteursbezogen stattfinden kann.[791] Nur wenn die Akteure des Rechts[792] – wozu auch die Spruchkörper gehören und bei denen die Anwendung in ihrer Spruchpraxis sichtbar wird – einbezogen werden, kann das integrative Potential sichtbar gemacht werden. Begründen ließe sich der Anwendungsbezug auch mit der sog. „Strukturierenden Rechtslehre", für die der eigentliche Norminhalt erst in der Anwendung entsteht.[793] Beließe man es bei der Analyse der Rechtsnormen, so bliebe alles außen vor, was für die Konfliktbearbeitung durch Recht noch nötig ist, etwa die Institutionen und die Verfahren der Konfliktbearbeitung, die erst bei der Aktivierung der Rechtsnorm aufscheinen.[794]

Wenn der Fokus auf der Rechtsanwendung liegt, wäre es verkürzt, nur das Produkt der Rechtsanwendung, die Spruchpraxis zu analysieren. Wichtige, beobachtbare Teile des Prozesses rechtlicher Konfliktbearbeitung blieben außen vor. Nur wenn diese ebenfalls in den Blick genommen werden, kann die integrative Wirkung des Rechts möglichst umfassend beobachtet werden.

2. Der Prozess der rechtlichen Konfliktbearbeitung

Eine deskriptive Analyse rechtlicher Konfliktbearbeitung kann sich nur den Prozessen der rechtlichen Konfliktbearbeitung widmen, die der Beobachtung zugänglich sind. So erklärt sich zum einen der Fokus auf die Spruchpraxis als Zeugnis rechtlicher Konfliktbearbeitung. Die Entscheidungsfindung nämlich, sprich der kognitive Prozess der Herstellung der

---

790 Ähnlich *Rensen*, in Fricke/Lembcke/Lhotta (Hrsg.), Politik und Recht, S. 41–61.
791 *Höpner*, Berliner Journal für Soziologie 21 (2011), 203–229, erklärt mit dieser Zweiteilung die prointegrative Rechtsprechung des EuGH, ohne jedoch auf eine „Integration durch Recht" als Theoriekonzept näher einzugehen.
792 Zu den Funktionen internationaler Spruchpraxis vgl. *von Bogdandy/Venzke*, in FB Rechtswissenschaft der Goethe-Universität Frankfurt a. M. (Hrsg.), 100 Jahre Rechtswissenschaft in Frankfurt, S. 105–118.
793 *Müller/Christensen*, Juristische Methodik I, Rn. 214 f., 443 f.
794 Ähnlich *Hoffmann-Riem*, in Scherzberg et al (Hrsg.), Kluges Entscheiden, S. 3–23 (5).

Entscheidung, ist der Beobachtung nicht zugänglich. Hierfür existieren zwar diverse normative Theorien, die eine Beschreibung tatsächlicher rechtlicher Konfliktbearbeitung jedoch nicht weiter bringen.[795]

Der Beobachtung zugänglich sind die äußeren Entscheidungszwänge. Sie sollen als Entscheidungsbedingungen bezeichnet werden. Solche Bedingungen der Entscheidung sind zum einen die Normen, auf Grund derer der Spruchkörper die Entscheidung fällt. Welche Normen der Spruchkörper seiner Entscheidung zu Grunde legt, macht er im Urteil explizit. Zum anderen sind auch die institutionelle Ausgestaltung des Spruchkörpers sowie das Verfahren beobachtbar, in dem die Entscheidung entsteht. Die Beschreibung der institutionellen Ausgestaltung geht den Rechten und Pflichten der gesamten Institution, aber auch der Sozialisierung der Institutionsmitglieder auf den Grund. Die Beschreibung des Verfahrens widmet sich nicht einzelnen Verfahrensarten, sondern greift die Gemeinsamkeiten rechtlicher Verfahren heraus, wie z. B. die Konfliktdurchbrechung durch einen neutralen Dritten oder der rekonstruierte Sachverhalt als Entscheidungsgrundlage.

Die Beschreibung rechtlicher Konfliktbearbeitung umfasst die beobachtbaren Entscheidungsbedingungen und die Entscheidungsbegründung. Die Auswahl der Beschreibungskategorien ist nicht nur durch das Kriterium der Beobachtbarkeit eingegrenzt, sondern auch durch das Ziel, das mit der Beschreibung erreicht werden soll. Ziel der Beschreibung ist es, diejenigen Prozesse der rechtlichen Konfliktbearbeitung transparent zu machen, denen beispielsweise durch eine Neutralisierung des Konflikts eine integrative Wirkung zukommen kann.

3. Verknüpfung von Integration und Recht: Integration durch rechtliche Konfliktbearbeitung

Bislang wurde immer von der Integrationsfunktion des Rechts gesprochen bzw. eine solche begrifflich vorausgesetzt. Nun soll vorab abstrakt gezeigt werden, inwiefern sich aus der Beschreibung rechtlicher Konfliktbearbeitung und den Erkenntnissen zur Neutralisierungs- und Konfliktlösungs-

---

795 *Nierhauve*, Rechtsklugheit drückt dieses Defizit treffend so aus: „Idealvorstellungen von Rechtswissenschaft, Rechtslogik, Rechtsrationalität und Rechtsmethodik dominieren in der Gegenwart das rechtstheoretische Angebot der Selbstbeschreibungsmuster".

funktion sowie zur Autonomie des Rechts eine integrative Funktion rechtlicher Konfliktbearbeitung herleiten lässt.

Der Terminus Konfliktbearbeitung in Abgrenzung zu Konfliktlösung verdeutlicht, dass die rechtliche Einhegung von Konflikten nicht zwangsläufig zu einer Auflösung von Konflikten führt. So kann ein Streit auch im Anschluss an eine gerichtliche Entscheidung noch andauern.[796] Dies kann damit begründet werden, dass eine rechtliche Entscheidung anhand rechtlicher Maßstäbe erfolgt und den politischen Konflikt gerade ausklammert.[797] Treffend formuliert hat dies Ballweg: „Der Konflikt wird nicht durch Lösung beendet, sondern durch Beendung gelöst."[798] Es heißt zwar auch im zweiten Teilsatz Lösung, gemeint ist aber die rechtliche Befriedung dadurch, dass der Konflikt beendet und entschieden, nicht zwangsläufig auf anderen Ebenen gelöst ist.[799] Recht kann Konflikte bearbeiten,[800] was sich für die internationale Integration als günstig erweisen kann.

Der Einfluss von Recht auf Integration in dem hier verstandenen Sinn als Begünstigung von Vertragsschluss, -bestand und -vertiefung[801] verläuft über mehrere gedankliche Zwischenschritte. Zunächst muss das Recht weiter ausdifferenziert werden. So umfasst das Recht zunächst sowohl die Rechtsnormen als auch deren Anwendung. Die beobachtbare Rechtsanwendung lässt sich in den Kategorien Entscheidungsbedingungen und Entscheidungsbegründung beschreiben. Für die folgende Beschreibung werden diese Kategorien weiter ausbuchstabiert. So werden die Entscheidungsbedingungen weiter in Normen, Institutionen und Verfahren unterteilt; die Entscheidungsbegründung in Sprache und Argumentation. Diese Ausdifferenzierung ist keinesfalls vollständig, sondern ein erster Versuch, die Rechtsanwendungsprozesse gesammelt zu beschreiben. Dahinter steht die Frage, wie Recht Konflikte löst, d.h. durch welche seiner Merkmale es seine Konfliktlösungsfunktion erfüllen kann.

Die Ausdifferenzierungen werden sodann beschrieben. So wird beispielsweise für die Verfahren festgestellt, dass sie eine Durchbrechung des Konflikts bewirken, was eine Neutralisierung des Konflikts zur Folge hat. Bei der Beschreibung der einzelnen Kategorien kommt es der Arbeit da-

---

796 *Von Bogdandy/Venzke*, In wessen Namen?, S. 20.
797 Ähnlich *Shelton*, Chicago Journal of International Law Vol. 9 No. 2 (2009), 537–571 (548).
798 Rechtswissenschaft und Jurisprudenz, S. 105.
799 Dies fragt sich auch *Röhl*, Rechtssoziologie, S. 454.
800 *Campagna*, ARSP Beiheft 125 (2010), 39–50 (50).
801 Vgl. dazu S. 28f.

rauf an, Verbindungen zur Neutralisierungs-/Konfliktlösungsfunktion oder zum Autonomiegedanken herzustellen. Der Neutralisierungs- und Autonomiegedanke aus der Literatur fungieren als Bindeglieder. Sie erklären, inwiefern die Ausdifferenzierungen des Rechts den rechtlichen Integrationsprozess mit seinen drei Schritten begünstigen.

Das Bindeglied der Neutralisierung ist mit der Integrationsdimension des Vertragsbestandes verknüpft. Dahinter steht der Gedanke, dass eine Neutralisierung des Konflikts die Parteien dazu veranlasst, eher am Vertrag festzuhalten. Eine Kündigung des Vertrags wird weniger wahrscheinlich und der Vertragsbestand wird gefördert.

Das Bindeglied Autonomie ist mit dem Integrationsschritt Vertragsvertiefung verknüpft. Dem liegt die Annahme zugrunde, dass es bei rechtlicher Konfliktbearbeitung – quasi als Nebenprodukt – zu einer Vertragsvertiefung kommen kann. Zur Veranschaulichung: Die Staaten entscheiden sich durch das Einsetzen eines verbindlich entscheidenden internationalen Spruchkörpers für eine rechtliche Konfliktbearbeitung. Die rechtliche Konfliktbearbeitung hat viele Merkmale mit (wechselseitigen, sich verstärkenden) Wirkungen, die die Staaten bei ihrem Entschluss zur rechtlichen Konfliktbearbeitung nicht absehen können. Es entwickelt sich eine Dynamik durch das Zusammenspiel der Merkmale rechtlicher Konfliktbearbeitung. Mit der Entscheidung etwa, den EuGH zum Hüter der Verträge zu machen, haben die Staaten nicht nur einen bestimmten Juristentyp zur Entscheidung berufen – nämlich akademisch sozialisierte Teilnehmer eines internationalen Diskurses[802] –, sondern gleichzeitig diese Richter durch das Rechtsverweigerungsverbot auch zur Entscheidung verpflichtet.[803] Dass es dabei zu prointegrativen Entscheidungen kommen kann und auch gekommen ist, wurde vielfach festgestellt.[804]

Integration findet somit nicht nur durch, sondern auch bei rechtlicher Konfliktbearbeitung statt. Das bedeutet: Findet Integration durch neutralisierende Elemente rechtlicher Konfliktbearbeitung statt, handelt es sich um Integration *durch* rechtliche Konfliktbearbeitung. Findet sie als Nebenprodukt bei rechtlicher Konfliktbearbeitung statt, handelt es sich um Integration *bei* rechtlicher Konfliktbearbeitung. Beide Formen werden in dieser Arbeit als Integration *durch* rechtliche Konfliktbearbeitung beschrieben, weil es sich um rechtlich veranlasste Integration, also Integration

---

802 Vgl. dazu S. 209f.
803 Vgl. dazu S. 211f.
804 Dazu ausführlich *Grimmel*, Europäische Integration im Kontext des Rechts, S. 235f. m.w.N.

durch Recht handelt. Dieser Ansatz unterscheidet sich von den bisherigen Ansätzen dadurch, dass er das Recht als Integrationssubjekt in den Mittelpunkt stellt und den Ausdruck „Integration durch Recht" wörtlich als rechtlich veranlasste Integration begreift.

B. Deskriptive Analyse rechtlicher Konfliktbearbeitung

Die folgende Beschreibung schöpft aus zusammengetragenen Fragmenten aus der genannten Literatur und eigenen Beobachtungen. Es handelt sich deshalb um eine erste, nicht abschließende Sammlung und Beschreibung rechtlicher Konfliktbearbeitung, die zu der vielfach beobachteten konfliktlösenden Wirkung[805] des Rechts führt. Die Beschreibung ist rechtswissenschaftlich gefärbt.[806] Darauf, wie das Recht aus der Perspektive der Nachbarwissenschaften wirkt, wird noch zurückzukommen sein.[807]

Die Beschreibung mag in vielerlei Hinsicht intuitiv sein, da sie das Alltagsgeschäft aller Juristen zu ihrem Gegenstand macht und implizites Wissen in Worte fasst, das jeder zum Rechtssystem Gehörende hat. Dies birgt die Gefahr, vom Leser voreilig als banal und selbstverständlich verurteilt zu werden. Ein solcher Effekt entsteht oft, wenn implizites Wissen explizit gemacht wird. Hätte man denselben Leser gebeten, selbst eine Beschreibung abzugeben, hätte er diese Aufgabe wohl nicht als zu simpel empfunden, vor allem nicht, wenn eine Beschreibung internationaler Konfliktbearbeitung gefordert ist.

Ausgerichtet an der Forschungsfrage konzentriert sich die Beschreibung auf diejenigen Merkmale, mittels derer sich eine Integrationsfunktion des Rechts begründen lässt. Außerdem geht sie davon aus, dass sich nur solche Merkmale rechtlicher Konfliktbearbeitung beschreiben lassen, die der Beobachtung zugänglich sind. Sie nimmt an, dass die rechtliche Konfliktbearbeitung sich mit den Kategorien der Entscheidungsbedingungen und der Entscheidungsbegründung erfassen lässt. Die Entscheidungsbedingungen klammern den Prozess der Entscheidungsfindung aus, da sich dieser

---

805 Dies als Gemeinplatz voraussetzend *von Bogdandy/Venzke*, in FB Rechtswissenschaft der Goethe-Universität Frankfurt a. M. (Hrsg.), 100 Jahre Rechtswissenschaft in Frankfurt, S. 105–118.

806 *Jestaedt*, in Jestaedt/Lepsius (Hrsg.), Rechtswissenschaftstheorie, S. 185–206 (199), ein disziplinäres Outsourcing komme nicht in Betracht, weil nur die Jurisprudenz die Beschreibung „aus Kenntnis der Sache, also mit ‚Sach-Verstand' durchführen könne.

807 Vgl. § 3C.II.

nicht beobachten lässt.[808] Entscheidungsbedingungen sind die äußeren Faktoren, die die Entscheidungsfindung beeinflussen, i.e. die Normen, die Ausgestaltung der Institutionen und Verfahren[809]. Die Kategorie der Entscheidungsbegründung befasst sich mit der – wieder beobachtbaren – schriftlichen Entscheidung. Denn nur beobachtbare Kategorien sind der Beschreibung zugänglich. Die folgenden Ausführungen beziehen sich vor allem auf die Integrationsschritte des Vertragsbestandes und der Vertragsvertiefung und nur in Teilen auf den Vertragsschluss.[810]

I. Entscheidungsbedingungen rechtlicher Konfliktbearbeitung: Normen, Institutionen und Verfahren

Die Entscheidung der Spruchkörper ist durch Rechtsnormen, das institutionelle Design des Spruchkörpers und das Verfahren determiniert, in dem eine Entscheidung entsteht.

1. Normen innerhalb rechtlicher Konfliktbearbeitung

Die Rechtsanwendung wird zuallererst durch die Anwendung von Rechtsnormen geleitet. Das bedeutet, dass die Eigenschaften von Rechtsnormen über die Rechtsanwendung ihre Wirkung entfalten.

---

808 Zur Diskrepanz von Entscheidungsfindung und -begründung vgl. *Cordes*, in Cordes (Hrsg,), Juristische Argumentation – Argumente der Juristen, S. 1–10 (4ff.).

809 Auch *von Bogdandy/Venzke*, in FB Rechtswissenschaft der Goethe-Universität Frankfurt a. M. (Hrsg.), 100 Jahre Rechtswissenschaft in Frankfurt, S. 105–118 (118) weisen auf die Bedeutung der Ausgestaltung rechtlicher Institutionen und Verfahren hin.

810 Um eine theoretische Wirkung auf den Vertragsschluss zu beurteilen, bedarf es anderer, etwa (vertrags-) psychologischer Ansätze. Der rechtswissenschaftliche Ansatz dieser Arbeit kann diese Integrationsdimension nicht erhellen. Hilfreich erweist sich jedoch *Brodocz* Ansatz der symbolischen Integration durch Normen, s.u. S. 170f.

a) Gesetzessprache

Rechtsnormen sind in einer abstrakten, nüchternen Gesetzessprache abgefasst, die sich durch Komplexität, Schachtelsätze, und einen passivischen Nominalstil auszeichnet.[811] Ein lebensweltlicher Konflikt mit seiner aufgeladenen Sprache muss sich unter diese nüchternen Wendungen subsumieren lassen, damit er einer rechtlichen Lösung zugeführt werden kann. Der Konflikt wird bei der Beschäftigung mit der Frage, ob ein Sachverhalt unter eine Norm fällt, aus dem alltäglichen Sprachgebrauch herausgelöst und in einen rechtlichen überführt. Emotionen transportierende, alltagssprachliche Begriffe sind ausgeschlossen. Der Konflikt wird neutralisiert. Wie gezeigt, stellt die Neutralisierung das Bindeglied zum Integrationsschritt des Vertragsbestandes dar. Dem liegt die Annahme zugrunde, dass die Parteien eher am Vertrag festzuhalten bereit sind. Eine Kündigung des Vertrags wird weniger wahrscheinlich und der Vertragsbestand gefördert. Schon die Gesetzessprache der Rechtsnorm kann sich so über ihre Anwendung positiv auf den Vertragsbestand auswirken.

b) Pfadabhängigkeit

Normen sind kognitive Raster;[812] das Recht ordnet die Welt und prägt so deren künftige Wahrnehmung.[813] Es ist Ausgangspunkt für das, was gedacht werden wird. Diese Wirkung wird in anderen Zusammenhängen oft mit dem Begriff der Pfadabhängigkeit beschrieben.[814] Pfadabhängigkeit bedeutet, dass eine frühere Entscheidung alle folgenden beeinflusst. Das Spezifische an der Pfadabhängigkeit des Rechts ist, dass es sich um eine besonders starke Form der Pfadabhängigkeit handelt. Dies liegt in der Verschriftlichung und der gleichzeitigen In-/Variabilität des Rechts begründet. Das Recht ist variabel, da es jederzeit geändert werden kann; es ist gleichzeitig invariabel, weil es solange gilt, wie es nicht geändert wird.[815] Das Recht ist seiner Zeit dadurch immer hinterher. Bis eine politische Neuorientierung ins Recht vordringt, können mehrere Jahre vergehen.

---

811 *Schnapp*, Stilfibel für Juristen, S. 39.
812 *Graser*, Gemeinschaften ohne Grenzen?, S. 107ff.
813 *Schelsky*, Die Soziologen und das Recht, S. 77.
814 *Graser*, Gemeinschaften ohne Grenzen?, S. 108 m.w.N.
815 *Röhl*, Rechtssoziologie online, § 9 IV., online abrufbar unter URL: http://rechtss oziologie-online.de/?page_id=280 [26.10.2016].

Dies ist insbesondere für die internationale Ebene der Fall, weil oft das Einstimmigkeitsprinzip gilt. In der Folge bleibt ein einmal erreichtes Integrationsniveau bestehen. Dazu kommt, dass der Rechtsinhalt durch die Fortentwicklung/Auslegung der Spruchkörper Veränderungen unterworfen ist. Kommt es im Rahmen der Rechtsfortbildung zu Änderungen, so ist eine Korrektur durch die politische Ebene auf Grund der hohen Voraussetzungen von Vertragsrevisionen (vgl. Art. 39ff. WVRK) nur schwer möglich.[816] Eine Einstimmigkeit wird zudem durch die Heterogenität der Mitgliedstaaten erschwert. Nicht alle Mitgliedstaaten werden ein Auslegungsergebnis gleich bewerten.[817] Ein Aufhalten der Rechtsfortbildung ist dadurch nur schwer möglich.

Kau hat den Begriff der Brückenköpfe für die Beschreibung der integrativen Funktion des Rechts fruchtbar gemacht.[818] Dahinter steht folgende Überlegung: Ist das Recht erst in einen Bereich vorgedrungen, so ebnet es den Weg für weitere, künftige Rechtsharmonisierungen. Das Argument ähnelt dem in der Politikwissenschaft gebrauchten Argument des Spill-Over, wonach durch die Harmonisierung eines Politikbereiches die Harmonisierung des nächsten Politikbereiches begünstigt wird. Das Argument des Brückenkopfes läuft gleich; der rechtliche Brückenkopf ragt in noch nicht verrechtlichte Bereiche.

Die besonders starke Pfadabhängigkeit des Rechts wirkt sich positiv auf den Vertragsbestand, aber auch eine mögliche Vertragsvertiefung aus. Die kognitive Pfadabhängigkeit begünstigt den Vertragsbestand und eine explizite, im Wortlaut des Vertrages sichtbare Vertragsvertiefung. Der Inhalt von Rechtsnormen befindet sich im Fluss und wird durch die Auslegung der für die Anwendung zuständigen Stelle konkretisiert. Eine prointegrative Auslegung verstetigt sich durch die Pfadabhängigkeit des Rechts und führt so zu einer impliziten Vertragsvertiefung, die nur unter den oben ausgeführten Bedingungen aufzuhalten ist.

---

816 Als Erklärung für die proeuropäische Auslegung des Europarechts *Höpner*, Berliner Journal für Soziologie 21 (2011), 204–229 (206).

817 Für den EuGH vgl. *Höpner*, Berliner Journal für Soziologie 21 (2011), 204–229 (206).

818 Zu Vorbehaltsklauseln *Kau*, Rechtsharmonisierung, S. 347f.

c) Speicher

Recht speichert Wissen. Normen beinhalten Wissen über vergangene Konfliktsituationen und antizipieren kommende. Auch internationales Recht speichert Wissen. Die Menschenrechtsverträge etwa sind Ergebnis der Erfahrungen des Zweiten Weltkrieges und treffen deshalb Vorkehrungen gegen erneute Menschenrechtsverletzungen. Trotzdem werden Ausnahmesituationen erwartet, was sich in Notstandsklauseln, wie z.B. Art. 15 EMRK und Art. 4 IPbpR, niederschlägt. Diese Eigenschaft des Rechts ist Voraussetzung für die Funktion des Rechts als kognitives Raster und trägt damit dazu bei, dass Recht als kognitives Raster sich günstig auf den Vertragsbestand und eine Vertragsvertiefung auswirkt.

Die Speicherfunktion kann sich auch unabhängig davon günstig auf eine Vertragsvertiefung auswirken. Durch die Speicherfunktion kommt es in der Norm über die Zeit zu einem impliziten Mehr an rechtlicher Regelung. Damit ist die Speicherfunktion auch Voraussetzung für die bereits erörterte Möglichkeit der impliziten Vertragsvertiefung.[819]

d) Deutungsöffnung

Normen mit Deutungsöffnung bewirken außerdem eine symbolische Integration.[820] Dies lässt sich mit dem Ansatz von Brodocz begründen. Er widmet sich der Frage, wie Normen integrieren können. Seiner Ansicht nach findet Integration „gewissermaßen hinter dem Rücken der Akteure durch einen unterschiedlichen Bezug auf dasselbe"[821] statt. Seine Integrationstheorie ist eine akteursbezogene Integrationstheorie. Er geht davon aus, dass es in einer pluralistischen Gesellschaft immer schwieriger wird, Einigkeit zwischen einzelnen Akteuren herzustellen. Dies dürfte für die internationale Ebene erst recht gelten. Dass eine Identifikation mit derselben Norm trotzdem stattfindet, sei nur aus einer Beobachterperspektive zu erklären. Die einzelnen Akteure identifizieren sich aus unterschiedlichen Gründen mit einer Norm. Für den Fall der Schutzklauseln würde dies bedeuten: Ein Staat stimmt der Aufnahme der Schutzklausel in den völkerrechtlichen Vertrag zu, weil er sich davon ein Schlupfloch verspricht. Ein

---

819 S. dazu S. 170f.

820 *Brodocz*, Die Macht der Judikative; *ders.*, Kritische Justiz 4 (2008), 178–197; *Bonacker/Brodocz*, Internationale Beziehungen 8 (2001), 179–208.

821 *Bonacker/Brodocz*, Internationale Beziehungen 8 (2001), 179 (182).

anderer mag deshalb zustimmen, weil er sich eine internationale Kontrolle von Ausnahmezuständen erhofft, auch wenn sie sich nicht verhindern lassen. Was aus der Beobachterperspektive bleibt, sind nicht die Gründe für die Identifikation, sondern das Faktum der Identifikation mit ein und derselben Norm. Eine Norm ist dann integrierend, wenn sie unterschiedliche Deutungen zulässt, sprich deutungsoffen ist. Das allein ist nur die Grundvoraussetzung. Darüber hinaus muss die Deutungsöffnung auch stattfinden, d.h. die Norm muss unterschiedlich interpretiert werden. Weil die Integration nicht über eine wirkliche, sondern nur über eine konstruierte Einigkeit stattfindet, nennt Brodocz sie symbolisch. Daraus ergibt sich: Normen, die diese Voraussetzungen erfüllen, wirken sich so positiv auf einen Vertragsschluss aus. Sie sind darüber hinaus günstig für den Vertragsbestand, da unterschiedliche Interpretationsmöglichkeiten eine Kündigung obsolet machen.

Die Deutungsöffnung ist auch Einfallstor für die Wirkmechanismen der Rechtsprechung. Sie macht eine Vertragsvertiefung durch Rechtsprechung möglich. Mit der Auslegung durch zur verbindlichen Auslegung berufene Spruchkörper wird der Raum der Deutungsöffnung allerdings geringer. Man könnte deshalb meinen, dass die symbolische Integration zerbricht, wenn im Rahmen rechtlicher Konfliktbearbeitung offenbar wird, dass die Integration nur symbolisch war. Zum einen heißt eine Interpretation durch einen Spruchkörper nicht, dass die Deutungsöffnung in Gänze verloren geht; vor allem weil die Spruchkörper nur inter partes entscheiden. Zum anderen setzen die Wirkmechanismen der Integration *durch* Recht ein und fangen das Aufbrechen der symbolischen Integration auf.

2. Institutionen rechtlicher Konfliktbearbeitung

Rechtliche Institutionen sind schon vielfach beschrieben worden; dass die institutionell-organisatorischen Bedingungen für das Ergebnis rechtlicher Entscheidungen bedeutsam sind[822], ist keine neue Feststellung. Die Beschreibung ist trotzdem notwendig, ergibt sich doch erst aus der Zusammenschau mit den sonstigen Merkmalen des rechtlichen Konfliktbearbeitungsprozesses das gesamte integrative Potential.

Der rechtliche Kontext weist spezielle Institutionen auf. Schelsky schreibt diesen Institutionen eine besondere „juridische Rationalität"[823]

---

822 *Hoffmann-Riem*, in Scherzberg et al (Hrsg.), Kluges Entscheiden, S. 3–23 (4).
823 *Schelsky*, Die Soziologen und das Recht, S. 35.

zu. Institutionen werden oft nur als solche wahrgenommen. Dem methodologischen Individualismus[824] folgend kann das Handeln einer Institution durch die Analyse der Sozialisierung und Rekrutierung der einzelnen Personen[825] – im Fall der Gerichte z. B. anhand der Richter – erklärt werden. Für die Anwendung der Schutzklauseln sind Richter und ähnliche unabhängige Personen zuständig, weshalb der Fokus auf der Analyse gerichtlicher bzw. gerichtsähnlicher Institutionen und derer Mitglieder liegt.

a) Sozialisierung der Rechtanwender[826]

Zur Sozialisierung von Juristen und vorwiegend von Richtern gibt es viele soziologische Studien – rollentheoretische, organisationssoziologische, gruppentheoretische und behavioristische.[827] Dennoch ist es keiner Strömung bisher gelungen, eine Kausalbeziehung zwischen richterlichem Entscheiden und Persönlichkeitsmerkmalen herzustellen.[828] Festgehalten werden soll deshalb an dieser Stelle nur: Die meisten rechtlichen Institutionen werden von Juristen dominiert und diese scheinen anders zu entscheiden als Ökonomen oder Sozialwissenschaftler.[829] Dies wird mit den Sozialisationseffekten des Studiums,[830] schon früher ansetzend mit der Prägung im Elternhaus[831] oder mit dem Phänomen der Selbstselektion[832] erklärt. Als ein gemeinsames Charaktermerkmal „der Juristen" wird oft deren Autoritätshörigkeit[833] genannt; andere sprechen von einer „typisch juristischen Denkweise"[834]oder vom Habitus,[835] der die Juristen präge. Wer sich von

---

824 *Schumpeter*, Das Wesen und der Hauptinhalt der theoretischen Nationalökonomie, S. 90f.

825 *Hoffmann-Riem*, in Scherzberg et al (Hrsg.), Kluges Entscheiden, S. 3–23 (5).

826 Einen Überblick gibt *Röhl*, Rechtssoziologie, § 41.

827 *Simon*, Die Unabhängigkeit des Richters, S. 146ff.

828 *Simon*, Die Unabhängigkeit des Richters, S. 147ff.

829 Zumindest lassen sich eine Weltanschauung, ein Habitus nachweisen, der sich von anderen Studienfächern unterscheidet, vgl. *Apel*, Zeitschrift für Sozialisationsforschung und Erziehungssoziologie 1989, 2.

830 Vgl. *Hafter*, Wir Juristen; *Mathiesen*, Das Recht in der Gesellschaft, S. 172ff.

831 *Kaupen*, Die Hüter von Recht und Ordnung, S. 63ff.

832 Zur Sozialisation von Juristen vgl. *Heldrich/Schmidtchen*, Gerechtigkeit als Beruf und *Schütte*, Die Einübung des juristischen Denkens.

833 *Sarmiento*, in Avbelj/Komarek (Eds.), Constititional pluralism in the EU and beyond, pp. 285–317.

834 *Schelsky*, Die Soziologen und das Recht, S. 64.

835 *Morlok/Kölbel*, Rechtstheorie 2001, 289–304 (insb. 296).

einer solchen objektivierten Denkweise distanzieren möchte, spricht von der subjektiven Kompetenz, Recht anzuwenden (Rechtsklugheit).[836] Beide Merkmale dienen jedenfalls der Abgrenzung gegenüber anderen Professionen. So gibt es für Deutschland und auch für die USA schon lange Studien, die sich mit der Sozialisierung der Rechtsanwender befassen und in die Richtung weisen, dass die internationale Ähnlichkeit im Persönlichkeitsprofil auffällig ist.[837]

Auch auf der internationalen Ebene sind viele Gremien vorwiegend oder sogar ausschließlich mit Juristen besetzt. Die Mitglieder internationaler Spruchkörper haben überwiegend einen akademisch-juristischen Hintergrund.[838] Zum Teil werden die internationalen Richter als epistemische Gemeinschaften bezeichnet.[839] Die Beobachtung, dass der UN-Menschenrechtsausschuss mit der Schaffung von „quasi non-derogable rights" die notstandsfesten Rechte ausweitet, kann mit dem Zusammenspiel der Faktoren rechtlicher Konfliktbearbeitung erklärt werden. Ein Faktor ist dabei, dass der Ausschuss von Völkerrechtsprofessoren dominiert wird,[840] die die Dogmatiken ihrer wissenschaftlichen Praxis auf ihre Tätigkeit im Ausschuss übertragen.

Kommt es durch die Kreativität der Entscheider zu einer impliziten Vertragsvertiefung durch eine extensive Auslegungspraxis, ist dies ein Nebenprodukt rechtlicher Konfliktbearbeitung. Diese Arbeit fasst dieses Phänomen unter die Wendung „Integration bei rechtlicher Konfliktbearbeitung".[841]

---

836 *Nierhauve*, ZDRW 2 (2016), 102–115; *Viehweg*, Topik und Jurisprudenz.
837 Einen Überblick über die verschiedenen Studien bis Mitte der 1980er gibt *Röhl*, Rechtssoziologie, § 42.
838 Vgl. die Kurzlebensläufe der Mitgliederlisten der Spruchkörper, für das Human Rights Committee online abrufbar unter URL: http://www.ohchr.org/EN/HRB odies/CCPR/Pages/Membership.aspx [29.12.2015]; für den Appellate Body unter URL: https://www.wto.org/english/tratop_e/dispu_e/ab_members_descrp_e. htm [29.12.2015]; für den EGMR unter URL: http://www.echr.coe.int/Pages/ho me.aspx?p=court/judges&c=#n1368718271710_pointer [29.12.2015]; für den EuGH abrufbar unter URL: http://curia.europa.eu/jcms/jcms/Jo2_7026/ [29.12.2015].
839 *Slaughter*, American Journal of International Law Vol. 92 (1998), 708–712.
840 Das Human Rights Committee setzt sich aus 18 unabhängigen Experten zusammen und stellt ein quasi-gerichtliches Gremium dar; es handelt es sich fast nur um Juristen, vielfach Völkerrechtsprofessoren, vgl. *Schilling*, Internationaler Menschenrechtsschutz, Rn. 475.
841 S. 163ff.

b) Kompetenzen der Rechtsanwender

Ein im Werden begriffener Forschungsstrang der deutschen Rechtswissenschaft befasst sich mit der Handwerkskunst der Rechtsanwender. Zum Teil werden ähnliche Fragen auch unter dem Stichwort „Kluges Entscheiden"[842] oder „Rechtsklugheit"[843] diskutiert. Zwar fehlt es nicht mehr gänzlich an einer Beschreibung der Faktoren, die die Klugheit ausmachen,[844] im Ergebnis jedoch ist die Beschreibung der Rechtsklughcit als „menschliche Gesinnung"[845] vage. Insofern kann nur darauf hingewiesen werden, dass sich hinter dem Sammelbegriff der Handwerkskunst der Rechtsanwender möglicherweise doch Faktoren verbergen, mit Hilfe derer die Qualität juristischer Entscheidungen beschrieben werden kann.

c) Rechte und Pflichten der Institution

Es ist nicht nur die Aufgabe rechtlicher Institutionen, Konflikte zu lösen. Gerichte haben dazu sogar die Pflicht, wenn sie angerufen werden (Rechtsverweigerungsverbot). Das Rechtsverweigerungsverbot umfasst die Pflicht, Recht auszulegen, zu ergänzen und gar fortzubilden.[846] Dies stellt gegenüber anderen Institutionen eine Besonderheit dar.[847] Ein Einfluss auf völkerrechtliche Verträge lässt sich folgendermaßen begründen:[848] Wenn Staaten sich in einem völkerrechtlichen Vertrag nicht einigen können, neigen sie dazu, sich auf vage, auslegungsbedürftige Formulierungen zu verständigen.[849] Die Auslegung bleibt den Spruchkörpern vorbehalten, die auch bei unklarer Rechtslage ein Ergebnis finden müssen, wenn sie angerufen werden. Dabei kann es auch zu Rechtsschöpfungen kommen, die wie im Fall des EuGH die Integration vorantreiben.[850] Dieser Effekt wird

---

842 *Hoffmann-Riem*, in Scherzberg et al (Hrsg.), Kluges Entscheiden S. 3–23.
843 *Nierhauve*, Rechtsklugheit.
844 *Hoffmann-Riem*, in Scherzberg et al (Hrsg.), Kluges Entscheiden S. 3–23 (8).
845 *Nierhauve*, Rechtsklugheit, S. 156.
846 *Schumann*, ZZP 81 (1968), 79–102.
847 *Ballweg*, Rechtswissenschaft und Jurisprudenz, S. 108f. stellt den Entscheidungszwang systemtheoretisch als Besonderheit des Rechtssystems dar.
848 Nachzuvollziehen bei *Grimmel*, Europäische Integration im Kontext des Rechts, S. 235f.
849 Dies mit Hilfe des Transaktionskostenansatzes belegend *Ginsburg*, Virginia Journal of International Law Vol. 45 No. 3 (2004–2005), 631–673 (644).
850 Vgl. *Sander*, Der EuGH als Förderer und Hüter der Integration. S. 49ff.

im öffentlichen Recht noch verstärkt, wenn Organe oder Personen bzw. Personenvereinigungen durch einen Vertrag berechtigt werden und ihnen das Recht zusteht, gegen ein Organ oder im internationalen Recht gegen einen Mitgliedstaat zu klagen. Denn anders als die Mitgliedstaaten sehen sich Einzelpersonen (z. B. bei der Individualbeschwerde vor dem EGMR) und berechtigte Organe (z. B. die Kommission beim Vertragsverletzungsverfahren) nicht der Gefahr ausgesetzt, Gegenmaßnahmen der betroffenen Staaten ausgesetzt zu sein. Deren Berechtigung stellt so ein „prozessuales Instrument der Integrationsförderung"[851] dar.

Anders als nicht-rechtliche Institutionen dürfen Gerichte nur dann Stellung beziehen, wenn sie angerufen werden. Dies gilt auch für die internationalen Gerichte. Wenn ein internationales Gericht entscheiden muss, kann kein Staat das Gericht allein deshalb angreifen, weil es – möglicherweise auch prointegrativ – entschieden hat. Eine integrationsfreundliche Entscheidung eines Gerichts ist damit weniger angreifbar als eine politische Forderung bzw. ein politischer Angriff eines anderen Staates, was den Fall einer impliziten Vertragsvertiefung akzeptabler macht, die Kündigungsbereitschaft der Vertragspartei senken und den Vertragsbestand so fördern mag.

Gerichte sind überdies dazu verpflichtet, ihre Entscheidungen zu begründen.[852] Nur dadurch wird die Kontrolle möglich, ob die Entscheidung zumindest hätte in dieser Weise entstehen können.[853] Die Begründungspflicht steigert die Hinnahmefähigkeit der Entscheidung. Die Spruchkörper sind gezwungen, ihre Entscheidung mit rechtlichen Gründen zu versehen. Welche Wirkungen eine rechtliche Begründung haben kann, ist noch zu diskutieren.[854] Die Begründungspflicht jedenfalls ist der Grund dafür, dass es eine Entscheidungsbegründung gibt, die eine den Konflikt neutralisierende Wirkung entfalten kann.

---

851 *Kneubühler*, Integration durch Rechtsprechung in der EG und der WTO, S. 32.
852 Zum Begründungszwang vgl. auch *Ballweg*, Rechtswissenschaft und Jurisprudenz, S. 113f.
853 *Ballweg*, Rechtswissenschaft und Jurisprudenz, S. 114, die Diskrepanz von gegebener und tatsächlicher Begründung voraussetzend.
854 Vgl. S. 180ff.

d) Kollegialentscheidungen

In der internationalen Gerichtsbarkeit entscheiden meist Kollegialorgane. Dass hinter einer Entscheidung oft mehrere Richter stehen, ist zwar bekannt, dennoch liegt beim Lesen einer Entscheidung der Fokus weniger auf der Autorenschaft als auf der Überzeugungskraft der Argumente. Nur wenn man sich bewusst macht, dass an einer Kollegialentscheidung mehrere Personen beteiligt sind, wird klar, dass der Entscheidungstext nicht aus einer Feder stammt. Dies kann für die Argumentationsqualität Vorteile haben. Eine Kollegialentscheidung bündelt die Kreativität aller mitentscheidenden Personen, führt zu einer größeren Vielfalt der Argumente und somit zur Anerkennung möglichst vieler vorgebrachter Positionen.[855] Die Verarbeitung möglichst vieler Positionen kann Befriedungseffekte haben, weil so alle Parteien gehört werden und sich auch als gehört wahrnehmen. Dies erhöht die Bereitschaft der Parteien, die Entscheidung anzunehmen und langfristig am Vertrag festzuhalten. Das wiederum kann sich positiv auf den Vertragsbestand auswirken.

3. Verfahren rechtlicher Konfliktbearbeitung

Juristischen Verfahren kommt eine Konflikte neutralisierende Wirkung zu. Daraus kann sich eine für den Vertragsbestand günstige Wirkung ergeben, weil die Parteien eher bereit sind, am Vertrag festzuhalten.

Die rechtlichen Verfahren sind formalisiert, d.h. an feste Programme gebunden, und die Entscheider berufen, im Rahmen des Verfahrens verbindliche Streitentscheidungen anzufertigen.[856] Für jeden Beteiligten ist eine verfahrenseigene Rolle vorgesehen.[857] Auch das internationale Recht sieht formalisierte Verfahren vor. Ein Staat kann ein Urteil eines internationalen Gerichts hinnehmen, ohne sein Gesicht zu verlieren. Weitergehend, es wird sogar von ihm erwartet, dass er das Urteil respektiert.[858] Denn nur dann erweist er sich als vertrauenswürdiger, vernünftiger Vertragspartner. Die Formalisierung kanalisiert die Konfliktaustragung und hat neutralisierende Effekte. Wie gezeigt, sind neutralisierende Elemente günstig für die Bereitschaft der Parteien, eine Entscheidung anzunehmen.

---

855 *Hoffmann-Riem*, in Scherzberg (Hrsg.), Kluges Entscheiden, S. 3–23 (15).
856 *Kieserling*, in Jahraus/Nassehi (Hrsg.), Luhmann-Handbuch, S. 145–149 (145).
857 *Luhmann*, Legitimation durch Verfahren, S. 47ff.
858 *Kieserling*, in Jahraus/Nassehi, Luhmann-Handbuch, S. 145–149 (145).

a) Konfliktdurchbrechung

In rechtlichen Verfahren werden persönliche Konflikte durch einen dazwischen tretenden objektiven Dritten unterbrochen.[859] Vor Gericht ist dies der Richter, der keiner Partei zugeordnet werden kann. Es geht fortan nicht mehr um die direkte Konfrontation mit der gegnerischen Partei, sondern darum, das Gericht als einen Dritten[860] zu überzeugen. Dies zeigt sich auch darin, dass die Kommunikation nicht mehr zwischen den Parteien stattfindet, sondern mit dem Gericht. So sind beispielsweise Klage und Klageerwiderung nicht an die gegnerische Partei, sondern an das Gericht gerichtet.[861] Konflikttheoretisch wird das Schema Anschuldigung/Gegenanschuldigung so durchbrochen. Eine Neutralisierung wird erzielt.[862] Besonders stark ist die Konfliktdurchbrechung in kontradiktorischen Verfahren, in denen sich entgegengesetzte Interessen der Parteien gegenüberstehen, eine streitige mündliche Verhandlung stattfindet und der Streit mit einem kontradiktorischen Urteil beendet wird. In kontradiktorischen Verfahren haben die Parteien durch die Erwiderungsmöglichkeit und die mündliche Verhandlung die Möglichkeit, auf die Entscheidung des Gerichts Einfluss zu nehmen. Außerdem dient die mündliche Verhandlung der besseren Nachvollziehbarkeit der folgenden Entscheidung. Die Parteien sollen erfahren, welche Argumente für die Entscheidung maßgeblich sind.[863]

Die Entscheidung eines Dritten ist psychologisch einfacher hinzunehmen, als Unterlegener in einem direkten Konflikt zu sein, in dem es auf Durchhaltevermögen und Machtverhältnisse und nicht auf die Überzeugungskraft der vom Recht gehörten Argumente ankommt.[864] Verstärkt werden diese Effekte in Verfahren, in denen sich die Parteien vertreten lassen (müssen).[865]

Die Konfliktdurchbrechung durch einen Dritten neutralisiert den Konflikt und wirkt sich günstig auf die Hinnahmefähigkeit einer Entscheidung aus. Die Vertragsparteien halten dadurch theoretisch eher am Ver-

---

859 *Messmer*, in Lerch (Hrsg.), Die Sprache des Rechts, Band 3, S. 233–266 (256).
860 Zur Theorie des Dritten als Konfliktlösungsparadigma vgl. die Hinweise bei *Messmer*, in Lerch (Hrsg.), Die Sprache des Rechts, Band 3, S. 233 (253 Fn. 44).
861 *Messmer*, in Lerch (Hrsg.), Die Sprache des Rechts, Band 3, S. 233–266 (252).
862 *Bourdieu*, Hastings Law Journal Vol. 38 (1987), 814–853 (830).
863 *Tomuschat*, Vereinte Nationen 5 (1981), 141–148 (144).
864 *Messmer*, in Lerch (Hrsg.), Die Sprache des Rechts, Band 3, S. 233–266 (264).
865 *Messmer*, in Lerch (Hrsg.), Die Sprache des Rechts, Band 3, S. 233–266 (254).

trag fest. Eine Kündigung des Vertrags wird weniger wahrscheinlich. Der Vertragsbestand wird gefördert.

b) Rekonstruktion des Sachverhalts

Schritt für Schritt wird bei der rechtlichen Konfliktbearbeitung der alltagsweltliche Konflikt aus seinem Zusammenhang gelöst und durch mehrere Verfahrensschritte in eine Rechtssache überführt.[866] Diese Eigenschaft des rechtlichen Verfahrens kann mit der Parabel vom Zwölften Kamel des Kadi[867] veranschaulicht werden.[868] Der Richter konstruiert mit dem zwölften Kamel eine andere Wirklichkeit, die er der Entscheidung zugrunde legt.[869] Der vor Gericht gewürdigte Sachverhalt entspricht nicht mehr dem tatsächlichen. Einerseits gehören nur Fakten zum Tatbestand, denen eine rechtliche Bedeutung zukommt.[870] Andererseits und diesem Schritt vorgelagert, kommen für eine solche Bewertung nur die Tatsachen in Betracht, von denen das Gericht überhaupt Kenntnis erlangt. Der Sachverhalt ist so in doppelter Hinsicht gefiltert.

Für die internationale Ebene gilt dies sogar in noch stärkerem Maße. Die Institutionen sind weit weg vom Geschehen und haben erhebliche Beweiserhebungsschwierigkeiten. Da die internationalen Spruchkörper stark auf die Kooperation der Staaten angewiesen sind, ergibt sich für die Staaten zum einen die Gelegenheit, sich integrationsfreundlich zu zeigen. Zum anderen wird weniger stark in die Souveränität des Staates eingegriffen, wenn es um einen konstruierten Sachverhalt geht und nicht bis ins kleinste Detail Beweise vor Ort erhoben werden. Das Vertrauen, das den Staaten geschenkt wird,[871] um den Sachverhalt zu ermitteln, würdigt die Souveränität der Staaten sogar. Dies mag die Integrationsbereitschaft der Staaten erhalten und sich so günstig auf den Vertragsbestand auswirken.

---

866 *Seibert*, Aktenanalyse, S. 115.
867 Siehe dazu schon Fn. 772.
868 *Luhmann*, Zeitschrift für Rechtssoziologie 21 (2000), 3–60.
869 *Teubner/Zumbansen*, Zeitschrift für Rechtssoziologie 21 (2000), 189–215.
870 *Bourdieu*, Hastings Law Journal Vol. 38 (1987), 814–853 (831f.) nennt dies rechtliche Übersetzung.
871 V.a. mit der „margin of appreciation doctrine" des EGMR.

c) Aktualisierung des Konflikts

Das Recht gewährleistet die Aktualisierung von Konflikten, wenn es angewendet wird. Eine Anwendung geschieht durch die Inanspruchnahme der Norm und die Befassung eines Spruchkörpers. Nach Smend findet eine vertikale Integration zwischen Bürgern und Staat nur in den „Lebensäußerungen" des Staates statt,[872] d.h. immer wenn der Staat durch Handlungen präsent wird. Dadurch ruft er sich immer wieder ins Bewusstsein der Bürger. Die Gedanken Smends lassen sich auf die internationale Ebene übertragen.[873] Wird etwas zum Gegenstand eines völkerrechtlichen Vertrags gemacht, wird der (potentielle) Konflikt in der Norm gespeichert. Sind auf Grund der Norm Handlungen möglich, so aktualisiert sich ihr Inhalt, immer wenn von ihr Gebrauch gemacht wird. Die Integrationsfolgen werden den Staaten kontinuierlich vor Augen geführt. Dies kann sich sowohl negativ als auch positiv auf den Vertragsbestand auswirken, je nachdem wie die jeweilige Aktualisierung auf die Parteien wirkt. Da innerhalb der rechtlichen Konfliktbearbeitung jedes Mal dieselben Merkmale aktiviert werden, unterstützt die Aktualisierung die integrationsförderliche Wirkung der beschriebenen und noch zu beschreibenden Merkmale rechtlicher Konfliktbearbeitung.

d) Abweichende Meinungen

Wenn die Verfahrensordnung vorsieht, dass abweichende Meinungen bzw. Sondervoten zulässig sind, so wird die Konflikthaftigkeit der Entscheidung innerhalb eines Kollegialorgans öffentlich gemacht.[874] Im Sondervotum können mehr Positionen der unterlegenen Partei verarbeitet werden; gerade solche, die sich nicht in den Argumentationsstrang des Urteils haben einfügen lassen. Bei einer Mehrheitsentscheidung kann die Knappheit einer Entscheidung gezeigt werden. Durch die Transparenz der Entscheidung wird der unterlegenen Partei deutlich, dass auch ihre Rechtsauffassung durchaus tragfähig ist, was Konsolation spendet.[875] Dies

---

872 *Smend*, in Smend (Hrsg.), Staatsrechtliche Abhandlungen und andere Aufsätze, S. 119–276 (136).
873 So auch *Meyer-Cording*, AVöR 10 (1962), 42–68 (44).
874 Daraus folge mehr Legitimät der Entscheidungen: *Wolf*, in Fricke/Lembcke/Lhotta (Hrsg.), Politik und Recht, S. 303–321 (319).
875 *White/Boussiakou*, Human Rights Law Review Vol. 9 (2009), 37–60 (57).

kann eine Befriedungswirkung[876] haben, die Hinnahmebereitschaft der unterlegenen Partei fördern und sich so günstig auf den Vertragsbestand auswirken. Die Grenzen liegen dort, wo von der Abweichungsmöglichkeit so viel Gebrauch gemacht wird, dass die Legitimität der Entscheidungen des Spruchkörpers grundsätzlich in Frage gestellt wird, weil der Spruchkörper nicht mehr fähig ist, als Kollegialorgan zu entscheiden.[877]

Auch eine Entscheidung ohne Sondervotum ist noch eindrücklicher, weil die Mitglieder von ihrem Recht, abzuweichen, gerade keinen Gebrauch gemacht haben. Die Einhelligkeit der Rechtsmeinung überzeugt so möglicherweise noch mehr.[878]

Abweichende Meinungen sind besonders vorteilhaft, wenn es einen Instanzenzug gibt. In diesem Fall profitieren nämlich nicht nur die Parteien, sondern auch die Rechtsmittelinstanz von der abweichenden Meinung.[879] Gibt es bereits in der ersten Instanz eine abweichende Meinung, mag es für die Partei lohnenswert erscheinen, sich des Rechtsmittels zu bedienen. Nun könnte man einwenden, dass dadurch die Hinnahmefähigkeit der erstinstanzlichen Entscheidung geschmälert wird. Allerdings nimmt die Partei die Entscheidung reflektierter und friedfertiger hin, wenn sie sich entscheidet, kein Rechtsmittel einzulegen. Außerdem wird sie, selbst wenn sie ein Rechtsmittel einlegt, eher bereit sein, sich mit der Entscheidung der Rechtsmittelinstanz zu identifizieren, wenn sich diese erneut mit der abweichenden Meinung en detail auseinandersetzt.

II. Entscheidungsbegründung: Sprache und Argumentation der
    Entscheidung

Die rechtliche Fachsprache und die Argumentation in der Entscheidungsbegründung lassen sich mit Hilfe linguistischer und rhetorischer Kategorien analysieren. Die Grundidee der rhetorischen Rechtstheorie, Urteile rhetorisch zu analysieren, soll hier aufgegriffen werden, auch wenn die Analysekategorien der rhetorischen Rechtstheorie nur teilweise von Nutzen sind.

So will diese Arbeit skizzieren, was juristische Argumentation kennzeichnet, d.h. welche Argumentationsmuster typisch sind. Solche Begrün-

---

876 *Hoffmann-Riem*, in Scherzberg (Hrsg.), Kluges Entscheiden, S. 3–23 (14).
877 *Lewis*, Stanford Journal of International Law Vol. 48 No. 1 (2012), 1–46 (10).
878 *Lewis*, Stanford Journal of International Law Vol. 48 No. 1 (2012), 1–46 (12).
879 *Lewis*, Stanford Journal of International Law Vol. 48 No. 1 (2012), 1–46 (12f.).

dungsmuster zu identifizieren, ist national schwierig genug und auf der internationalen Ebene noch schwieriger, weil es an einer gemeinsamen Ausbildung der Entscheider fehlt, die solche Muster prägt.[880] Doch nicht nur in Deutschland, sondern auch in den nordischen Ländern[881] und sogar weltweit[882] erfährt die rechtliche Argumentation mit ihren Besonderheiten akademische Aufmerksamkeit.[883] Wohlwissend, dass das Phänomen juristischer Argumentationstechnik an unterschiedlichen Orten und zu unterschiedlichen Zeiten differiert,[884] soll hier eine rhetorische Analyse an internationaler Spruchpraxis erprobt werden.[885] Die Arbeit sucht zunächst nach Kennzeichen eines juristischen Stils, der eng mit der Rechts- als Fachsprache verknüpft ist und sich mit Hilfe linguistischer Kategorien fassen lässt.

1. Juristischer Stil

Die Sprache ist das Medium des Rechts.[886] Das Recht ist in Sprache verfasst und an sie gebunden. Vor Gericht wird ein Konflikt mit sprachlichen Mitteln ausgetragen. Es geht um die Überzeugungskraft der Argumente. Aus Sach-/ Beziehungs- und Machtkonflikten werden rechtliche, sprachliche Konflikte.[887] Vor Gericht wird Alltagssprache vom Anwalt oder vom Richter in Fachsprache[888] umgewandelt.[889] So heißt es, die Rechtssprache sei im Stande, Konflikte zu neutralisieren,[890] Recht und Konflikt seien untrennbar miteinander verbunden, das Recht sei das Instrument der Konfliktlösung. Damit die Konfliktlösung gelingt, müsse „die Sprache des Rechts die Rhetoriken des Konflikts unterdrücken, um das Risiko destruktiver Konfliktentwicklungen vor Gericht"[891] zu vermeiden.

---

880 *Mathiesen*, Das Recht in der Gesellschaft, S. 172ff.
881 Dazu *Strömholm*, ARSP 58 (1972), 337–362.
882 *Neumann*, Juristische Argumentationslehre, S. 1ff.
883 Zur Universalität rechlicher Argumentation vgl. *Conway*, The Limits of Legal Reasoning and the ECJ, p. 9f. m.w.N.
884 *Strömholm*, ARSP 58 (1972), 337–362 (348f.).
885 Zu den Grenzen und Voraussetzungen einer rhetorischen Wirkungsanalyse s.u. S. 199ff.
886 *Lerch*, in Lerch (Hrsg.), Die Sprache des Rechts, Band 1, Vorwort.
887 *Messmer*, in Lerch (Hrsg.), Die Sprache des Rechts, Band 3, S. 233–266 (248ff.).
888 Zu den unterschiedlichen Differenzierungsmöglichkeiten s. *Spillner*, in Ueding (Hrsg.), Historisches Wörterbuch der Rhetorik, Band 2, Stichwort Fachsprache.
889 *Simonnæs*, in Lerch (Hrsg.), Die Sprache des Rechts, Band 3, S. 377–398 (385ff.).
890 *Messmer*, in Lerch (Hrsg.), Die Sprache des Rechts, Band 3, S. 233–266 (239).
891 *Messmer*, in Lerch (Hrsg.), Die Sprache des Rechts, Band 3, S. 233–266 (239).

Wenn es gelingt, die sprachlichen Besonderheiten mit einer neutralisierenden Wirkung auf die Konfliktparteien zu verbinden, lässt sich auch mittels einer Beschreibung der Entscheidungsbegründungen zeigen, inwiefern Recht als Konfliktbearbeitungsmechanismus neutralisierende und damit integrative Wirkungen erzielen kann.

a) Rechtssprache als Fachsprache

Dass es einen spezifisch juristischen Stil gibt, wird vielfach vorausgesetzt.[892] Um dies nachzuweisen, ist die linguistische Methode zur Identifizierung einer Fachsprache hilfreich. Danach ist jeder fachsprachliche Text kontextunabhängig identifizierbar, wenn er sich auf Wort-, Satz- und Textebene von anderen fachsprachlichen Texten unterscheidet.[893]

Die Rechtssprache, d.h. die Gesetzes-, Rechtsstreit- und Urteilssprache,[894] unterscheidet sich von anderen Fachsprachen auf Wortebene dadurch, dass sie große Überschneidungen mit der Alltagssprache hat.[895] Sie ist eine mit Fachausdrücken durchsetzte[896] bzw. angereicherte[897] Umgangssprache. Obwohl die Begriffe sich überschneiden, haben sie in der Fachsprache eine andere Bedeutung als in der Alltagssprache.[898] Dies wird in der Linguistik mit dem Begriff der Polysemie beschrieben.[899] Damit lässt sich die These begründen, dass die juristische Fachsprache mehr Einfluss auf die Parteien hat als eine andere Fachsprache,[900] weil sie vordergründig verständlich ist.

---

892 Auch *Schnapp*, Stilfibel für Juristen, S. 5 stellt diese These auf. Der (gute) juristische Stil ergibt sich bei ihm nur aus einer Zusammenschau der Stilsünden, die ein guter Stil auslässt.

893 *Brinckmann*, Öffentliche Verwaltung und Datenverarbeitung 2 (1972), 60–69 (61).

894 *Gast*, Juristische Rhetorik, Rz. 1127; auch *Schnapp*, Stilfibel für Juristen, S. 39.

895 *Bourdieu*, Hastings Law Journal Vol. 38 (1987), 814–853 (819).

896 Stilfibel für Juristen, S. 69.

897 *Gräfin von Schlieffen* m.w.N. zur sog. rhetorischen Rechtstheorie, in Fix/Gardt/ Knape (Hrsg,), Rhetorik und Stilistik, Bd. 2, S. 1811–1833 (1816); *dies.*, in Wackerbarth/Vormbaum/Marutschke (Hrsg.), FS für Ulrich Eisenhardt, 87–108 (87ff.).

898 *Busse*, in Liedtke/Wengeler/Böke (Hrsg.), Begriffe besetzen, S. 160–185 (160).

899 *Eriksen*, Journal of Linguistics Vol. 28 (2002), 211–222 (211).

900 Ähnlich auch *Herlitz*, in Andenæs (Hrsg.), Legal Essays, S. 94–110 (95): „Mit ungemein größerer Tragweite und Kraft wirkt aber [...] die Sprache, die dem eigenartigen „sprachlichen Feld" des Rechts entspricht: die Rechtssprache."

Wie alle Fachsprachen ist die juristische Fachsprache nüchtern und abstrakt. Für die juristische Fachsprache gilt das in besonderem Maße. Bereits Radbruch hat den juristischen Stil[901] als kalt, barsch, ohne jeden Gefühlston und knapp beschrieben.[902] Dadurch wolle er Sachlichkeit[903] erzeugen.[904] Substantivierungen bewirkten einerseits Wortgewalt und andererseits eine Verdinglichung; das Urteil trete hinter die Substantive.[905] Außerdem wirke der Stil autoritär.[906] Ballweg erklärt die Abstraktheit der juristischen Fachsprache damit, dass sie ihre Begriffe der Alltagssprache entlehnt, wobei die Fachsprache weniger ausdifferenziert ist als die Alltagssprache, so dass die einzelnen Wörter einen größeren Bedeutungsumfang erhalten.[907] Die Abstraktheit sei im höheren Diffusitätsgrad begründet. Die juristische Fachsprache hat also einen doppelten Effekt. Die neutralisierende Wirkung[908] wird dadurch verstärkt, dass die Parteien die Begriffe kennen, weshalb die abstrakte, nüchterne Darstellung sie direkt erreicht.

Auch auf der Satzebene lassen sich Besonderheiten der Juristensprache ausmachen. So wird sich oft passivisch ausgedrückt.[909] Der passive, entpersönlichende Stil verdeckt das eigene Tätigwerden des Entscheidenden und objektiviert das Ergebnis der Entscheidung.[910] Es gibt eine ganze Reihe von auf der Satzebene zu verortenden Stilmitteln (in der Terminologie der rhetorischen Rechtstheorie Distanzfiguren[911]), aus denen der „Pathos der Sachlichkeit" entstehe, darunter z. B. Inversion, Differenzierung und Litotes.[912] Solbach nennt dies das „raffinierte Pathos", das anspruchsvoll und subtil dafür sorge, dass der Text für sich selbst spreche und der Verfasser in den Hintergrund trete.[913] Neben dem Neutralisierungseffekt wird der

---

901 *Radbruch*, Rechtsphilosophie, § 14, wiedergegeben in *Gast*, Juristische Rhetorik, Rn. 386.
902 *Schnapp*, Stilfibel für Juristen, S. 52ff.
903 Zur Sachlichkeit in der Rhetorik der Juristen vgl. *Sobota*, Sachlichkeit, rhetorische Kunst der Juristen.
904 *Gast*, Juristische Rhetorik, Rn. 127 und 386.
905 *Gast*, in Ueding (Hrsg.), Historisches Wörterbuch der Rhetorik, Band 9, Stichwort Urteil.
906 *Gast*, Juristische Rhetorik, Rn. 388ff.
907 Zum Diffusitätsgrad *Ballweg*, Rechtswissenschaft und Jurisprudenz, S. 116.
908 *Gast*, Juristische Rhetorik, Rn. 128.
909 *Gast*, Juristische Rhetorik, Rn. 387.
910 *Bourdieu*, Hastings Law Journal Vol. 38 (1987), 814–853 (819f.); *Sobota*, Sachlichkeit, S. 33.
911 *Solbach*, Richterliche Argumentation und politischer Druck, S. 78.
912 *Gräfin von Schlieffen*, in Soudry (Hrsg.), Rhetorik, S. 42–64 (54f.).
913 Politischer Druck und richterliche Argumentation, S. 84.

Rechtssprache auch ein Universalisierungseffekt zugeschrieben.[914] Dieser entstehe u.a. durch die Verwendung des Indikativs für Rechtsnormen sowie von konstativen Verben und die Wahl der Zeitformen.[915]

Auf Textebene sind juristische Texte z. B. durch Definitionen von anderen Textsorten unterscheidbar. Definitionen stellen Distanz zwischen Autor und Rechtsmeinung her. Sie werden autoritativ herangezogen, obwohl sie nicht gesetzlich vorgegeben sind, sondern sich im Fluss befinden. Definitionen werden oft als Textbausteine verwendet. Sie geben der Rechtsprechung damit Stabilität und Struktur. Ein Nebeneffekt der Verwendung von Textbausteinen ist die Gleichbehandlung der Streitparteien. Wenn ein internationales Gericht allen Streitparteien gegenüber dieselben Textbausteine verwendet, hat dies nicht nur ökonomische Effekte für das Gericht, sondern auch positive Effekte auf die Streitparteien. Alle Streitparteien werden auf sprachlicher Ebene gleichbehandelt.[916] Weitere Unterscheidungsmerkmale auf Textebene sind bestimmte Handlungsfiguren, u.a. das Offenlassen von Fragen oder doppelte Begründungen, auf die in einem gesonderten Abschnitt eingegangen werden soll.[917]

Im Ergebnis haben alle Ebenen der Rechtsprache eine Konflikte reduzierende Wirkung. Damit sichert sie die Bereitschaft der Parteien, eine Entscheidung hinzunehmen. Diese sind so trotz für sie negativer Entscheidung eher bereit, am Vertrag festzuhalten.

b) Juristisches Schließen

Die Analyse juristischen Schließens ist immer wieder Gegenstand der Forschung gewesen. Dabei stand meist das Ideal des juristischen Schließens im Vordergrund. So finden sich Abhandlungen zur juristischen Logik und Subsumtionslehre.[918] Eine praktische Analyse juristischen Schließens anhand von Gerichtsurteilen hat erstmals Katharina Gräfin von Schlieffen

---

914 *Bourdieu*, Hastings Law Journal Vol. 38 (1987), 814–853 (820).
915 *Bourdieu*, Hastings Law Journal Vol. 38 (1987), 814–853 (820).
916 *Ermagan*, Die EU und der Beitritt der Türkei, S. 110, der dies bezweifelt.
917 Ausführlich dazu S. 193ff.
918 *Alexy*, Theorie der juristischen Argumentation; *Bäcker*, Rechtstheorie 2009, 404–424; *Klug*, Juristische Logik; *Koch/Rüßmann*, Juristische Begründungslehre. Zu den verschiedenen Arten juristischer Argumentation vgl. *Kreuzbauer*, ARSP Beiheft 99 (2004), 9–25 (10).

durchgeführt.[919] Diese Analyse des juristischen Schließens ist Teil der maßgeblich von ihr entwickelten rhetorischen Rechtstheorie, die sich der Urteilsanalyse mit den rhetorischen Kategorien Logos, Pathos und Ethos nähert. Die Logosanalyse umfasst das Auffinden der Argumente und die Analyse der Herstellungs-Darstellungs-Differenz. Herstellung und Darstellung
sind Hilfsbegriffe,[920] die deutlich machen, dass der Text einer Entscheidung mehrere Schichten aufweist. Unterschieden wird die tatsächliche
Herstellung des Textes, der rhetorische Produktionsvorgang, von der Darstellung, dem Entscheidungstext als Produkt. Der Produktionsvorgang bezieht sich nur auf die sprachliche Herstellung, nicht auf die kognitive Entscheidungsfindung[921] und die Entscheidungsbedingungen (Norm, Institutionen, Verfahren), also nur auf das Anfertigen des Textes selbst. Dieses
Anfertigen ist nach der rhetorischen Rechtstheorie rhetorisch. Der fertige
Text, die sog. Darstellung, enthalte trotzdem eine fiktive Darstellung der
kognitiven Entscheidungsfindung[922] – in der rhetorischen Rechtstheorie
Darstellung der Herstellung –, die nicht dem Prozess der wirklichen Herstellung – der rhetorischen Herstellung – entspreche. Innerhalb der Darstellung kommt es also zu Bezügen auf die Entscheidungsfindung, die
nicht mit der tatsächlichen Entscheidungsfindung übereinstimmen. Das
bedeutet konkret, die nach der rhetorischen Rechtstheorie eigentlich rhetorische Herstellung wird in der Entscheidung als objektive Gesetzeser-
kenntnis dargestellt und ist deshalb nur eine Darstellung der (fiktiven)
Herstellung.[923] Es genügt die bloße Möglichkeit der Darstellung der Ent-

---

919 *Gräfin von Schlieffen*, in Lerch (Hrsg.), Die Sprache des Rechts Band 2, S. 405–
448.; *dies.*, in Soudry (Hrsg.), Rhetorik, S. 42–64; *dies.*, in Hof/von Olenhusen
(Hrsg.), Rechtsgestaltung, Rechtskritik – Konkurrenz von Rechtsordnungen,
S. 472–173.

920 *Gräfin von Schlieffen*, in Gabriel/Gröschner (Hrsg.), Subsumtion, S. 379–419
(386).

921 Für das Auffinden der Prämissen sind nach der rhetorischen Rechtstheorie sog.
Topoi verantwortlich. Diese „Orte" sind Sammelstellen für Prämissen. Als solche Sammelstellen oder Kataloge fungieren die Normen, die Kommentarlitera-
tur, Aufbauschemata, Versatzstücke (Begriff nach *Röhl/Röhl*, in Brockmann/
Dietrich/Pilniok (Hrsg.), Methoden des Lernens in der Rechtswissenschaft,
S. 253–260.) usw. Wie die Prämissen nach der rhetorischen Rechtstheorie aufge-
funden werden oder einfacher, wie der Prozess der Entscheidungsfindung ab-
läuft, ist für diese Arbeit weniger aufschlussreich, da sich aus diesem Stadium
aus der rhetorischen Rechtstheorie keine Wirkungen destillieren lassen. Wir-
kungszuschreibungen erfolgen nur für den Text als Produktionsergebnis.

922 *Sobota*, Sachlichkeit, S. 151.

923 *Gräfin von Schlieffen*, JA 2013, 1–7 (2).

scheidung als gesetzesgemäß[924], ohne dass die Entscheidung tatsächlich so hergestellt wurde, um sie zu legitimieren. Zusammengefasst ergibt sich deshalb, dass man in einem Entscheidungstext – der Darstellung – zum einen die Herstellung mit Hilfe der rhetorischen Kategorien Logos, Pathos und Ethos analysieren kann. Zum anderen kann man ebenso die Hinweise analysieren, die der Text selbst über seine Herstellung gibt (sog. Darstellung der Herstellung).

Die Annahme, dass die Darstellung der Herstellung nicht der tatsächlichen kognitiven Entscheidungsfindung entspricht, findet sich auch in der internationalen Literatur,[925] in der Richter schon plakativ als „Lügner" bezeichnet wurden.

Im Rahmen der Logosanalyse bedeutet dies, dass sich zum einen die tatsächliche Struktur der Argumente analysieren lässt. Zum anderen gibt es Textpassagen, die dem Leser ein anderes – ideales – juristisches Schließen vorspielen. Für die Struktur der Argumente sieht die rhetorische Rechtstheorie außerdem einen Katalog von Argumenten vor. Sie unterteilt die Argumente in inhaltliche Kategorien: Kodifikationsargumente, Rechtssätze, Alltagsargumente u.v.m.[926] Da die rhetorische Rechtstheorie alle Argumente gleich behandelt[927] und sich kaum Aussagen zur unterschiedlichen Wirkung dieser Argumenttypen finden, genügt es, sich auf die Form der Argumente und ihre Darstellung zu fokussieren.

Die tatsächliche Struktur der Argumente lässt sich nach der rhetorischen Rechtstheorie mit der Form des Enthymems[928] darstellen.[929] Ein Enthymem erinnert an einen (vollständigen) Syllogismus, zeichnet sich aber dadurch aus, dass Prämissen fehlen.[930] Es gibt unterschiedliche Enthymemtypen, aus manchen lässt sich unter Ergänzung der fehlenden Prämissen ein

---

924 *Hoffmann-Riem*, in Scherzberg et al (Hrsg.), Kluges Entscheiden, S. 3 – 23 (5).

925 Z.B. *Ginsburg*, Virginia Journal of International Law Vol. 45 No. 3 (2004–2005), 631–673 (636) m.w.N. oder *Shapiro*, Harvard Journal of Law and Public Policy Vol. 17 (1994), 155–156: „Judges as Liars".

926 Ausführlich dazu *Solbach*, Politischer Druck und richterliche Argumentation, S. 45ff.

927 *Sobota*, in Dyck/Ueding (Hrsg.), Rhetorik, S. 115–136 (120).

928 *Kraus*, in Ueding u.a. (Hrsg.), Historisches Wörterbuch der Rhetorik, Band 2, Stichwort Enthymem.

929 Anderer Ansicht sind die Vertreter eines juristischen Syllogismus in der Darstellung, v.a. *Larenz*, Methodenlehre der Rechtswissenschaft; auch *Alexy*, Theorie der juristischen Argumentation; *Bung*, Subsumtion und Interpretation; *Koch/Rüßmann*, Juristische Begründungslehre.

930 *Gräfin von Schlieffen*, Rechtstheorie 2011, 601–611 (603ff., 614).

deduktiv-gültiger Schluss herstellen, aus anderen nicht.[931] Die Darstellung ist, den empirischen Ergebnissen der rhetorischen Rechtstheorie nach zu urteilen, vollständig enthymematisch. So werde die „typisch juristische" Argumentation hergestellt. Obwohl die Argumentation enthymematische Strukturen aufweist, habe der Text den Anschein, es handele sich um einen juristischen Syllogismus.[932] Innerhalb der Selbstdarstellung weist der Text die Herstellung als syllogistisch aus (Herstellungs-Darstellungs-Differenz). Wichtig ist zu vermerken, dass die rhetorische Rechtstheorie diesen Umstand weder kritisiert[933] noch davon ausgeht, dass über die tatsächliche Herstellung bewusst hinweggetäuscht wird.[934] Vielmehr werde das juristische Argumentieren – zumindest in Deutschland – nur durch Imitation erlernt.[935] Die Darstellung der Herstellung geschieht vorwiegend im Stil der Subsumtion.[936] Damit schafft die Darstellung nach der rhetorischen Rechtstheorie eine fiktive Welt des Rechts, „in der das Sollen als ein wahrhaft erkennbares Sein existiert und das Konkrete wie das Abstrakte, das Normative wie das Faktische zu einem innerlich logischen, konsistenten Kosmos verschmelzen."[937] Folglich ist die Subsumtion als Darstellung der Herstellung in ihrer Wirkung ähnlich dem Pathos, d.h. den stilistischen Mitteln.[938] Das gefundene Ergebnis erscheint für die Parteien als rational, logisch und richtig. Dies wird dadurch unterstützt, dass die Parteien vom Recht erwarten, dass es quasi-mathematisch zustande kommt.[939] Diesem Darstellungszwang wird bereits durch eine Andeutung genügt, dass die Entscheidung aus einer Rechtsnorm hergeleitet wurde.[940] All dies wirkt sich günstig auf die Hinnahmefähigkeit der Entscheidung aus und fördert

---

931 Ausführlich zu den einzelnen Enthymemtypen *Gräfin von Schlieffen*, JZ 2011, 109–116 (112ff.).
932 *Sobota*, Sachlichkeit, S. 109.
933 Beschwichtigend *Sobota*, Sachlichkeit.
934 So heißt es in den Texten *Gräfin von Schlieffens*, die Verfasser der Urteile hätten ein „Gespür", vgl. z. B. in Lerch (Hrsg.), Die Sprache des Rechts Band 2, S. 405–448 (405ff.).
935 Diesen Umstand anprangernd *Sobota*, in Denninger u.a. (Hrsg.), FS Schneider, S. 501–514 (501ff.); *Gräfin von Schlieffen*, ZDRW 2013, 45–60; *dies.*, JZ 2011, 109–116 (116).
936 *Gräfin von Schlieffen*, in Gabriel/Gröschner (Hrsg.), Subsumtion, S. 379–419 (379ff.).
937 *Sobota*, Sachlichkeit, S. 152.
938 *Gräfin von Schlieffen*, in Gabriel/Gröschner (Hrsg.), Subsumtion, S. 379–419 (383).
939 *Gräfin von Schlieffen*, in Soudry (Hrsg.), Rhetorik, S. 42–64 (45).
940 *Sobota*, in Dyck/Jens/Ueding (Begr.), Rhetorik, S. 115–136 (131).

den Vertragsbestand, da die Kündigungsbereitschaft durch die Parteien reduziert wird.

Die These der rhetorischen Rechtstheorie, dass beim rechtlichen Entscheiden auf eine enthymematische Struktur zurückgegriffen und trotzdem der Anschein des juristischen Schließens gewahrt wird (Herstellungs-Darstellungs-Differenz) lässt sich theoretisch auch an internationaler Spruchpraxis überprüfen.

c) Begrenztheit der rhetorischen Rechtstheorie

Viele der Figuren, die anhand der Analyse der Schutzklauselrechtsprechung augenfällig wurden, sind in der klassischen Rhetorik wiederzufinden. Deshalb wird in Anlehnung an die rhetorische Rechtstheorie rechtliches Entscheiden im Ausgangspunkt (auch) rhetorisch begriffen und diese Annahme auf die internationale Spruchpraxis des WTO Appellate Body, des EGMR, des EuGH und des Human Rights Committee übertragen. Nur die Idee einer rhetorischen Analyse stützt sich auf die rhetorische Rechtstheorie. Denn die einzelnen Werkzeuge der rhetorischen Rechtstheorie erweisen sich nur begrenzt als hilfreich für die Analyse internationaler Spruchpraxis. Kernkritikpunkt ist, dass eine quantitative statt einer qualitativen Pathosanalyse stattfindet, bei der die Handlungsfiguren ausgeklammert werden. Die rhetorische Rechtstheorie nähert sich der Urteilsanalyse mit rhetorischen Kategorien. Ihre Werkzeuge sind die Herstellungs-Darstellungs-Differenz[941] und die rhetorischen Kategorien Logos, Pathos und Ethos. Die rhetorische Rechtstheorie weist sowohl den Elementen der Herstellung – Logos, Pathos[942] und Ethos – als auch den selbstreferentiellen Elementen der Darstellung der fiktiven Herstellung Wirkungen zu.[943]

---

941 Ausführlich in *Sobota*, Sachlichkeit, S. 13ff.; kurz zusammengefasst in *Gräfin von Schlieffen*, JA 2013, 1–7 (2).

942 Zur Wirkung einzelner Stilmittel *Gräfin von Schlieffen*, in Lerch (Hrsg.), Die Sprache des Rechts Band 2, S. 405–448 (444f.).

943 Die Wirkungen lassen sich im Anschluss an die rechtsrhetorische Analyse v.a. in der allgemeinen Rhetorikliteratur nachschlagen, z.B. *Plett*, Einführung in die rhetorische Textanalyse. Zur Wirkung von Rhetorik im Allgemeinen grundlegend *Richter*, Rhetorische Wirkungsforschung. Oft sind die Wirkungsbeschreibungen allerdings sehr knapp. Auch hier stößt man zudem auf ein allgemeines Problem aller Theorien, dem die theoretische Wirkungsanalyse nicht entgehen kann. Bloß weil ein rhetorisches Mittel eine bestimmte Wirkung erzielen soll,

Weiter zeichnet sich juristische Argumentation nach Ansicht der rhetorischen Rechtstheorie durch sog. Logos-Figuren aus, die dem Pathos, dem Stimmungshaften, zugeordnet werden.[944] Das sind Figuren, die die Argumentation, den Logos, nicht wirklich argumentativ stützen, aber den Anschein erwecken, dies zu tun.[945] Davon gibt es eine ganze Reihe. Sie alle sind rhetorische Stilmittel. Die rhetorische Rechtstheorie ermittelt mit einer quantitativen Methode den Figurenanteil innerhalb eines juristischen Entscheidungstextes.[946] Die rhetorische Rechtstheorie versteht schon jede Formulierung als rhetorische Figur, die von der denkbar schmucklosesten und einfachsten abweicht.[947] Da es in der Praxis nicht vorkommt, dass jemand ohne solche Abweichungen spricht,[948] soll im Folgenden ein Katalog aufgestellt werden für eindeutige stilistische Auffälligkeiten, nach denen in der Spruchpraxis gesucht werden kann. Schließlich geht es dieser Arbeit nicht um eine umfassende – vor allem quantitative – rhetorische Analyse nach dem Vorbild einiger rechtsrhetorischer Dissertationen[949], sondern um eine stichprobenartige Ermittlung stilistischer Auffälligkeiten, die die These der Arbeit – die Integration *durch* Recht(sprechung) – stützen kann.

Der hiesige Katalog verzichtet daher anders als rechtsrhetorische Arbeiten[950] weitgehend[951] auf Laut-, Wort-, Satz- und Sinnfiguren[952] und legt

---

heißt es nicht, dass dies in der Realität auch stattfindet. Dies kann nur empirisch ermittelt werden.

944 In JZ 2011, 109–116 (110) führt *Gräfin von Schlieffen* die Logos-Figuren separat auf, *dies.* in Lerch (Hrsg.), Die Sprache des Rechts Band 2, S. 405–448 (445f.) sind sie eindeutig der Kategorie Pathos zugeordnet.

945 *Gräfin von Schlieffen*, JZ 2011, 109–116 (110).

946 Vgl. die Methodenbeschreibung in *Johnston*, Die rhetorische Architektur erstinstanzlicher Strafentscheidungen, S. 38ff.

947 *Sobota*, in Schirren/Ueding (Hrsg.), Topik und Rhetorik, S. 521–541 (524).

948 So auch *Solbach*, Politischer Druck und richterliche Argumentation, S. 65.

949 *Johnston*, Die Architektur erstinstanzlicher Strafentscheidungen; *Solbach*, Politischer Druck und richterliche Argumentation.

950 Vgl. z. B. den ausführlichen Definitionskatalog der rhetorischen Figuren in *Sobota*, in Benkert/Kepplinger (Hrsg.), Psychopharmaka im Widerstreit, S. 78–97 (Anhang auf S. 202ff.) und in *Solbach*, Politischer Druck und richterliche Argumentation, S. 67ff.

951 Die Distanzfiguren, die zu den Sinnfiguren gehören, werden im Rahmen der Analyse der Rechtssprache als Fachsprache verarbeitet.

952 Zu den unterschiedlichen Benennungen und Klassifizierungen vgl. *Knape*, in Ueding (Hrsg.), Historisches Wörterbuch der Rhetorik, Band 2, Stichwort Figurenlehre, unter A. III; *Sobota*, in Benkert/Kepplinger/Sobota (Hrsg.), Psycho-

den Fokus auf Handlungsfiguren.[953] Handlungsfiguren sind Figuren der Publikumsgewandtheit; ihre rhetorische Wirkung beruht auf der Einbeziehung der Adressaten.[954]

Diese Arbeit interessiert sich vornehmlich für die Wirkungen der Handlungsfiguren und weniger für eine Analyse der sonstigen Figuren. Für den Fokus auf die Handlungsfiguren gibt es mehrere Gründe.

Für eine Wirkungsanalyse der Figuren muss die rhetorische Rechtstheorie sich darauf festlegen, wer Adressat der analysierten Urteilstexte ist. Denn nur dann kann sie für die quantitative Analyse Wirkungswerte festlegen. Die bisherige rechtsrhetorische Methode scheint für deutsche Urteile jedenfalls davon auszugehen, dass die jeweils höhere Instanz und nicht die Parteien Adressaten der Urteile sind, da sie ansonsten gerade typisch juristischen Wendungen nicht einen niedrigen, sondern einen hohen rhetorischen Wert zuweisen würde.[955] Für den internationalen Kontext ist jedenfalls nicht davon auszugehen, dass die Spruchkörper sich an die nächste Instanz wenden, zumal es nur für das WTO Panel und das Europäische Gericht erster Instanz eine Überprüfungsinstanz gibt. Als Adressaten kommen nur die Streitparteien und die internationale Gemeinschaft in Betracht. So müsste diese Untersuchung den Laut-, Wort-, Satz- und Sinnfiguren einen hohen rhetorischen Wert zuweisen. Das Zuweisen von quantifizierbaren Wirkungswerten erweist sich für internationale Spruchpraxis jedoch insgesamt als nicht sinnvoll.

Da die rhetorische Rechtstheorie jede Formulierung als rhetorische Figur begreift, die von der denkbar schmucklosesten und einfachsten abweicht,[956] mäße man jeder Formulierung einer internationalen Entscheidung einen zu großen Stellenwert bei. Die Entscheidungen sind in mehreren Sprachen verfasst;[957] nicht immer sind die Autoren Muttersprachler, weshalb es zu Unterschieden in den Sprachfassungen und Verzerrungen

---

pharmaka im Widerstreit, S. 78–97 (Anhang auf S. 202ff.) unterscheidet ebenfalls nach Laut-, Wort-, Satz-, Sinn- und Handlungsfiguren.

953 Erstaunlicherweise kommt diesen Wendungen in der quantitativen rhetorischen Rechtstheorie Gräfin von Schlieffens nur eine untergeordnete Bedeutung zu: So auch *Solbach*, Druck und richterliche Argumentation, S. 82, der meint, die Figuren würden in juristischen Entscheidungen kaum verwendet.

954 Vgl. dazu *Solbach*, Politischer Druck und richterliche Argumentation, S. 82.

955 Zum Problemfeld des Auditoriums und den Wirkungszuweisungen vgl. *Gräfin von Schlieffen*, Justice – Justiz – Giustizia 2009, 1–20 (Rz. 9 und 15).

956 *Sobota*, in Schirren/Ueding (Hrsg.), Topik und Rhetorik, S. 521–541 (524).

957 EuGH-Urteile werden grundsätzlich in alle Amtssprachen der EU übersetzt, auch wenn nur die Verfahrenssprache rechtsverbindlich ist; EGMR-Urteile mindestens in Englisch und Französisch; die Auffassungen des Human Rights Com-

im Ausdruck kommt. Es bestünde die Gefahr, Übersetzungsunstimmigkeiten als Stilfiguren zu werten. Handlungsfiguren hingegen lassen sich leichter als echtes Stilmittel ausmachen, da sie nicht auf der Wort- und Satz-, sondern auf der Textebene zu verorten sind. Dass sie nur schwer quantifizierbar sind, weshalb die rhetorische Rechtstheorie sie weitgehend ausklammert, stört für diese Untersuchung nicht.

Der Fokus der rhetorischen Analyse dieser Arbeit liegt somit vor allem auf den Handlungsfiguren, die schon im Rahmen der Analyse der Schutzklauselrechtsprechung augenfällig geworden sind.

2. Juristische Argumentationsmuster: Handlungsfiguren als judikative Konfliktvermeidungsstrategien

Folgende Handlungsfiguren sind typisch für juristische Argumentation. Sie alle haben gemeinsam, dass sie eine Konflikt vermeidende bzw. reduzierende Wirkung haben. Sie sollen deshalb als judikative Konfliktvermeidungsstrategien bezeichnet werden.

a) Rhetorische Zugeständnisse

Juristische Argumentation zeichnet sich durch rhetorische Zugeständnisse aus. Diese entstehen, weil ein Fall von allen Seiten beleuchtet wird. Dabei werden etwaige Gegenargumente vorweggenommen und entkräftet.

Beim Apologismus wird jemandem etwas zugestanden. Das Zugeständnis ist aber nur scheinbar, weil es in dem Wissen erfolgt, dass der Adressat diesen Punkt nicht für sich verwenden kann. Es hat eine Beschwichtigungsfunktion[958] und fördert die Akzeptanz der unterliegenden Partei im Hinblick auf die Entscheidung. So wird beispielsweise in Demir and others v Turkey[959] der Türkei Recht in der Beurteilung der Ausnahmesituation gegeben: „Admittedly, the Court has already accepted on a number of occasions that the investigation of terrorist offences undoubtedly presents

---

mittee in Englisch, Französisch, Spanisch, Arabisch, Russisch und Chinesisch; die Empfehlungen des WTO Appellate Body in Englisch, Französisch und Spanisch, den drei offiziellen Sprachen der WTO.

958 *Gräfin von Schlieffen*, in Lerch (Hrsg.), Die Sprache des Rechts Band 2, S. 405–448 (444).

959 ECtHR, Case of Demir and others v Turkey, Appl. Nos. 71/1997/855/1062–1064, Judgment 23 September 1998.

the authorities with special problems…"[960] oder „the Court […] took into account in particular the unquestionably serious problem"[961]. Mit diesen Zugeständnissen kann die Türkei jedoch nicht die Rechtmäßigkeit der Derogation begründen.

Bei der Epitrope wird etwas vorläufig und nur zum Schein eingeräumt.[962] Auch dies dient meist der Berücksichtigung der unterliegenden Partei, um ihr die Hinnahme der Entscheidung zu erleichtern. Damit ähnelt die Epitrope sehr dem Apologismus. Der Unterschied besteht darin, dass beim Apologismus ein Tatbestandsmerkmal tatsächlich eingestanden wird, während bei der Epitrope eine gegenteilige, dem Kläger günstige Rechtsauffassung[963] vorab dargestellt und sodann abgelehnt wird. Andere wiederum gehen von einem Gleichlauf von Epitrope und Apologismus aus, womit die Epitrope einen anderen Gehalt erhält, nämlich das Anheimstellen an den Adressaten.[964] Mit Hilfe der Handlungsfiguren will diese Arbeit die Wirkung der Entscheidungsbegründungen analysieren. Apologismus und Epitrope haben denselben Effekt; beide arbeiten auf die Hinnahmefähigkeit der Entscheidung hin, weshalb Apologismus und Epitrope in der Schutzklauselrechtsprechung nicht getrennt untersucht werden.

Bei der Paralipse – in der Rechtswissenschaft in Gestalt eines obiter dictum – wird in einer Entscheidung die Behauptung aufgestellt, dass es auf etwas nicht ankommt, und trotzdem darauf eingegangen. Dies dient meist der Unterstützung der tragenden Begründung[965] und kann für die Hinnahmefähigkeit förderlich sein. Ein Beispiel für eine allgemeine paraliptische Wendung ist „…gar nicht zu reden von XY", wobei im Anschluss eine Beschreibung desselben erfolgt.[966]

---

960 ECtHR, Case of Demir and others v Turkey, Appl. Nos. 71/1997/855/1062–1064, Judgment 23 September 1998, § 41.

961 ECtHR, Case of Demir and others v Turkey, Appl. Nos. 71/1997/855/1062–1064, Judgment 23 September 1998, § 50.

962 *Gräfin von Schlieffen*, in Lerch (Hrsg.), Die Sprache des Rechts Band 2, S. 405–448 (444).

963 *Gräfin von Schlieffen*, in Lerch (Hrsg.), Die Sprache des Rechts Band 2, S. 405–448 (444).

964 *Burton*, Silva Rhetoricae: The Forest of Rhetorics, online abrufbar unter URL: http://rhetoric.byu.edu/, Stichwort epitrope [05.07.2017].

965 *Gräfin von Schlieffen*, in Lerch (Hrsg.), Die Sprache des Rechts Band 2, S. 405–448 (444).

966 Beispiel nach dem ausführlichen Definitionskatalog rhetorischer Figuren in *Sobota*, in Benkert/Kepplinger/Sobota (Hrsg.), Psychopharmaka im Widerstreit, vgl. den Anhang auf S. 202ff. (207).

b) Gewähren von Spielräumen

Eine besondere Form von rhetorischen Zugeständnissen stellt im öffentlichen Recht das Gewähren von Spielräumen dar. Auch diese haben die oben beschriebene „Ja, aber – Struktur" eines Apologismus und einer Epitrope, wenn die Entscheidung trotz des Spielraums zu Lasten der Partei ausgeht, der ein Spielraum gewährt wurde.

Das Gewähren von Spielräumen hat unterschiedliche Effekte. Einerseits stärkt die judikative Zurückhaltung die Autonomie der Exekutive.[967] Andererseits stärkt die judikative Zurückhaltung die Exekutive nur scheinbar, wenn es trotz des Spielraums zur Rechtswidrigkeit der behördlichen Entscheidung kommt. Wird das Gewähren von Spielräumen musterhaft eingesetzt und kommt es kontinuierlich trotzdem zur Rechtswidrigkeit, so kann das Gewähren des Spielraums als nur rhetorisch betrachtet werden. Das Gewähren eines Spielraums hat dann eine Beschwichtigungsfunktion, die sich positiv auf die Akzeptanz des Urteilsspruchs auswirkt.[968]

c) Offenlassen von Fragen

Auch das Offenlassen von Fragen – auch Judicial Minimalism, Judicial Economy genannt – kann als rhetorisches Stilmittel betrachtet werden. Im Unterschied zur Paralipse werden Fragen aufgeworfen, aber nicht entschieden, weil es nicht auf eine Entscheidung ankommt. Auch wenn dies für die Parteien, die Zeit und Geld und Mühe in ihre Argumentation gesteckt haben,[969] auf der einen Seite nicht zufriedenstellend sein mag, verhindert es gleichzeitig auf der anderen Seite, dass der Entscheider Stellung bezieht und sich damit einer Partei zuwendet. Die Parteien sind so eher geneigt, ein Urteil zu befolgen.[970] Außerdem wird in Fällen, in denen dritte Parteien intervenieren, auch deren Identifikation mit der internationalen Organisation geschont.[971]

---

967 *Bullinger*, JZ 1984, 1001–1009.
968 Für den margin of appreciation des EGMR vgl. *Baade*, Der EGMR als Diskurswächter, S. 177f.
969 *Davey* in Cottier/Mavroidis (Eds.), The Role of the Judge in International Trade Regulation, pp. 43–79 (71).
970 So *Davey*, Journal of International Economic Law Vol. 4 No. 1 (2001), 79–110.
971 *Busch/Pelc*, International Organization Vol. 64 No. 2 (2010), 257–279 (257): „politically appease wider WTO membership".

Das Offenlassen von Fragen geht manchmal sogar so weit, dass eine sehr komplexe Frage offen gelassen wird, obwohl sie eigentlich entschieden werden müsste (false judicial economy[972]). Gerichte weichen an schwierigen Stellen so der inhaltlichen Auseinandersetzung aus.[973] Es wird sich dann damit beholfen, dass ein Ergebnis jedenfalls[974] von einer anderen Begründung getragen würde.

Zum Offenlassen von Fragen gibt es auf internationaler Ebene Forschung unter dem Stichwort „Judicial Economy"; in der Integrationsforschung unter dem Stichwort „Judicial Minimalism". Die Forschung zur sog. Judicial Economy bezieht sich vor allem auf WTO Rechtsprechung;[975] sowohl auf Panel- als auch auf Appellate Body-Ebene.[976] Dabei ergäbe eine strenge Interpretation des Art. 17.12 DSU[977], dass auf Revisionsebene judicial economy unzulässig wäre,[978] was das Argument verstärkt, dass diesen Stilmitteln eine rhetorische Wirkung zukommen soll.

Der sog. Judicial Minimalism geht auf Cass Sunstein zurück.[979] Sunstein zeigt anhand der US-amerikanischen Verfassungsrechtsprechung, wie eine zurückhaltende Rechtsprechung sowohl die Begründungstiefe („substantial minimalism") als auch die Reichweite der Entscheidung („procedural minimalism") betreffend förderlich für die Integration durch eine Verfassung sein kann.[980] Seine Idee wird im Rahmen der Forschung zur „Integration durch Verfassung" immer wieder aufgegriffen und fortentwickelt. Für

---

972 So nennt es der Appellate Body in WTO Document WT/DS18/AB, para. 223, Australia – Salmon [07.06.2016].

973 *Lyra*, ARSP Beiheft 99 (2004), 50–64 (62).

974 Zur Jedenfalls-Konstruktion allgemein vgl. *Gräfin von Schlieffen*, JZ 2011, 109–116 (110).

975 *Alvarez-Jimenez*, Journal of International Economic Law Vol. 12 No. 2 (2009), 393–415; *Bohanes/Sennekamp*, in Sacerdoti/Yanovich/Bohanes (Eds.), The WTO at Ten, pp. 424–449 (424); *Busch/Pelc*, International Organization Vol. 64 No. 2 (2010), 257–279.

976 Zur Appellate Body-Ebene *Alvarez-Jimenez*, Journal of International Economic Law Vol. 12 No. 2 (2009), 393–415.

977 Art. 17.12 DSU: „The Appellate Body shall address each of the issues raised...", online abrufbar unter URL: https://www.wto.org/english/res_e/booksp_e/analytic_index_e/dsu_07_e.htm [07.06.2016].

978 Erstmalig in Appellate Body Report, WT/DS267/AB/R, 3 March 2005, US – Upland Cotton, vgl. auch den Analytical Index, para. 891, online abrufbar unter https://www.wto.org/english/res_e/booksp_e/analytic_index_e/dsu_07_e.htm, [07.06.2016].

979 *Sunstein*, Legal Reasoning and Political Conflict; *ders.*, One Case at a Time.

980 Einen guten Überblick gibt *Brodocz*, Judikativer Minimalismus, Kritische Justiz 41 (2008), 178–197.

die Analyse einer Integration durch Schutzklauseln hilfreich ist die Grundannahme, dass sich eine zurückhaltende Rechtsprechung positiv auf deren Akzeptanz auswirkt.

d) Doppelte Begründungen

Juristische Argumentation neigt außerdem dazu, wichtige Weichenstellungen doppelt zu begründen.[981] Doppeltes Begründen steht auf den ersten Blick im Widerspruch zum Offenlassen von Fragen. Dennoch ist beides bei der Rechtsanwendung zu beobachten. Wo ein Argument heikel ist, wird nicht dazu Stellung genommen. Muss Stellung bezogen werden, ergibt es Sinn, die bezogene Stellung mit weiteren Argumenten zu fundieren. Dies macht es leicht, Argumente aller Beteiligten zu hören, diese aber darauf zu verweisen, dass es auf die eine Begründung gar nicht so stark ankommt, weil die jeweils andere Begründung ohnehin zum gefundenen Ergebnis führt. Doppelte Begründungen sind auch auf der internationalen Ebene, z. B. vor den Straßburger Organen, zu finden.[982] Doppelte Begründungen können sich als akzeptanzförderlich erweisen und sich so positiv auf den Vertragsbestand auswirken.

Doppelte Begründungen weisen eine Verwandtschaft zur Form des falschen Offenlassens von Fragen auf, wenn zu einer Frage Stellung genommen wird, obwohl zuvor festgestellt wurde, dass diese gerade nicht entscheidungserheblich ist. In beiden Fällen geht der Spruchkörper über das zur Entscheidung des Falles Notwendige hinaus. Solche Fälle werden unter dem Stichwort „judicial activism" diskutiert oder als obiter dictum bezeichnet. In der Literatur werden obiter dicta verschiedene Wirkungen zugeschrieben. Neben der Vorbereitung von künftigen Rechtsprechungsänderungen wird zum Teil eine befriedende Wirkung für die aktuellen Parteien und eine prozessvermeidende Wirkung für künftige Prozesse angenommen.[983] Denjenigen, die auf die positiven Effekte der obiter dicta hinweisen, fällt es schwer, solche nachzuweisen. Die Annahme, dass obiter

---

981 In der Rhetorik amplificatio ad faciendam fidem = Erweiterung zur Erzielung von Glaubwürdigkeit, vgl. *Gräfin von Schlieffen*, in Lerch (Hrsg.), Die Sprache des Rechts Band 2, S. 405–448 (445).

982 Yearbook of the European Convention on Human Rights 1969, „The Greek Case", pp. 104, 135–136, 148–149.

983 *Köbl*, JZ 1976, 752–756 (754ff.).

dicta eine befriedende Wirkung zukommt, ist zwar bislang nicht belegt, aber eine plausible Alltagstheorie.[984]

Alle hier verwendeten Handlungsfiguren haben gemeinsam, dass ihnen eine Konflikt neutralisierende Wirkung zukommt. Mit Hilfe der rhetorischen Analyse kann deshalb erklärt werden, inwiefern sich die Ausgestaltung der Entscheidungsbegründung positiv auf den Vertragsbestand auswirken kann.

C. Zusammenfassung: Integration durch Recht

Integration durch Recht lässt sich mittels einer Beschreibung des Konfliktbearbeitungsmechanismus Recht erklären. Das herausgearbeitete Bild rechtlicher Konfliktbearbeitung zeigt Elemente des Rechts, die konfliktreduzierendes Potential haben. Diese Elemente wirken sich günstig auf die drei Schritte des völkerrechtlichen Integrationsprozesses Vertragsschluss, -bestand und -vertiefung aus. Die Wirkung ergibt sich aus dem schwer vorhersehbaren Zusammenspiel der Elemente rechtlicher Konfliktbearbeitung und ist insofern tatsächlich rechtlich veranlasst, indem sie sich aus der rechtlichen Konfliktbearbeitung ergibt.

I. Integration *durch* Recht

Es wurde gezeigt, dass Integration *durch* Recht über Bindeglieder – v.a. Neutralisierung und Autonomie – stattfindet. Die Beschreibung rechtlicher Konfliktbearbeitung zeigt auf, welchen Elementen rechtlicher Konfliktbearbeitung eine neutralisierende Wirkung zukommt und welche Ausdruck der Autonomie des Rechts sind.

Integration findet durch die bloße Existenz von Rechtsnormen, aber vor allem durch deren Anwendung statt, wobei sich die Beschreibung der Rechtsanwendung weiter in die Beschreibung der Entscheidungsbedingungen und der Entscheidungsbegründung aufsplitten lässt.

---

984 Zu den Schwierigkeiten bei der Ermittlung der Wirkungen von obiter dicta s. *Köbl*, JZ 1976, 752–756 (754).

1. Integration durch die Entscheidungsbedingungen

Als Entscheidungsbedingungen wurden Normen, Institutionen und Verfahren gebündelt. Es konnte gezeigt werden, dass allein schon die Existenz von Normen eine konfliktneutralisierende und damit integrative Wirkung entfalten kann. Das Konzept der symbolischen Integration gibt eine theoretische Erklärung für die integrative Wirkung von Rechtsnormen ab. Mit der Beschreibung des Rechts als kognitives Raster und als Speicher wurde auf die in die Zukunft wirkende integrative Wirkung von Rechtsnormen hingewiesen.

Das Rechtsverweigerungsverbot kann die Verselbständigung des Rechts in Form von Rechtsfortbildung auslösen. Dieser Effekt wird von der Persönlichkeit der Entscheider verstärkt. Die Folge ist eine implizite Vertragsvertiefung. Gleichzeitig erleichtern das Rechtsverweigerungsverbot und das Verbot der anlasslosen Äußerung die Hinnahmefähigkeit der Entscheidung, so dass der Vertragsbestand – sogar in erweitert ausgelegter Form – Bestand hat.

Eine rechtliche Entscheidung ist durch das Verfahren bestimmt, in der sie entsteht. Im rechtlichen Verfahren wird ein aus der Wirklichkeit herausgelöster Konflikt nach formalisierten Regeln entschieden. Diesem Vorgang wurde eine neutralisierende Wirkung attestiert. Wird eine Entscheidung durch mehrere neutrale Personen getroffen und ist eine Abweichung von Mitgliedern des Entscheidungsgremiums möglich, führt dies zu einer noch differenzierteren Konfliktbearbeitung. Die differenzierte Verarbeitung sämtlicher Positionen erleichtert die Hinnahmefähigkeit der Entscheidung. Beides wirkt sich günstig auf den Vertragsbestand aus.

Durch den illustrierten Gedanken der Aktualisierung von Smend lässt sich begründen, wie eine Aktualisierung des Konflikts die beschriebenen Wirkungen verstetigen kann.

2. Integration durch die Entscheidungsbegründung

Die Entscheidungsbegründung lässt sich unter den Gesichtspunkten juristische Sprache und Argumentation analysieren. Die Rechtssprache und die typisch juristische Argumentation neutralisieren den Konflikt. Es konnten einige Merkmale der Rechtssprache als Fachsprache festgestellt werden, die einen versachlichenden Charakter aufweisen. Zudem wurde die These aufgestellt, dass diese Versachlichung dadurch besonders effizient ist, dass die juristische Fachsprache der Alltagssprache entlehnt ist. Juristische Argumentation weist in ihrer Struktur Besonderheiten auf, die mit Hilfe der rhetorischen Rechtstheorie herausgearbeitet wurden. Diese Besonderheiten haben ebenfalls neutralisierende Effekte. Hervorgehoben werden sollen zum einen die Darstellung der Herstellung als syllogistisch, zum anderen die Stilfiguren, die als juristische Konfliktvermeidungsstrategien eingeordnet wurden. Im Einzelnen sind dies vor allem das Gewähren von Spielräumen, doppelte Begründungen, das Offenlassen von Fragen und obiter dicta. Der Ausgestaltung der Entscheidungsbegründung wurde deshalb eine den Vertragsbestand fördernde Funktion zugeschrieben.

II. Die Suggestivkraft des Rechts

Den Nachbarwissenschaften können nicht nur Beschreibungen des Rechts entlehnt werden. Andere Disziplinen erkennen die Eigenlogik, Eigengesetzlichkeit bzw. interne Logik des Rechts an und operieren sogar zum Teil mit dieser. Bei genauerem Hinsehen erfolgt jedoch keine inhaltliche Beschreibung, was genau den rechtlichen Kontext darüber hinaus von anderen Kontexten unterscheidet, als dass er anders sei. Zu verschlossen ist „das Recht". Interessant ist, dass die Eigenlogik nicht in Frage gestellt wird. Zum Teil bekommt man als Antwort, dass die Eigenlogik in den Prinzipien und Kohärenzregeln liege. Dabei wird zwischen den Rechtsnormen und den Rechtsanwendern differenziert. Denn es seien streng genommen nicht die Normen, sondern die Anwender, die aus dem Recht Prinzipien und Kohärenzregeln entwickeln. Wird nur vom Recht als Ganzem gesprochen, wird diese Tatsache verdeckt und es sieht so aus, als produziere das Recht – also die Normen usw. – selbst jene Regeln.

Würde man „dem Recht" absprechen, tatsächlich eine interne Logik aufzuweisen, selbst dann würde es seine ihm auch von den Nachbarwissenschaften zugeschriebene Wirkung der Objektivierung und Neutralisierung nicht einbüßen. Manchmal genügt es nämlich, wenn eine Zuschreibung erfolgt. Ähnlich wie beim Konzept der self-fulfilling prophecy kann das Recht die Rolle erfüllen, die ihm zugeschrieben wird. Die Ursachen für die Funktion des Rechts müssen nicht zwangsläufig in den Besonderheiten des Rechts begründet sein. Es genügt die Zuschreibung. Denjenigen, die eine Eigenlogik ablehnen oder einige der beschriebenen Besonderheiten des Rechts bezweifeln, kann man somit entgegenhalten, dass das Recht auch im Fall einer Negation der Besonderheiten durch die Fremdzuschreibungen seine Funktion nicht einbüßt.

D. Tatsächliche Voraussetzungen

Bisher sind die Eigenschaften des Rechts thematisiert worden, die einen völkerrechtlichen Vertrag – die Form der rechtlichen Integration von Staaten – begünstigen. Diese Annahme ist jedoch voraussetzungsreich. Im Fokus der Analyse standen die beobachtbaren Vorgänge innerhalb der rechtlichen Sphäre, die zu einem Rechtsspruch führen. Es wurde beschrieben, wie es zu einer Entscheidung kommt und wie sie gestaltet ist. So macht die Beschreibung die wenig beachteten Mechanismen sichtbar und ergänzt die Wirkungsforschung der judicial impact bzw. implementation studies[985], die den außergerichtlichen Bereich beobachten, d.h. untersuchen, wie die rechtliche Entscheidung die politische Sphäre beeinflusst.[986] Der hier angestoßene Ansatz zur Integration *durch* Recht ist einer solchen Wirkungsforschung vorgelagert. Dennoch könnten die beobachteten Mechanismen ihre Wirkung nicht ohne die von der nachgelagerten Wirkungsforschung untersuchten Bedingungen entfalten.

Die Normen völkerrechtlicher Verträge ordnen Konflikte auf rechtlicher Ebene, die sonst durch politische Mechanismen, wie z. B. internationale Verhandlungen etc., gelöst werden müssten. Wenn danach gefragt wird, inwiefern sich Schutzklauseln integrativ, d.h. positiv auf Vertragsschluss, Vertragsbestand und Vertragsvertiefung auswirken, so stehen dahinter letztlich doch die politischen Handlungsführer, die darüber entscheiden, ob es zu einem völkerrechtlichen Vertrag kommt (Vertragsschluss) und ob dieser tatsächlich nicht gekündigt wird (Vertragsbestand). Zudem müssen sie die Reichweite des Vertrages (Vertragsvertiefung) umsetzen.

Damit sich ein Einfluss rechtlicher Konfliktbearbeitung auf die Parteien – im Schutzklauselfall stehen vor allem die Staaten im Vordergrund – ergeben kann, müssen die Staaten erstens mit der rechtlichen Konfliktbearbeitung in Berührung kommen, zweitens vom Ergebnis der rechtlichen Konfliktbearbeitung Kenntnis nehmen und drittens ihre Handlungen vom Ergebnis leiten lassen. Ohne diese drei Voraussetzungen bleiben die Annahmen von den Auswirkungen rechtlicher Konfliktbearbeitung notwendigerweise theoretisch. Eine empirische Überprüfung ist an dieser Stelle nicht

---

985 *Keck/Strother*, in Oxford Research Encyclopedia of Politics, Judicial Impact, online abrufbar unter URL: http://politics.oxfordre.com/view/10.1093/acrefore/978 0190228637.001.0001/acrefore-9780190228637-e-103?print=pdf [18.07.2017].

986 Vgl. dazu *Gawron/Rogowski*, in van Ooyen/Möllers (Hrsg.), Handbuch BVerfG im politischen System, S. 153–168.

möglich und auch dem Sachverstand von Experten der judicial impact bzw. implementation studies überlassen; es sollen nur die Voraussetzungen nachgezeichnet werden, die zu überprüfen wären. Darüber hinaus gibt es sich aus der rechtlichen Analyse der Entscheidungsbegründung ergebende Hinweise darauf, dass die Spruchpraxis zur Kenntnis genommen wird, die in diesen Studien nicht im Fokus des Interesses stehen.

I. Gebrauchmachen von juristischer Konfliktbearbeitung

Damit die dem institutionellen Design und der Ausgestaltung des Verfahrens zugeschriebenen Wirkungen tatsächlich entstehen können, müssen die Parteien auch tatsächlich vom Prozess rechtlicher Konfliktbearbeitung Gebrauch machen. Hier liegt eine umfangreiche Studie Zangls[987] vor: Im Gegensatz zu anderen Studien fragt diese nicht nach einer Judizialisierung der Streitverfahren auf internationaler Ebene, sondern sucht gleichwertig nach einer Judizialisierung des Streitverhaltens der Parteien. Denn nur wenn die internationalen Streitverfahren auch in Anspruch genommen werden, kann man von einer internationalen Rechtsherrschaft sprechen. Zangl kommt zu dem Ergebnis, dass die internationale Judizialisierung zwar uneinheitlich ist, aber immerhin im menschen-[988] und wirtschafts-rechtlichen[989] Bereich hoch bzw. sehr hoch ausgeprägt ist. Nun ist es nicht Ziel dieser Arbeit, ihre theoretischen Annahmen empirisch zu unterlegen. So reicht auch der Befund der Studie noch nicht aus. Welche Auswirkungen die rechtliche Konfliktbearbeitung hat, kann nur durch Befragung der Beteiligten erhoben werden, wobei auch diese Methode Grenzen ausgesetzt ist, weil es keinen Vergleich zum selben Fall ohne rechtliche Konfliktbearbeitung gibt.

II. Kenntnisnahme vom Produkt rechtlicher Konfliktbearbeitung

Für die Wirkungen der Entscheidungsbegründungen ist es von Bedeutung, ob und in welchem Umfang die Parteien tatsächlich von der Spruch-

---

987 *Zangl* (Hrsg.), Auf dem Weg zu internationaler Rechtsherrschaft?.
988 *Blome/Kocks*, in Zangl (Hrsg.), Auf dem Weg zu internationaler Rechtsherrschaft?, S. 229–266.
989 *Helmedach*, in Zangl (Hrsg.), Auf dem Weg zu internationaler Rechtsherrschaft?, S. 71–118.

praxis Kenntnis nehmen. Die Analyse der Schutzklauselspruchpraxis spricht dafür, dass die Parteien von der Spruchpraxis Kenntnis nehmen. So konnte zum einen festgestellt werden, dass es vor dem EGMR keine Verfahren wegen Nichtbefolgungen der Schutzklauselurteile gab. Zum anderen wurden die seitens des EGMR festgestellten Verstöße gegen die Verhältnismäßigkeit immer geringer.[990] Auch die Compliance Raten und die geringe Zahl an Nichtbefolgungsfällen allgemein weisen in diese Richtung.[991] Aber selbst wenn die Parteien als Adressaten der Spruchpraxis keine Kenntnis nehmen sollten, so wirkt die Spruchpraxis auf alle anderen Vertragsparteien, die Kenntnis nehmen.

Ob die sprachliche Gestaltung wirklich planvoll oder zufällig geschehen ist, kann die rechtsrhetorische Analyse nicht feststellen.[992] So ist die rhetorische Rechtstheorie beispielsweise für die Gestaltung deutscher Urteile der Auffassung, dass der Stil durch Imitation – also unbewusst – zustande kommt. Dieser Befund ist aber nicht schädlich. Die Wirkung des Textes, ob gezielt so gestaltet oder nicht, ist gleichbleibend.

Die Aussagen, die die rhetorische Rechtstheorie zu den Wirkungen der Figuren macht, ließen sich nur mit Hilfe des sog. funktional-pragmatischen Ansatzes der Figurentheorie stützen.[993] Doch dieser steht anders als der logisch-strukturale Ansatz vor der Schwierigkeit, dass sich die Wirkung rhetorischer Figuren nicht theoretisch, sondern nur empirisch untersuchen lässt.[994] Ob die gefundenen rhetorischen Figuren tatsächlich bei den Parteien die zugeschriebene Wirkung entfalten, bedürfte weiterer Forschung. Fest steht jedenfalls, dass die Wirkung der Entscheidungsbegrün-

---

990 ECtHR, Case of Demir and others v Turkey, Appl. Nos. 71/1997/855/1062–1064, Judgment 23 September 1998, §§ 49ff. unter Bezugnahme auf ECtHR, Case of Aksoy v Turkey, Appl. No. 21987/ 93, Judgment 18 December 1996.

991 *Dothan*, University of Chicago Public Law & Legal Theory Working Paper, No. 358 (2011), pp. 115ff. (119ff.), online abrufbar unter URL: http://chicagounbou nd.uchicago.edu/cgi/viewcontent.cgi?article=1173&context=public_law_and_le gal_theory [22.05.2017]. Die genauen Zahlen finden sich in den Statistiken des Committee of Ministers, das für die Überwachung der Umsetzung zuständig ist. Diese sind online abrufbar unter URL: http://www.coe.int/en/web/execution/sta tistics [29.05.2017].

992 Dazu *Johnston*, Die rhetorische Architektur erstinstanzlicher Strafentscheidungen, S. 38f.

993 *Knape*, in Ueding (Hrsg.), Historisches Wörterbuch der Rhetorik, Band 2, Stichwort Figurenlehre, unter C. II.

994 *Knape*, in Ueding (Hrsg.), Historisches Wörterbuch der Rhetorik, Band 2, Stichwort Figurenlehre, unter C. II. 2.

dungen, ob intendiert oder nicht, dann ausfiele, wenn sie als bloße Rhetorik enttarnt würde.

III. Umsetzung der Spruchpraxis

Um eine Wirkung der Rechtsprechung auf die politischen Handlungsträger zu begründen, kommt es darauf an, nicht nur eine Kenntnisnahme, sondern auch ein Handeln auf Grund der Spruchpraxis festzustellen. Für die Überwachung der Umsetzung der EGMR-Urteile ist das Ministerkomitee zuständig, Art. 46 II 2. HS EMRK. Der DSB überwacht die von ihm angenommenen Berichte des Appellate Body, Art. 21 VI 1 DSU. Auffassungen des Menschenrechtsausschusses über Individualbeschwerden sind nicht verbindlich, Art. 5 IV 1. ZP zum IPbpR. Beim EuGH ergibt sich die Verbindlichkeit der Urteile aus Art. 260 I AEUV. Die Einhaltung wird durch die Europäische Kommission überwacht. Insofern wäre die Auswertung der Dokumente des Ministerkomitees, des DSB und der Kommission notwendig. Da es der Arbeit lediglich darum geht, aufzuzeigen, dass die Spruchpraxis wahrgenommen wird, soll auf einige Studien zurückgegriffen werden, die sich mit dem Thema Compliance beschäftigen. Generell ist trotz fehlender Sanktionsmöglichkeiten ein hohes Maß an Compliance zu verzeichnen:[995]

Die Studie Zangls ist auch ein praktisches Argument, weil sie sich damit beschäftigt, inwiefern die Rechtsprechung genutzt und beachtet wird.[996] Denn sie enthält u.a. zwei Einzelstudien für den wirtschafts- und menschenrechtlichen Bereich. Die Studie von Helmedach zu Judizialisierungsprozessen im Handelsbereich kommt zu dem Ergebnis, dass ein durchgehend getreuer Streitverlauf zu- und ein missachtender Streitverlauf abnimmt.[997] Blome/Kocks[998] stellen für Judizialisierungsprozesse im Men-

---

995 Zur Compliance of International Adjucation vgl. *Ginsburg/McAdams*, William and Mary Law Review Vol. 45 (2004), 1229–1339, die selbst eine spieltheoretische Erklärung abgeben.

996 *Helmedich/Mondré/Zangl*, in Zangl (Hrsg.), Auf dem Weg zu internationaler Rechtsherrschaft?, S. 37 – 70 (52f., 65f.), die die Analyse der Judizialisierung des Streitverhaltens in Beschwerde, Entscheidung, Umsetzung und Durchsetzung aufschlüsseln.

997 S. die zusammenfassende Abbildung 3.1 in Zangl (Hrsg.), Auf dem Weg zu internationaler Rechtsherrschaft?, S. 71–118 (101).

998 In Zangl (Hrsg.), Auf dem Weg zu internationaler Rechtsherrschaft?, S. 229–266 (256f.).

schenrechtsbereich fest, dass sich die Beschwerdeadressaten über alle Phasen eines Streitfalls hinweg überwiegend verfahrenstreu verhalten. Für den Menschenrechtsbereich gibt es eine weitere Compliance Studie von Hawkins und Jacoby[999]. Auch diese Studie zeigt, dass die Urteile des EGMR Beachtung finden. Unabhängig davon, wie hoch die Compliance Rate ist, kann mit Hilfe dieser Studien gezeigt werden, dass die Spruchpraxis der internationalen Spruchkörper nicht ins Leere geht, sondern beachtet und auch umgesetzt wird.

Die impliziten Vertragsvertiefungen können die Staaten nur dann erreichen, wenn diese sich nicht dagegen wehren (können). Dafür stehen Ihnen theoretisch verschiedene Wege zur Verfügung:[1000] Austritt aus dem gesamten Vertrag, (soweit möglich) Zurücknehmen der Unterwerfungserklärung, Ignorieren der Rechtsprechung, Missachten der Rechtsprechung usw. In einigen Fällen sind diese Möglichkeiten schon durch das Vertragsregime eingeschränkt, etwa wenn die Jurisdiktion des Spruchkörpers für alle Mitglieder obligatorisch ist. Faktisch lassen sich diese Möglichkeiten zudem auf Grund der hohen (politischen) Kosten kaum realisieren. Daneben existieren noch weitere weiche Einflussmöglichkeiten auf den internationalen Spruchkörper, z. B. das Budget oder die Entsendung der Mitglieder betreffend,[1001] die hier außen vor bleiben sollen, weil sie die Wirkung der Vertragsvertiefungen nur indirekt und für die Zukunft beeinflussen können. Bei den hier untersuchten Vertragsregimen haben die impliziten Vertragsvertiefungen eine hohe Durchschlagskraft.[1002] Denn es handelt sich um multilaterale Verträge mit vielen Mitgliedern, was eine (einstimmige) Änderung der Verträge quasi unmöglich macht. Die politischen und ökonomischen Kosten für den Austritt aus der WTO und der EU sind kaum bezifferbar.[1003] Die politischen Kosten für Kündigung von EMRK und IPbpR mögen länderspezifisch variieren und geringer sein.

---

999 Journal of International Law and International Relations Vol. 6 (2010–2011), 35–85.

1000 Zu den „Strategic Limits on Judicial Lawmaking" vgl. *Ginsburg*, Virginia Journal of International Law Vol. 45 No. 3 (2004–2005), 631–673 (656ff.).

1001 Dazu *Ginsburg*, Virginia Journal of International Law Vol. 45 No. 3 (2004–2005), 631–673 (665ff.).

1002 *Ginsburg*, Virginia Journal of International Law Vol. 45 No. 3 (2004–2005), 631–673 (671f.) spricht von „lawmaking power".

1003 Der sich in der Vorbereitung befindende EU-BREXIT stellt insofern eine historische Ausnahme dar, dessen Kosten noch nicht abschätzbar sind.

§ 4 Anwendung der theoretischen Überlegungen: Integration durch Schutzklauseln

In diesem Kapitel wird aufbauend auf der allgemeinen Beschreibung einer Integration durch Recht (§ 3) untersucht, ob sich auch aus der Analyse der Entscheidungsbedingungen und -begründungen der Schutzklauselspruchpraxis integrative Wirkungen für den völkerrechtlichen Vertrag ableiten lassen. § 4 führt damit wie angekündigt die Ergebnisse aus der Analyse des Schutzklauselmaterials (§ 2) mit den theoretischen Erwägungen zur Integration durch Recht (§ 3) zusammen. So sollen die Ergebnisse aus der Analyse belegt und die Fragen beantwortet werden, die nach der Analyse des Schutzklauselmaterials offen geblieben sind. Um Redundanzen zu vermeiden, ist dieser Abschnitt möglichst knapp gehalten. Es ist deshalb empfehlenswert, bei Bedarf auf die passenden Abschnitte in §§ 2 und 3 zurückzugreifen.

A. Deskriptive Analyse rechtlicher Konfliktbearbeitung in Schutzklauselverfahren

Auch die Konfliktbearbeitung im Rahmen von Schutzklauselverfahren ist durch bestimmte Entscheidungsbedingungen determiniert und weist in ihren Entscheidungsbegründungen Besonderheiten auf.

I. Entscheidungsbedingungen: Schutzklauselnorm, Spruchkörper und Verfahren

Die Entscheidung der über die rechtmäßige Inanspruchnahme entscheidenden Spruchkörper ist durch die Schutzklausel, das institutionelle Design des Spruchkörpers und das Verfahren bestimmt, in dem die Entscheidung entsteht.

1. Schutzklauselnormen

Bei der Entwicklung und Beschreibung der Analysekategorien wurde deutlich, dass Normen bei ihrer Anwendung, aber auch ohne ihre Anwendung eine integrative Wirkung entfalten können. Dafür verantwortlich sind unabhängig von der konkreten Ausgestaltung einer Rechtsnorm Eigenschaften, die Rechtsnormen gemeinsam haben. Die Übertragung der für Rechtsnormen herausgearbeiteten Eigenschaften auf die Schutzklauseln zeigt, dass diese Eigenschaften bei den Schutzklauseln besonders stark ausgeprägt sind.

a) Die textliche Ausgestaltung von Schutzklauseln

Bei der Anwendung der Rechtsnorm wird ihre sprachliche Form relevant. Die für Rechtsnormen typische nüchterne und abstrakte Gesetzessprache zeigt sich bei allen Schutzklauseln. Aus wirtschaftlichen und politischen Konflikten wird ein abstrakter „Ausnahmezustand". Insbesondere die menschenrechtlichen Schutzklauseln Art. 4 IPbpR und Art. 15 EMRK sind mit der Beschreibung „oder ein anderer öffentlicher Notstand" sehr neutral. Bei der Subsumtion unter diesen Passus wird der Konflikt neutralisiert. Dies führt dazu, dass die Parteien eher am Vertrag festzuhalten bereit sind. Eine Kündigung des Vertrags wird weniger wahrscheinlich und der Vertragsbestand gefördert. Diese Schlussfolgerung ist zugebenermaßen sehr theoretisch und empirisch nicht greifbar. Sie wird aber in der Zusammenschau mit den Merkmalen Abstraktheit, Verschriftlichung und (In-) Variabilität greifbarer.

Die Abstraktheit von Rechtsnormen findet in Schutzklauseln eine solche Ausprägung, dass sie in Vagheit übergeht. Die Vagheit der Schutzklauseln erzwingt so die Rechtsfortbildung.[1004] Für Art. XIX GATT heißt es etwa: „Art. XIX GATT is extraordinarily oblique, even for GATT language, and interpretations of it are often explainable only by reference to the historical developments of the language and practice under it."[1005] Insofern sind etwaige implizite Vertragsvertiefungen schon in der Rechtsnorm angelegt.

1004 *Milej*, Entwicklung des Völkerrechts, S. 305ff. und S. 640, These 4.
1005 *Jackson*, World Trade and the Law of GATT, p. 557.

b) Pfadabhängigkeit durch Schutzklauseln

Auch Schutzklauseln schaffen eine Pfadabhängigkeit. Eine einmal aufgenommene Schutzklausel wird zum Ausgangspunkt für alle weiteren Debatten um eine Änderung bzw. Abschaffung. Die Aspekte Verschriftlichung und Stabilität durch Invariabilität verstärken dies. Ein konkretes Beispiel für die Pfadabhängigkeit von Schutzklauseln ist, dass die Abschaffung von Schutzklauseln im Rahmen einzelner Politiken der EU dazu geführt hat, dass sie auch in anderen Politiken abgeschafft wurden.

Rechtsnormen zeichnen sich durch Verschriftlichung und eine gleichzeitige (In-) Variabilität aus. Die Invariabilität von Normen verhindert ein korrigierendes Eingreifen durch Rechtsetzung und führt zu einem höheren Anpassungsbedarf durch Rechtsprechung.[1006] Gerade Schutzklauseln sind besonders stabil. Eine einmal im Vertrag aufgenommene Schutzklausel unterliegt (de-facto als Völkergewohnheitsrecht) den Änderungsvorschriften der WVRK. Eine Änderung bzw. Abschaffung wäre daher sehr zeitintensiv. In der Praxis hat sich dies v.a. bei der Schaffung des Safeguard Agreements zu Art. XIX GATT gezeigt. Während solcher Aushandlungsprozesse kommt es weiter zu Anwendungsfällen, die die Debatte weiter anfachen und verkomplizieren, so dass eine Änderung immer weiter in die Zukunft rückt. Das einmal erreichte Integrationsniveau bleibt erhalten. Mehr noch, kommt es im Rahmen der Spruchpraxis zu einer extensiven Auslegung durch die Spruchkörper, so wäre dies nur durch eine Vertragsrevision zu verhindern. Eine solche erfordert für den AEUV, die EMRK, den IPbpR und das GATT Einstimmigkeit, vgl. für den AEUV Art. 48 IV UA 2 EUV, für den IPbpR Art. 51 IPbpR, für die EMRK Art. 39ff. WVRK sowie für das GATT Art. X WTO-Ü i.V.m. der Anlage 1.[1007]

c) Schutzklauseln als Speicher

Schutzklauseln speichern Wissen über vergangene Konfliktsituationen. Die Menschenrechtsverträge beispielsweise sind Ergebnis der Erfahrungen des Zweiten Weltkrieges. Die Speicherfunktion ist Voraussetzung für die Funktion des Rechts als kognitives Raster. Die Speicherfunktion der Schutzklauseln wirkt sich günstig auf eine Vertragsvertiefung aus. Durch die Speicherfunktion kommt es in den Schutzklauseln über die Zeit mit

---

1006 *Milej*, Entwicklung des Völkerrechts, S. 640, These 5.
1007 Das GATT 1994 inkorpiert wiederum das GATT 1947, vgl. 1.a) GATT 1994.

jeder Anwendung zu einem impliziten Mehr. Sie macht eine implizite Vertragsvertiefung möglich.

d) Schutzklauseln als deutungsoffene Normen

Oben wurde erläutert, dass die Existenz von Normen Ausdruck einer symbolischen Integration sein kann. Grundvoraussetzung dafür ist ihre Deutungsoffenheit, damit eine Befürwortung aus unterschiedlichen Gründen möglich ist. Darüber hinaus muss die Deutungsöffnung auch stattfinden, d.h. die Norm muss unterschiedlich interpretiert werden. Der Tatbestand von Schutzklauseln ist sehr offen formuliert. Auch die Rechtsprechung belässt es durch das Einräumen von Spielräumen bei der Deutungsoffenheit, so dass eine Deutungsöffnung auch tatsächlich stattfinden kann.

Damit lässt sich argumentieren, dass die textliche Ausgestaltung sich positiv auf den Vertragsschluss ausgewirkt hat. Die Deutungsoffenheit und die Deutungsöffnung sind darüber hinaus günstig für den Vertragsbestand, da sie unterschiedliche Interpretationsmöglichkeiten zulassen. Die Deutungsöffnung ist Einfallstor und die Grundlage für Vertragsvertiefungen der Rechtsprechung.

2. Institutionen: Human Rights Committee, EGMR, Appellate Body und EuGH

Bei der Anwendung von Schutzklauseln durch internationale Spruchkörper ist insbesondere durch die Vagheit ihrer Formulierung Gelegenheit für die Integration *durch* Recht vorhanden; das erklärt allerdings noch nicht, warum diese Gelegenheit von den Institutionen auch genutzt wird.[1008] Es klingt zunächst auch plausibel, dass von den Mitgliedstaaten Entsandte gerade nicht prointegrativ entscheiden.[1009] Es soll daher ein Blick auf die institutionelle Ausgestaltung der internationalen Spruchkörper geworfen werden. Das Human Rights Committee, der EGMR, der Appellate Body und der EuGH entscheiden über die Rechtmäßigkeit der Inanspruchnahme der ausgewählten Schutzklauseln.

1008 So für den EuGH *Höpner*, Berliner Journal für Soziologie 21 (2011), 203–229 (206).

1009 *Höpner*, Berliner Journal für Soziologie 21 (2011), 203–229 (206).

a) Sozialisierung der Mitglieder

Dass es im Rahmen der Anwendung von Schutzklauseln durch die sie anwendenden Mitglieder der Institutionen zu einer impliziten Vertragsvertiefung kommen kann, fußt auf folgender dreiteiliger Überlegung:

Erstens sind alle Mitglieder der analysierten Spruchkörper Teilnehmer eines akademischen Diskurses.[1010] Aus den Lebensläufen lässt sich entnehmen, dass fast alle Mitglieder der Spruchkörper in den akademischen Kontext eingebunden sind, sei es als Professor oder Lecturer. Dadurch sind sie vertraut mit komplexen und abstrakten Argumenten, ganzen Gedankenkonstrukten.

Zweitens sind die Mitglieder der die Schutzklauseln anwendenden Institutionen mehrheitlich juristisch sozialisiert, auch wenn es sich nicht bei allen Spruchkörpern um internationale Gerichte handelt. Das Human Rights Committee setzt sich aus Personen zusammen, die über eine juristische Bildung verfügen, so ist es auch in Art. 28 II IPbpR vorgesehen, wo eine juristische Vorbildung als zweckmäßig empfunden wird.[1011] In der Praxis dominieren Völkerrechtsprofessoren bzw. Professoren des Öffentlichen Rechts, ergänzt um hohe Richter und Diplomaten.[1012] Im Jahr 2015[1013] waren zwei Drittel der Mitglieder Professoren.[1014] Im EGMR entscheiden vor allem hohe Richter und Professoren, vereinzelt auch Rechtsanwälte. 2015 waren von den insgesamt 47 Richtern[1015] 24 hohe Richter und 19 Professoren.[1016] Am EuGH richten mehrheitlich Professoren; eini-

---

1010 Vgl. die Kurzlebensläufe der Mitglieder der Spruchkörper, für das Human Rights Committee online abrufbar unter URL: http://www.ohchr.org/EN/HR Bodies/CCPR/Pages/Membership.aspx [29.12.2015]; für den Appellate Body unter URL: https://www.wto.org/english/tratop_e/dispu_e/ab_members_descr p_e.htm [29.12.2015]; für den EGMR unter URL: http://www.echr.coe.int/Pag es/home.aspx?p=court/judges&c=#n1368718271710_pointer [29.12.2015]; für den EuGH unter URL: http://curia.europa.eu/jcms/jcms/Jo2_7026/ [29.12.2015].

1011 *Petzhold*, Die „Auffassungen" des UN-Menschenrechsausschusses, S. 9.

1012 *Tomuschat*, Vereinte Nationen 5 (1981), 141–148 (141).

1013 UN Human Rights, Office of the Commissioner, http://www.ohchr.org/EN/H RBodies/CCPR/Pages/Membership.aspx [29.12.2015].

1014 UN Human Rights, Office of the Commissioner, http://www.ohchr.org/EN/H RBodies/CCPR/Pages/Membership.aspx [29.12.2015].

1015 Art. 20 EMRK, je ein Richter pro Vertragsstaat.

1016 European Court of Human Rights, Judes of the Court, online abrufbar unter URL: http://www.echr.coe.int/Pages/home.aspx?p=court/judges&c=#n1368718 271710_pointer [29.12.2015]. Zum Teil dual careers.

ge der Richter sind hohe Richter und nur wenige haben eine Karriere in der Exekutive oder als Anwalt absolviert.[1017] Der Appellate Body[1018] hingegen ist personell sehr breit aufgestellt; die Erfahrungsschätze der Mitglieder bilden einen „Cocktail"[1019] aus dem ganzen Spektrum aller Gewalten des internationalen Kontextes, sowohl aus Praxis als auch aus Wissenschaft. Von einer juristischen Sozialisierung kann hier nicht gesprochen werden.

Drittens grenzen sie sich von anderen Juristen dadurch ab, dass sie Teilnehmer eines internationalen Diskurses sind. Für den EuGH wird argumentiert, dass seine Richter eine gewisse Vorprägung und Selbstselektion aufweisen.[1020] Richter am EuGH werden nur die „Teilnehmer des europarechtlichen Diskurses"[1021], die als skeptisch gegenüber dem nationalen Souveränitätsgedanken, proaktiv und kreativ beschrieben werden. Dieser Gedanke lässt sich auch auf die anderen Spruchkörper übertragen, zumal es zum Teil sogar personelle Überschneidungen gibt. So waren Richter des EuGH bereits Richter am EGMR bzw. Mitglieder der Europäischen Kommission für Menschenrechte.[1022] Auch zwischen dem EGMR und dem Human Rights Committee gibt es Überschneidungen.[1023]

In § 3 der Arbeit wurden Vertragsvertiefungen mit der akademischen Sozialisierung der Entscheider im Zusammenspiel mit den Rechten und

---

1017 Gerichtshof, Vorstellung der Mitglieder, online abrufbar unter URL: http://curia.europa.eu/jcms/jcms/Jo2_7026/ [04.01.16].

1018 WTO, Dispute Settlement memers, Apellate Body members, online abrufbar unter URL: https://www.wto.org/english/tratop_e/dispu_e/ab_members_descr p_e.htm [29.12.2015].

1019 *Ehlermann*, EUI Policy Paper, RSC No. 02/9, p. 7, online abrufbar unter URL: http://cadmus.eui.eu/bitstream/handle/1814/31831/EUIRSCASPP_2002_09.pd f?sequence=1 [14.06.2017].

1020 Anders *Everling*, EuR 1994, 127–143 (141), der auf die Heterogenität der EuGH-Richter verweist.

1021 *Höpner*, Berliner Journal für Soziologie 21 (2011), 203–229 (208).

1022 Michal Bobek, Egils Levits, Alexander Arabadjiev, Daniel Sváby, vgl. Europäischer Gerichtshof, Vorstellung der Mitglieder, online abrufbar unter URL: http://curia.europa.eu/jcms/jcms/Jo2_7026/ [04.01.2016].

1023 Aktuell Konstantine Vardzelashvili, vgl. UN Human Rights, Office of the High Commissioner, Human Rights Committee Membership, online abrufbar unter URL: http://www.ohchr.org/EN/HRBodies/CCPR/Pages/Membership.as px [04.01.2016]. Die EGMR-Richterinnen Helen Keller und Iulia Antoanella Motoc waren Mitglieder des Human Rights Committee, vgl. Council of Europe, ECtHR, Judges of the Court, online abrufbar unter URL: http://www.echr.coe.int/Pages/home.aspx?p=court/judges&c=#n1368718271710_pointer [04.01.2016].

Pflichten einer Institution begründet. Die akademische Sozialisierung führt dazu, dass die akademische Denkweise in die Spruchpraxis eingeht. Die implizite Vertragsvertiefung wurde als Nebenprodukt rechtlicher Integration – als „Integration bei rechtlicher Konfliktbearbeitung" – herausgearbeitet. Auch wenn der Appellate Body im Hinblick auf die fehlende juristische Sozialisierung seiner Mitglieder aus dem Rahmen fällt, so lässt sich im Überblick für alle Mitglieder der analysierten Spruchkörper festhalten, dass sie eine akademische, internationale und mehrheitlich sogar eine juristische Sozialisierung aufweisen.

Die Sozialisierung der Mitglieder der Schutzklauselspruchkörper ist nur ein Baustein für die implizite Vertragsvertiefung. Nur gemeinsam mit den anderen Elementen rechtlicher Konfliktbearbeitung – etwa der Vagheit der Norm, dem Rechtsverweigerungsverbot usw. – ist eine implizite Vertragsvertiefung auch erklärbar.

b) Rechte und Pflichten

Der Entscheidungszwang für Gerichte ist im internationalen Kontext genauso wenig wie im deutschen Recht ausdrücklich geregelt. Für den EuGH wird das Rechtsverweigerungsverbot aus Art. 19 I UA 1 S. 2 EUV hergeleitet. Ausdrücklich sich selbst dem Rechtsverweigerungsverbot unterworfen hat sich der EuGH bereits im Fall Algera 1957.[1024] Es gibt das Rechtsverweigerungsverbot auch bei der WTO.[1025]

Für den EGMR und das Human Rights Committee steht die Existenz eines solchen nicht fest. Denn im allgemeinen Völkerrecht ist die Existenz des Rechtsverweigerungsverbots umstritten.[1026] Während die einen unter Hinweis auf den gewohnheitsrechtlichen Status des Rechtsverweigerungsverbots auf seine Qualität als allgemeinen Rechtsgrundsatz nach Art. 38

1024 *Schwarze*, in Schwarze (Hrsg.), Fortentwicklung des Rechtsschutzes in der Europäischen Gemeinschaft, S. 13–22 (19) unter Verweis auf EuGH, RS. 7/56, 3–7/57, Slg. 1957, S. 91 (118), „um sich nicht dem Vorwurf einer Rechtsverweigerung auszusetzen, ist der Gerichtshof verpflichtet".

1025 *Bacchus*, Appellators: The Quest for the Meaning of And/Or, Expanded from remarks made at the annual luncheon of the Advisory Centre on WTO Law in Bellevue, Switzerland, on June 1, 2005, online abrufbar unter URL: http://www.worldtradelaw.net/static.php?type=public&page=articles#bacchus [06.02.2018]; *Howse/Essermann*, in Sacerdoti (Ed.), The WTO at ten, pp. 61–80 (63).

1026 S. dazu *Milej*, Entwicklung des Völkerrechts, S. 362f.

IGH-Statut und die Friedensfunktion des Richters verweisen,[1027] greifen die anderen genau diese Punkte auf, um die Existenz eines völkerrechtlichen Rechtsverweigerungsverbots zu verneinen.[1028] Bisher ist es auch im allgemeinen Völkerrecht noch nicht vorgekommen,[1029] dass ein Spruchkörper das Rechtsverweigerungsverbot missachtet hätte. Auch Parteien der untersuchten Verträge müssen daher damit rechnen, dass ein Fall im Zweifel entschieden würde, zumal es im Kontext der Schutzklauselrechtsprechung nicht an internationalen Normen fehlt.[1030]

Durch das Rechtsverweigerungsverbot ist es zwingend, dass die Spruchkörper darüber zu befinden haben, ob ein Vertragsverstoß vorliegt, was von der rechtmäßigen Inanspruchnahme der jeweiligen Schutzklausel abhängt. Die Frage nach dem Rechtsverweigerungsverbot wird immer dann relevant, wenn Tatsachen oder die Rechtslage unklar sind. Gerade Schutzklauseln zeichnen sich in ihrer Formulierung durch eine große Vagheit aus, so dass die Pflicht der Gerichte, Verträge auszulegen und auch bei unsicherer Beweislage zu entscheiden, in besonderem Maße relevant ist. Ob das Rechtsverweigerungsverbot im Völkerrecht auch die Pflicht umfasst, bei unklarer Rechtslage zu entscheiden, ist umstritten. Zudem ist die Abgrenzung von Rechts- und Tatsachenunsicherheit korrelierend mit den Grenzen von Rechtsschöpfung und Auslegung fließend. Was für den einen noch unter die Auslegung unbestimmter Tatbestandsmerkmale gefasst werden kann, ist für den anderen bereits Rechtsschöpfung. Rechtsschöpfung im Völkerrecht ist dadurch verschärft, dass es sich nicht „nur" um eine Durchbrechung des Gewaltenteilungsprinzips handelt, sondern die Souveränität der Mitgliedstaaten in Rede steht. Bei der Anwendung der Schutzklauseln kommt es vermehrt zur Tatsachenunsicherheit und weniger zur Rechtsunsicherheit, weshalb der Umfang des Rechtsverweigerungsverbots im Völkerrecht für die Auslegung von Schutzklauseln weniger relevant ist. Jedenfalls schützt das Rechtsverweigerungsverbot auch die Schutzklauselspruchkörper vor Angriffen, indem sich die Spruchkörper darauf zurückziehen können, dass sie auslegen mussten, damit sie entscheiden konnten, was sie mussten und durften.

Das Rechtsverweigerungsverbot wird allgemein von der Verpflichtung flankiert, nur auf Antrag zu entscheiden. Der EGMR ist nach

---

1027 *Lauterpacht*, The Function of Law, pp. 63ff.
1028 *Fastenrath*, Lücken im Völkerrecht, S. 275ff.
1029 So auch *Fastenrath*, Lücken im Völkerrecht, S. 275.
1030 *Fastenrath*, Lücken im Völkerrecht, S. 277, nennt unklare Gebietsverhältnisse als eines der wenigen Beispiele für eine international unklare Rechtslage.

Art. 32 EMRK nur zuständig für Verfahren nach Art. 33 (Staatenbeschwerden), Art. 34 (Individualbeschwerden), Art. 46 III-V und Art. 47 EMRK. Er
wird daher nur auf Antrag tätig. Die Zuständigkeiten des EuGH ergeben
sich aus Art. 19 III EUV. Aus der abschließenden Aufzählung ergibt sich,
dass der EuGH nur in den aufgelisteten Fällen und nicht aus eigenem Antrieb tätig werden darf. Das Human Rights Committee kann nach
Art. 40 IV IPbpR eigene Berichte sowie die sog. General Comments verfassen. Aus Art. 41 IPbpR und dem 1. Zusatzprotokoll ergibt sich die Zustän-
digkeit für Staaten- und Individualbeschwerden. Das Human Rights Committee hat damit die Möglichkeit, auch ohne konkreten Einzelfallbezug tätig zu werden. In diesem Punkt unterscheidet es sich maßgeblich von
einem Gericht, das nur auf Antrag tätig werden kann. Allerdings sind die
General Comments nicht bindend, auch nicht für das Human Rights
Committee selbst.[1031] Der Appellate Body ist die Berufungsinstanz des Dispute Settlement Verfahrens nach dem DSU. Er wird nur tätig, wenn im
Hinblick auf eine Panelentscheidung von einer der Parteien Berufung ein-
gelegt wird. Denn nach Art. 17 IV 1 DSU dürfen nur Streitparteien, keine
Dritten, Berufung gegen eine Panelentscheidung einlegen.

Abgesehen vom Human Rights Committee dürfen die hier analysierten
Spruchkörper nur auf Antrag tätig werden und keine generellen Aussagen
zu den von ihnen auszulegenden Verträgen vornehmen. Die oben aufge-
stellte These, dass ihre Äußerungen daher – auch wenn sie prointegrativ
sind – weniger angreifbar sind als eine vergleichbare politische, anlasslose
Äußerung, lässt sich also auch auf die Schutzklauselspruchkörper übertragen.

Das Rechtsverweigerungsverbot und das Verbot der anlasslosen Äußerung wurden als eine Vertragsvertiefung begünstigend herausgearbeitet.
Dies ergibt sich vor allem aus dem Zusammenspiel des Rechtsverweigerungsverbots mit der Vagheit der Schutzklauselnormen und der Sozialisierung der Mitglieder der Schutzklauselspruchkörper. Da das Rechtsverweigerungsverbot für alle Schutzklauselspruchkörper und das Verbot der anlasslosen Äußerung für fast alle der analysierten Spruchkörper gilt, lässt
sich diese These auch auf die Schutzklauselrechtsprechung übertragen.
Eingeschränkt wird dieses Ergebnis allenfalls durch die Durchsetzungs-
macht: Während die Entscheidungen des EuGH, vgl. Art. 251ff. AEUV,

---

1031 Vgl. auch *Lehmann*, Essex Human Rights Review Vol. 8 No. 1 (2011), pp. 103–
122 (121), der daraufhin weist, dass nicht einmal das Human Rights Committee selbst an der extensiven Auslegung von Art. 4 IPbpR im Anwendungsfall
festhalten müsste.

und auch des EGMR, vgl. Art. 46 I EMRK, verbindlich sind, ist dies für die Auffassungen des Human Rights Committee[1032] nicht der Fall.[1033] Die Empfehlungen des Appellate Body wiederum erlangen quasi Verbindlichkeit durch die negative consensus rule, vgl. Art. 17 XIV DSU. Vollstreckbar ist keine der Entscheidungen der Spruchkörper; auch nicht die Urteile des EuGH. Denn die Rechtsfolge eines Vertragsverletzungsverfahrens ist lediglich eine Feststellung, nicht die Aufhebung der vertragswidrigen Maßnahme, Art. 260 I AEUV.[1034] Zwar kann gem. Art. 260 II UA 2 AEUV ein Zwangsgeldurteil ergehen, aber auch dieses ist nicht vollstreckbar. Die Vollstreckbarkeitsanordnung aus Art. 280 AEUV gilt nicht für Vertragsverletzungsverfahren.[1035]

Alle hier analysierten Spruchkörper unterliegen einer Begründungspflicht. Für den EGMR ergibt sich die Begründungspflicht aus Art. 45 I EMRK, für das Human Rights Committee aus Art. 5 IV ZP IPbpR, für das WTO Panel (und den Appellate Body) aus Art. 12 VII DSU[1036] und für den EuGH aus Art. 36 EuGH-Satzung. Sie ist auch Inhalt des Völkergewohnheitsrechts.[1037] Daraus folgt, dass die Begründungspflicht ihre neutralisierende Wirkung und die daraus folgende günstige Wirkung auf den Vertragsbestand auch im Rahmen der Schutzklauselverfahren entfalten kann.[1038]

c) Kollegialentscheidungen

Alle untersuchten Schutzklauselverfahren werden von Kollegialorganen entschieden: Beim EGMR gibt es Zulässigkeitsentscheidungen von Einzelrichtern, Art. 27 I EMRK. Sonst wird in Ausschüssen, Kammern oder der Großen Kammer entschieden, vgl. Art. 26 I 1 EMRK. Das nach Art. 41 IPbpR bzw. nach dem 1. ZP zum IPbpR für Individual- und Staatenbeschwerden zuständige Human Rights Committee entscheidet immer als Kollegialorgan, auch wenn es Zulässigkeitsfragen gem. Rule 96 Rules of Procedu-

---

1032 *Petzhold*, Die Auffassungen des UN-Menschenrechtsausschusses, S. 44f.
1033 Auch die Entscheidungen des EGMR sind gem. Art. 46 EMRK verbindlich.
1034 *Frenz*, Handbuch EuR, Band 5, Rn. 3655.
1035 *Wegener*, in Calliess/Ruffert (Hrsg.), EUV/AEUV, Art. 280 Rn. 2.
1036 Vgl. *Benzing*, Das Beweisrecht vor internationalen Gerichten und Schiedsgerichten, S. 125f.
1037 *Von Mangoldt*, in Gernhuber (Hrsg.), FS Tübinger Juristische Fakultät, S. 435–489 (457).
1038 S. S. 174f.

re[1039] von Working Groups klären lässt, die es gem. Rule 95 der Rules of Procedure einrichten kann. Das Panel und der Appellate Body der WTO entscheiden ebenso als Kollegialorgane. Panels bestehen aus drei oder fünf Mitgliedern, vgl. Art. 8 V DSU. Der Appellate Body besteht aus sieben Personen, von denen sich jeweils drei mit einem Fall befassen, vgl. Art. 17 I 3 DSU, wobei in der Praxis alle sieben Mitglieder jeden Fall entscheiden.[1040] Der EuGH tagt in Kammern oder als große Kammer, vgl. Art. 251 I AEUV; das EuG tagt in Kammern mit drei oder fünf Richtern, vgl. Art. 50 Satzung EuGH. In alle Entscheidungsbegründungen fließen daher die Rechtsauffassungen mehrerer Mitglieder der Spruchkörper ein. Dies führt dazu, dass die Entscheidungen ein breiteres Spektrum an Argumenten aufweisen und die vorgebrachten Positionen der Parteien besser verarbeitet werden können als es einem Einzelrichter möglich wäre. Die umfassendere und differenziertere Konfliktbearbeitung hat Befriedungs- und daraus folgende Neutralisationseffekte, die sich positiv auf die Hinnahmefähigkeit einer Entscheidung und damit auf den Vertragsbestand auswirken.

3. Schutzklauselverfahren vor dem Human Rights Committee, EGMR, Appellate Body und EuGH

Den Schutzklauselverfahren vor dem Human Rights Committee, EGMR, Appellate Body und EuGH kommt eine Konflikte neutralisierende Wirkung zu. Daraus ergibt sich eine für den Vertragsbestand günstige Wirkung. Die Parteien sind eher bereit, am Vertrag festzuhalten.

a) Konfliktdurchbrechung

Rechtliche Verfahren neutralisieren Konflikte durch eine Durchbrechung des Konflikts. Die Konfliktdurchbrechung ist gerade in kontradiktorischen Verfahren stark. Denn in kontradiktorischen Verfahren wird nicht nur das

---

1039 Human Rights Committee, Rules of Procedure of the Human Rights Committee, CCPR/C/3/Rev. 10, 11 January 2012, online abrufbar unter URL: http://tbi nternet.ohchr.org/_layouts/treatybodyexternal/Download.aspx?symbolno=CC PR%2fC%2f3 %2fREV.10&Lang=en [19.05.2017].

1040 *Shaffer/Elsig/Puig*, University of California Legal Studies Research Paper No. 2014–54, 237ff. (253), online abrufbar unter URL: http://www.law.uci.edu /faculty/full-time/shaffer/pdfs/2016 %20The%20Extensive%20but%20Fragile% 20Authority%20of%20the%20WTO%20Appellate%20Body.pdf [24.05.2017].

Moment der Anschuldigung, sondern auch der Gegenanschuldigung durch die Einschaltung eines Dritten durchbrochen. Ein Merkmal eines kontradiktorischen Verfahrens sind gegensätzliche Anträge der Parteien. Diese bekommen die Parteien im schriftlichen Verfahren gegenseitig zugestellt. Ein in-camera-Verfahren gibt es grundsätzlich nicht. Darüber hinaus gibt es eine streitige mündliche Verhandlung und ein streitiges Urteil, das den Streit beendet.

Nicht alle Schutzklauselverfahren sind kontradiktorisch. Dennoch weisen sie teilweise Elemente eines kontradiktorischen Verfahrens auf, etwa wenn die Schriftsätze den Parteien gegenseitig zugestellt werden und eine mündliche Verhandlung vorgesehen ist. Eine Konfliktdurchbrechung ist also trotzdem vorhanden.

Für eine Prüfung von Art. 347 AEUV kommen grundsätzlich verschiedene Verfahren in Betracht. Art. 347 AEUV kann inzidenter in jedem Verfahren vor dem EuGH virulent werden. So kommen in der inzidenten Konstellation das Vorabentscheidungsverfahren nach Art. 267 AEUV und die Nichtigkeitsklage nach Art. 263 AEUV in Betracht. Das Vorabentscheidungsverfahren ist nicht kontradiktorisch; die Nichtigkeitsklage hingegen schon. Diese Arbeit hat insbesondere den Fall vor Augen, in dem ein anderer Mitgliedstaat oder die Kommission direkt die Inanspruchnahme von Art. 347 AEUV in Frage stellen (Art. 258/259 und 348 II AEUV). Während Art. 348 II AEUV zum Teil als spezielles Aufsichtsverfahren betrachtet wird,[1041] betrachtet der überwiegende Teil des Schrifttums Art. 348 II AEUV als ein modifiziertes Vertragsverletzungsverfahren,[1042] neben dem auch das gewöhnliche Vertragsverletzungsverfahren zur Anwendung kommen kann.[1043] Relevanz hat dies vor allem für den Prüfungsmaßstab. Während der Beschwerdeführer gem. Art. 348 II AEUV „Missbrauch"[1044] nach-

---

1041 *Kottmann*, Introvertierte Rechtsgemeinschaften, S. 140f.

1042 *Dittert*, in von der Groeben/Schwarze/Hatje (Hrsg.), Europäisches Unionsrecht, Art. 348 Rn. 11; *Jaeckel*, in Grabitz/Hilf/Nettesheim (Hrsg.), Das Recht der EU, Art. 348 Rn. 7.

1043 *Dittert*, in von der Groeben/Schwarze/Hatje (Hrsg.), Europäisches Unionsrecht, Art. 348 Rn. 13; *Jaeckel*, in Grabitz/Hilf/Nettesheim (Hrsg.), Das Recht der EU, Art. 348 Rn. 7; *Roeder*, in Zwitter (Hrsg.), Notstand und Recht, S. 82–110 (103).

1044 Im Schrifttum gibt es unterschiedliche Auffassungen darüber, ob die eingeschränkte Missbrauchskontrolle nur auf der Rechtsfolgen- oder auch auf der Tatbestandsseite greift. Für die erstere Auffassung vgl. *Dittert*, in von der Groeben/Schwarze/Hatje (Hrsg.), Europäisches Unionsrecht, Art. 348 Rn. 21ff., für letztere *Jaeckel*, in Grabitz/Hilf/Nettesheim (Hrsg.), Das Recht der EU, Art. 348 Rn. 10ff.

weisen muss, genügt im Vertragsverletzungsverfahren eine Verletzung von Art. 347 AEUV. Das Vertragsverletzungsverfahren ist kontradiktorisch ausgestaltet, Art. 259 AEUV. Dies gilt grundsätzlich auch für das besondere Vertragsverletzungsverfahren nach Art. 348 II AEUV, das nur die Öffentlichkeit ausschließt. Ein Vertragsverletzungsverfahren gliedert sich in ein schriftliches und ein mündliches Verfahren. Das schriftliche Vorbringen der Parteien wird der Gegenseite jeweils zugestellt. Gem. Art. 20 S. 4 Satzung EuGH findet eine mündliche Verhandlung statt, so dass die Parteien nachvollziehen können, welche Argumente in die Urteilsfindung eingehen werden. Eine Abweichung vom Grundsatz des kontradiktorischen Verfahrens stellt das in-camera-Verfahren[1045] dar. In diesem Fall werden Unterlagen, die von einer Hauptpartei vorgelegt werden aufgrund ihres vertraulichen Charakters der anderen Hauptpartei nicht bekannt gegeben. Art. 105 VIII der Verfahrensordnung des EuG[1046] kennt das in-camera-Verfahren inzwischen ausdrücklich, so dass es in einem inzidenten Art. 347 AEUV-Fall im Rahmen einer Nichtigkeitsklage an diesem konflikttheoretischen Element fehlte.[1047] Für das Verfahren nach Art. 348 II und auch ein Vertragsverletzungsverfahren nach Art. 258 bzw. 259 AEUV ist der Gerichtshof zuständig. Art. 20 Satzung EuGH sieht den Grundsatz des kontradiktorischen Verfahrens ohne Abweichung vor. Trotzdem findet sich der Hinweis im Schrifttum, dass auch vor dem EuGH ein in-camera-Verfahren durchgeführt werden kann.[1048] In diesem Fall wäre den Parteien die Möglichkeit genommen, im Sinn des kontradiktorischen Verfahrens auf die Entscheidung des Gerichts Einfluss zu nehmen.[1049] In Ermangelung einer EuGH-Entscheidung in einem Art. 347-Fall kann hier nicht abschließend bewertet werden, ob einer Schutzklauselentscheidung neutralisierende Wirkung gerade durch das kontradiktorische Element zukäme. Grundsätzlich jedenfalls ist das Vertragsverletzungsverfahren – und auch

---

1045 *Dittert*, in von der Groeben/Schwarze/Hatje (Hrsg.), Europäisches Unionsrecht, Art. 348 Rn. 16.

1046 EuG-Verfahrensordnung, abgedruckt in ABl. L105, 23. April 2015, online abrufbar unter URL: http://eur-lex.europa.eu/legal-content/DE/TXT/PDF/?uri=OJ :L:2015:105:FULL&from=DE [17.02.2017].

1047 Denn gem. Art. 256 I 1 AEUV ist für Nichtigkeitsklagen gem. Art. 263 IV AEUV das EuG zuständig.

1048 *Dittert*, in von der Groeben/Schwarze/Hatje (Hrsg.), Europäisches Unionsrecht, Art. 348 Rn. 16.

1049 Vgl. für das Verhältnis Bürger – Staat EuGH, Rs.300/11, Urteil v. 4.6.2013 – ZZ, Rn. 55.

das besondere Vertragsverletzungsverfahren nach Art. 348 II AEUV kontradiktorisch ausgestaltet.

Vor dem EGMR sind bei einer Verletzung von Art. 15 EMRK eine Staaten- und Individualbeschwerde möglich. Die Individualbeschwerde ist kontradiktorisch ausgestaltet.[1050] Eine mündliche Verhandlung findet in der Praxis jedoch nur selten statt.[1051] Sie kann gem. Rule 54 III oder 59 III Rules of Court von der Kammer selbst beschlossen oder auf Antrag des Betroffenen stattfinden, wenn die Kammer dem Antrag stattgibt. Auch die Staatenbeschwerde ist kontradiktorisch ausgestaltet. Es findet ebenfalls nur selten eine Verhandlung statt.[1052] Gem. Rule 52 V oder 58 II Rules of Court hat diese aber auf Antrag der Parteien stattzufinden, wenn die Kammer nicht aus eigenem Antrieb eine mündliche Verhandlung anberaumt. Gem. Rule 71 Rules of Court gelten diese Regelungen auch für Verfahren vor der großen Kammer.

Die Staaten- und Individualbeschwerden vor dem Human Rights Committee sind ebenfalls kontradiktorisch ausgestaltet;[1053] allerdings ist das Verfahren rein schriftlich vgl. Art. 5 des Fakultativprotokolls. Eine mündliche Verhandlung fehlt, in der es zum kontradiktorischen Austausch der Argumente über das Gericht kommt, Art. 41 I 4 lit.d IPbpR und Art. 5 III 1. Zusatzprotokoll.[1054] Die Konfliktdurchbrechung ist damit unvollständig. Die Parteien wissen nur, warum und auf Grund welcher Punkte, nicht aber wie[1055] über sie entschieden wurde.

Das Verfahren vor dem Appellate Body ist kontradiktorisch; nur die Streitparteien dürfen Berufung gegen eine Panelentscheidung einlegen, vgl. Art. 17 IV 1 DSU. Genau wie vor dem Panel findet auch vor dem Appellate Body eine mündliche Verhandlung statt, vgl. die Working Procedu-

---

1050 *Esser*, Auf dem Weg zu einem europäischen Strafverfahrensrecht, S. 864; anders *Weiß*, MenschenRechtsMagazin 1997, 14–33 (23) mit dem Hinweis darauf, dass die Anträge der Gegenseite zwar zugestellt werden, die Parteien aber keine Erwiderungsmöglichkeit haben.

1051 *Meyer-Ladewig*, in Mahoney (Hrsg.), Protecting Human Rights, S. 921–930 (921ff.).

1052 *Meyer-Ladewig*, in Mahoney (Hrsg.), Protecting Human Rights, S. 921–930 (921ff.).

1053 *Petzhold*, Die „Auffassungen" des UN-Menschenrechtsausschusses, S. 14.

1054 *Tomuschat*, Vereinte Nationen 5 (1981), 141–148 (144).

1055 *Tomuschat*, Vereinte Nationen 5 (1981), 141–148 (144).

res der Panels in Appendix 3[1056] und des Appellate Body[1057]. Nur die Beratungen der Panelists bzw. der Mitglieder des Appellate Body sind vertraulich und finden in Abwesenheit der Streitparteien statt, Art. 14 I bzw. Art. 17 X DSU.

Bei allen analysierten Schutzklauselverfahren ist eine Konfliktdurchbrechung vorhanden. Die Durchbrechung ist jedoch unterschiedlich intensiv und damit auch unterschiedlich effektiv. Gemessen an der Intensität der konflikttheoretischen Durchbrechung neutralisieren das Vertragsverletzungsverfahren vor dem EuGH und das Verfahren vor dem Appellate Body den Konflikt am vollkommensten, allerdings nur unter der Bedingung, dass vor dem EuGH kein in-camera-Verfahren stattfindet. Die Individual- und Staatenbeschwerden vor dem EGMR und dem Human Rights Committee sind zwar kontradiktorisch, büßen durch die faktisch fehlende mündliche Verhandlung beim EGMR und die schon vertraglich nicht vorgesehene mündliche Verhandlung beim Human Rights Committee aber Neutralisierungseffekte ein. Am geringsten dürften die theoretischen Neutralisierungseffekte bei Staatenbeschwerden vor dem EGMR und vor dem Human Rights Committee sein. Dort macht der Antragsteller nicht die Verletzung eigener Rechte geltend.

b) Rekonstruktion des Sachverhalts

Gerade im internationalen Kontext ist es oft nicht möglich, die Tatsachen zu ermitteln, die für eine Entscheidung nötig sind. Die Entscheidung basiert auf einer fingierten Sachverhaltsgrundlage. Dies bringt eine Neutralisierung mit sich, da nicht mehr darum gestritten werden kann bzw. muss, wie es wirklich war. Die Spruchkörper wahren so Distanz zum beschwerten Staat und schonen dessen Souveränität.

Maßgeblich für die Entscheidungsgrundlage sind die Beweisregeln, da diese festlegen, auf welcher Grundlage entschieden wird, wenn die Wirklichkeit nicht rekonstruiert werden kann.

Die Beweisregeln sind vor dem Human Rights Committee folgendermaßen ausgestaltet: Das Fakultativprotokoll enthält nur rudimentäre Rege-

---

1056 WTO Dispute Settlement, Appendix 3, online abrufbar unter URL: https://www.wto.org/english/tratop_e/dispu_e/dsu_e.htm#appendix3 [13.10.2016].

1057 Working procedures for Appellate Review, Oral Hearings, online abrufbar unter URL: https://www.wto.org/english/tratop_e/dispu_e/ab_e.htm [13.10.2016].

lungen,[1058] da es über Nacht entstand und es den Parteien im Wesentlichen darum ging, überhaupt ein Protokoll zu verabschieden.[1059] Auch die Verfahrensordnung[1060] des Ausschusses schließt diese Lücke nicht.[1061] In Rule 100 heißt es lediglich: „the Committee shall consider the communication in the light of all written information made available to it by the individual and the State party concerned and shall formulate its Views thereon." Damit wird im Wesentlichen Art. 5 des Fakultativprotokolls wiederholt. In der Praxis begegnet der Ausschuss dem Beweisproblem folgendermaßen: Hat ein Beschwerdeführer glaubhaft eine Verletzung geltend gemacht, so gilt diese als zugestanden, wenn nicht der angeschuldigte Staat das Gegenteil glaubhaft machen kann:[1062] „Hereby decides to base its views on the following facts which have not been contradicted by the State party".[1063] Dies wird mittels einer Verletzung der Mitwirkungspflicht aus Art. 4 I des Fakultativprotokolls konstruiert.[1064] Um einer glaubhaften Einlassung entgegen zu treten, bedarf es einer „spezifizierten Einlassung"[1065]. Diese Einlassung ist den Staaten in der Spruchpraxis des Human Rights Committee bislang bzgl. Art. 4 IPbpR nicht gelungen. Das Human Rights Committee fordert: „The State party concerned is duty-bound to give a sufficiently detailed account of the relevant facts"[1066]; „if the respondent Government does not furnish the required Justification itself [...], the Human Rights Committee cannot conclude that valid reasons exist to legitimize a

---

1058 *Mose/Opsahl*, Santa Clara Law Review Vol. 21 No. 2 (1981), 271–331 (324).

1059 *Tomuschat*, Vereinte Nationen 5 (1981), 141–148 (142).

1060 Verfügbar unter UN Human Rights, Office of the Commissioner, online abrufbar unter URL: http://tbinternet.ohchr.org/_layouts/treatybodyexternal/ Download.aspx?symbolno=CCPR%2fC%2f3 %2fREV.10&Lang=en [29.12.2015].

1061 *Tomuschat*, Vereinte Nationen 5 (1981), 141–148 (142).

1062 Zu den Beweisregeln vor dem Human Rights Committee, *Nowak*, EuGRZ 1980, 532–544 (540).

1063 So zuerst in UN Doc. A/34/40, S. 124, 126 Nr. 5, online abrufbar unter URL: http://www.worldcourts.com/HumanRights Committee/eng/decisions/1979.08 .15_Valentini_de_Bazzano_v_Uruguay.htm [29.12.2015].

1064 *Tomuschat*, Vereinte Nationen 5 (1981), 141–148 (143).

1065 *Tomuschat*, Vereinte Nationen 5 (1981), 141–148 (143) unter Verweis auf UN Doc. A/35/40, S. 216, 219, Nr. 10, 11, online abrufbar unter URL: http://www1. umn.edu/humanrts/undocs/session35/R2-9.htm [29.12.2015].

1066 Human Rights Committee, Comm. No. R.8/34, U.N. Doc. Supp. No. 40 (A/36/40) at 130 (1981), para. 8.3, online abrufbar unter URL: http://www1.u mn.edu/humanrts/undocs/session36/8-34-htm.

departure from the normal legal regime prescribed by the Covenant."[1067] Mit Hilfe des burden of proof gelingt es dem Human Rights Committee also, eine Wirklichkeit als Entscheidungsgrundlage zu konstruieren, ohne gleichzeitig festzustellen, dass tatsächlich kein Notstand vorlag.

Auch der EGMR sieht sich häufig mit dem Problem konfrontiert, dass er sich – weit weg vom Geschehen – auf das Vorbringen der Parteien verlassen muss. Die EMRK beinhaltet keine Beweisregeln für das Verfahren vor dem EGMR. Auch die Verfahrensordnung[1068] schweigt weitgehend zum Beweisthema. Nur aus dem Annex zur Verfahrensordnung ergeben sich Anhaltspunkte zur Beweisverwertung. Die Rule 44A sieht eine allgemeine Kooperationspflicht vor, Rule 44C sanktioniert es,[1069] wenn eine Partei angeforderte Informationen nicht hinreichend beibringt: „Where a party fails to adduce evidence or provide information requested by the Court or to divulge relevant information of its own motion or otherwise fails to participate effectively in the proceedings, the Court may draw such inferences as it deems appropriate."[1070] Das Beweismaß ergibt sich aus der Rechtsprechung des EGMR und liegt bei „beyond reasonable doubt".[1071] Die Beweiswürdigung ist frei.[1072] Für die Verteilung der materiellen Beweislast gilt grundsätzlich das Prinzip affirmanti incumbit probatio.[1073] Obwohl der EGMR auf Grund der Distanz zum örtlichen Geschehen nur schwer nachprüfen kann, ob tatsächlich ein Notstand vorlag, geht er in seinen Urteilen überwiegend vom Vorliegen eines Notstandes aus, ohne dies

---

1067 Human Rights Committee, Comm. No. R.8/34, U.N. Doc. Supp. No. 40 (A/36/40) at 130 (1981), para. 8.3, online abrufbar unter URL: http://www1.u mn.edu/humanrts/undocs/session36/8-34-htm [27.03.2014].

1068 ECtHR, Rules of Court, in der Fassung vom 01.05.2015, p. 49, online abrufbar unter URL: http://www.echr.coe.int/Documents/Rules_Court_ENG.pdf [29.12.2015].

1069 ECtHR, Case of Timurtas v. Turkey, Appl. No. 23531/94, Judgment 13 June 2000, § 67; ECtHR, Case of Aktas v. Turkey, Appl. No. 24531/94, Judgment 24 April 2003, § 272; *Schilling*, Internationaler Menschenrechtsschutz, Rn. 794.

1070 ECtHR, Rules of Court, in der Fassung vom 01.05.2015, online abrufbar unter URL: http://www.echr.coe.int/Documents/Rules_Court_ENG.pdf [29.12.2015].

1071 ECtHR (GC), Case of Tanrikulu v. Turkey, Appl. No. 23763/94, Judgment 8 July 1998, § 92; ECtHR, Case of Aktas v. Turkey, Appl. No. 24351/94, Judgment 24 April 2003, § 270; ECtHR, Case of Avsar v. Turkey, Appl. No. 25657/94, Judgment 27 March 2003, § 282.

1072 *Leach/Paraskeva/Uzelac*, International Human Rights and Fact-Finding, p. 11; *Schilling*, Internationaler Menschenrechtsschutz, Rn. 794.

1073 ECtHR, Case of Aktas v. Turkey, Appl. No. 24351/04, Judgment 24 April 2003, § 272.

zu prüfen.[1074] Beweisregeln spielen bei der Ermittlung des Vorliegens eines Notstandes keine Rolle. Es genügt, dass die Staaten den Notstand notifiziert haben.[1075] So betrachtet, wird die Wirklichkeit, ob tatsächlich ein Notstand vorlag, vom EGMR gar nicht rekonstruiert, sondern mehr noch einfach fingiert. Der Notstand wird unter Verweis auf den Spielraum der Staaten bei der Beurteilung der Sachlage als gegeben vorausgesetzt.[1076] Der EGMR geht also noch über die Rekonstruktion des Sachverhalts hinaus.

Die Beweislast liegt auch im WTO-Recht grundsätzlich bei der durch den Beweis begünstigten Partei, d.h. der Beschwerdeführer muss eine Verletzung des WTO-Rechts beweisen.[1077] Trotzdem obliegt es dem Beschwerdeführer, eine Verletzung von Art. XIX GATT zu beweisen,[1078] und nicht dem durch die Schutzklausel begünstigten Staat. Hürde ist ein sog. prima facie Beweis.[1079] Der Appellate Body prüft nur noch, ob die nationalen Behörden alle Fakten ermittelt haben (formaler Aspekt) und ob sie daraus nachvollziehbare Schlüsse gezogen haben (materieller Aspekt), statt eine Beurteilung der tatsächlichen Sachlage vorzunehmen. Der Appellate Body zieht sich in der Praxis in allen Fällen auf die Formel zurück,[1080] der betreffende Staat habe eben keine vernünftige und adäquate Begründung für seine Maßnahmen abgeben können.[1081] Auch der Appellate Body maßt sich keine Beurteilung der Wirklichkeit an, sondern macht eine fingierte Wirklichkeit zur Grundlage seiner Entscheidungen.

Für den EuGH gibt es bislang keine Rechtsprechung zu Art. 347 AEUV, die im Hinblick auf den Sachverhalt, der den Urteilen zugrunde läge, analysiert werden könnte. Die Beschwerdeführer müssten im Art. 348 II-Verfahren „Missbrauch", im gewöhnlichen Vertragsverletzungsverfahren eine Verletzung von Art. 347 AEUV darlegen. Der inanspruchnehmende Staat

---

1074 Nur in einem Fall hat der EGMR das Vorliegen eines Notstands zum Thema gemacht, vgl. S. 103ff.

1075 *Greene*, German Law Journal Vol. 12 (2011), 1764–1785 (1783).

1076 Nach *Greene*, German Law Journal Vol. 12 (2011), 1764–1785 (1764ff.) prüfe der EGMR deshalb gar nicht, ob ein Notstand vorliegt, weil er nicht zwischen Normalzustand und Notstand unterscheide.

1077 *Hoang*, Liberalisierung und (Notstands)Schutzklauseln im internationalen Warenhandel, S. 126.

1078 *Sykes*, The WTO Agreement on Safeguards, pp. 74–75.

1079 *Hoang*, Liberalisierung und (Notstands)Schutzklauseln im internationalen Warenhandel, S. 126f.

1080 *Davey*, in Cottier/Mavroidis (Eds.), The Role of the Judge in International Trade Regulation, pp. 43–79 nennt dies „issue-avoidance-techniques".

1081 So kritisch *Sykes*, World Trade Review Vol. 2 No. 3 (2003), 261–295 (283).

trüge die Darlegungs- und Beweislast für sein Verteidigungsvorbringen.[1082] Auch der EuGH würde einen fingierten Sachverhalt zur Grundlage seiner Entscheidung machen. Generalanwalt Jacobs zieht sich in seinen Schlussanträgen auch auf fehlende Nachweise zurück: „Im vorliegenden Fall hat Griechenland offensichtlich nicht nachgewiesen…"; „Diese Behauptungen sind nicht geeignet, den Nachweis dafür zu erbringen…"; „Das Vorbringen Griechenlands […] ist verschwommen und unsubstantiiert. Einzelheiten über spezielle Störungen der öffentlichen Ordnung sind nicht vorgetragen worden. Tatsächlich hat Griechenland auch nicht annähernd den Nachweis eines massiven Zusammenbruchs der öffentlichen Ordnung erbracht."[1083] Es spricht deshalb viel dafür, davon auszugehen, dass der EuGH auch mit der Beweislast gearbeitet und das Vorbringen der griechischen Regierung für unzureichend gehalten hätte.

Alle Spruchkörper machen einen fingierten Sachverhalt zur Entscheidungsgrundlage. Dies schont die Souveränität der Staaten. Daraus ergeben sich in der Theorie die oben beschriebenen neutralisierenden und damit für den Vertragsbestand förderlichen Effekte.

c) Aktualisierung des Konflikts

Der in einer Schutzklausel gespeicherte Konflikt aktualisiert sich mit jeder Anwendung der Schutzklausel. Diese Annahme lässt sich aus der Idee der vertikalen Integration von Smend ableiten. Im Fall der Schutzklauseln ist es der Konflikt zwischen der Souveränität der Staaten und der Einhaltung der eingegangenen Verpflichtungen: „A provision concerning derogation acutely raises the issues of the scope of international implementation procedures and their relationship with the concept of State sovereignty."[1084] Die Aktualisierung des allen hier analysierten Verträgen innewohnenden Konflikts, nämlich die Frage, wie es um die Souveränität der Staaten im Ausnahmefall bestellt ist, findet bei allen analysierten Schutzklauseln statt, denn alle Schutzklauseln sind bisher aktiviert worden, wenn auch in unterschiedlichem Umfang. Die Integrationsfolgen werden den Staaten so kontinuierlich vor Augen geführt. Dies kann sich zwar – wie oben festge-

---

1082 *Dittert*, in von der Groeben/Schwarze/Hatje (Hrsg.), Europäisches Unionsrecht, Art. 348 Rn. 17.

1083 GA Jacobs, Schlussanträge vom 06.04.1994, RS. C-120/94, Rn. 50ff – Kommission / Griechenland, Rn. 48ff.

1084 *McGoldrick*, The Human Rights Committee, p. 301.

stellt – sowohl negativ als auch positiv auf den Vertragsbestand auswirken. Nichtdestotrotz werden mit der Aktualisierung jedes Mal die integrationsförderlichen Elemente rechtlicher Konfliktbearbeitung aktiviert. Deshalb unterstützt die Aktualisierung grundsätzlich die Wirkung der integrationsförderlichen Merkmale.

d) Abweichende Meinungen

Sondervoten machen die intensive Konfliktverarbeitung innerhalb eines Spruchkörpers auch nach außen sichtbar. Innerhalb eines Sondervotums können Positionen der unterlegenen Partei verarbeitet werden, die nicht Eingang in die Entscheidung finden konnten. Wie schon Kollegialentscheidungen allgemein führen abweichende Meinungen zu einer Steigerung der Argumentqualität des Hauptvotums.[1085] All dem wurden Befriedungseffekte zugeschrieben, so dass es für die unterlegene Partei leichter sein mag, die Entscheidung eines Spruchkörpers hinzunehmen. Wird die Hinnahmefähigkeit erhöht, so wirkt sich dies günstig auf die Bereitschaft der Partei aus, am Vertrag festzuhalten. Auch innerhalb der Schutzklauselverfahren sind abweichende Meinungen zulässig:

Das DSU und die Working Procedures des WTO Appellate Body schweigen zur Möglichkeit von Sondervoten.[1086] Art. 14.3 bzw. 17.11 DSU sehen nur vor, dass (alle) Meinungen der einzelnen Mitglieder anonym sind und nicht aus dem Panel Bericht ersichtlich ist, welches Argument von welchem Mitglied stammt. Trotzdem wird die Vorschrift von Teilen der Literatur so ausgelegt, dass die gemeinten opinions auch dissenting und concurring opinions sind.[1087] Faktisch jedenfalls gibt es Sondervoten, wenn auch nur sehr vereinzelt.[1088] So gab es in unter 3 % der Entscheidungen eine abweichende, nicht notwendig dissentierte Meinung.[1089] Dies

---

1085 *Lewis*, Stanford Journal of International Law Vol. 48 No. 1 (2012), 1–46 (4) mit weiteren Nachweisen zu diesem Gemeinplatz in der Common Law Literatur.

1086 WTO Appellate Body Report, WT/DS135//AB/R, 12 March 2011, para. 149; vgl. zur Zulässigkeit von Sondervoten vor dem Appellate Body *Matsushita*, in Macrory/Appleton/Plummer (Eds.), WTO Vol. I, pp. 1389–1404 (1401).

1087 Z.B. *Lewis*, Stanford Journal of International Law Vol. 48 No. 1 (2012), 1–46 (Footnotes 23, 24).

1088 Vgl. die empirische Analyse bei *Lewis*, Journal of International Economic Law Vol. 9 No. 4 (2006), 895–931.

1089 *Shaffer/Elsig/Puig*, University of California Legal Studies Research Paper No. 2014–54, pp. 237ff. (253), online abrufbar unter URL: http://www.law.uci.

spiegelt sich auch in den analysierten Urteilen wider. Dort gab es keine abweichenden Meinungen. Die Argumentqualität steigert sich aber schon dadurch, dass abweichende Meinungen möglich sind. Dass es keine abweichende Meinung gab, heißt im Umkehrschluss, dass die Argumentkraft ausreichte, alle Mitglieder des Kollegialorgans zu überzeugen. Befriedungseffekte für die Parteien können so zwar nicht dem Sondervotum zugeschrieben werden, wohl aber der Überzeugungskraft des Hauptvotums.

Die Argumentqualität wird durch Sondervoten außerdem erst recht gesteigert, wenn es einen Instanzenzug gibt. Denn dann hat die höhere Instanz eine breitere Argumentbasis, auf der sie ihre Entscheidung aufbauen kann. Dieses verstärkende Argument ist nur für das DSU und die Verfahren vor dem EuGH relevant. Der Entscheidung des Appellate Body ist das Panelverfahren vorgeschaltet; gegen alle Entscheidungen des EuG ist ein Rechtsmittel vor dem EuGH möglich.

Auch beim EGMR[1090] sind Sondervoten möglich. Dies geht ausdrücklich aus Art. 45 II EMRK hervor und wird in Rule 74 II Rules of Court[1091] konkretisiert. Die Möglichkeit, eine abweichende Meinung zu verfassen, wird rege genutzt.[1092] Auch in den analysierten Urteilen ist von dieser Möglichkeit häufig Gebrauch gemacht worden: In Ireland v UK[1093] finden sich fünf separate opinions, davon betreffen drei Art. 15 EMRK (O'Donoghue, Fitzmaurice, Matscher). In Brannigan and McBride v UK[1094] finden sich sieben separate opinions, die viermal Art. 15 EMRK zum Gegenstand haben (Matscher und Morenilla, de Meyer, Martens, Makarczyk). Auch in den Fällen gegen die Türkei gibt es separate opinions, zwei in Aksoy v Tur-

---

edu/faculty/full-time/shaffer/pdfs/2016 %20The%20Extensive%20but%20Fragile%20Authority%20of%20the%20WTO%20Appellate%20Body.pdf [24.05.2017].

1090 *White/Boussiakou*, Human Rights Law Review Vol. 9 (2009), 37–60.

1091 ECtHR, Rules of Court, online abrufbar unter URL: http://www.echr.coe.int/Documents/Rules_Court_ENG.pdf [27.05.2017].

1092 Vgl. dazu die sog. Leicester Study von *White/Boussiakou*, Human Rights Law Review Vol. 9 (2009), 37–60 und die kleine Studie von *Wolf*, in Fricke/Lembcke/Lhotta (Hrsg.), Politik und Recht, S. 303–321.

1093 ECtHR (Plenary), Case of Ireland v UK, Appl. No. 5310/71, Judgment 18 January 1978.

1094 ECtHR (Plenary), Case of Brannigan and McBride v UK, Appl. Nos. 14553/89 and 14554/89, Judgment 26 May 1993.

key[1095] und eine in Demir and others[1096] (de Meyer). In A and others v UK[1097] gibt es hingegen keine einzige abweichende Meinung, was sich im Vergleich zum sonstigen Gebrauch von abweichenden Meinungen gerade als effektvoll erweist.[1098] Die Konflikthaftigkeit der Entscheidung wird so zum einen formell durch die Anzahl der abweichenden Meinungen und durch die Qualifizierung als concurring oder dissenting opinion deutlich. Zum anderen entsteht inhaltlich eine Befriedungswirkung. So findet sich nicht selten eine Hinwendung zum unterlegenen Staat, so z.B. in der Wendung von Fitzmaurice „to draw attention to as a matter of fairness"[1099]. Er weist methodisch daraufhin, dass Art. 15 EMRK vor einem Eingriff in die Konventionsrechte geprüft werden muss, um zu vermeiden, den beschuldigten Staat so darzustellen, als habe er Konventionsrechte verletzt, obwohl diese suspendiert waren. Aber auch allein das Abwenden von der Mehrheit oder das Ausdifferenzieren des Hauptvotums durch die abweichenden Richter zeigt, dass das Hauptvotum nicht die einzig mögliche Rechtsauffassung darstellt.

Das Human Rights Committee entscheidet in den General Comments einstimmig, bei Individualbeschwerden ist eine Mehrheitsentscheidung möglich; in diesem Fall sind abweichende Meinungen zulässig, Rule 104 Rules of Procedure („individual opinion"). Beim Human Rights Committee sind separate opinions mit knapp 40 % gar nicht selten.[1100] Bei den analysierten drei Entscheidungen gibt es jedoch keine abweichende Meinung. Dies hat zur Folge, dass die den Sondervoten zugeschriebenen Effekte bei der Anwendung von Art. 4 IPbpR durch das Human Rights Committee nicht beobachtet werden können. Wenn allerdings Sondervoten möglich sind und von diesen gerade kein Gebrauch gemacht wurde, kann dies auch beim Human Rights Committee als Zeichen für das Gewicht der gemeinsamen Auffassung gewertet werden.

1095 ECtHR, Case of Aksoy v Turkey, Appl. No. 21987/93, Judgment 18 December 1996.

1096 ECtHR, Case of Demir and others v Turkey, Appl. Nos. 21380/93, 21381/93 and 21383/93, Judgment 23 September 1998.

1097 ECtHR (GC), Case of A and others v UK, Appl. No. 3455/05, Judgment 19 February 2009.

1098 *Lewis*, Stanford Journal of International Law Vol. 48 No. 1 (2012), 1–46 (12).

1099 Separate Opinion of Judge Fitzmaurice in ECtHR (Plenary), Case of Ireland v UK, Appl. No. 5310/71, Judgment 18 January 1978, §§ 37ff.

1100 Zählung des ehemaligen Mitglieds *Neuman*, Harvard Human Rights Program Reaearch Paper 16–002 (December 2016), p. 9, online abrufbar unter URL: http://hrp.law.harvard.edu/wp-content/uploads/2016/12/Gerald-L-Nueman_H RP-16_002.pdf [22.05.2017].

Demgegenüber ist der EuGH eines der wenigen internationalen Gerichte, das immer einstimmig entscheiden muss. Dies ergibt sich aus Art. 35 Satzung EuGH, der bestimmt, dass die Beratungen geheim sind und bleiben, bzw. aus Art. 53 S. 1 i.V.m. Art. 35 Satzung EuGH für das EuG. Die herausgearbeiteten Befriedungseffekte durch abweichende Meinungen sind deshalb nicht vorhanden. Einen Kompensationseffekt mag die Veröffentlichung der Schlussfolgerungen der Generalanwälte haben, aus denen oftmals weitere Argumente gewonnen werden können und die die Entscheidungen des EuGH verständlicher machen. Das Aufzeigen des Für und Wider in Gutachtenform führt wie Sondervoten auch zu einer umfassenderen Aufarbeitung des Rechtsfalls.

Daraus ergibt sich für die Konfliktbearbeitung im Rahmen von Schutzklauselverfahren: Beim Dispute Settlement der WTO, beim EGMR und beim Human Rights Committee sind abweichende Meinungen möglich. Im Rahmen der beobachteten Schutzklauselverfahren konnte nur beim EGMR beobachtet werden, dass Richter von ihrem Recht Gebrauch machen, eine abweichende Meinung zu verfassen. Befriedungs- bzw. Neutralisationseffekte konnten deshalb nur beim EGMR herausgearbeitet werden. Für das Dispute Settlement der WTO und das Verfahren vor dem Human Rights Committee bestehen immerhin für künftige Schutzklauselverfahren Befriedungspotentiale.

II. Entscheidungsbegründung: Sprache und Argumentation innerhalb der Schutzklausel-Spruchpraxis

Die obige Analyse der Entscheidungsbegründungen ist eine sprachliche Analyse des Entscheidungstextes. Im Hinblick auf das internationale Recht besteht die Besonderheit, dass es keine einheitliche Rechtssprache gibt, sondern immer mindestens zwei Sprachen authentisch sind (Englisch und eine zweite Sprache).[1101] Übersetzungen nehmen der Rechtssprache die Präzision; überdies sind viele Rechtsinstitute einer Übersetzung gar nicht zugänglich.[1102] Die Gefahr, dass dieselben Begriffe unterschiedlicher

---

1101 Für die EU sind sogar alle Sprachen der Mitgliedstaaten Amts- und Arbeitssprachen.
1102 *Brand*, in Olsen/Lorz/Stein (Eds.), Translation Issues in Language and Law, pp. 18–34 (23); *Möllers*, Die Rolle des Rechts im Rahmen der Europäischen Integration, S. 86; *Kischel*, in Olsen/Lorz/Stein (Eds.), Translation Issues in Language and Law, pp. 7–17 (7).

Rechtssprachen einander nicht voll entsprechen, besteht ständig.[1103] Dieselben Probleme stellen sich sogar schon, wenn es sich zwar um dieselbe Sprache, aber um unterschiedliche Rechtskulturen handelt, so wie zwischen dem Vereinten Königreich und den USA oder Deutschland und Österreich.[1104] Nichtsdestotrotz lässt sich auch vor den internationalen Gerichten beobachten, dass es eine Rechtssprache gibt, die sich von der Alltagssprache unterscheidet.[1105]

1. Juristischer Stil beim WTO Appellate Body, EGMR, Human Rights Committee und EuGH

a) Internationale Rechtssprache als Fachsprache

Auch vor den internationalen Gerichten gibt es eine juristische Fachsprache, die sich von der Alltagssprache auf Wort-, Satz- und Textebene unterscheidet. Es handelt sich zwar nicht um eine international einheitliche Rechtssprache, die mit der deutschen juristischen Fachsprache vergleichbar wäre. Dennoch lassen sich ähnliche Besonderheiten ausmachen. Im Einzelnen lässt sich für die verschiedenen fachsprachlichen Ebenen feststellen:

Auf der Wortebene der untersuchten Spruchpraxis finden sich viele Rechtsbegriffe, wie z. B. „margin of appreciation",[1106] „de novo review", „total deference", „burden of proof". Den fachsprachlichen Ausdrücken wurde oben eine neutralisierende Wirkung zugeschrieben. Die Rechtsbegriffe sind allerdings nicht der Alltagssprache entlehnt, weshalb das oben vorgetragene Argument, dass die Begriffskongruenz von Fachsprache und Alltagssprache die Neutralisierung verstärkt, nicht zum Tragen kommt.

1103 *Varó*, in Olsen/Lorz/Stein (Eds.), Translation Issues in Language and Law, pp. 182–192 (192).

1104 Sog. Sublanguages, *Kischel*, in Olsen/Lorz/Stein (Eds.), Translation Issues in Language and Law, pp. 7–17 (9).

1105 Für die Art zu argumentieren *Conway*, The Limits of Legal Reasoning and the ECJ, pp. 9ff.

1106 Vgl. alle Art. 15-Urteile des EGMR seit ECtHR (Plenary), Case Ireland v UK, Appl. No. 5310/71, Judgment 18 January 1978, § 207.

Auf der Satzebene auffällig sind immer wiederkehrende Wendungen, die Distanz schaffen, wie z.B. „is not persuaded"[1107], „is not convinced"[1108], "the Government has not placed before the Court any evidence"[1109], "the Government has not adduced any reasons"[1110], „It is certainly not the Court's function to substitute for the British Government's assessment"[1111] beim EGMR bzw. „cannot conclude"[1112] beim Human Rights Committee oder „has not adequately explained" beim Appellate Body[1113]. Außerdem wird häufig passivisch formuliert: „We wish to emphasize again that our remarks about the price data are not intended to suggest that the domestic industry was not threatened with serious injury"[1114]. Statt „wir gewähren den Staaten einen weiten Spielraum", wird sich distanziert ausgedrückt mit „a wide margin of appreciation should be left to the national authorities."[1115] oder „should in principle follow the judgment of the House of Lords"[1116] statt "The court will follow". Nur sehr selten nimmt der EGMR aktiv Stellung: "The Court finds these arguments unpersuasive".[1117] Gleich im nächsten Absatz heißt es dann wieder distanzierend „the Court is not convinced that…"[1118].

1107 ECtHR, Case of Aksoy v Turkey, Appl. No. 21987/93, Judgment 18 December 1996, § 84 und ECtHR, Case of Elci and others v Turkey, Appl. Nos. 23145/93 and 25091/94, Judgment 24 March 2004, § 684.

1108 ECtHR, Case of Demir and others v Turkey, Appl. Nos. 71/1997/855/1062–1064, Judgment 23 September 1998, § 57.

1109 ECtHR (GC), Case of A and others v UK, Appl. No. 3455/05, Judgment 19 February 2009, § 188.

1110 ECtHR, Case of Nuray Sen v Turkey, Appl. No. 41478/89, Judgment 17 September 2003, § 27.

1111 ECtHR (Plenary), Case of Ireland v UK, Appl. No. 5310/71, Judgment 18 January 1978, § 214.

1112 Human Rights Committee, Comm. No. R.8/34, U.N. Doc. Supp. No. 40 (A/36/40) at 130 (1981), para. 8.3, online abrufbar unter URL: http://www1.umn.edu/humanrts/undocs/session36/8-34-htm [27.03.2014].

1113 Appellate Body Report, WT/DS177/AB/R, WT/DS178/AB/R, 1 May 2001, para. 160.

1114 Appellate Body Report, WT/DS177/AB/R, WT/DS178/AB/R, 1 May 2001, para. 160.

1115 ECtHR (GC), Case of A and others v UK, Appl. No. 3455/05, Judgment 19 February 2009, § 173.

1116 ECtHR (GC), Case of A and others v UK, Appl. No. 3455/05, Judgment 19 February 2009, § 182.

1117 ECtHR, Case of Demir and others v Turkey, Appl. Nos. 71/1997/855/1062–1064, Judgment 23 September 1998, § 56.

1118 ECtHR, Case of Demir and others v Turkey, Appl. Nos. 71/1997/855/1062–1064, Judgment 23 September 1998, § 56.

Charakteristisch für die Textebene sind vor allem die Definitionen der Tatbestandsmerkmale. So meint z.B. „public emergency" „an exceptional situation of crisis or emergency which affects the whole population and constitutes a threat to the organised life of the community of which the state is composed".[1119] Gerade die Definitionen werden über die Urteile hinweg als stabilisierendes Element vorgetragen und stellen Distanz zwischen Autor und Rechtsmeinung her. Sie werden autoritativ herangezogen, obwohl sie nicht gesetzlich vorgegeben sind.

Ein möglicher Zusammenhang zur internationalen Integration lässt sich über das Bindeglied Neutralisation herstellen. Werden zwischenstaatliche Konflikte in Rechtssprache ausgetragen, hat dies neutralisierende, das Konfliktpotential reduzierende Effekte, was sich durch die Steigerung der Hinnahmefähigkeit der Entscheidung positiv auf den Vertragsbestand auswirken kann.

b) Juristisches Schließen

Die Analysen der rhetorischen Rechtstheorie konzentrieren sich bislang vor allem auf Verwaltungsgerichtsentscheidungen[1120], Entscheidungen des Bundesverfassungsgerichts[1121] und jüngst erstinstanzliche Strafentscheidungen[1122]. Im Anschluss daran soll im Folgenden die Schutzklauselspruchpraxis von EGMR, HRC und WTO Appellate Body daraufhin untersucht werden, ob sich Elemente des typisch juristischen Schließens finden lassen. Der „juristische Sound"[1123] entsteht nach Auffassung der rhetorischen Rechtstheorie durch Enthymeme. Diese erscheinen oft als Syllogismen (Herstellungs-Darstellungs-Differenz) und erzeugen so den Eindruck, die Entscheidung sei rational, logisch und richtig, quasi-mathematisch zustande gekommen.[1124] Die Spruchpraxis der Spruchkörper soll daher dar-

---

1119 ECtHR (GC), Case of A and others v UK, Appl. No. 3455/05, Judgment 19 February 2009, § 176.
1120 *Gräfin von Schlieffen*, in Soudry (Hrsg.), Rhetorik, S. 42–64 (55).
1121 *Sobota*, in Dyck/Ueding (Hrsg.), Rhetorik, Band 15, S. 115–136; *Solbach*, Politischer Druck und Richterliche Argumentation.
1122 *Johnston*, Die rhetorische Architektur erstinstanzlicher Strafentscheidungen.
1123 Einen Sound voraussetzend *Tetzlaff*, ARSP-Beiheft 99 (2004), 86–110.
1124 *Gräfin von Schlieffen*, in Soudry (Hrsg.), Rhetorik, S. 42–64 (45).

aufhin untersucht werden, ob die Darstellung enthymematisch und die Darstellung der Herstellung syllogistisch ist.[1125]

Es geht nicht darum, eine (quantitative) Analyse nach der Methode der rhetorischen Rechtstheorie durchzuführen.[1126] Vielmehr sollen exemplarisch einige der wenigen Stellen der Spruchpraxis herausgegriffen werden, in denen die Schutzklauseln zur Anwendung kommen. Die rhetorische Rechtstheorie hat wiederholt die These aufgestellt und auch empirisch belegt, dass sich an den entscheidenden Stellen richterlicher Argumentation oft wenig Logos und viel Pathos finden.[1127] Gerade für die menschenrechtliche Spruchpraxis, die sich mit der BVerfG-Urteilsanalyse vergleichen lässt, bleibt damit wenig Analysematerial, da die Schutzklauselpassagen in der Argumentation dünn sind.

aa) Die Argumentationsstruktur des WTO Appellate Body

Für die Argumentationsstruktur des WTO Appellate Body soll stellvertretend ein Auszug aus Argentina – Footwear (EC) stehen.[1128] Der Abschnitt ist typisch für die Argumentationsweise des Appellate Body.

In Argentina – Footwear (EC) geht der Appellate Body der Frage nach, ob das Kriterium der „unforeseen developments" aus Art. XIX GATT, das nur in Art. XIX GATT und nicht im Safeguards Agreement enthalten ist, auch nach Inkrafttreten des Safeguards Agreement Anwendung findet. Die Frage stellt sich deshalb, weil das Kriterium der „unforeseen developments" das einzige Tatbestandsmerkmal von Art. XIX GATT ist, das nicht auch vom Safeguards Agreement genannt wird.

Die Antwort hängt für den Appellate Body zunächst vom Verhältnis von Art. XIX GATT und dem Safeguards Agreement ab.[1129] Denn das Panel hatte festgestellt, dass das Safeguards Agreement zwar kein lex posterior, wohl aber eine spätere Übereinkunft nach Art. 31 III lit.a WVRK ist, wobei es die rechtlichen Begriffe nicht genannt hat. So komme es, dass das Safeguards Agreement Art. XIX GATT definiere, klarstelle und ggf. auch

---

1125 Genaueres zu den verschiedenen Ebenen eines Entscheidungstextes auf den S. 184ff.

1126 Den methodischen Stand beschreibend *Johnston*, Die rhetorische Architektur erstinstanzlicher Strafentscheidungen, S. 33ff.

1127 Zuerst *Sobota*, in Dyck/Ueding (Hrsg.), Rhetorik, S. 115–136 (123); auch *Solbach*, Richterliche Argumentation und politischer Druck, S. 152.

1128 Appellate Body Report, WT/DS121/AB/R, 14 December 1999.

1129 Appellate Body Report, WT/Ds121/AB/R, 14 December 1999, para. 78.

modifiziere.[1130] Auch in der Prüfung des Appellate Body bleibt einiges implizit. Auch er fasst das Verhältnis von Art. XIX GATT und Safeguards Agreement nicht in rechtliche Begriffe. Nur aus dem Inhalt der Argumente lässt sich schließen, dass der Appellate Body indirekt auf die Feststellungen des Panels eingeht. Denn hinter der Frage nach dem Verhältnis steht die rechtliche Überlegung, ob das Safeguards Agreement als spätere Übereinkunft nach Art. 31 III lit.a WVRK zu behandeln ist und deshalb zu einer modifizierenden Auslegung von Art. XIX GATT führt, weil es ausdrücklich auf das Kriterium der „unforeseen developments" verzichtet.[1131] Der Appellate Body führt ohne Offenlegung des rechtlichen Anknüpfungspunktes aus, dass Art. XIX GATT und das Safeguards Agreement gleichrangig sind und das Safeguards Agreement nicht ausdrücklich auf das Kriterium der „unforeseen developments" verzichtet. Dieses Ergebnis stützt er auf zwei Argumente.[1132]

Argument 1:[1133] Nach Art. II WTO-Ü sind die Annexe integrale Bestandteile des WTO-Ü. Das GATT 1994 ist ebenso wie das Safeguards Agreement in Annex 1A aufgelistet und besteht auch aus den Vorschriften des GATT 1947. Das GATT 1994 inkl. der Vorschriften des GATT 1947 und das Safeguards Agreement sind damit alle Vorschriften des WTO-Ü. Sie sind deshalb alle mit Inkrafttreten des WTO-Ü in Kraft getreten. Sie binden darum alle gleichermaßen. Das Safeguards Agreement kann damit keine „spätere" Übereinkunft im Sinne von Art. 31 III WVRK sein.

Argument 2:[1134] Das Safeguards Agreement selbst trifft eine Aussage zum Verhältnis. „This Agreement establishes rules for the application of safeguard measures which shall be understood to mean those measures provided for in Article XIX of GATT 1994."[1135] Der Wortlaut lässt nach Auffassung des Appellate Body nicht darauf schließen, dass die Verhandlungsführer auf die Erfordernisse des Art. XIX GATT verzichten woll-

---

1130 Panel Report, WT/DS121/R, 25 June 1999, para. 8.55.
1131 So hatte es das Panel angenommen, allerdings auch nicht unter Verweis auf Art. 31 WVRK, vgl. Panel Report, WT/DS121/R, 25 June 1999, para. 8.55.
1132 Als ein Argument wertet die rhetorische Rechtstheorie die Grundform Behauptung → Stütze, vgl. *Gräfin von Schlieffen*, Justice – Justiz – Giustizia 2009, Rz. 23. Auch hier kommt es jedoch wieder nicht auf die Anzahl der Argumente an, sondern bloß auf ihre Darstellung; zur Zählweise der Argumente vgl. *dies.* Rz. 24ff.
1133 Appellate Body Report, WT/Ds121/AB/R, 14 December 1999, para. 81.
1134 Appellate Body Report, WT/Ds121/AB/R, 14 December 1999, paras. 82f.
1135 Art. 1 des Safeguard Agreements, online abrufbar unter URL: https://www.wto.org/english/docs_e/legal_e/25-safeg.pdf [15.02.2017].

ten,[1136] sondern vielmehr darauf, dass Art. XIX GATT und das Safeguards Agreement kumulativ zur Anwendung kommen sollen.[1137] Damit kann der Appellate Body nur meinen, dass, selbst wenn man das Safeguards Agreement als spätere Übereinkunft betrachten wollte, das Safeguards Agreement den Wortlaut des Art. XIX GATT nicht modifizieren will.

Aus der Argumentation des Appellate Body geht nicht hervor, in welchem Verhältnis die Argumente zu einander stehen. Streng genommen hätte das erste, formale Argument genügt, um eine „spätere" Übereinkunft zu verneinen.

Der Appellate Body stellt die einzelnen Ergebnisse als logische Schlussfolgerungen dar, obwohl wie gesehen viele Prämissen fehlen. Die Argumente in sich sind nicht syllogistisch, sondern enthymematisch. Trotzdem finden sich in der Darstellung der Herstellung Hinweise darauf, dass das Ergebnis syllogistisch zustande gekommen ist. So heißt es „Thus...", „Therefore..."[1138], „Thus, we conclude..."[1139], „It is clear from..."[1140].

Für die Argumentationsweise des Appellate Body kann daher mit Hilfe der rhetorischen Rechtstheorie dafür argumentiert werden, dass die enthymematische Struktur mit ihren syllogistischen Selbstreferenzen dazu führt, dass die Entscheidung objektiv, richtig und logisch wirkt. Daraus lassen sich neutralisierende Effekte ableiten, die sich in ihrer Summe günstig auf die Hinnahmefähigkeit des Spruchs und letztlich auch günstig für den Vertragsbestand auswirken.

ab) Die Argumentationsstruktur des EGMR

Bei der Prüfung von Art. 15 EMRK greift der EGMR wie auch sonst auf Textbausteine[1141] zurück. Bei Art. 15 EMRK prüft der EGMR stets erstens, ob es überhaupt einen Notstand gab, und zweitens, ob die ergriffenen Maßnahmen verhältnismäßig waren. Prüfungsmaßstab für die Verhältnismäßigkeit ist: „The Court must give appropriate weight to such relevant

---

1136 Appellate Body Report, WT/Ds121/AB/R, 14 December 1999, para. 83.
1137 Appellate Body Report, WT/Ds121/AB/R, 14 December 1999, para. 89.
1138 Appellate Body Report, WT/Ds121/AB/R, 14 December 1999, para. 81.
1139 Appellate Body Report, WT/Ds121/AB/R, 14 December 1999, para. 83.
1140 Appellate Body Report, WT/Ds121/AB/R, 14 December 1999, para. 89.
1141 Vgl. z.B. den Textbaustein, der den Staaten einen Spielraum hinsichtlich der Beurteilung des Vorliegens eines Notstands und der angemessenen Maßnahmen zu dessen Überwindung einräumt: seit ECtHR (GC), Case of Ireland v UK, Appl. 5310/71, Judgment 18 January 1978, § 207.

factors as the nature of the rights affected by the derogation and the circumstances leading to, and the duration of, the emergency situation".[1142] Auch hierbei handelt es sich um einen immer wiederkehrenden Textbaustein. Der Fall Aksoy v Turkey[1143] soll stellvertretend für die Auseinandersetzung mit Art. 15 EMRK stehen, weil es das erste Urteil des EGMR darstellt, in dem gegen den beschwerten Staat entschieden wurde.

Zunächst widmet sich der EGMR der „nature of the rights affected", in diesem Fall Art. 5 III EMRK.

Argument 1: Art. 5 III EMRK, der die richterliche Kontrolle von Inhaftierungen vorsieht, ist essentieller Bestandteil des Rechts auf Freiheit, indem er vor Willkür schützt. Das Recht auf Freiheit gem. Art. 5 EMRK ist ein besonders wichtiges von der EMRK geschütztes Recht: „The Court would stress the importance of Article 5 (Art. 5) in the Convention system."[1144] Dabei handelt es sich um ein Kodifikationsargument.

Sodann begründet er die Unverhältnismäßigkeit mit der Länge der Inhaftierung ohne richterliche Kontrolle. Die Länge der Inhaftierung lässt sich nach dem obigen Prüfungsmaßstab ebenfalls mit dem Punkt „nature of the rights affected" in Zusammenhang bringen. Dem liegt die implizite Annahme zu Grunde, je länger die Inhaftierung, desto stärker die Beeinträchtigung. Diese implizite Annahme wird weiter unterstützt (Alltagsargument):

Argument 2: Sofortige richterliche Kontrolle kann Misshandlungen in Haft vorbeugen und aufdecken. Dahinter steht wohl die Annahme, dass bei einer Inhaftierung mit zunehmender Länge ohne richterliche Kontrolle die Gefahr der Folter steigt (Alltagsargument). Diese Behauptung wird zusätzlich gestützt und deren Wichtigkeit hervorgehoben: Das Folterverbot ist nach Art. 15 II EMRK derogationsfest (Kodifikationsargument).[1145]

Argument 3: In Brannigan und McBride wurden sieben Tage Inhaftierung ohne richterliche Kontrolle gebilligt; 14 Tage sind gegenüber sieben Tagen außergewöhnlich lang.[1146] Der Vergleich soll zeigen, dass die Dauer

---

1142 ECtHR, Case of Aksoy v Turkey, Appl. No. 21987/93, Judgment 18 December 1996, § 68.

1143 ECtHR, Case of Aksoy v Turkey, Appl. No. 21987/93, Judgment 18 December 1996, §§ 65ff.

1144 ECtHR, Case of Aksoy v Turkey, Appl. No. 21987/93, Judgment 18 December 1996, § 76.

1145 ECtHR, Case of Aksoy v Turkey, Appl. No. 21987/93, Judgment 18 December 1996, § 77.

1146 ECtHR, Case of Aksoy v Turkey, Appl. No. 21987/93, Judgment 18 December 1996, §§ 77f.

außergewöhnlich lang ist. Durch den Vergleich kann nur gezeigt werden, dass die Inhaftierung doppelt so lang ist. Die Zuschreibung „außergewöhnlich" ist kein Argument.

Auch die Argumentation des EGMR ist alles andere als syllogistisch.[1147] Sie zielt auf das Ergebnis, dass die Dauer der Inhaftierung ohne richterliche Kontrolle zu lang war. Dieses Ergebnis wird plausibel gemacht, ohne dass einzelne Prämissen und Schlussfolgerungen explizit gemacht würden. Es werden ergänzend viele verschiedene Gründe gebracht, die in ihrer Summe das gefundene Ergebnis unterstützen sollen: „Furthermore...", „Moreover..."[1148]. Insgesamt weist diese Passage eine geringe Argumentationsdichte, d.h. wenig Logos auf. Dementsprechend finden sich auch kaum Hinweise auf eine syllogistische Herstellung in der Darstellung, bis auf die Folgerung „In conclusion, ..."[1149]. Die Schutzklauselargumentation des EGMR wartet damit nicht mit einem Logos auf, der die Entscheidung als rational und (einzig) richtig erscheinen lässt.[1150] Dieser Befund war zu erwarten. Denn die Rechtsprechung des EGMR lässt sich durch den strukturellen Gleichlauf von Menschen- und Grundrechten mit der Rechtsprechung des BVerfG vergleichen. Im Rahmen der Rechtsprechungsanalysen hat die rhetorische Rechtstheorie festgestellt, dass Passagen einer Entscheidung mit wenig Logos durch ein intensives Pathos ausgeglichen werden.[1151] Solche Passagen sind beispielsweise die entscheidenden Weichenstellungen in den Entscheidungen des BVerfG. Die Logosanalyse ist zur

---

1147 Ein Vergleich internationaler Spruchpraxis von *Cohen*, International Journal of Constitutional Law Vol. 14 (2016), 498–517 hat ergeben, dass sich beim EGMR generell noch Spuren des „French mannerism" finden (513), auch wenn das „Whereas" gestrichen ist: So formuliere der EGMR häufig „It follows...", „Consequently...", um den Eindruck zu vermitteln, das Ergebnis folge aus einer logischen Ableitung, auch wenn die Urteile länger und erklärender seien als französische. Der Stil sei unpersönlich und lasse es nicht zu, rückzuverfolgen, welcher Richter für welches Argument verantwortlich ist.

1148 ECtHR, Case of Aksoy v Turkey, Appl. No. 21987/93, Judgment 18 December 1996, §§ 76f.

1149 ECtHR, Case of Aksoy v Turkey, Appl. No. 21987/93, Judgment 18 December 1996, § 87.

1150 Dies heißt allerdings nicht, dass der fehlende Logos nicht auf Pathos- und Ethosebene kompensiert wird. Gerade an den Stellen, an denen Argumente fehlen, finden sich viele Autoritätsargumente. Ein Paradebeispiel für die Kompensation mittels des Ethos ist der obige Vergleich des EGMR mit dem Brannigan and McBride-Urteil, vgl. ECtHR, Case of Aksoy v Turkey, Appl. No. 21987/93, Judgment 18 December 1996, § 77.

1151 *Gräfin von Schlieffen (geb. Sobota)*, in Fix/Gardt/Knape (Hrsg.), Rhetorik und Stilistik, Band 2, S. 1811–1833 (1819ff.); *dies.*, JZ 1992, 231–237 (235).

Begründung einer neutralisierenden Gestaltung der Entscheidungsbegründung nur begrenzt hilfreich.

ac) Die Argumentationsstruktur des Human Rights Committee

Allgemeine Aussagen über die Argumentationsstruktur des Human Rights Committee mittels der Beobachtung der Schutzklauselanwendung zu treffen, ist schwierig, da sich in nur vier der Individualbeschwerdeverfahren überhaupt Passagen zu Art. 4 IPbpR finden. In nur drei der Individualbeschwerdeverfahren findet eine argumentative Auseinandersetzung mit Art. 4 IPbpR statt. Diese sollen Eingang in diese Analyse finden. Im Fall Adrien Mundyo Busyo, Thomas Osthudi Wongodi, René Sibu Matubuka et al v Congo[1152] stellt das Human Rights Committee allein auf der fehlenden Einlassung der Republik Kongo basierend fest, dass die Paktrechte verletzt sind.

In Consuelo Salgar de Montejo v Colombia[1153] stellt sich die Argumentationsstruktur des Human Rights Committee so dar, dass folgende Feststellungen getroffen werden:

(1) Die kolumbianische Regierung hat eine formelle Derogationserklärung mit dem Inhalt abgegeben, dass Art. 19 II und 21 IPbpR suspendiert sind.

(2) Die Derogationserklärung enthält keinen Hinweis auf Art. 14 V IPbpR, dessen Verletzung hier in Rede steht. Eine Verletzung von Art. 19 II und 21 IPbpR steht nicht in Frage.

Es fehlt also die Feststellung, dass das in Rede stehende Recht nicht formell suspendiert wurde. Diese Feststellung wird von der folgenden Prämisse vorausgesetzt.

(3) Das Recht zur Suspendierung ist nicht von einer formell gültigen Derogationserklärung abhängig.

1152 Human Rights Committee, Comm. No. 933/2000, U.N. Doc. CCPR/C/78/D/33/2000, 19 September 2003, paras. 5.2. und 5.3: „the absence of any reply from the State party", online abrufbar unter URL: http://tbinternet.ohchr.org/_layouts/treatybodyexternal/Download.aspx?symbolno=CCPR%2FC%2F78 %2FD%2F933 %2F2000&Lang=en [02.02.2018].

1153 Human Rights Committee, Comm. No. 64/1979, U.N. Doc. CCPR/C/OP/1 at 127 (1985), online abrufbar unter URL: http://www1.umn.edu/humanrts/undocs/newscans/64-1979.html [27.03.2014].

Sodann folgt das eigentliche Argument. Selbst unter der Voraussetzung einer Derogationserklärung ist der inanspruchnehmende Staat seiner Darlegungslast nicht gerecht geworden:

(4) Die Derogationserklärung muss so viele Fakten darbringen, dass aus diesen Fakten auf einen Notstand gem. Art. 4 I IPbpR geschlossen werden kann.

Augenfällig ist, dass der erste Teil der Argumentation eigentlich überflüssig ist. Die Ausführungen zu den formellen Anforderungen bringen die Lösung des Falles nicht voran, werden aber trotzdem in einem Absatz mit der Feststellung verknüpft, dass die kolumbianische Regierung nicht genügend Fakten vorgelegt hat, um überhaupt einen Notstand zu begründen – unabhängig davon, welche Rechte sie auf Grund dessen suspendiert. Durch diese (nicht logische) Verknüpfung fehlen sowohl eine Prämisse als auch die Konklusion. Es fehlt die Aussage, dass Kolumbien die Beweisanforderungen für die Darlegung eines Notstands nicht erfüllt hat. Außerdem fehlt die Schlussfolgerung, dass deshalb eine Suspendierung von Art. 14 V IPbpR nicht erfolgt ist. Diese ergibt sich nur implizit daraus, dass das Human Rights Committee eine Verletzung von Art. 14 V IPbpR bejaht.

Auch im Fall Landinelli Silva v Uruguay[1154] und Guerrero c Colombia[1155] argumentiert das Human Rights Committee mit nicht erfüllten Beweisanforderungen:

(1) Die Regierung hat keine Gründe dafür angegeben, dass ein Notstand vorlag.[1156]

(2) Deshalb kann das Human Rights Committee nicht darauf schließen, dass ein Notstand vorgelegen hat.

1154 Human Rights Committee, Comm. No. R.8/34, U.N. Doc. Supp. No. 40 (A/36/40) at 130 (1981), online abrufbar unter URL: http://www1.umn.edu/humanrts/undocs/session36/8-34-htm [27.03.2014].

1155 Human Rights Committee, Comm. No. R.11/45, U.N. Doc. Supp. No. 40 (A/37/40) at 137 (1982), online abrufbar unter URL: http://www1.umn.edu/humanrts/undocs/session37/11-45.htm [27.03.2014].

1156 Human Rights Committee, Comm. No. R.8/34, U.N. Doc. Supp. No. 40 (A/36/40) at 130 (1981), para. 8.3, online abrufbar unter URL: http://www1.umn.edu/humanrts/undocs/session36/8-34-htm.

In Landinelli[1157] findet sich diese hypothetische Begründung: Selbst wenn ein Notstand dargelegt worden wäre, wären die ergriffenen Maßnahmen unverhältnismäßig gewesen.

Guerrero[1158] besteht argumentativ aus den Fällen Consuelo Salgar de Montejo v Colombia[1159] und Landinelli v Uruguay[1160].

(1) Die Regierung hat Art. 19 II und 21 IPbpR suspendiert. Die Verletzung dieser Artikel steht vorliegend nicht in Rede.

Außerdem findet sich folgende hypothetische Begründung:

(2) Art. 6 IPbpR ist derogationsfest, vgl. Art. 4 II IPbpR.

Die Passagen zeigen zwar eine enthymematische, nicht syllogistische Argumentationsstruktur. Insgesamt ist es durch den geringen Umfang der Ausführungen anhand der Schutzklauselpassagen aber kaum möglich, ein typisch juristisches Schließen auszumachen. Die Analyse der Schutzklauselpassagen kann deshalb eine neutralisierende Wirkung durch die Argumentationsstruktur nicht begründen.

ad) Die Argumentationsstruktur des EuGH

Eine Analyse der Argumentationsstruktur des EuGH[1161] anhand von Schutzklauselfällen ist nicht möglich, da sich in den Urteilen keine Prüfung, sondern nur Randbemerkungen zu Art. 347 AEUV finden.

1157 Human Rights Committee, Comm. No. R.8/34, U.N. Doc. Supp. No. 40 (A/36/40) at 130 (1981), para. 8.2, online abrufbar unter URL: http://www1.umn.edu/humanrts/undocs/session36/8-34-htm [27.03.2014].

1158 Human Rights Committee, Comm. No. R.11/45, U.N. Doc. Supp. No. 40 (A/37/40) at 137 (1982), para 12.2, online abrufbar unter URL: http://www1.umn.edu/humanrts/undocs/session37/11-45.htm [27.03.2014].

1159 Human Rights Committee, Comm. No. 64/1979, U.N. Doc. CCPR/C/OP/1 at 127 (1985), online abrufbar unter URL: http://www1.umn.edu/humanrts/undocs/newscans/64-1979.html [27.03.2014].

1160 Human Rights Committee, Comm. No. R.8/34, U.N. Doc. Supp. No. 40 (A/36/40) at 130 (1981), online abrufbar unter URL: http://www1.umn.edu/humanrts/undocs/session36/8-34-htm [27.03.2014].

1161 Zur Argumentation des EuGH vgl. *Röttgen*, Die Argumentation des EuGH.

2. Juristische Argumentationsmuster: Handlungsfiguren beim EGMR, Human Rights Committee und WTO Appellate Body

Die Handlungsfiguren[1162], die in § 2 aus der Analyse der Schutzklausel-rechtsprechung gewonnen wurden, sind judikative Konfliktvermeidungs-strategien. Sie begünstigen die Hinnahmefähigkeit der Spruchpraxis. Dem wurde ein den Vertragsbestand fördernder Charakter zugeschrieben. Im Folgenden sollen die Handlungsfiguren in der Spruchpraxis der Spruch-körper analysiert werden. Art und Umfang der Verwendung geben da-rüber Aufschluss, ob theoretisch mit einer Erleichterung der Hinnahme zu rechnen ist.

a) Rhetorische Zugeständnisse

Vor allem in der Rechtsprechung des Human Rights Committee und des EGMR finden sich rhetorische Zugeständnisse:

Das Human Rights Committee räumt beginnend mit einem „Al-though…" etwas ein, um sodann die Unbeachtlichkeit desselben zu er-klären: „Although the sovereign right of a State party to declare a state of emergency is not questioned, yet, in the specific context […] the Human Rights Committee is of the opinion…"[1163].

Auch den Ausführungen des EGMR wohnt eine apologetische Rhetorik gegenüber den unterliegenden Staaten[1164] inne; vgl. z.B. die Passagen „Consequently and notwithstanding the situation created in south-east Turkey by the actions of the PKK and special features and difficulties of in-vestigating terrorist offences, the Court considers…"[1165], „the Court […] took into account in particular the unquestionably serious problem"[1166],

---

1162 Siehe S. 191ff. zum Apologismus, zur Epitrope, der Paralipse, dem Offenlassen von Fragen und doppelten Begründungen.

1163 Human Rights Committee, Comm. No. R.8/34, U.N. Doc. Supp. No. 40 (A/36/40) at 130 (1981), para. 8.3, online abrufbar unter URL: http://www1.u mn.edu/humanrts/undocs/session36/8-34-htm [26.97.2017].

1164 Nicht gegenüber den Beschwerdeführern, vgl. dazu die Unzulässigkeitsent-scheidung im Fall ECtHR, Case of Marshall v UK, Appl. No. 41571/98, Decisi-on 10 July 2001, pp. 11ff.

1165 ECtHR, Case of Nuray Sen v Turkey, Appl. No. 41478/89, Judgment 17 September 2003, § 28.

1166 ECtHR, Case of Demir and others v Turkey, Appl. Nos. 71/1997/855/1062–1064, Judgment 23 September 1998, § 50.

"has undoubtedly created [...] a public emergency"[1167], "It is certainly not the Court's function to substitute for the British Government's assessment any other assessment of what might be the most prudent or most expedient policy to combat terrorism"[1168].

Während beim Human Rights Committee und beim EGMR die Fachsprache und das juristische Schließen weniger ausgeprägt sind, sind beim WTO Appellate Body die rhetorischen Zugeständnisse selten.

b) Gewähren von Spielräumen und ähnliche Mechanismen

Eine besondere Form von rhetorischen Zugeständnissen lässt sich in der Gewährung von Spielräumen verorten. Auch diese haben die oben beschriebene „Ja, aber – Struktur". Verlässt sich ein internationaler Spruchkörper auf die Angaben der Staaten, so geschieht dies häufig innerhalb eines Rückgriffs auf das Beweisrecht oder durch das Einräumen von Spielräumen. Innerhalb der Schutzklauselrechtsprechung ist beides zu finden. Das Human Rights Committee gewährt zwar keine Spielräume, zieht sich dafür aber häufig auf das Beweisrecht zurück. Es stellt fest, dass der beschwerte Staat nicht genügend Fakten dargebracht habe. Dem Staat wird die Fähigkeit zugestanden, die Lage vor Ort treffend zu beschreiben und richtig einzuschätzen. Die Rechtswidrigkeit des Handelns gründet sich allein auf das Fehlen entsprechender Nachweise. Insofern kann von einer „stillen" Gewährung eines Beurteilungsspielraums gesprochen werden.[1169] Der EGMR gewährt den Staaten den bekannten Margin of Appreciation und der WTO Appellate Body kombiniert in seinem Standard of Review beide Ansätze.[1170] Das Zurückziehen auf das Beweisrecht, der Margin of Appreciation und der Standard of Review entstehen nicht nur aus Sachzwängen, sondern sind gleichzeitig eine Form von Zugeständnis der internationalen Spruchkörper. Sie tarieren das Verhältnis von Politik und Recht aus,[1171] indem sie den Umfang richterlicher Kontrolle formen. Sie

---

1167 ECtHR, Case of Aksoy v Turkey, Appl. No. 21987/93, Judgment 18 December 1996, § 70.
1168 ECtHR (Plenary), Case of Ireland v UK, Appl. No. 5310/71, Judgment 18 January 1978, § 214.
1169 *Legg*, The Margin of Appreciation in International Human Rights Law, p. 6.
1170 Siehe S. 145f.
1171 *Allan*, University of Toronto Law Review Vol. 60 No. 1 (2010), 41- 59 (42).

sind Ausdruck der Subsidiarität[1172], der Nichteinmischung, die die Souveränität der Staaten schont. So wird nicht über das Handeln der Staaten ge-
urteilt, sondern nur das Vorbringen der Begründungen angegriffen. Dies
geht sogar so weit, dass dem EGMR politisches Kalkül bescheinigt
wird;[1173] das Gewähren von Spielräumen wird ins Negative gewendet und
dem EGMR beispielsweise vorgeworfen, dass dieser nur seine Legitimität
sichern wolle.[1174] Gerade in den Schutzklauselfällen ist eine solche Kritik
losgelöst vom Ergebnis, da die Spruchkörper überwiegend trotzdem zu
dem Ergebnis kommen, dass die Inanspruchnahme rechtswidrig war. Unabhängig von ihrer Bewertung sind Spielräume jedenfalls geeignet, die
Hinnahmefähigkeit der Entscheidung zu sichern.[1175] Dies steht in der Literatur auch nicht in Frage; es ist vielmehr Voraussetzung für die kritischen
Stimmen in der Literatur zur Rechtsprechung des EGMR, dass dieser auf
die Hinnahmefähigkeit hin formuliere.[1176] Für die Zuschreibung einer
rhetorischen Wirkung ist es unerheblich, aus welchen Gründen Spielräume gewährt werden. Es kommt nur darauf an, dass die richterliche Zurückhaltung eine die Hinnahmefähigkeit der Entscheidung erhöhende
Wirkung hat. Hinsichtlich der Intensität der Zurückhaltung stellen das Beweisrecht und der Margin of Appreciation die beiden Extrempole richterlicher Zurückhaltung dar. Der Lösung über das Beweisrecht wohnt ein ge-
ringeres Konfliktneutralisierungspotential inne als der Gewährung von
Spielräumen.

Gerade wenn die Entscheidung wie in Schutzklauselfällen fast immer zu
Lasten des beschwerten Staates ausfällt, tritt die Konfliktneutralisierungs-
funktion der Spielräume hervor.[1177] So gelangt der EGMR meist zu einer
Rechtswidrigkeit der Derogation: „the national authorities are in principle
better placed than the international judge to decide both on the presence
of such an emergency and on the nature and scope of the derogations nec-

---

1172 Zur Herleitung über das Subsidiaritätprinzip mit weiteren Nachweisen *Baade*,
Der EGMR als Diskurswächter, S. 177.

1173 *Baade*, Der EGMR als Diskurswächter, S. 178 unter Verweis auf *De Schutter/
Tulkens*, in Brems (Ed.), Conflicts Between Rights, pp. 169–216 (200f.) und
Letsas, in Ulfstein/Føllesdal/Peters (Eds.), Constituting Europe, pp. 106–141
(140).

1174 Dazu *Baade*, Der EGMR als Diskurswächter, S. 178f. m.w.N.

1175 *Von Bernstorf*, Der Staat 2011, 165–190 (188).

1176 Vgl. dazu *Baade*, Der EGMR als Diskurswächter, S. 178f. m.w.N., der die kritischen Stimmen gesammelt hat.

1177 Ähnlich *Lorz*, Israel Yearbook of Human Rights Vol. 33 (2003), 85–104 (91),
der meint, dass sich ein Spruchkörper so weniger angreifbar macht.

essary"[1178]; "Nonetheless…"[1179]. Die Gewährung des Margin of Appreciation stellt sich im Ergebnis als bloß rhetorisches Zugeständnis dar. Das Human Rights Committee gewährt innerhalb der Schutzklauselrechtsprechung zwar keinen Deference, behauptet aber nicht, die Fakten im Land besser beurteilen zu können, sondern zieht sich darauf zurück, dass der betreffende Staat nicht genug Fakten dargebracht habe. Die richterliche Zurückhaltung zeigt sich im Umgang mit den dargebrachten Beweisen: „If the respondent Government does not furnish the required Justification itself […], the Human Rights Committee cannot conclude that valid reasons exist to legitimize a departure from the normal legal regime prescribed by the Covenant"[1180]. Der WTO Appellate Body wählt eine Zwischenlösung; er löst seine Fälle meist über das materielle Element des Standard of Review und zieht sich auf die Formel zurück, der betreffende Staat habe keine vernünftige und adäquate Begründung für seine Maßnahmen abgegeben.[1181]

Für die Schutzklauselspruchpraxis kann damit von einer neutralisierenden Wirkung der genannten Formen judikativer Zurückhaltung gesprochen werden. Dies mag sowohl für den Vertragsbestand als auch für die Akzeptanz impliziter Vertragsvertiefungen eine günstige Wirkung haben. Bei aller Kritik vor allem im Hinblick auf die margin of appreciation Doktrin des EGMR wird diese Funktion oft abgewertet.[1182]

c) Offenlassen von Fragen

Das typischerweise in juristischen Argumentationen zu findende Offenlassen von Fragen lässt sich beim WTO Appellate Body und beim EGMR aus-

---

1178 Immer wiederkehrender Textbaustein, vgl. z.B. ECtHR (GC), Case of A and others v UK, Appl. No. 3455/05, Judgment 19 February 2009, § 173.

1179 ECtHR (GC), Case of A and others v UK, Appl. No. 3455/05, Judgment 19 February 2009, § 173.

1180 Human Rights Committee, Comm. No. R.8/34, U.N. Doc. Supp. No. 40 (A/36/40) at 130 (1981), para. 8.3, online abrufbar unter URL: http://www1.u mn.edu/humanrts/undocs/session36/8-34-htm [26.07.2017].

1181 *Davey*, in Cottier/Mavroidis (Eds.), The Role of the Judge in International Trade Regulation, pp. 43–79 (43).

1182 So auch *Baade*, Der EGMR als Diskurswächter, S. 193, wonach der EGMR die Margin of Appreciation Doktrin nicht benutzen „dürfe", um Entscheidungsgründe zu kaschieren.

machen. Innerhalb der wenigen verfügbaren Passagen des Human Rights Committee zu Art. 4 IPbpR findet sich kein Offenlassen von Fragen.

Es gibt die Form des echten und eines falschen Offenlassens von Fragen. Beim echten Offenlassen wird die Frage auch tatsächlich offen gelassen (judicial economy/minimalism). Beim falschen Offenlassen wird eine Frage fälschlicherweise offen gelassen, obwohl sie eigentlich entschieden werden müsste (false judicial economy/minimalism).[1183] Darüber hinaus gibt es noch den umgekehrten Fall, in dem die Frage nicht entschieden werden und offen gelassen werden könnte, sie aber trotzdem entschieden wird. Dies wird sowohl als judicial activism, als obiter dictum oder in der Rhetorik als Paralipse bezeichnet.

Das echte Offenlassen von Fragen findet sich vor allem im Rahmen des WTO-DSU, z. B. im Fall Argentina – Footwear (EC), US – Wheat Gluten, Chile – Price Brand System, aber auch in der EGMR-Rechtsprechung: In A and others lässt der EGMR offen, ob „Where, as here, the measures are found to be disproportionate to that threat and to be discriminatory in their effect, there is no need to go further and examine their application in the concrete case of each applicant."[1184], in Sakik and others v Turkey und Abdülsamet Yaman v Turkey stellt er fest, dass "it is not necessary to determine whether it satisfies the requirements of Article 15."[1185]. In Aksoy v Turkey stellt der EGMR die Frage in den Raum, ob die formalen Derogationserfordernisse des Art. 15 III EMRK erfüllt sind, erklärt sich für kompetent, über diese Frage zu entscheiden, obwohl die Beteiligten sich nicht darauf berufen haben, um kurz darauf festzustellen, dass es darauf nicht ankommt: „However, [...] the Court finds it unneccessary to rule on this matter." Dabei handelt es sich gleichzeitig um einen Fall des echten Offenlassens und ein obiter dictum.

Ein weiteres obiter dictum findet sich im Fall Landinelli Silva v Uruguay.[1186] Obwohl eine formelle Derogationserklärung seitens Uruguay vorlag, ließ sich das Human Rights Committee auf die Äußerung ein, dass

---

1183 *Alvarez-Jimenez*, Journal of International Economic Law Vol. 12 No. 2 (2009), 393–415.

1184 ECtHR (GC), Case of A and others v UK, Appl. No. 3455/05, Judgment 19 February 2009, § 185.

1185 ECtHR, Case of Sakik and others, Appl. Nos. 87/1996/706/898–903, Judgment 25 November 1997, § 39; ECtHR, Case of Abdülsamet Yaman v Turkey, Appl. No. 32446/96, Judgment 2 November 2004, § 70.

1186 Human Rights Committee, Comm. No. R.8/34, U.N. Doc. Supp. No. 40 (A/36/40) at 130 (1981), para. 10.3, online abrufbar unter URL: http://www1.umn.edu/humanrts/undocs/session36/8-34-htm [26.07.2017].

eine rechtmäßige Inanspruchnahme von Art. 4 IPbpR nicht von einer formellen Derogationserklärung abhängt.[1187] Auch wenn dieses kleine obiter dictum nur in einem Konditionalsatz vorweg gesprochen wurde, so hätte sich das Human Rights Committee für die Lösung des Falles darauf beschränken können, die materiellen Voraussetzungen des Art. 4 IPbpR auf Grund fehlender Beweise zu verneinen.[1188] Derselbe Textbaustein findet sich auch in Consuelo Salgar de Montejo v Colombia: „Although the substantive right to take derogatory measures may not depend on a formal notification…"[1189] Der Hinweis darauf, dass die Anforderungen an die Derogationserklärungen nicht so streng sind, ist ein Zugeständnis an die Staaten.

Auch die WTO Panel Rechtsprechung ist voll von obiter dicta.[1190] So finden sich ganze Passagen zu Rechtsfragen, deren Beatnwortung eigentlich offen bleiben könnte. Besonders auffällig ist dies im Fall Indonesia – Safeguard on Certain Iron or Steel Products (Viet Nam)[1191]. Beim Appellate Body werden obiter dicta vermieden.[1192]

Das echte Offenlassen von Fragen ist Ausdruck einer zurückhaltenden Rechtsprechung. Dies kann sich positiv auf deren Akzeptanz auswirken. Auch das falsche Offenlassen in Form eines obiter dictum kann in manchen Fällen Ausdruck von Zurückhaltung sein, etwa wenn eine Hinwendung zur unterliegenden Partei erfolgt. Jedenfalls sind sie alle Formen judikativer Konfliktvermeidung.

d) Doppelte Begründungen

Doppelte Begründungen, die die Spannung aus einer Begründung nehmen, da eine andere zum selben Ergebnis geführt hätte, finden sich vor al-

---

1187 Human Rights Committee, Comm. No. R.8/34, U.N. Doc. Supp. No. 40 (A/36/40) at 130 (1981), para. 8.3, online abrufbar unter URL: http://www1.umn.edu/humanrts/undocs/session36/8-34-htm [26.07.2017].

1188 Zu den Wirkungen von obiter dicta *Köbl*, JZ 1976, 752–756 (754ff.).

1189 Human Rights Committee, Comm. No. 64/1979, U.N. Doc. CCPR/C/OP/1 at 127 (1985), online abrufbar unter URL: http://www1.umn.edu/humanrts/undocs/newscans/64-1979.html [27.03.2014].

1190 Vgl. *Chua*, Berkeley Journal of International Law Vol. 16 No. 2 (1998), 171–196 (181).

1191 Panel Report, WT/DS496/R, 18 August 2017.

1192 Zum Entscheidungsprozess vgl. *Alvarez-Jimenez*, Journal of International Economic Law Vol. 12 No. 2 (2009), 289–331.

lem im Rahmen der Prüfung von Art. 15 EMRK, im sog. Greek Case[1193] oder im Fall Elci and others v Turkey: „However, even if the derogation and the resultant legislative Decrees could be considered relevant to the facts of the present case the Court is not persuaded that [...] the applicant's detention without adequate authorisation could have been strictly required by the exigencies of the situation envisaged by Article 15."[1194]

Aber auch vor dem Human Rights Committee gibt es hypothetische Begründungen im Rahmen der Schutzklauselanwendung: „In addition, even on the assumption that there exists a situation of emergency in Uruguay, the Human Rights Committee does not see...."[1195]. Auch im Fall William Torrez Ramirez v Uruguay zieht das Human Rights Committee Hilfserwägungen zur Absicherung des gefundenen Ergebnisses heran: „The Human Rights Committee has considered whether acts and treatment, which are prima facie not in conformity with the Covenant, could for any reasons be Justified under the Covenant [...] However, the Covenant (article 4) does not allow national measures derogating from any of its provisions except in strictly defined circumstances, and the Government has not made any submissions of fact or law to justify such derogation. Moreover, some of the facts referred to above raise issues under provisions from which the Covenant does not allow any derogation under any circumstances."[1196]

Während das Panel häufiger von doppelten Begründungen Gebrauch macht, sind solche beim Appellate Body selten. So finden sich beim Panel Wendungen wie: „We would come to the same overall conclusion even if we were to find...".[1197] Die Entscheidungen des Appellate Body sind dagegen so knapp wie möglich.[1198]

1193 Yearbook of the European Convention on Human Rights 1969, „The Greek Case", p. 136.

1194 ECtHR, Case of Elci and others v Turkey, Appl. Nos. 23145/93 and 25091/94, Judgment 24 March 2004, § 684.

1195 Human Rights Committee, Comm. No. R.8/34, U.N. Doc. Supp. No. 40 (A/36/40) at 130 (1981), para 8.4, online abrufbar unter URL: http://www1.umn.edu/humanrts/undocs/session36/8-34-htm [24.01.2018].

1196 Human Rights Committee, Comm. No. R.1/4 U.N. Doc. Supp. No. 40 (A/35/40) at 121 (1980), para. 17, online abrufbar unter URL: http://hrlibrary.umn.edu/undocs/session35/R1-4.htm [26.07.2017].

1197 Panel Report WT/DS496/R, 18 August 2017, paras. 7.31.

1198 *Bacchus*, Appelators: The Quest for the Meaning of And/Or, p. 16, Expanded from remarks made at the annual luncheon of the Advisory Centre on WTO Law in Bellevue, Switzerland, on June 1, 2005, online abrufbar unter URL: http://www.worldtradelaw.net/static.php?type=public&page=articles#bacchus [06.02.2018].

Doppelte Begründungen ermöglichen es, die unterliegende Partei darauf zu verweisen, dass es auf die eine Begründung so stark ankommt, weil die jeweils andere Begründung ohnehin zum gefundenen Ergebnis führt. Dass der Spruchkörper über das zur Entscheidung Notwendige hinausgeht, kann eine befriedende Wirkung haben. Dies mag sich als akzeptanzförderlich erweisen und sich so positiv auf den Vertragsbestand auswirken.

3. Auswertung

	Juristischer Stil	Rhetorische Zugeständnisse	Offenlassen von Fragen	Doppelte Begründungen
AB	+	-	+	-
EGMR	-	+	+	+
HRC	-	+	-	+

Die Entscheidungsbegründungen zeichnen sich durch den juristischen Stil und die typisch juristische Argumentationsweise aus. Die abstrakten Kategorien juristischer Stil und Argumentation werden für die Analyse internationaler Spruchpraxis mit dem juristischen Schließen und Handlungsfiguren gefüllt. Bei der Analyse ließen sich für keinen Spruchkörper Nachweise für alle Kategorien finden. Defizite beim juristischen Schließen werden mit Handlungsfiguren kompensiert und umgekehrt. Dieser Befund deckt sich mit der Beobachtung der rhetorischen Rechtstheorie, nach der das Pathos – allerdings unter Ausklammerung der Handlungsfiguren – Logosdefizite ausgleicht.[1199] Für die Bewertung der Ergebnisse muss zwar berücksichtigt werden, dass es sich nur um eine sehr kleine Stichprobe handelt und die Analyse über verschiedene Rechtsregime hinweg geschieht. Insofern muss die Analyse anhand der auf Grund der notifizierten Ausnahmezustände zu erwartenden Spruchpraxis weitergeführt werden. Für die theoretische Analyse der Schutzklauseln lässt sich aber festhalten, dass die Gestaltung der Entscheidungsbegründungen für den Vertragsbestand und die Vertragsvertiefung fördernde Effekte haben kann.

1199 *Gräfin von Schlieffen*, in Fix/Gardt/Knape (Hrsg.), Rhetorik und Stilistik, Band 2, S. 1811–1833 (1819ff.); *dies.*, JZ 1992, 231–237 (235).

B. *Zwischenergebnis: Integration* durch *Schutzklauseln in der Theorie*

Überträgt man die entwickelten Analysekategorien judikativer Konfliktbearbeitung auf die Schutzklauselpraxis, so ergibt sich, dass sich die integrativen Effekte judikativer Konfliktbearbeitung in großen Teilen nachweisen lassen. Daraus lässt sich eine positive Wirkung von Schutzklauseln auf den Vertragsschluss, den Vertragsbestand und eine Vertragsvertiefung, sprich die drei Bestandteile des juristischen Integrationsprozesses, ableiten. Die Teile rechtlicher Konfliktbearbeitung, die sich beobachten und deshalb auch beschreiben lassen, sind die externen Entscheidungsbedingungen und die Entscheidungsbegründung. Die Entscheidungsbedingungen können mit Hilfe der Kategorien Normen, Institutionen und Verfahren systematisiert werden.

Die bloße Existenz von Schutzklauseln wirkt sich günstig auf den Vertragsbestand und etwaige Vertragserweiterungen aus. Auch Schutzklauseln schaffen eine Pfadabhängigkeit. Eine einmal aufgenommene Schutzklausel wird zum Ausgangspunkt für alle weiteren Debatten um eine Änderung bzw. Abschaffung. Die für Rechtsnormen allgemein herausgearbeiteten Eigenschaften der Abstraktheit und In-/Variabilität sind bei Schutzklauseln besonders stark ausgeprägt. Die in Vagheit übergehende Abstraktheit erzwingt Rechtsfortbildung durch Spruchpraxis, welche durch die Invariabilität in der Norm gespeichert wird und erhalten bleibt.

Die institutionelle Ausgestaltung der Schutzklauselspruchkörper wirkt sich günstig auf den Vertragsbestand und eine implizite Vertragsvertiefung aus. Die Wirkungen ergeben sich erst aus dem Zusammenspiel der einzelnen Elemente. Für die Schutzklauselspruchkörper gelten das Rechtsverweigerungsverbot und eine Begründungspflicht der Entscheidung; abgesehen vom Human Rights Committee dürfen alle Spruchkörper nur auf Antrag tätig werden. Dies hat zur Konsequenz, dass die Ergebnisse der Spruchkörper nicht nur weniger angreifbar sind, sondern durch die Begründungspflicht ihre Ergebnisse auch besser nachvollziehbar sind. Durch Kollegialentscheidungen wird die Qualität der Argumentation verbessert. Die Hinnahmefähigkeit der Parteien wird gestärkt, was sich als für den Vertragsbestand günstig erweist. Alle Mitglieder der analysierten Spruchkörper sind akademisch und mehrheitlich juristisch sozialisiert, was in Kombination mit dem Rechtsverweigerungsverbot und der Deutungsoffenheit der Schutzklauselnormen zu einer impliziten Vertragsvertiefung als Nebenprodukt rechtlicher Konfliktbearbeitung führen kann.

Alle Schutzklauselverfahren weisen Elemente auf, die den Konflikt aufbrechen. Die Durchbrechung ist jedoch unterschiedlich intensiv. So brechen das Vertragsverletzungsverfahren vor dem EuGH und das Verfahren vor dem Appellate Body den Konflikt stärker auf als die Individualbeschwerde vor dem EGMR bzw. Human Rights Committee. Alle Schutzklauselverfahren finden unter erheblichen Beweisschwierigkeiten statt, weshalb eine besonders starke Rekonstruktion des Sachverhalts stattfindet. Beim Dispute Settlement der WTO, beim EGMR und beim Human Rights Committee sind abweichende Meinungen möglich, aber nur beim EGMR konnte beobachtet werden, dass Richter von diesem Recht auch Gebrauch machen. Daraus ergeben sich für den EGMR tatsächliche, für alle anderen Spruchkörper potentielle Befriedungspotenziale. Aus der Gestaltung der Schutzklauselverfahren ergeben sich Neutralisierungseffekte, weshalb sie sich günstig auf den Vertragsbestand auswirken.

Die Entscheidungsbegründungen der Spruchkörper haben ebenso neutralisierende, für die Akzeptanz und damit den Vertragsbestand förderliche Merkmale. Die rechtliche Fachsprache der Spruchkörper führt auf Wort-, Satz- und Textebene zur Versachlichung des Konflikts. Mit Hilfe der Analyse des juristischen Stils und juristischer Handlungsfiguren konnte gezeigt werden, dass zumindest der Appellate Body enthymematisch argumentiert, seine Rechtsfindung aber als syllogistisch ausweist. Im Rahmen der Spruchpraxis aller Spruchkörper konnten Handlungsfiguren nachgewiesen werden, die eine den Konflikt neutralisierende und die Akzeptanz fördernde Wirkung haben. Dabei handelt es sich um die Gewährung von Spielräumen, das Offenlassen von Fragen und doppeltes Begründen.

Die theoretische Analyse kann damit die Ergebnisse der Analyse des Schutzklauselmaterials stützen: Schutzklauseln sind ein Mechanismus internationaler Integration.

Zusammenfassung

Fast jeder völkerrechtliche Vertrag enthält Ausnahmebestimmungen. Häufig gibt es darunter Klauseln, die es einer Vertragspartei in einem in der Klausel definierten Ausnahmezustand erlauben, Pflichten aus dem völkerrechtlichen Vertrag zu suspendieren. Dieses Phänomen wird als Schutzklausel beschrieben.

Während die Auslegung einzelner Schutzklauseln und die Aufarbeitung v.a. innerstaatlicher Ausnahmezustände große Aufmerksamkeit erfährt, gibt es bislang wenig Forschung zu Schutzklauseln als Normtypus.

Die Auswirkungen dieses Normtypus auf einen völkerrechtlichen Vertrag zu ermitteln, ist das Ziel der vorliegenden Arbeit. Dafür spaltet die Arbeit den völkerrechtlichen Vertrag auf in die Stufen Vertragsabschluss, Vertragsbestand und Vertragsvertiefung und bezeichnet dies als rechtlichen Integrationsprozess. Die abstrakte Frage nach den Auswirkungen von Schutzklauseln lässt sich so präzise abschichten. Es entstehen Analysekategorien, die das weite Feld der internationalen Integration für die rechtswissenschaftliche Analyse handhabbar machen.

Um die Schutzklauseln als Normtypus zu untersuchen, bedient sich diese Arbeit mit Art. 4 IPbpR, Art. 15 EMRK, Art. XIX GATT und Art. 347 AEUV eines repräsentativen Querschnitts völker- und europarechtlicher Schutzklauseln aus dem Menschenrechts- und Wirtschaftskontext. So entsteht ein Überblick über die Verwendung von Schutzklauseln, innerhalb dessen aufgezeigt wird, dass wirtschafts- und menschenrechtliche Schutzklauseln gemeinsame Strukturmerkmale aufweisen.

Rechtswissenschaftliche Arbeiten legen die ihnen zugrunde liegenden Methoden häufig nicht offen. Als Antwort auf diese Beobachtung legt diese Arbeit auf die transparente Darstellung ihrer Methodik besonderen Wert. Sie will so sicherstellen, dass nicht nur das gefundene Ergebnis, sondern auch der Weg dorthin nachvollziehbar ist. Aus Mangel an Methoden innerhalb der Rechtswissenschaft sucht sie immer wieder methodischen Anschluss in den Nachbarwissenschaften. Dies gilt auch für die Analyse von Spruchpraxis. Obwohl die Verarbeitung von Urteilen das Kerngeschäft der Rechtswissenschaft darstellt, findet selten eine Auseinandersetzung mit den Grundlagen und Vorbedingungen einer Urteilsanalyse statt. Wünschenswert wäre hier die Entwicklung einer rechtswissenschaftlichen Methodik der Urteilsanalyse. Methodik innerhalb der Rechtswissenschaft ist mehr als Gesetzesauslegung mit Hilfe der klassischen Auslegungsmethoden.

Die Analyse des Schutzklauselmaterials sowie die theoretische Untersuchung von Schutzklauseln als Normtypus ergeben, dass Schutzklauseln sich positiv auf den Vertragsabschluss, den Vertragsbestand und eine Vertragsvertiefung auswirken.

Die Analyse des Schutzklauselmaterials umfasst die Untersuchung der Entstehungsdokumente, der Inanspruchnahmepraxis und der Rechtsprechung. Aus den Entstehungsdokumenten geht zwar nicht hervor, dass Schutzklauseln zur Bedingung für den Vertragsschluss gemacht wurden. Dennoch nahm die Gestaltung großen Raum ein, was für die Bedeutung für den Vertragsschluss spricht. Schutzklauseln wurden auch regelmäßig in Anspruch genommen. Sie befriedigen deshalb einen vorhandenen Flexibilitätsbedarf und wirken sich günstig auf den Vertragsbestand aus. Die Analyse der Schutzklauselspruchpraxis zeigt, dass eine rechtmäßige Inanspruchnahme durch die Vertragsstaaten kaum noch möglich ist, weshalb im Rahmen der Auslegung der Schutzklauseln von einer impliziten Vertragsvertiefung gesprochen werden kann.

Die Arbeit liefert auch eine theoretische Begründung dafür, dass sich Schutzklauseln positiv auf den völkerrechtlichen Vertrag auswirken. Dies geschieht in einem ersten Schritt mittels einer beobachtenden Beschreibung des rechtlichen Konfliktbearbeitungsmechanismus. In einem zweiten Schritt werden auf der Grundlage jener Beschreibung die Konfliktbearbeitungsmechanismen der Schutzklauselverfahren analysiert. Die Analyse des Konfliktbearbeitungsmechanismus Recht zeigt, dass das Recht auch Subjekt der Integration sein kann, also Integration tatsächlich *durch* rechtliche Konfliktbearbeitung möglich ist. Die Arbeit kann so eine Integrationsfunktion internationalen Rechts begründen.

Die rechtliche Konfliktbearbeitung wird aus der Anwendungsperspektive beobachtet. Beobachten lassen sich die externen Entscheidungsbedingungen einer Entscheidung sowie die Entscheidung selbst. Die Anwendung ist durch die Entscheidungsbedingungen Norm, Institutionen und Verfahren bestimmt. Die Entscheidungsbegründung lässt sich mit Hilfe der Kategorien Sprache und Argumentation strukturieren. Anders als die kognitive Entscheidungsfindung lassen sich die äußeren Faktoren der Entscheidungsfindung als Entscheidungsbedingungen genauso wie die Entscheidungsbegründung beobachten. Einige Faktoren der Entscheidungsbedingungen und die Entscheidungsbegründung bewirken eine Konfliktneutralisierung, was sich günstig auf den Vertragsbestand auswirkt. Des Weiteren lassen sich auch Merkmale der Entscheidungsbedingungen auffinden, die sich günstig auf eine Vertragsvertiefung auswirken. Insofern kann die rechtliche Konfliktbearbeitung als integrationsförderlich beschrieben werden.

Die Anwendung der Beschreibung rechtlicher Konfliktbearbeitung auf die Schutzklauselverfahren ergibt, dass die Entscheidungsbedingungen, unter denen Schutzklauselspruchpraxis entsteht, und die Entscheidungsbegründungen der Spruchpraxis eine den Vertragsbestand und eine Vertragsvertiefung fördernde Wirkung entfalten. Schutzklauseln können deshalb auch theoretisch als Mechanismus internationaler Integration betrachtet werden:

Schon die bloße Aufnahme von Schutzklauseln in den Vertragstext wirkt sich günstig auf den Vertragsbestand und etwaige Vertragserweiterungen aus. Denn Schutzklauseln schaffen eine Pfadabhängigkeit. Die aufgenommene Schutzklausel wird zum argumentativen Ausgangspunkt für alle Vertragsänderungen. Schutzklauseln sind besonders abstrakte und in-/ variable Rechtsnormen. Ihre textlich abstrakte Ausgestaltung erzwingt Rechtsfortbildung durch die zuständigen Spruchkörper; ihre Invariabilität stabilisiert die so entstandene Rechtsfortbildung.

Die institutionelle Ausgestaltung der Schutzklauselspruchkörper wirkt sich günstig auf den Vertragsbestand und implizite Vertragsvertiefungen aus. Für die Schutzklauselspruchkörper gilt das Rechtsverweigerungsverbot. Außerdem müssen sie ihre Entscheidungen begründen. Das Rechtsverweigerungsverbot macht die gefundenen Ergebnisse weniger angreifbar. Die Begründungspflicht sorgt allgemein dafür, dass die Ergebnisfindung auch nachvollzogen werden kann.

Die Nachvollziehbarkeit wird auch durch Kollegialentscheidungen verbessert. Kollegialentscheidungen weisen eine höhere Argumentationsqualität auf als Einzelentscheidungen. Dies stärkt die Hinnahmebereitschaft der Parteien, was sich als für den Vertragsbestand günstig erweist.

Die akademische und mehrheitlich juristische Sozialisation der Mitglieder der Spruchkörper kann gemeinsam mit dem Rechtsverweigerungsverbot, der Begründungspflicht und der abstrakten textlichen Ausgestaltung zu einer impliziten Vertragsvertiefung als Nebenprodukt rechtlicher Konfliktbearbeitung führen.

Aus der Gestaltung der Schutzklauselverfahren ergeben sich Neutralisierungseffekte, die sich günstig auf den Vertragsbestand auswirken können: Alle Schutzklauselverfahren weisen Elemente auf, die den Konflikt auf- bzw. durchbrechen. Dabei ist die Durchbrechung im Vertragsverletzungsverfahren vor dem EuGH und im Verfahren vor dem Appellate Body stärker als bei der Individualbeschwerde vor dem EGMR bzw. dem Human

Rights Committee. Alle Schutzklauselverfahren finden unter erheblichen Beweisschwierigkeiten statt, weshalb eine besonders starke Rekonstruktion des Sachverhalts stattfindet. Die Abstraktion begünstigt die Hinnahmefähigkeit des gefundenen Ergebnisses. Abweichende Meinungen sind bei allen analysierten Spruchkörpern zulässig. Davon Gebrauch gemacht wird jedoch nur beim EGMR. Abweichende Meinungen befrieden den Konflikt, weil sie der unterlegenen Partei zeigen, dass ihre Rechtsauffassung von Teilen des Gremiums geteilt wurde. Daraus ergeben sich für den EGMR tatsächliche, für alle anderen Spruchkörper potentielle Befriedungspotenziale.

Die Entscheidungsbegründungen der Spruchkörper haben ebenso neutralisierende, die Akzeptanz und damit den Vertragsbestand fördernde Merkmale. Die rechtliche Fachsprache und Argumentationsweise bewirken eine Versachlichung des Konflikts. Bestimmte, immer wieder bei allen Spruchkörpern auftretende Handlungsfiguren konnten als juridische Konfliktvermeidungsstrategien ausgemacht werden.

Mit der deskriptiven Analyse des Konfliktbearbeitungsmechanismus Recht entsteht ein rechtswissenschaftlicher Beitrag zum Forschungsfeld „Integration durch Recht", der das Recht in seiner Anwendung in den Mittelpunkt des Interesses stellt und es nicht als bloßes Werkzeug der Politik begreift. Anders als normative Theorien des Rechts konzentriert sich die Beschreibung auf diejenigen Prozesse judikativer Konfliktbearbeitung, die sich beobachten lassen: Normen, institutionelle Ausgestaltung und Verfahren, die als Entscheidungsbedingungen gebündelt werden, und die textliche Gestaltung der Entscheidungsbegründung. Im Rahmen der Beschreibung rechtlicher Konfliktbearbeitung verknüpft der Ansatz in der Literatur viel beachtete rechtliche Funktionen wie die Neutralisierungs- und Konfliktlösungsfunktion mit einer möglichen Integrationsfunktion des Rechts im Rahmen völkerrechtlicher Verträge. So entsteht ein Ansatz, der Integration *durch* Recht wörtlich nimmt.

Die Arbeit bietet diverse Anknüpfungspunkte für die Forschung. So erscheint es zum einen wünschenswert, die Beschreibung rechtlicher Konfliktbearbeitung zu ergänzen und weiter auszudifferenzieren. Die Beschreibung rechtlicher Konfliktbearbeitung macht das Zusammenwirken ihrer einzelnen Elemente sichtbar. Wenn es gelingt, die Beschreibung zu vervollständigen und weitere Dynamiken aufzuschlüsseln, kann der hier entwickelte juristische Ansatz zur Rolle des Rechts in Integrationsprozessen von Nutzen für die künftige Rechtsetzung sein. Die Wirkung der Rechtsnorm in ihrem Anwendungszusammenhang wird so ein wenig planbarer.

Über eine Ausdifferenzierung der Beschreibung hinaus ist eine empirische Fundierung der gefunden Ergebnisse notwendig; denn die Arbeit konnte nur theoretische Erklärungskonzepte für die Wirkung rechtlicher Konfliktbearbeitung bieten. Insofern ergeben sich vielerlei Anschlussmöglichkeiten für die Rechtssoziologie und Psychologie, die angenommenen Wirkungen rechtlicher Konfliktbearbeitung auch (empirisch) nachzuweisen.

Nicht zuletzt ist die Aufschlüsselung der Wirkungsweise ertragreich für die praktische Gestaltung künftiger völkerrechtlicher Schutzklauseln. Schutzklauseln werden auch in künftigen völkerrechtlichen Verträgen von Nutzen sein. Die aktuelle Inanspruchnahmewelle des Art. 15 EMRK beweist die Zeitlosigkeit des Normtyps Schutzklausel.

Archivarische Dokumente und Materialien zur Inanspruchnahme

Entstehungsdokumente IPbpR

UN General Assembly, Doc. A/2929, online abrufbar unter URL: http://w
ww2.ohchr.org/english/issues/opinion/articles1920_iccpr/docs/A-2929.pdf
[19.01.2018]

UN Economic and Social Council, Doc. E/CN.4/21, online abrufbar unter
URL: http://hr-travaux.law.virginia.edu/document/iccpr/ecn421/nid-101
[25.07.2017]

UN Economic and Social Council, Doc. E/CN.4/AC.3/SR.8, online abrufbar unter URL: http://uvallsc.s3.amazonaws.com/travaux/s3fs-public/E-CN
_4-AC_1-SR_8_0.pdf?null [25.07.2017]

UN, International Law Commission, Doc. E/CN.4/SR.423, online abrufbar
unter URL: http://legal.un.org/docs/?path=./ilc/documentation/english/su
mmary_records/a_cn4_sr423.pdf&lang=EFS [25.07.2017]

UN, International Law Commission, Doc. E/CN.4/SR.431, online abrufbar
unter URL: http://legal.un.org/ilc/publications/yearbooks/english/ilc_1958
_v 1.pdf [25.07.2017]

UN Economic and Social Council, Doc. E/CN.4/SR.42, online abrufbar
unter URL: http://hr-travaux.law.virginia.edu/document/iccpr/ecn4sr42/ni
d-1670 [25.07.2017]

UN Economic and Social Council, Doc. E/CN.4/SR.195, online abrufbar
unter URL: http://hr-travaux.law.virginia.edu/dengrove/document/iccpr/ec
n4sr195/nid-1762 [25.07.2017]

UN Economic and Social Council, Doc. E/CN.4/SR.22, online abrufbar
unter URL: http://repository.un.org/handle/11176/270189 [25.07.2017]

UN Economic and Social Council, Doc. E/CN.4/AC.1/SR.34, online abrufbar unter URL: http://www.un.org/en/ga/search/view_doc.asp?symbol=E/C
N.4/AC.1/34 [25.07.2017]

UN Economic and Social Council, Doc. E/CN.4/AC.1/SR.11, online abrufbar unter URL: http://www.un.org/en/ga/search/view_doc.asp?symbol=E/C
N.4/AC.1/SR.11 [25.07.2017]

UN Economic and Social Council, Doc. E/CN.4/SR.127, online abrufbar
unter URL: http://hr-travaux.law.virginia.edu/document/iccpr/ecn4sr127/n
id-1826 [25.07.2017]

UN Economic and Social Council, Doc. E/CN.4/SR.126, online abrufbar unter URL: http://hr-travaux.law.virginia.edu/document/iccpr/ecn4sr126/n id-1824 [25.07.2017]

Entstehungsdokumente EMRK

European Commission of Human Rights, Doc. DH (56) 4, online abrufbar unter URL: http://www.echr.coe.int/LibraryDocs/Travaux/ECHRTravaux-ART15-DH(56)4 EN1675477.pdf [25.07.2017]

Entstehungsdokumente Art. XIX GATT und Agreement on Safeguards

UN Economic and Social Council, Doc. E/PC/T/C.II/38, online abrufbar unter URL: https://www.wto.org/gatt_docs/English/SULPDF/90210246.pd f [25.07.2017]

UN Economic and Social Council, Doc. E/PC/T/C.II/PV/7, online abrufbar unter URL: https://www.wto.org/gatt_docs/English/SULPDF/9022000 9.pdf [25.07.2017]

GATT Doc. GATT/CP.5/22, online abrufbar unter URL: https://www.wto.org/gatt_docs/English/SULPDF/90270151.pdf [25.07.2017]

GATT Doc. GATT/CP.5/22, online abrufbar unter URL: https://www.wto.org/gatt_docs/English/SULPDF/90270151.pdf [25.07.2017]

Negotiating Group on Safeguards, Doc. MTN.GNG.NG9/W/7, online abrufbar unter URL: https://www.wto.org/gatt_docs/English/SULPDF/920 20271.pdf [25.07.2017]

Negotiating Group on Safeguards, Doc. MTN.GNG/NG9/1, online abrufbar unter URL: http://www.worldtradelaw.net/history/ursafeguards/ursafe guards.htm [19.05.2014]

Negotiating Group on Safeguards, Doc. MTN.GNG/NG9/2, online abrufbar unter URL: http://www.worldtradelaw.net/history/ursafeguards/ursafe guards.htm [19.05.2014]

Negotiating Group on Safeguards, Doc. MTN.GNG/NG9/20, online abrufbar unter URL: http://www.worldtradelaw.net/history/ursafeguards/ursafe guards.htm [19.05.2014]

Negotiating Group on Safeguards, Doc. MTN.GNG/NG9/W/25/Rev. 3, online abrufbar unter URL: http://www.worldtradelaw.net/history/ursafeguar ds/ursafeguards.htm [19.05.2014]

Negotiating Group on Safeguards, Doc. MTN.GNG/NG9/6, online abrufbar unter URL: http://www.worldtradelaw.net/history/ursafeguards/ursafe guards.htm [19.05.2014]

Entstehungsdokumente Art. 347 AEUV

Historisches Archiv der Europäischen Union in Florenz,
Badia Fiesolana, Via dei Roccettini 9, I-50014 San Domenico di Fiesole (FI)
– Italy

Regierungskonferenz für den Gemeinsamen Markt und Euratom, Arbeitsgruppe für den Gemeinsamen Markt, 03.01.1957, Sammlung CM3-nego
261, Dok. MAE 11 d/57

Regierungskonferenz für den Gemeinsamen Markt und Euratom, Arbeitsgruppe für den Gemeinsamen Markt, 08.01.1957, Sammlung CM3-nego
261, Dok. MAE 43 d/57

Vorschlag der französischen Delegation, Regierungskonferenz für den Gemeinsamen Markt und Euratom, Arbeitsgruppe für den Gemeinsamen
Markt, 08.01.1957, Sammlung CM3-nego 261, Dok. MAE 48 d/57

Vorschlag der französischen Delegation, Regierungskonferenz für den Gemeinsamen Markt und Euratom, Arbeitsgruppe für den Gemeinsamen
Markt, 17.01.1957, Sammlung CM3-nego 261, Dok. MAE 156 d/57

Regierungskonferenz für den Gemeinsamen Markt und Euratom, Arbeitsgruppe für den Gemeinsamen Markt, 23.01.1957, Sammlung CM3-nego
261, Dok. MAE 253 d/57

Regierungskonferenz für den Gemeinsamen Markt und Euratom, Ausschuss der Delegationsleiter, 15.02.1957, Sammlung CM3-nego 261, Dok.
MAE 545 d/57

Inanspruchnahmepraxis IPbpR

Human Rights Committee, Docs. A/52/40 Vol.1; A/53/40 Vol.1; A/54/40
Vol.1; A/55/40 Vol.1; A/56/40, Vol.1; A/57/40 Vol.1; A/58/40 Vol.1;
A/59/40 Vol.1; A/60/40 Vol.1; A/61/40 Vol.1; A/62/40 Vol.1; A/63/40 Vol.1;
A/64/40/Vol.1; A/65/40 Vol.1; A/66/40 Vol.1; A/67/40 Vol.1; A/68/40 Vol.1;
A/69/40 Vol.1, allesamt abrufbar auf der Seite des UN High Commissioner
of Human Rights, Treaty Body Database, URL: http://tbinternet.ohchr.org
/_layouts/TreatyBodyExternal/TBSearch.aspx [22.01.2018]

Commission on Human Rights, Docs. E/CN.4/Sub.2/1999/31; E/CN.4/
Sub.2/2001/6; E/CN.4/Sub.2/2003/39 und E/CN.4/Sub.2/2005/6, allesamt
abrufbar unter URL: http://www.un.org/en/documents/ [19.08.2014]

UN Treaty Collection, online abrufbar unter URL: https://treaties.un.org/P
ages/CNs.aspx?cnTab=tab2&clang=_en, Treaty Reference IV-4, auf der
nach Notifikationserklärungen gesucht werden kann [22.01.2018]

State of Emergency Mapping Project, online abrufbar unter URL: http://e
mergencymapping.org/index.html [20.07.2017]

Inanspruchnahmepraxis EMRK

Council of Europe, Treaty Office, online abrufbar unter URL: http://www.coe.int/en/web/conventions/search-on-treaties/-/conventions/declarations/search/state [08.05.2017]

Inanspruchnahmepraxis Art. XIX GATT

WTO, Safeguards, online abrufbar unter URL: http://www.wto.org/english/tratop_c/safeg_e/safeg_e.htm [14.02.2017]
WTO, Safeguards, online abrufbar unter URL: https://www.wto.org/english/tratop_e/safeg_e/SG-MeasuresByRepMember.pdf [14.02.2017]
WTO, Safeguards, online abrufbar unter URL: https://www.wto.org/english/tratop_e/safeg_e/SG-InitiationsByRepMember.pdf [14.02.2017]

Literaturverzeichnis

Albers, Marion. Höchstrichterliche Rechtsfindung und Auslegung gerichtlicher Entscheidungen, VVDStRL Band 71 (2012), 257–295

Alexy, Robert. Theorie der juristischen Argumentation: die Theorie des rationalen Diskurses als Theorie der juristischen Begründung, 3. Aufl., Frankfurt a. M.: Suhrkamp 1996

Allan, T. R. S.. Deference, Defiance, and Doctrine: Defining the Limits of Judicial Review, University of Toronto Law Review Vol. 60 No. 1 (2010), 41- 59

Alvarez-Jimenez, Alberto. WTO Appellate Body's Exercise of Judicial Economy, Journal of International Economic Law Vol. 12 No. 2 (2009), 393–415

The Appellate Body's Decision-Making-Process: A Perfect Model for International Adjudication?, Journal of International Economic Law Vol. 12 No. 2 (2009), 289–331

Apel, Helmut. Fachkulturen und studentischer Habitus, eine empirische Vergleichsstudie bei Pädagogik- und Jurastudierenden, Zeitschrift für Sozialisationsforschung und Erziehungssoziologie Jahrgang 9 Heft 1 (1989), 2–22

Arai-Takahashi, Yutaka. The margin of appreciation doctrine and the principle of proportionality in the jurisprudence of the ECHR, Antwerpen u.a.: Intersentia 2002

Arato, Julian. Subsequent Practice and Evolutive Interpretation: Techniques of Treaty Interpretation over Time and Their Diverse Consequences, The Law and Practice of International Courts and Tribunals Vol. 9 (2010), 443–494

Augenhofer, Susanne. Rechtsvergleichung, in: Krüper, Julian (Hrsg.), Grundlagen des Rechts, Baden-Baden: Nomos 2013, § 10

Baade, Björnstjern. Der Europäische Gerichtshof für Menschenrechte als Diskurswächter, Zur Methodik, Legitimität und Rolle des Gerichtshofs im demokratisch-rechtsstaatlichen Entscheidungsprozess, Berlin: Springer 2017, zugl. Univ.-Diss. Berlin 2017

Bacchus, James. Appellators: The Quest for the Meaning of And/Or, Expanded from remarks made at the annual luncheon of the Advisory Centre on WTO Law in Bellevue, Switzerland, on June 1, 2005, online abrufbar unter URL: http://www.worldtradelaw.net/static.php?type=public&page=articles#bacchus [06.02.2018].

Bäcker, Carsten. Der Syllogismus als Grundstruktur des juristischen Begründens?, Rechtstheorie Band 40 Heft 3 (2009), 404–424

Baer, Susanne. Rechtssoziologie. Eine Einführung in die interdisziplinäre Rechtsforschung, 3. Aufl., Baden-Baden: Nomos 2017

Bagwell, Kyle/ Staiger, Robert W.. Enforcement, Private Political Pressure, and the General Agreement on Tariffs and Trade/World Trade Organization Escape Clause, Journal of Legal Studies Vol. 34 No. 2 (2005), 471–513

Ballweg, Ottmar. Rechtswissenschaft und Jurisprudenz, Basel: Helbing & Lichtenhahn 1970

Baracat, Elias/ Nogués, Julio J.. WTO Safeguards and Trade Liberalization: Lessons from the Argentine Experience in the Footwear Industry, World Bank Policy Research Working Paper 3614, May 2005, online abrufbar unter URL: https://papers.ssrn.com/sol3/papers.cfm?abstract_id=743113 [07.06.2017]

Baur, Jürgen F.. Integration durch Recht, in: Baur, Jürgen F./ Watrin, Christian (Hrsg.), Recht und Wirtschaft der EU, Berlin: De Gruyter 1997, S. 115–143

Becket, James. The Greek Case Before the European Human Rights Commission, Human Rights Law Journal Vol. 1 No. 1 (1970), 91–117

Behrens, Peter. Integrationstheorie, Internationale wirtschaftliche Integration als Gegenstand politologischer, ökonomischer und juristischer Forschung, RabelsZ 45 (1981), 8–50

Bell, David V. J.. Political Linguistics and International Negotiation, Negotiation Journal Vol. 4 No. 3 (1988), 221–246

Bellers, Jürgen/ Häckel, Erwin. Theorien internationaler Integration und internationaler Organisationen, in: Rittberger, Volker (Hrsg.), Theorien der internationalen Beziehungen, Bestandsaufnahme und Forschungsperspektiven, Opladen: Westdt. Verlag 1990, S. 286–312

Benke, Eike Dieter. Die Schutzklausel der gemeinsamen Agrarmarktorganisationen der Europäischen Wirtschaftsgemeinschaft, Univ.-Diss. Bonn 1979

Benzing, Markus. Das Beweisrecht vor internationalen Gerichten und Schiedsgerichten in zwischenstaatlichen Streitigkeiten, Berlin: Springer 2010

Berber, Friedrich. Lehrbuch des Völkerrechts, Band 3: Streiterledigung, Kriegsverhütung, Integration, 2. Aufl., München: Beck 1977

Bergmann, Jan (Hrsg.). Handlexikon der Europäischen Union, 5. Aufl., Nomos: Baden-Baden 2015

Bernhardt, Rudolf. Internationaler Menschenrechtsschutz und nationaler Gestaltungsspielraum, in: Bernhardt, Rudolf (Hrsg.), Völkerrecht als Rechtsordnung, internationale Gerichtsbarkeit, Menschenrechte, Festschrift für Hermann Mosler, Berlin u.a.: Springer 1983, S. 75–88

Evolutive Treaty Interpretation, Especially of the European Convention on Human Rights, German Yearbook of International Law Vol. 42 (1999), 11–25

Bernstorff, Jochen von. Kerngehaltsschutz durch den UN-Menschenrechtsausschuss und den EGMR: Vom Wert kategorialer Argumentationsformen, Der Staat 2011, 165–190

Binder, Christina. Stability and Change in Times of Fragmentation: The Limits of Pacta Sunt Servanda Revisited, Leiden Journal of International Law Vol. 25 No. 4 (2012), 909–934

Birkenkötter, Hannah. Zwischen Quasi-Gericht und politischem Organ: Die Menschenrechtsausschüsse der Vereinten Nationen, APuZ Nr. 10/11 2016, 10–16

Birmingham, Robert L.. Breach of Contract, Damage Measures, and Economic Efficiency, Rutgers Law Review Vol. 24 No. 2 (1970), 273–292

Blome, Kerstin/ Kocks, Alexander. Judizialisierungsprozesse im Menschenrechtsbereich: Erfolgsmodell EGMR, in: Zangl, Bernhard (Hrsg.), Auf dem Weg zu internationaler Rechtsherrschaft? Streitbelegung zwischen Poilitik und Recht, Frankfurt a. M.: Campus Verlag 2009, S. 229–266

Bogdandy, Armin von/ Venzke, Ingo. In wessen Namen? – Internationale Gerichte in Zeiten globalen Regierens, Berlin: Suhrkamp 2014

Internationale Streitbeilegung oder Internationale Gerichtsbarkeit, in: FB Rechtswissenschaft der Goethe-Universität Frankfurt/M. (Hrsg.), 100 Jahre Rechtswissenschaft in Frankfurt, Frankfurt a. M.: Klostermann 2014, S. 105–118

Bohanes, Jan/ Sennekamp, Andreas. Reflections on the concept of 'judicial economy' in WTO dispute settlement, in: Sacerdoti, Giorgio/ Yanovich, Alan/ Bohanes, Jan (Eds.), The WTO at Ten, Cambridge: Cambridge University Press 2006, pp. 424–449

Bonacker, Thorsten/ Brodocz, André. Im Namen der Menschenrechte. Zur symbolischen Integration der internationalen Gemeinschaft durch Normen, Internationale Beziehungen Band 8 Heft 2 (2001), 189–208

Bossche, Peter van den/ Zdouc, Werner. The Law and Policy of the World Trade Organization: texts, cases and materials, 3rd Ed., Cambridge: Cambridge University Press 2013

Bossuyt, Marc J.. Guide to the Travaux Préparatoires of the International Covenant on Civil and Political Rights, Dordrecht u.a.: Nijhoff 1987

Bourdieu, Pierre. The Force of Law: Toward a Sociology of the Juridical Field, Hastings Law Journal Vol. 38 (1987), 814–853

Bown, Chad P./ McCulloch, Rachel. Trade adjustment in the WTO system: are more safeguards the answer?, Oxford Review of Economic Policy Vol. 23 No. 3 (2007), 415–439

Brand, Oliver. Grundfragen der Rechtsvergleichung – Ein Leitfaden für die Wahlfachprüfung, JuS 2003, 1082–1091

Language as A Barrier to Comparative Law, in: Olsen, Frances E./Stein, Dieter/ Lorz, Alexander (Eds.), Translation Issues in Language and Law, New York: Palgrave Macmillan 2009, pp. 18–34

Bredemeier, Harry C.. Law as an Integrative Mechanism, in: Evan, William M. (Ed.), Law and Sociology, New York: Free Press of Glencoe 1962, pp. 73–90

Brinckmann, Hans. Juristische Fachsprache und Umgangssprache, Öffentliche Verwaltung und Datenverarbeitung Band 2 (1972), 60–69

Brinkmann, Johannes. Konfliktpraxis und Rechtspraxis, Oslo 1975, zugl. Univ.-Diss. Münster 1975

Konflikt, Konfliktregulierung und Recht, Soziale Welt Band 24 Heft 1 (1973), 79–93

Brodocz, André. Die Macht der Judikative, Wiesbaden: VS Verlag für Sozialwissenschaften 2008, zugl. Univ.-Habil- Dresden 2007

Judikativer Minimalismus, Cass R. Sunstein und die Integration demokratischer Gesellschaften, Kritische Justiz Band 41 Heft 2 (2008), 178–197

Bülck, Hartwig. Zur Systematik der Europäischen Wirtschaftsgemeinschaften, Berichte der Deutschen Gesellschaft für Völkerrecht Band 3 (1959), 66–115

Bullinger, Martin. Das Ermessen der Öffentlichen Verwaltung, JZ 1984, 1001–1009

Bung, Jochen. Subsumtion und Interpretation, Baden-Baden: Nomos 2004, zugl. Univ.-Diss. Frankfurt a.M. 2003

Burley, Anne-Marie/ Mattli, Walter. Europe Before the Court: A Political Theory of Legal Integration, International Organization Vol. 47 No. 1 (1993), 41–76

Busch, Andreas. Sozialwissenschaftliche Theorien, Akademie im Gespräch 1 (2017), 5–16

Busch, Marc L./ Pelc, Krzysztof J.. The Politics of Judicial Economy at the World Trade Organization, International Organization Vol. 64 No. 2 (2010), 257–279

Busse, Dietrich. Juristische Fachsprache und öffentlicher Sprachgebrauch, Richterliche Bedeutungsdefinitionen und ihr Einfluß auf die Semantik politischer Begriffe, in: Liedtke, Frank/ Wengeler, Martin/ Böke, Karin (Hrsg.), Begriffe besetzen, Strategien des Sprachgebrauchs in der Politik, Opladen: Westdt. Verlag 1991, S. 160–185

Calliess, Christian/ Ruffert, Matthias (Hrsg.). EUV/AEUV, 5. Aufl., München: C.H. Beck 2016

Campagna, Norbert. Hegung oder Lösung? Zur Rolle des Rechts in Konflikten, in: Schramm, Edward (Hrsg.), Konflikte im Recht, Recht der Konflikte, ARSP Beiheft 125 (2010), Stuttgart: Steiner 2010, S. 39–50

Campbell, A. Neil/ Bennett, Christopher. The Contribution of WTO Appellate Review to a Rule-Based World Trading System, Canadian International Lawyer (2000), online abrufbar unter URL: http://www.lmls.com/Files [07.06.2017]

Cappelletti, Mauro/ Seccombe, Monica/ Weiler, Joseph H.. Integration thorugh Law: Europe and the American federal experience, Vol. 1: Methods, tools and institutions, Berlin: De Gruyter 1986

Caron, David D.. Towards a Political Theory of International Courts and Tribunals, Berkeley Journal of International Law Vol. 24 No. 2 (2006), 401–422

Chua, Adrian T.. Precedent and Principles of WTO Panel Jurisprudence, Berkeley Journal of International Law Vol. 16 No. 2 (1998), 171–196

Cohen, Mathilde. On the Linguistic Design of Multinational Courts — The French Capture, International Journal of Constitutional Law Vol. 14 (2016), 498–517

Colosi, Thomas. A Model for Negotiation and Mediation, in: Bendahmane, Diane B./ McDonald, John W. (Eds.), International Negotiation: Art and Science, Report of a Conference on International Negotiation, June 9–10, 1983, Washington D.C. 1984, pp. 15–34

Constantinesco, Léontin-Jean. Rechtsvergleichung, Band 2: Die rechtsvergleichende Methode, Köln: Heymann 1972

Conway, Gerard. The Limits of Legal Reasoning and the European Court of Justice, Cambridge: Cambridge University Press 2013

Cordes, Albrecht. Der allzu scharf gerittene Pandectenhengst. Richterliches Selbstbewusstsein und juristische Argumente, in: Cordes, Albrecht (Hrsg.), Juristische Argumentation – Argumente der Juristen, Köln: Böhlau 2006, S. 1–10

Creifelds, Carl (Begr.). Rechtswörterbuch, 21. Aufl., Müchen: Beck 2014

Croome, John. Reshaping the World Trading System: A History of the Uruguay Round, Diane Publishing: Geneva 1995

Crysler, Edward. Brannigan and McBride v. U.K. A New Direction on Article 15 Derogations under the European Convention on Human Rights?, Nordic Journal of International Law Vol. 65 (1996), 91–121

Davey, William J.. Has the WTO Dispute Settlement System Exceeded Its Authority? A Consideration of Deference Shown by the System to Member Government Decisions and Its Use of Issue-Avoidance Techniques, in: Cottier, Michelle/ Mavroidis, Petros C. (Eds.), The Role of the Judge in International Trade Regulation, Ann Arbor: University of Michigan Press 2010, pp. 43–79

Has the WTO Dispute Settlement System Exceeded Its Authority? A Consideration of Deference Shown by the System to Member Government Decisions and Its Use of Issue-Avoidance Techniques, Journal of International Economic Law Vol. 4 No. 1 (2001), 79–110

Delfs, Hauke. Komplementäre Integration, Grundlegung und Konstitutionalisierung des Europarechts im Kontext, Tübingen: Mohr Siebeck 2015, zugl. Univ.-Diss. Göttingen 2014

Diez, Thomas/ Wiener, Antje. Introducing the Mosaic of Integration Theory, in: Diez, Thomas/Wiener, Antje (Eds.), European Integration Theory, 2nd Ed., Oxford: Oxford University Press 2009, pp. 1–24

Dörr, Oliver/ Schmalenbach, Kirsten (Hrsg.). Vienna Convention on the Law of Treaties, A Commentary, Berlin/Heidelberg: Springer 2012

Dothan, Shai. Reputation and Judicial Tactics, Cambridge: Cambridge University Press 2016

Judicial Tactics in the European Court of Human Rights, University of Chicago Public Law & Legal Theory Working Paper No. 358 (2011), 115ff., online abrufbar unter URL: http://chicagounbound.uchicago.edu/public_law_and_legal_the ory/index.3.html [07.06.2017]

Edler, Christoph. Die Integration der südamerikanischen Staaten durch den Mercosur, München: Utz 2013, zugl. Univ.-Diss. Berlin 2011/2012

Ehlermann, Claus-Dieter. Die Schutzklauseln in den Agrarverordnungen der EWG, EuR 1966, 305–334

Some Personal Experiences as Member of the Appellate Body of the WTO, Policy Paper, RSC No. 02/9, European University Institute 2002, online abrufbar unter URL: http://cadmus.eui.eu/bitstream/handle/1814/31831/EUIRSCASPP_2002_0 9.pdf?sequence=1 [23.01.2018]

Engström, Viljam. Deference and the Human Rights Committee, Nordic Journal of Human Rights Vol. 34 No. 2 (2016), 73–88

Eriksen, Lars H.. Die Polysemie in der Allgemeinsprache und in der juristischen Fachsprache, Oder: Zur Terminologie der „Sache" im Deutschen, Journal of Linguistics Vol. 28 (2002), 211–222

Esser, Robert. Auf dem Weg zu einem europäischen Strafverfahrensrecht, Berlin: De Gruyter 2002, zugl. Univ.-Diss. Trier 2001/2002

Europarat. Collected Edition of the Travaux Préparatoires 1–8, The Hague: Nijhoff 1975–1985

Everling, Ulrich. Überlegungen zur Struktur der Europäischen Union und zum neuen Europa-Artikel des Grundgesetzes, DVBl. 1993, 936–947

Zur Begründung der Urteile des Gerichtshofs der Europäischen Gemeinschaften, EuR 1994, 127–143

Falkner, Gerda. EU treaty reform as a threelevel process, Journal of European Public Policy Vol. 9 No. 1 (2002), 1–11

Fastenrath, Ulrich. Lücken im Völkerrecht, zu Rechtscharakter, Quellen, Systemzusammenhang, Methodenlehre und Funktionen des Völkerrechts, Berlin: Duncker & Humblot 1991, zugl. Univ.-Habil. München 1988

Forsthoff, Ernst. Zur Problematik der Verfassungsauslegung, Stuttgart: Kohlhammer 1961

Frankenberg, Günter. Zur Rolle der Verfassung im Prozess der Integration, in: Vorländer, Hans (Hrsg.), Integration durch Verfassung, Wiesbaden: Westdt. Verlag 2002, S. 43–70

Frenz, Walter. Handbuch Europarecht, Band 5: Wirkungen und Rechtsschutz, Berlin: Springer 2010

Fricke, Verena/ Lembcke, Oliver/ Lhotta, Roland. Politik und Recht – Perspektiven auf ein Forschungsfeld, in: dies. (Hrsg.), Politik und Recht, Umrisse eines politikwissenschaftlichen Forschungsfeldes, Baden-Baden: Nomos 2017, S. 17–38

Frowein, Jochen Abr./ Peukert, Wolfgang. Europäische Menschenrechtkonvention, Kommentar, 3. Aufl., Kehl: Engel 2009

Gast, Wolfgang. Juristische Rhetorik, 5. Aufl., Heidelberg: C.F. Müller 2015

Gawron, Thomas/ Rogowski, Ralf. Die Wirkung des Bundesverfassungsgerichts, in: van Ooyen, Robert Christian/ Möllers, Martin H. W. (Hrsg.), Handbuch Bundesverfassungsgericht im politischen System, 2. Aufl., Wiesbaden: Springer VS 2015

Gebauer, Katharina. Parallele Grund- und Menschenrechtsschutzsysteme in Europa: ein Vergleich der Europäischen Menschenrechtskonvention und des Straßburger Gerichtshofs mit dem Grundrechtsschutz in der Europäischen Gemeinschaft und dem Luxemburger Gerichtshof, Berlin: Duncker & Humblot 2007, zugl. Univ.-Diss. Hamburg 2007

Gentzcke, Klaus. Ausweich- und Katastrophenklauseln im internationalen Wirtschaftsrecht, Univ.-Diss. Göttingen 1959

Ghias, Shoaib. International Judicial Lawmaking: A Theoretical and Political Analysis of the WTO Appellate Body, Berkeley Journal of International Law Vol. 24 No. 2 (2006), 534–553

Giering, Claus/ Möller, Almut. Integrationstheorie, in: Masala, Carlo/ Sauer, Frank/ Wilhelm, Andreas (Hrsg.), Handbuch der internationalen Politik,Wiesbaden: VS Verlag 2010, S. 135–148

Ginsburg, Tom. Bounded Discretion in International Judicial Lawmaking, Virginia Journal of International Law Vol. 45 No. 3 (2004–2005), 631–673

Ginsburg, Tom/ McAdams, Richard H.. Adjudicating in Anarchy: An Expressive Theory of International Dispute Resolution, William and Mary Law Review Vol. 45 (2004), 1229–1239

Gnutzmann-Mkrtchyan, Arevik/ Lester, Simon. Does Safeguards Need Saving? Lessons from the Ukraine – Passenger Cars Dispute, BEROC Working Paper No. 34, online abrufbar unter URL: https://ideas.repec.org/p/bel/wpaper/34.html [07.06.2017]

Goetz, Charles J./ Scott, Robert E.. Liquidated Damages, Penalties and the Just Compensation Principle: Some Notes on an Enforcement Model and a Theory of Efficient Breach, Columbia Law Review Vol. 77 No. 4 (1977), 554–594

Grabenwarter, Christoph/ Pabel, Katharina. Europäische Menschenrechtskonvention, 5. Aufl., München: Beck 2012

Grabitz, Eberhard/ Hilf, Meinhard/ Nettesheim, Martin (Hrsg.). Das Recht der Europäischen Union, München: Beck 2016

Graser, Alexander. Gemeinschaften ohne Grenzen? Zur Dekonzentration der rechtlichen Zugehörigkeiten zu politischen Gemeinschaften, Tübingen: Mohr Siebeck 2008, zugl. Univ-Habil. München 2006

Grasnick, Walter. Kamele im Recht, in: Graul, Eva (Hrsg.), Gedächtnisschrift für Dieter Meurer, Berlin: De Gruyter 2002, S. 513–524

Green, Leslie. The Functions of Law, Cogito Vol. 12 No. 2 (1998), 117–124

Greene, Alan. Separating Normalcy from Emergency: The Jurisprudence of Article 15 of the European Convention on Human Rights, German Law Journal Vol. 12 No. 11 (2011), 1764–1785

Grimmel, Andreas. Europäische Integration im Kontext des Rechts, Wiesbaden: Springer VS 2013

Der Kontext als Schlüssel für ein angemessenes Verständnis der Integration durch Recht in Europa – am Beispiel der aktuellen Grundrechtsrechtsprechung des EuGH, EuR 2013, 146–169

Grimmel, Andreas/ Jakobeit, Cord (Hrsg.). Wie weiter mit der regionalen Integration?, in: Grimmel, Andreas/ Jakobeit, Cord (Hrsg.), Regionale Integration Erklärungsansätze und Analysen zu den wichtigsten Integrationszusammenschlüssen in der Welt, Baden-Baden: Nomos 2015, S. 435–440

Groeben, Hans von der/ Schwarze, Jürgen (Hrsg.). Europäisches Unionsrecht, 7. Aufl., Baden-Baden: Nomos 2015

Gross, Oren. Once more unto the breach: the systematic failure of applying the European Convention on Human Rights to entrenched emergencies, Yale Journal of International Law Vol. 23 No. 2 (1998), 437–501

Gross, Oren/ Ni Aolain, Fionnuala. From Discretion to Scrutiny: Revisiting the Application of the Margin of Appreciation Doctrine in the Context of Article 15 of the European Convention on Human Rights, Human Rights Quarterly Vol. 23 No. 3 (2001), 625–649

Großfeld, Bernhard. Kernfragen der Rechtsvergleichung, Wiesbaden: Westdt. Verlag 2001

Guzman, Andrew T.. The Design of International Agreements, European Journal of International Law Vol. 16 No. 4 (2005), 579–612

Haas, Ernest B.. International Integration, The European and the Universal Process, International Organization Vol. 15 No. 3 (1961), 366–392

Hafner-Burton, Emilie M./ Helfer, Laurence R./ Fariss, Christopher J.. Emergency and Escape, Explaining Derogations from Human Rights Treaties, in: Criddle, Evan (Ed.), Human Rights in Emergencies, Cambridge: Cambridge University Press 2016, pp. 83–123

Hafter, Ernst. Wir Juristen. Erfahrungen und Gedanken, Zürich: Schulthess 1944

Hahn, Michael J.. Die einseitige Aussetzung von GATT-Verpflichtungen als Repressalie, Berlin: Springer 1996, zugl. Univ.-Diss. Heidelberg 1994

Hallstein, Walter. Europäische Reden, Stuttgart: Dt. Verl.-Anst. 1979

Haltern, Ulrich. Europarecht und das Politische, Tübingen: Mohr Siebeck 2005

Integration durch Recht, in: Bieling, Hans-Jürgen/Lerch, Marika (Hrsg.), Theorien der europäischen Integration, 2. Aufl., Wiesbaden: Springer VS 2006, S. 399–423

Harris, David J./ O'Boyle, Michael/ Warbrick, Colin. Law of the European Convention on Human Rights, 3rd Ed., Oxford: Oxford University Press 2014

Hartman, Joan F.. Working Paper for the Committee of Experts on the Article 4 Derogation Provision, Human Rights Quarterly Vol. 7 No. 1 (1985), 89–131

Hartog, F.. European Economic Integration: A Realistic Conception, Weltwirtschaftliches Archiv 71 (1953), 165–181

Harz, Annegret. Die Schutzklauseln des Kapital- und Zahlungsverkehrs im EWG-Vertrag, Köln u.a.: Heymann 1985, zugl. Univ.-Diss. Göttingen 1984

Hatje, Armin/ Müller-Graff, Peter Christian (Hrsg.). Enzyklopädie Europarecht, Band 1: Europäisches Organisations- und Verfassungsrecht, Baden-Baden: Nomos 2014

Hawkins, Darren/ Jacoby, Wade. Partial Compliance: A Comparison of the European and American Courts of Human Rights, Journal of International Law and International Relations Vol. 6 (2010–2011), 35–85

Heldrich, Andreas/ Schmidtchen, Gerhard. Gerechtigkeit als Beruf, München: Beck 1982

Helmedach, Achim. Judizialisierungsprozesse im Handelsbereich: Streitbeilegung in GATT und WTO, in: Zangl, Bernhard (Hrsg.), Auf dem Weg zu internationaler Rechtsherrschaft? Streitbelegung zwischen Poilitik und Recht, Frankfurt a. M.: Campus Verlag 2009, S. 71–118

Helmedach, Achim/ Modré, Aletta/ Neubauer, Gerald/ Zangl, Bernhard. Judizialisierung von Streitverhalten und Staatenverhalten: Methodisches Vorgehen, in: Zangl, Bernhard (Hrsg.), Auf dem Weg zu internationaler Rechtsherrschaft? Streitbelegung zwischen Poilitik und Recht, Frankfurt a. M.: Campus Verlag 2009, S. 37–70

Herbst, Ludolf. Die zeitgenössische Integrationstheorie und die Anfänge der europäischen Einigung 1947–1950, Vierteljahreshefte für Zeitgeschichte 34 Heft 2 (1986), 161–206

Herdegen, Matthias. Internationales Wirtschaftsrecht, 10. Aufl., München: Beck 2014

Herlitz, Nils. Rechte und Sprachen. Erfahrungen und Betrachtungen, in: Andenæs (Hrsg.), Legal Essays, Oslo: Universitetsvorlaget 1963, S. 94–110

Higgins, Rosalyn. Derogations under Human Rights Treaties, British Yearbook of International Law Vol. 48 (1976/77), 281–320

Hilf, Meinhard/ Nettesheim, Martin (Hrsg.). Das Recht der Europäischen Union, Beck'scher Online-Kommentar [Stand Oktober 2016]

Hilf, Meinhard/ Salomon, Tim René. Das WTO-Streitbelegungssystem auf dem Weg zur internationalen Gerichtbarkeit, in: Appel, Ivo (Hrsg.), Öffentliches Recht im offenen Staat, Festschrift für Rainer Wahl, Berlin: Duncker & Humblot 2011, S. 707–722

Hilpold, Peter. Die Neuregelung der Schutzmaßnahmen im GATT/WTO-Recht und ihr Einfluß auf „Grauzonenmaßnahmen", ZAöRV 55 (1995), 89–127

Hoang, Than-Thuy. Liberalisierung und (Notstands)Schutzklauseln im internationalen Warenhandel: am Beispiel des WTO-, EG- und ASEAN-Rechts, Berlin: Frank & Timme 2007, zugl. Univ.-Diss. Potsdam 2007

Hoffmann-Riem, Wolfgang. Die Klugheit der Entscheidung ruht in ihrer Herstellung – selbst bei der Anwendung von Recht, in: Scherzberg, Arno (Hrsg.), Kluges Entscheiden, disziplinäre Grundlagen und interdisziplinäre Verknüpfungen, Tübingen: Mohr Siebeck 2006, S. 3–23

Höpner, Martin. Wie der Europäische Gerichtshof und die Kommission Liberalisierung durchsetzen: Befunde aus der MPIfG-Forschungsgruppe zur Politischen Ökonomie der europäischen Integration, MPIfG Discussion Paper, No. 14/8 (2014), online verfügbar unter URL: http://hdl.handle.net/10419/96142 [06.06.2017]

Der Europäische Gerichtshof als Motor der Integration: Eine akteursbezogene Erklärung, Berliner Journal für Soziologie Band 21 (2011), 203–229

Horn, Henrik/ Johanesson, Louise/ Mavroidis, Petros C.. The WTO Dispute Settlement System 1995–2010: Some Descriptive Statistics, Journal of World Trade Vol. 45 No. 6 (2011), 1107–1146

Howse, Robert/ Essermann, Susan. The Appellate Body, The WTO Dispute Settlement System, and the Politics of Multilateralism, in: Sacerdoti, Giorgio/ Yanovich, Alan/ Bohanes, Jan (Eds.), The WTO at Ten, Cambridge: Cambridge University Press 2006, pp. 61–80

Huber, Peter M.. Recht der Europäischen Integration, 2. Aufl., München: Vahlen 2002

Hurrelmann, Achim. Integration und europäische Verfassung, Zur Eignung der Integrationslehre als Theorie eines supranationalen Konstitutionalismus, in: Lhotta, Roland (Hrsg.), Die Integration des modernen Staates: zur Aktualität der Integrationslehre von Rudolf Smend, Baden-Baden: Nomos 2005, S. 163–190

Imbusch, Peter. Sozialwissenschaftliche Konflikttheorien – ein Überblick, in: Imbusch, Peter/ Zoll, Ralf (Hrsg.), Friedens- und Konfliktforschung, 5. Aufl., Wiesbaden: VS Verlag für Sozialwissenschaften 2010, S. 143–178

Jackson, John Howard. World Trade and the Law of GATT, Indianapolis: Bobbs Merrill 1969

Jacobs, Francis Geoffrey/ White, Robin C. A./ Ovey, Clare. The European Convention on Human Rights, 5th Ed., Oxford: Oxford University Press 2010

Jawara, Fatoumata/ Kwa, Aileen. Behind the Scenes at the WTO, New York: Zed Books 2004

Jestaedt, Matthias. Perspektiven der Rechtswissenschaftstheorie, in: Jestaedt, Matthias/ Lepsius, Oliver (Hrsg.), Rechtswissenschaftstheorie, Tübingen: Mohr Siebeck 2008, S. 185–206

Joerges, Christian. Rechtswissenschaftliche Integrationstheorien, in: Kohler-Koch, Beate (Hrsg.), Lexikon der Politik, Band 5: Die Europäische Union, München: Beck 1996, S. 229–232

Die Rolle des Rechts im Prozess der Europäischen Integration. Ein Plädoyer für die Beachtung des Rechts durch die Politikwissenschaft und ihre Beteiligung an rechtlichen Diskursen, in: Jachtenfuchs, Markus/ Kohler-Koch, Beate (Hrsg.), Europäische Integration, Opladen: Leske + Budrich 1996, S. 73–108

Johnston, Lewis Atholl. Die rhetorische Architektur erstinstanzlicher Strafentscheidungen, Frankfurt a. M.: Peter Lang 2015, zugl. Univ.-Diss. Hagen 2014

Joseph, Sarah. Human Rights Committee: General Comment No. 29, Human Rights Law Review Vol. 2 No. 1 (2002), 81–98

Kau, Marcel. Rechtsharmonisierung: Untersuchung zur europäischen Finalität dargestellt am Beispiel des Grenzkontroll-, Ausländer- und Asylrechts, Tübingen: Mohr Siebeck 2017, zugl. Univ.-Habil. Konstanz 2012/13

Kaupen, Wolfgang. Die Hüter von Recht und Ordnung, die soziale Herkunft, Erziehung und Ausbildung der deutschen Juristen; eine soziologische Analyse, 2. Aufl., Neuwied: Luchterhand 1971, zugl. Univ.-Diss. Mannheim 1969

Kieserling, André. Legitimation durch Verfahren (1969), in: Jahraus, Oliver/ Nassehi, Armin (Hrsg.), Luhmann Handbuch Leben – Werk – Wirkung, Stuttgart: Metzler 2012, S. 145–149

Kischel, Uwe. The State as a non-unitary actor: The role of the judicial branch in international negotiations, AVöR 39 (2001), 268–296

Legal Cultures – Legal Languages, in: Olsen, Frances E./ Stein, Dieter/ Lorz, Alexander (Eds.), Translation Issues in Language and Law, New York: Palgrave Macmillan 2009, pp. 7–17

Klug, Ulrich. Juristische Logik, 4. Aufl., Berlin: Springer 1982

Kneubühler, Lorenz. Integration durch Rechtsprechung in der EG und der WTO, Bern: Stämpfli 2001

Koch, Hans Joachim/ Rüßmann, Helmut. Juristische Begründungslehre, eine Einführung in die Grundprobleme der Rechtswissenschaft, München: Beck 1982

Kohler-Koch, Beate/ Schmidberger, Martin. Integrationstheorien, in: Kohler-Koch, Beate (Hrsg.), Lexikon der Politik, Band 5: Die Europäische Union, München: Beck 1996, S. 152–162

Koskenniemi, Martti. From Apology to Utopia, The Structure of International Legal Argument, Reissue with new Epilogue, Cambridge: Cambrigde University Press 2005

Kottmann, Matthias. Introvertierte Rechtsgemeinschaft: Zur richterlichen Kontrolle des auswärtigen Handelns der Europäischen Union, Berlin: Springer 2014

Krajewski, Markus. Modell-Investitionsschutzvertrag mit Investor-Staat-Schiedsverfahren für Industriestaaten unter Berücksichtigung der USA, online abrufbar unter URL: https://www.bmwi.de/Redaktion/DE/Downloads/M-O/modell-investitionsschutzvertrag-mit-investor-staat-schiedsverfahren-gutachten.html [Stand 02.06.2017].

Krämer, Hans Rachebald. Formen und Methoden der internationalen wirtschaftlichen Integration: Versuch einer Systematik, Tübingen: Mohr Siebeck 1969

Kravis, Irving B.. The Trade Agreements Escape Clause, American Economic Review Vol. 44 No. 3 (1954), 319–338

Domestic Interests and International Obligations, Safeguards in International Trade Organizations, Philadelphia: Philadelphia University Press 1963

Kreuzbauer, Günther. Kleine Einführung in die Forschungsgeschichte der juristischen Argumentationstheorie, in: Kreuzbauer, Günther/ Augeneder, Silvia (Hrsg.), Der Juristische Streit, Recht zwischen Rhetorik, Argumentation und Dogmatik, Archiv für Rechts- und Sozialphilosophie Beiheft 99 (2004), Stuttgart: Steiner 2004, S. 9–25

Krieger, Heike. Kapitel 8: Notstand, in: Dörr, Oliver/ Grote, Rainer/ Marauhn, Thilo (Hrsg.), EMRK/GG Konkordanzkommentar zum europäischen und deutschen Grundrechtsschutz, Band 1, 2. Aufl., Tübingen: Mohr Siebeck 2013

Krieken, Robert van. Law's autonomy in action: anthropology and history in court, Social & Legal Studies Vol. 15 No. 4 (2006), 577–593

Laak, Jona van. Permanenz des Ausnahmezustands? Eine Typologisierung im Spannungsfeld von Faktizität und Recht, in: Förster, Annette/ Lemke, Matthias (Hrsg.), Die Grenzen der Demokratie, Wiesbaden: Springer VS 2017, S. 7–28

Lange, Bettina. Implementing EU Pollution Control: Law and Integration, Cambridge: Cambridge University Press 2008

Launhardt, Agnes. Topik und Rhetorische Rechtstheorie, Frankfurt a. M.: Peter Lang 2010, zugl. Univ.-Diss. Düsseldorf 2005

Lauterpacht, Hersch. The function of law in the international community, Hamden Conn.: Archon Books 1966

Leach, Philip/ Paraskeva, Costa/ Uzelac, Gordana. International human rights and fact-finding: an analysis of the fact-finding conducted by the European Commission and Court of Human Rights, London: London Metropolitan University 2009

Lee, Eun Sup. World Trade Regulation, Berlin: Springer 2012

Legg, Andrew. The Margin of Appreciation in International Human Rights Law, Oxford: Oxford University Press 2012

Lehmann, Julian M.. Limits to Counter-Terrorism: Comparing Derogation from the International Covenant on Civil and Political Rights and the European Convention on Human Rights, Essex Human Rights Review Vol. 8 No. 1 (2011), 103–122

Lemke, Matthias (Hrsg.). Ausnahmezustand. Theoriegeschichte, Anwendungen, Perspektiven, Wiesbaden: Springer VS 2017

Leonhardt, Christian. Zwei Namen des Ausnahmezustands, in: Lemke, Matthias (Hrsg.), Ausnahmezustand. Theoriegeschichte, Anwendungen, Perspektiven, Wiesbaden: Springer VS 2017, S. 41–56

Lerch, Kent D. (Hrsg.). Die Sprache des Rechts, Band 1: Recht verstehen, Verständlichkeit, Missverständlichkeit und Unverständlichkeit von Recht, Berlin: De Gruyter 2004

Letsas, George. The ECHR as a Living Instrument: Its Meaning and Legitimacy, in: Ulfstein, Geir/ Føllesdal, Andreas/ Peters, Birgit (Eds.), Constituting Europe: The European Court of Human Rights in a National, European and Global Context, Cambridge: Cambridge University Press 2015, pp. 106–141

Lewis, Meredith Kolsky. Dissent as Dialectic: Horizontal and Vertical Disagreement in WTO Dispute Settlement, Stanford Journal of International Law Vol. 48 No. 1 (2012), 1–46

The Lack of Dissent in WTO Dispute Settlement, Journal of International Economic Law Vol. 9 No. 4 (2006), 895–931

Lindenfalk, Ulf. Doing the Right Thing for the Right Reason – Why Dynamic or Static Approaches Should be Taken in the Interpretation of Treaties, International Community Law Review Vol. 10 (2008), 109–141

Lobinger, Thomas. Die Grenzen rechtsgeschäftlicher Leistungspflichten: zugleich ein Beitrag zur Korrekturbedürftigkeit der §§ 275, 311a, 313 BGB n.F., Tübingen: Mohr Siebeck 2004

Loof, Jan-Peter. Crisis Situations, Counter Terrorism and Derogation from the ECHR, in: Buyse, Antoine (Ed.), Margins of conflict : the ECHR and transitions to and from armed conflict, Antwerpen: Intersentia 2011, pp. 35–56

Lorz, Ralph Alexander. Possible Derogations from Civil and Political Rights under Article 4 of the ICCPR, Israel Yearbook of Human Rights Vol. 33 (2003), 85–104

Luhmann, Niklas. Das Recht der Gesellschaft, Frankfurt am Main: Suhrkamp 1995

Die Rückgabe des zwölften Kamels, Zeitschrift für Rechtssoziologie Band 21 (2000), 3–60

Legitimation durch Verfahren, 2. Aufl., Frankfurt a. M.: Suhrkamp 1989

Lyra, Andreas. Die Wiederentdeckung der Rhetorik in der Jurisprudenz – Beginn einer neuen Methodenlehre?, in: Kreuzbauer, Günther/ Augeneder, Silvia (Hrsg.), Der Juristische Streit, Recht zwischen Rhetorik, Argumentation und Dogmatik, Archiv für Rechts- und Sozialphilosophie Beiheft 99 (2004), Stuttgart: Steiner 2004, S. 50–64

Macdonald, R. St. J.. Derogations under Article 15 of the European Convention on Human Rights, Columbia Journal of Transnational Law Vol. 36 (1997), 225–267

Mahoney, Paul. Judicial Activism and Judicial Self-Restraint in the European Court of Human Rights: Two Sides of the Same Coin, Human Rights Law Journal Vol. 11 Nos. 1–2 (1990), 57–88

Mangoldt, Hans von. Tradition in der zwischenstaatlichen Streitbeilegung?, in: Gernhuber, Joachim (Hrsg.), Tradition und Fortschritt im Recht, Festschrift gewidmet der Tübinger Juristenfakultät, Tübingen: Mohr 1977, S. 435–489

Marks, Susan. Civil Liberties at the Margin: The UK Derogation and the European Court of Human Rights, Oxford Journal of Legal Studies Vol. 15 No. 1 (1995), 69–95

Maslaton, Matthias. Notstandsklauseln im regionalen Menschenrechtsschutz, eine vergleichende Untersuchung der Art. 15 EMRK und Art. 27 AMRK, Frankfurt a.M. u.a: Peter Lang 2001, zugl. Univ.-Diss. Trier 2001

Mathiesen, Thomas. Das Recht in der Gesellschaft, eine Einführung in die Rechtssoziologie, Münster: Votum Verlag 1996

Matsushita, Mitsuo. Some Thoughts on the Appellate Body, in: Macrory, Patrick F. J./ Appleton, Arthur Edmond/ Plummer, Michael G. (Eds.), World Trade Organization: legal, economic and political analysis, Vol. I, New York: Springer 2005, pp. 1389–1404

Mattutat, Liza. Warum die Regel von der Ausnahme lebt, in: Lemke, Matthias (Hrsg.), Ausnahmezustand. Theoriegeschichte, Anwendungen, Perspektiven, Wiesbaden: Springer VS 2017, S. 13–26

Mbongo, Pascal. Die französischen Regelungen zum Ausnahmezustand, in: Lemke, Matthias (Hrsg.), Ausnahmezustand. Theoriegeschichte, Anwendungen, Perspektiven, Wiesbaden: Springer VS 2017, S. 129–166

McGoldrick, Dominic. The Human Rights Committee: its role in the development of the International Covenant on Civil and Political Rights, Oxford: Clarendon Press 1996

Medina Quiroga, Cecilia. The inter-American Convention on Human Rights, Mortsel: Intersentia Uitgevers NV 2013

Meier, Gerald M.. The safeguard negotiations and the developing countries, in: Pérez, Lorenzo L./ Benedick, Gerald R. (Eds.), Trade policies towards developing countries, Bureau f. Intragovernamental and Internat. Affairs, Agency for Internat. Development 1978, pp. 115–151

Externality Law and Market Safeguards: Applications in the GATT Multilateral Trade Negotiations, Harvard International Law Journal Vol. 18 No. 3 (1977), 491–517

The Tokyo-Round of multilateral trade negotiations and the developing countries, Cornell International Law Journal Vol. 13 (1980), 239–256

Messmer, Heinz. Zur kommunikativen Neutralisierung sozialer Konflikte in den Verfahren des Rechts, in: Lerch, Kent (Hrsg.), Die Sprache des Rechts, Band 3: Recht vermitteln, Strukturen, Formen und Medien der Kommunikation im Recht, Berlin: De Gruyter 2005, S. 233–266

Meyer-Cording, Ulrich. Die europäische Integration als geistiger Entwicklungsprozeß, AVöR Band 10 (1962), 42–68

Meyer-Ladewig, Jens. EMRK Handkommentar, 3. Aufl., Baden-Baden: Nomos 2011

Oral Hearing before the new European Court of Human Rights, in: Mahoney, Paul (Ed.), Protecting Human Rights, Köln: Heymann 2000, pp. 921–930

Milej, Tomasz. Entwicklung des Völkerrechts: der Beitrag internationaler Gerichte und Sachverständigengremien, Berlin: De Gruyter 2014, zugl. Univ.-Habil. Köln 2013/14

Möllers, Thomas M. J.. Die Rolle des Rechts im Rahmen der Europäischen Integration: zur Notwendigkeit einer europäischen Gesetzgebungs- und Methodenlehre, Tübingen: Mohr Siebeck 1999

Molly, Max. Differenz und Einheit, in: Lemke, Matthias (Hrsg.), Ausnahmezustand. Theoriegeschichte, Anwendungen, Perspektiven, Wiesbaden: Springer VS 2017, S. 71–86

Monnier, Pierre. Working Procedures Before Panels, the Appellate Body and other Adjudicating Bodies of the WTO, The Law and Practice of International Courts and Tribunals Vol. 1 No. 3 (2002), 481–538

Moran, Niall. The First Twenty Cases Under GATT Article XX: Tuna or Shrimp Dear?, in: Adinolfi, Giovanna/ Baetens, Freya/ Caiado, José/ Micara, Anna G. (Eds.), International Economic Law: Contemporary Issues, Cham: Springer 2017, pp. 3–21

Moravcsik, Andrew. Negotiating the Single European Act: National Interests and Conventional Statecraft in the European Community, International Organization Vol. 45 No. 1 (1991), 19–56

Preferences and Power in the European Community: A Liberal Intergovernmentalist Approach, Journal of Common Market Studies Vol. 31 No. 4 (1993), 473–524

Morlok, Martin/ Kölbel, Ralf. Rechtspraxis und Habitus, Rechtstheorie Band 32 (2001), 289–304

Mose, Erik/ Opsahl, Torkel. The Optional Protocol to the International Covenant on Civil and Political Rights, Santa Clara Law Review Vol. 21 No. 2 (1981), 271–331

Mosler, Hermann. Das Grundgesetz und die internationale Streitschlichtung, in: Badura, Peter (Hrsg.), Handbuch des Staatsrechts, Band VII: Normativität und Schutz der Verfassung, Heidelberg: Müller 1992

Mowbray, Alastair. Cases and Materials on the European Convention on Human Rights, Oxford: Oxford University Press 2007

Müller, Friedrich. Strukturierende Rechtslehre, 2. Aufl., Berlin: Duncker & Humblot 1994

Müller, Friedrich/ Christensen, Ralph. Juristische Methodik, Band 1: Grundlegung für die Arbeitsmethoden der Rechtspraxis, 11. Aufl., Berlin: Duncker & Humblot 2013

Müller-Heidelberg, Till. Schutzklauseln im europäischen Gemeinschaftsrecht: Mit Ausnahme des Agrarrechts, Univ.-Diss. Hamburg 1970

Naßmacher, Hiltrud. Politikwissenschaft, 5. Aufl., München: Oldenbourg 2004

Neuman, Gerald L.. Giving Meaning and Effect to Human Rights: The Contribution of Human Rights Committee Members, Harvard Human Rights Program Research Paper 16–002 (December 2016), online abrufbar unter URL: http://hrp.law.harvard.edu/wp-content/uploads/2016/12/Gerald-L-Nueman_HRP-16_002.pdf [13.06.2017]

Neumann, Ulfrid. Juristische Argumentationslehre, Darmstadt: Wissenschaftliche Buchgesellschaft 1986

Ni Aolain, Fionnuala. The Emergence of Diversity: Differences in Human Rights Jurisprudence, Fordham International Law Journal Vol. 19 No. 1 (1995), 100–142

Nickel, James W.. Two Models of Normative Frameworks for Human Rights During Emergencies, in: Criddle, Evan (Ed.), Human Rights in Emergencies, Cambridge: Cambridge University Press 2016, pp. 56–80

Nierhauve, Christian. Rechtsklugheit, Frankfurt a. M.: Peter Lang 2016, zugl. Univ.-Diss. Hagen 2015

Rechtsklugheit, Topik und Rhetorik, ZDRW Band 2 (2016), 102–115

Nowak, Manfred. UN covenant on civil and political rights, CCPR Commentary, 2nd Ed., Kehl: Engel 2005

Die Durchsetzung des Internationalen Pakts über Bürgerliche und Politische Rechte, EuGRZ Band 7 (1980), 532–544

Nugraha, Ignatius Yordan. Human rights derogation during coup situations, International Journal of Human Rights 2017, pp. 1–13, online abrufbar unter URL: http://www.tandfonline.com/doi/abs/10.1080/13642987.2017.1359551 [30.12.2017]

Oesch, Matthias. Standards of Review in WTO Dispute Resolution, Journal of International Economic Law Vol. 6 No. 3 (2003), 635–659

Oppermann, Thomas. Schutzklauseln in der Endphase des Gemeinsamen Marktes, EuR 1969, 231–239

Palichleb, Maritheres. Tatsachenermittlung im Streitbelegungsverfahren der Welthandelsorganisation, Berlin: Duncker & Humblot 2008, zugl. Univ.-Diss. Kiel 2006

Pelc, Krzysztof J.. Seeking Escape: The Use of Escape Clauses in International Trade Agreements, International Studies Quarterly Vol. 53 No. 2 (2009), 349–368

Eluding efficiency: why do we not see more efficient breach at the WTO?, World Trade Review Vol. 9 No. 4 (2010), 629–642

Pernice, Ingolf. Kompetenzordnung und Handlungsbefugnisse der Europäischen Gemeinschaft auf dem Gebiet des Umwelt- und Technikrechts, Die Verwaltung Band 22 (1989), 1–54

Petersmann, Ernst-Ulrich. Wirtschaftsintegrationsrecht und Investitionsgesetzgebung der Entwicklungsländer. Grundprobleme, rechtsvergleichende und multidisziplinäre Aspekte, Baden-Baden: Nomos 1974, zugl. Univ.-Diss. Heidelberg 1975

Petzhold, Bianca. Die „Auffassungen" des UN-Menschenrechtsausschusses zum Schutze der Religionsfreiheit, Tübingen: Mohr Siebeck 2015, zugl. Univ.-Diss. Münster 2014

Picker, Colin. An Introduction to Comparative Legal Cultural Analyses of International Organizations, in: Picker, Colin/ Heckendorn Urscheler, Lukas/ Solenik, Daria (Eds.), Comparative Law and International Organisations: cooperation, competition and connections, Zürich: Schulthess 2014, pp. 11–40

Picker, Colin B./ Heckendorn Urscheler, Lukas/ Solenik, Daria (Hrsg.). Comparative Law and International Organisations: cooperation, competition and connections, Zürich: Schulthess 2014

Piérola, Fernando. The Challenge of Safeguards in the WTO, Cambridge: Cambridge University Press 2015

Plett, Heinrich F.. Einführung in die rhetorische Textanalyse, 9. Aufl., Hamburg: Buske 2001

Quick, Reinhard. Exportselbstbeschränkungen und Artikel XIX GATT, Univ.-Diss. Mannheim 1983

Raiffa, Howard. The Art and Science of Negotiation, 2nd Ed., Cambridge Mass.: Belknap 2003

Rensen, Hartmut. Wie funktioniert die Interpretation des Rechts in der Praxis, in: Fricke, Verena/ Lembcke, Oliver/ Lhotta, Roland (Hrsg.), Politik und Recht, Umrisse eines politikwissenschaftlichen Forschungsfeldes, Baden-Baden: Nomos 2017, S. 41–61

Ress, Georg. Die Bedeutung der Rechtsvergleichung für das Recht internationaler Organisationen, ZAöRV Band 36 (1976), 227–279

Richter, Günther. Rhetorische Wirkungsforschung, Leipzig: Verl. Enzyklopädie 1978

Robertson, David. GATT Rules for Emergency Protection, New York: Harvester Wheatsheaf 1992

Roeder, Tina. Staatsnotstand im Recht der EU, in: Zwitter, Andrej (Hrsg.), Notstand und Recht, Baden-Baden: Nomos 2012, S. 82–110

Röhl, Klaus F.. Rechtssoziologie, Köln: Heymanns 1987

Röhl, Klaus F./ Röhl, Hans Christian. Allgemeine Rechtslehre, 3. Aufl., Köln: Heymann 2008

Juristisches Denken mit Versatzstücken, in: Brockmann, Judith/ Dietrich, Jan-Henrik/ Pilniok, Arne (Hrsg,), Methoden des Lernens in der Rechtswissenschaft, Baden-Baden: Nomos 2012, S. 253–260

Rosendorff, B. Peter/ Milner, Helen V.. The Optimal Design of International Trade Institutions: Uncertainty and Escape, International Organization Vol. 55 No. 4 (2001), 829–857

Röttgen, Norbert. Die Argumentation des Europäischen Gerichtshofes: Typik, Methodik, Kritik, Univ.-Diss. Bonn 2001

Rottleuthner, Hubert/ Rottleuthner-Lutter, Margret. Recht und Kausalität, in: Cottier, Michelle/ Estermann, Josef/ Wrase, Michael (Hrsg.), Wie wirkt Recht?, Baden-Baden: Nomos 2010, S. 17–41

Ruiz Miguel, Carlos. The States of Emergency in the American Convention on Human Rights, Israel Yearbook on Human Rights Vol. 33 (2003), 105–122

Rüthers, Bernd/ Fischer, Christian/ Birk, Axel. Rechtsheorie, mit juristischer Methodenlehre, 9. Aufl., München: C.H. Beck 2016

Sack, Jörn. Neuartiges System von Schutzklauseln im Beitrittsvertrag 2003, EuZW 2002, 706

Salacuse, Jeswald W.. Ten Ways that Culture Affects Negotiating Style: Some Survey Results, Negotiation Journal Vol. 14 No. 3 (1998), 221–240

Salerno, Martina Elvira Di. In the Fight Against Terrorism, Does Article 15 of the ECHR Constitute an Effective Limitation to States' Power to Derogate From Their Human Rights Obligations?, Democracy and Security Review Vol. 7 No. 1 (2017), 109–133

Salomon, Tim René. Zum Verhältnis von Menschenrechten und Humanitärem Völkerrecht: Normative und methodische Grundlagen, Journal of International Law of Peace and Armed Conflict Vol. 28 No. 4 (2015), 153–162

Sander, Gerald G.. Der EuGH als Förderer und Hüter der Integration, Berlin: Duncker & Humblot 1998

Sarmiento, Daniel. The silent lamb and the deaf wolves, Avbelj, Matej/ Komárek, Jan (Eds.), Constitutional pluralism in the EU and beyond, Oxford: Hart 2012, pp. 285–317

Schapp, Jan. Allgemeine Lehren des Rechts und Fall-Lösung, Rechtstheorie Band 32 (2001), 305–323

Schelsky, Helmut. Die Soziologen und das Recht, Opladen: Westdt. Verlag 1980

Schilling, Theodor. Internationaler Menschenrechtsschutz, das Recht der EMRK und des IPbpR, 3. Aufl., Tübingen: Mohr Siebeck 2016

Schlieffen, Katharina Gräfin von (geb. Sobota). Sachlichkeit. Rhetorische Kunst der Juristen, Frankfurt am Main: Peter Lang 1990, zugl. Univ.-Diss. Mainz 1989 [Sobota]

Subsumtion als Darstellung der Herstellung juristischer Urteile, in: Gabriel, Gottfried/ Gröschner, Rolf (Hrsg.), Subsumtion. Schlüsselbegriff der Juristischen Methodenlehre, Tübingen: Mohr Siebeck 2012, S. 379–419

Methode und Rechtsdidaktik, in: Hof, Hagen/ Olenhusen, Peter Götz von (Hrsg.), Rechtsgestaltung – Rechtskritik – Konkurrenz von Rechtsordnungen, Baden-Baden: Nomos 2012, S. 169–173

Rhetorik und Stilistik in der Rechtswissenschaft, in: Fix, Ulla/ Gardt, Andreas/ Knape, Joachim (Hrsg.), Rhetorik und Stilistik. Ein internationales Handbuch historischer und systematischer Forschung, Berlin: De Gruyter 2008, S. 1811–1833

„Sie bringen mir ganze Bogen, und ich verstehe nichts davon" – Altes und Neues zur Rechtssprache als Fachsprache, in: Wackerbarth, Ulrich/ Vormbaum, Thomas/ Marutschke, Hans Peter (Hrsg.), FS für Ulrich Eisenhardt, München: Beck 2007, S. 87–108

Rhetorische Analyse des Rechts: Risiken, Gewinn und neue Einsichten, in: Soudry, Rouven (Hrsg.), Rhetorik. Eine interdisziplinäre Einführung in die rhetorische Praxis, 2. Aufl., Heidelberg: Müller 2006, S. 42–64.

Rhetorische Rechtstheorie, in: Ueding, Gert (Hrsg.), Rhetorik. Begriff – Geschichte – Internationalität, Tübingen: De Gruyter 2005, S. 313–324.

Zur topisch-pathetischen Ordnung juristischen Denkens. Resultate empirischer Rhetorikforschung, in: Lerch, Kent (Hrsg.), Die Sprache des Rechts, Band 2: Recht verhandeln, Argumentieren, Begründen und Entscheiden im Diskurs des Rechts, Berlin: De Gruyter 2005, S. 405–448

Rhetorische Muster der Rechtsgewinnung am Beispiel einer Entscheidung des OVG Münster, in: Schirren, Thomas/ Ueding, Gert (Hrsg.), Topik und Rhetorik, Tübingen: Niemeyer 2000, S. 521–541 [Sobota]

Argumente und stilistische Überzeugungsmittel in Entscheidungen des Bundesverfassungsgerichts, in: Dyck, Joachim/ Jens, Walter/ Ueding, Gert (Hrsg.), Rhetorik. Ein internationales Jahrbuch, Bd. 15 Juristische Rhetorik, Tübingen: Max Niemeyer Verlag 1996, S. 115–136. [Sobota]

Rhetorik der Pressedarstellung, in: Benkert, Otto/ Kepplinger, Hans Matthias/ Sobota, Katharina (Hrsg.), Psychoparmaka im Widerstreit, Berlin: Springer 1995, S. 78–97

Geburt und Tod fiktiver Welten, in: Heuser, Manfred/ Schmied, Wieland (Hrsg,), Gestalt – Gestaltwerdung, Gestaltzerfall, Hannover: Duphar Pharma 1991, S. 45-55 [Sobota]

Reflexion und Imitation in der Rechtsmethodik, in: Denninger, Erhard/ Hinz, Manfred O./ Mayer-Tasch, Peter Cornelius/ Roellecke, Gerd (Hrsg.), Kritik und Vertrauen, Festschrift für Peter Schneider zum 70. Geburtstag, Frankfurt a. M: Hain 1990, S. 501–514 [Sobota]

Recht rhetorisch gesehen, JA 2013, 1–7

Bottom up! Rechtskompetenz Lernen! Ein Konzept auf rhetorischer Grundlage, ZDRW 2013, 44–61

Wie Juristen begründen – Entwurf eines rhetorischen Argumentationsmodells für die Rechtswissenschaft, JZ 2011, 109–116

Wie überzeugt der Richter sein Auditorium?, Justice – Justiz – Giustizia 3/2009, 1–20

Rhetorik und rechtsmethodologische Aufklärung, Rechtstheorie Band 32 (2001), 175–196

Rhetorisches Seismogramm – eine neue Methode in der Rechtswissenschaft, JZ 1992, 231–237 [Sobota]

Don't Mention the Norm!, International Journal for the Semiotics of Law Vol. 4 No. 1 (1991), 45–60 [Sobota]

System and Flexibility in Law, Argumentation Vol. 5 No. 1 (1991), 275–282 [Sobota]

Stimmigkeit als Rechtsstruktur, Archiv für Rechts- und Sozialphilosophie Band 77 (1991), 43–256 [Sobota]

Schlochauer, Hans-Jürgen (Hrsg.). Wörterbuch des Völkerrechts, Band 1, Aachener Kongress bis Hussar-Fall, 2. Aufl., Berlin: De Gruyter 1960

Schlüter, Alix. Beweisrechtliche Implikationen der margin of appreciation-Doktrin, AVöR Band 54 (2016), 41–66

Schmid, Stefan/ Thomas, Alexander. Beruflich in Großbritannien: Trainingsprogramm für Manager, Fach- und Führungskräfte, 2. Aufl., Göttingen: Vandenhoeck & Ruprecht 2016

Schnapp, Friedrich E.. Stilfibel für Juristen, Münster: Lit.-Verl. 2004

Schönberger, Christoph. Verfassungsvergleichung heute: Der schwierige Abschied vom ptolemäischen Weltbild, Verfassung und Recht in Übersee (VRÜ) Band 43 (2010), 6–27

Verwaltungsrechtsvergleichung, in: Bogdandy, Armin von/ Cassese, Sabino/ Huber, Peter M. (Hrsg.), Handbuch Ius Publicum Europaeum, Band IV: Verwaltungsrecht in Europa: Wissenschaft, Heidelberg: C.F. Müller 2011, § 71

Schorkopf, Frank. Rechtsgeschichte der Europäischen Integration, JZ 2014, 421–431

Integration durch Recht, Akademie im Gespräch 1 (2017), 29–39

Schreuer, Christoph. Derogation of Human Rights in Situations of Public Emergency: The Experience of the European Convention on Human Rights, Yale Journal of World Public Order Vol. 9 No. 1 (1982), 113–132

Schubert, Klaus/ Klein, Martina. Das Politiklexikon: Begriffe, Fakten, Zusammenhänge, 6. Aufl., Bonn: Dietz 2016

Schulze, Reiner. Dokumente zum europäischen Recht, Band 1: Gründungsverträge, Berlin: Springer 1999

Schulze-Fielitz. Was macht die Qualität öffentlich-rechtlicher Forschung aus?, JöR Band 50 (2002), 1–68

Schumann, Ekkehard. Historische und methodologische Bemerkungen zur richterlichen Pflicht, das Recht auszulegen, zu ergänzen und fortzubilden, ZZP Band 81 (1968), 79–102

Schumpeter, Joseph A.. Das Wesen und der Hauptinhalt der theoretischen Nationalökonomie, 2. Aufl., Berlin: Duncker & Humblot 1970

Schütte, Wolfang. Die Einübung des juristischen Denkens. Juristenausbildung als Sozialisationsprozess, Frankfurt a. M.: Campus Verlag 1982

Schutter, Olivier de/ Tulkens, Francoise. Rights in Conflict: the European Court of Human Rights as a Pragmatic Institution, in: Brems, Eva (Ed.), Conflicts Between Fundamental Rights, Antwerp: Intersentia 2008, pp. 169–216

Schwarze, Jürgen. Stellung und Funktion des Europäischen Gerichtshofs im Verfassungssystem der Europäischen Gemeinschaft, in: Schwarze, Jürgen (Hrsg.), Fortentwicklung des Rechtsschutzes in der Europäischen Gemeinschaft, Baden-Baden: Nomos 1987, S. 13–22

Schwuchow, Sören C.. Völkerrecht als Restriktion für das Handeln von Regierungen, Wiesbaden: Springer Gabler 2005

Sebenius, James K.. Negotiation Analysis: Characterization and Review, Management Science Vol. 38 No. 1 (1992), 18–38

Seibert, Thomas-Michael. Aktenanalysen, Zur Schriftform juristischer Deutungen, Tübingen: Narr 1981

Seidel, Martin. Die Schutzklauseln der Beitrittsverträge, Zentrum für Europäische Integrationsforschung der Universität Bonn, Working Paper B 10 2005, online abrufbar unter URL: https://www.zei.uni-bonn.de/publikationen/archiv/zei-working-paper [06.06.2017]

Shaffer, Gregory/ Elsig, Manfred/ Puig, Sergio. The Extensive (but Fragile) Authority of the WTO Appellate Body, University of California Legal Studies Research Paper No. 2014–54, online abrufbar unter URL: http://www.law.uci.edu/faculty/full-time/shaffer/pdfs/ [24.05.2017]

Shany, Yuval. All Roads Lead to Strasbourg?: Application of the Margin of Appreciation Doctrine by the European Court of Human Rights and the UN Human Rights Committee, Hebrew University of Jerusalem Legal Studies Research Paper Series No. 17–16, online abrufbar unter URL: https://papers.ssrn.com/sol3/papers.cfm?abstract_id=2925652 [07.06.2017]

Shapiro, Martin. Judges as Liars, Harvard Journal of Law and Public Policy Vol. 17 (1994), 155–156

Shelton, Dinah. Form, Function, and the Powers of International Courts, Chicago Journal of International Law Vol. 9 No. 2 (2009), 537–571

Simmonæs, Ingrid. Fachkommunikation im Recht unter Berücksichtigung der Mehrfachadressierung, in: Lerch, Kent D. (Hrsg.), Die Sprache des Rechts Band 3: Recht vermitteln, Strukturen, Formen und Medien der Kommunikation im Recht, Berlin: De Gruyter 2005, S. 377–398

Simon, Dieter. Die Unabhängigkeit des Richters, Darmstadt: Wiss. Buchgesellschaft 1975

Slaughter, Anne-Marie. Court to Court, American Journal of International Law Vol. 92 (1998), 708–712

Sloot, Bart van der. Is All Fair in Love and War? An Analysis of the Case Law on Article 15 ECHR, Military Law and the Law of War Review Vol. 53 No. 1 (2014), 319- 358

Smend, Rudolf. Verfassung und Verfassungsrecht, in: Smend, Rudolf (Hrsg.), Staatsrechtliche Abhandlungen und andere Aufsätze, Berlin: Duncker und Humblot 1955, S. 119–276

Solbach, Markus. Politischer Druck und richterliche Argumentation: eine rechtsrhetorische Analyse von Entscheidungen des Bundesverfassungsgerichts, Frankfurt a. M.: Peter Lang 2003, zugl. Univ.-Diss. Hagen 2001

Starck, Christian. Rechtsvergleichung im Öffentlichen Recht, JZ 1997, 1021–1030

Starkey, Brigid/ Boyer, Marc A./ Wilkenfield, Jonathan. International Negotiation in a Complex World, Lanham/ Md: Rowman and Littlefield 2015

Stein, Torsten. Die Außerkraftsetzung von Garantien menschenrechtlicher Verträge, in: Maier, Irene (Hrsg,), Europäischer Menschenrechtsschutz, Heidelberg: Müller 1982, S. 135–145

Strecker, Michael B.. Der Umgang des Europäischen Gerichtshofs für Menschenrechte mit systematischen Menschenrechtsverletzungen: Die Pilotverfahrenstechnik, Art. 61 EGMR-VerfO, ZEuS Band 19 (2016), 235–265

Streinz, Rudolf (Hrsg.). EUV, AEUV, Beck'scher Online-Kommentar [Stand 2012]

Strömholm, Stig. Zur Frage nach der juristischen Argumentationstechnik, Archiv für Rechts- und Sozialphilosophie Band 58 (1972), 337–362

Sunstein, Cass R.. Legal Reasoning and Political Conflict, New York: Oxford University Press 1996

One Case at a Time, judicial minimalism of the Supreme Court, Cambridge Mass.: Harvard University Press 2001

Sykes, Alan. The WTO Agreement on Safeguards: A Commentary, Oxford: Oxford University Press 2006

Protectionism as a "Safeguard": A Positive Analysis of the GATT "Escape Clause" with Normative Speculations, University of Chicago Law Review Vol. 58 No. 1 (1991), 255–305

The safeguards mess: a critique of WTO jurisprudence, World Trade Review Vol. 2 No. 3 (2003), 261–295

Tetzlaff, Thilo. Der Sound des Rechts, Rechtsästhetik und Rechtsakustik, in: Kreuzbauer, Günther/ Augeneder, Silvia (Hrsg.), Der Juristische Streit, Recht zwischen Rhetorik, Argumentation und Dogmatik, Archiv für Rechts- und Sozialphilosophie Beiheft 99 (2004), Stuttgart: Steiner 2004, S. 86–110

Teubner, Gunther/ Zumbansen, Peer. Rechtsentfremdungen: Zum gesellschaftlichen Mehrwert des zwölften Kamels, Zeitschrift für Rechtssoziologie Band 21 (2000), 189–215

Tierney, Stephen. Determining the State of Exception: What Role for Parliament and the Courts?, Modern Law Review Vol. 68 No. 4 (2005), 668–672

Tilch, Horst. Deutsches Rechts-Lexikon, Band 2: G-P, 3. Aufl., München: Beck 2001

Münchener Rechtslexikon, Band 2: G-Q, München: Beck 1987

Tomuschat, Christian. Der Ausschuss für Menschenrechte, Vereinte Nationen Band 5 (1981), 141–148

Toullier, Marine. The European Court of Human Rights' Control over States' Derogation in Time of Emergency: Example of Effectiveness of the Lessons Learned from WW2, International Comparative Jurisprudence Vol. 3 No. 1 (2017), 8–24

Ueding, Gert (Hrsg.). Historisches Wörterbuch der Rhetorik, Band 1, Darmstadt: Wissenschaftliche Buchgesellschaft 1992

Varó, Enrique Alcaraz. Isomorphism and Anisomorphism in the Translation of Legal Texts, in: Olsen, Frances E./ Stein, Dieter/ Lorz, Alexander (Eds.), Translation Issues in Language and Law, New York: Palgrave Macmillan 2009, pp. 182–192

Vasek, Markus. Die Sicherung der Demokratie mit den Mitteln des Rechts, in: Förster, Annette/ Lemke, Matthias (Hrsg.), Die Grenzen der Demokratie, Wiesbaden: Springer VS 2017, S. 141–151

Vedder, Christoph. Intraföderale Staatsverträge: Instrumente der Rechtsetzung im Bundesstaat, Baden-Baden: Nomos 1996, zugl. Univ.-Habil. München 1989

Venditti, Maria Elisabetta. Le clausole derogatorie dei diritti umani: l' Art. 15 CEDU alla luce dell'invocazione dello stato di emergenza in Francia e in Turchia, Diritto pubblico comparato ed europeo Vol. 19 No. 2 (2017), 483–522

Vesting, Thomas. Kein Anfang und kein Ende. Die Systemtheorie des Rechts als Herausforderung für Rechtswissenschaft und Rechtsdogmatik, JURA 2001, 299–304

Viehweg, Theodor. Topik und Jurisprudenz, ein Beitrag zur rechtswissenschaftlichen Grundlagenforschung, München: Beck 1974

Voigt, Rüdiger. Politik und Recht: Beiträge zur Rechtspolitologie, Bochum: Brockmeyer 1990

Watkins, Michael. Negotiating in a Complex World, Negotiation Journal Vol. 15 No. 3 (1999), 245–270

Weber, Albrecht. Schutznormen und Wirtschaftsintegration: zur völkerrechtlichen, europarechtlichen und innerstaatlichen Problematik von Schutzklauseln und Ordre-public-Vorbehalten, Baden-Baden: Nomos 1982, zugl. Univ.-Habil. Würzburg 1979

Weber, Olaf. WTO-Streitbeilegung und EuGH im Vergleich: zur gerichtsförmigen Konfliktlösung in Handelspräferenzzonen, Baden-Baden: Nomos 2007, zugl. Univ.-Diss. Heidelberg 2007 unter dem Titel „Die justizielle Ausgestaltung der Streitbeilegung in der Welthandelsorganisation (WTO) am Maßstab der Europäischen Gemeinschaftsgerichtsbarkeit"

Weiß, Norman. Individualrechtsschutz nach der Europäischen Menschenrechtskonvention, Menschenrechtsmagazin 1997, 14–33

White, Robert C. A./ Boussiakou, Iris. Separate opinions in the European Court of Human Rights, Human Rights Law Review Vol. 9 (2009), 37–60

Wihl, Tim. Der Ausnahmezustand in Frankreich, Zwischen Legalität und Rechtsstaatsdefizit, Kritische Justiz 50 (2017), 68–80

Williamson, Oliver. Transaction-Cost Economics: The Governance of Contractual Relations, Journal of Law and Economics Vol. 22 No. 2 (1979), 233–261

The Economics of Organization: The Transaction Cost Approach, American Journal of Sociology Vol. 87 No. 3 (1981), 548–577

Transaction Cost Economics, in: Schmalensee, Richard/ Willig, Robert (Eds.), Handbook of International Organization, Amsterdam: Nort Holland 1989, pp. 135–182

Wirbel, Klaus. Der Ausnahmezustand im Gemeinschaftsrecht: zu Inhalt und Grenzen des Art. 224 EG-Vertrag, Univ.-Diss. Bonn 1994

Wohlfahrt, Ernst (Hrsg.). Die Europäische Wirtschaftsgemeinschaft: Kommentar zum Vertrag, Berlin: Vahlen 1960

Wolf, Sebastian. Die politische Dimension der Notstandsklausel der Europäischen Menschenrechtskonvention, in: Lemke, Matthias (Hrsg.), Ausnahmezustand. Theoriegeschichte, Anwendungen, Perspektiven, Wiesbaden: Springer VS 2017, S. 257–270

Terrorismusbekämpfung und die Europäische Menschenrechtskonvention, in: Förster, Annette/ Lemke, Matthias (Hrsg.), Die Grenzen der Demokratie, Wiesbaden: Springer VS 2017, S. 93–110

Zur Interpretationsoffenheit europäischer Grundrecht. Sondervoten und Abstimmungsverhalten im Europäischen Gerichtshof für Menschenrechte, in: Fricke, Verena/ Lembcke, Oliver/ Lhotta, Roland (Hrsg.), Politik und Recht, Umrisse eines politikwissenschaftlichen Forschungsfeldes, Baden-Baden: Nomos 2017, S. 303–321

Wolff, Alan Wm.. Need for new GATT rules to govern safeguard actions, in: Cline, William R. (Ed.), Trade Policy in the 1980s, Cambridge/London: MIT Press 1983, pp. 363–392

Wolff, Janna. Europäische Integration: politikwissenschaftliche Schlüsseltheorien, in: Liebert, Ulrike/ Wolff, Janna (Hrsg.), Interdisziplinäre Europastudien: eine Einführung, Wiesbaden: Springer VS 2015, S. 69–92

Wolfrum, Rüdiger. Vorbereitende Willensbildung und Entscheidungsprozeß beim Abschluß multilateraler völkerrechtlicher Verträge, in: Ipsen, Jörn (Hrsg.), Recht, Staat, Gemeinwohl: Festschrift für Dieter Rauschning, Köln: Heymann 2001, S. 407–418

Wrase, Michael. Rechtsinterpretation als soziale Praxis – eine rechtssoziologische Perspektive auf juristische Methodik, in: Fricke, Verena/ Lembcke, Oliver/ Lhotta, Roland (Hrsg.), Politik und Recht, Umrisse eines politikwissenschaftlichen Forschungsfeldes, Baden-Baden: Nomos 2017, S. 63–83

Zangl, Bernhard (Hrsg.). Auf dem Weg zu internationaler Rechtsherrschaft? Streitbelegung zwischen Poilitik und Recht, Frankfurt a. M.: Campus Verlag 2009

Zila, Marek. Die neuen Schutznormen der Beitrittsabkommen der Europäischen Union, Baden-Baden: Nomos 2008, zugl. Univ.-Diss. Heidelberg 2007

Zweigert, Konrad. Zur Methode der Rechtsvergleichung, Studium Generale, Zeitschrift für interdisziplinäre Studien Band 13 (1960), 193–200

Zweigert, Konrad/ Kötz, Hein. Einführung in die Rechtsvergleichung auf dem Gebiete des Privatrechts, Tübingen: Mohr 1996

Zwitter, Andrej. The Rule of Law in Times of Crisis, Archiv für Rechts- und Sozialphilosophie 98 (2012), 95–111

Zwitter, Andrej/ Fister, Leonard/ Groeneweg, Svenne. State of Emergency Mapping Project, in: Lemke, Matthias (Hrsg.), Ausnahmezustand. Theoriegeschichte, Anwendungen, Perspektiven, Wiesbaden: Springer VS 2017, S. 322–342

Anhang

Art. 15 ECHR[1200]

Derogation in time of emergency

1. In time of war or other public emergency threatening the life of the nation any High Contracting Party may take measures derogating from its obligations under this Convention to the extent strictly required by the exigencies of the situation, provided that such measures are not inconsistent with its other obligations under international law.

2. No derogation from Article 2, except in respect of deaths resulting from lawful acts of war, or from Articles 3, 4 (paragraph 1) and 7 shall be made under this provision.

3. Any High Contracting Party availing itself of this right of derogation shall keep the Secretary General of the Council of Europe fully informed of the measures which it has taken and the reasons therefor. It shall also inform the Secretary General of the Council of Europe when such measures have ceased to operate and the provisions of the Convention are again being fully executed.

Art. XIX GATT[1201]

Emergency Action on Imports of Particular Products

1. (a) If, as a result of unforeseen developments and of the effect of the obligations incurred by a contracting party under this Agreement, including tariff concessions, any product is being imported into the territory of that contracting party in such increased quantities and under such conditions as to cause or threaten serious injury to domestic producers in that territory of like or directly competitive products, the contracting party shall be free, in respect of such product, and to the extent and for such time as may be necessary to prevent or remedy such injury, to suspend the obligation in whole or in part or to withdraw or modify the concession.

[…]

1200 European Convention on Human Rights, online abrufbar unter URL: http://www.echr.coe.int/Documents/Convention_ENG.pdf [23.01.2018].

1201 WTO, abrufbar unter URL https://www.wto.org/English/docs_e/legal_e/gatt47_02_e.htm [15.09.2015].

2. Before any contracting party shall take action pursuant to the provisions of paragraph 1 of this Article, it shall give notice in writing to the CONTRACTING PARTIES as far in advance as may be practicable and shall afford the CONTRACTING PARTIES and those contracting parties having a substantial interest as exporters of the product concerned an opportunity to consult with it in respect of the proposed action. When such notice is given in relation to a concession with respect to a preference, the notice shall name the contracting party which has requested the action. In critical circumstances, where delay would cause damage which it would be difficult to repair, action under paragraph 1 of this Article may be taken provisionally without prior consultation, on the condition that consultation shall be effected immediately after taking such action.

3. (a) If agreement among the interested contracting parties with respect to the action is not reached, the contracting party which proposes to take or continue the action shall, nevertheless, be free to do so, and if such action is taken or continued, the affected contracting parties shall then be free, not later than ninety days after such action is taken, to suspend, upon the expiration of thirty days from the day on which written notice of such suspension is received by the CONTRACTING PARTIES, the application to the trade of the contracting party taking such action, or, in the case envisaged in paragraph 1 (b) of this Article, to the trade of the contracting party requesting such action, of such substantially equivalent concessions or other obligations under this Agreement the suspension of which the CONTRACTING PARTIES do not disapprove.

(b) Notwithstanding the provisions of subparagraph (a) of this paragraph, where action is taken under paragraph 2 of this Article without prior consultation and causes or threatens serious injury in the territory of a contracting party to the domestic producers of products affected by the action, that contracting party shall, where delay would cause damage difficult to repair, be free to suspend, upon the taking of the action and throughout the period of consultation, such concessions or other obligations as may be necessary to prevent or remedy the injury.

Agreement on Safeguards[1202] [Extract]

Article 1 General Provision

This Agreement establishes rules for the application of safeguard measures which shall be understood to mean those measures provided for in Article XIX of GATT 1994.

Article 2 Conditions

1. A Member may apply a safeguard measure to a product only if that Member has determined, pursuant to the provisions set out below, that such product is being imported into its territory in such increased quantities, absolute or relative to domestic production, and under such conditions as to cause or threaten to cause serious injury to the domestic industry that produces like or directly competitive products.

2. Safeguard measures shall be applied to a product being imported irrespective of its source.

[Article 3 Investigation]

Article 4 Determination of Serious Injury or Threat Thereof

1. For the purposes of this Agreement:

(a) "serious injury" shall be understood to mean a significant overall impairment in the position of a domestic industry;

(b) "threat of serious injury" shall be understood to mean serious injury that is clearly imminent, in accordance with the provisions of paragraph 2. A determination of the existence of a threat of serious injury shall be based on facts and not merely on allegation, conjecture or remote possibility; and

(c) in determining injury or threat thereof, a "domestic industry" shall be understood to mean the producers as a whole of the like or directly competitive products operating within the territory of a Member, or those whose collective output of the like or directly competitive products constitutes a major proportion of the total domestic production of those products.

1202 WTO, WTO Legal Texts, abrufbar unter URL: https://www.wto.org/english/docs_e/legal_e/legal_e.htm [17.01.2017].

2. (a) In the investigation to determine whether increased imports have caused or are threatening to cause serious injury to a domestic industry under the terms of this Agreement, the competent authorities shall evaluate all relevant factors of an objective and quantifiable nature having a bearing on the situation of that industry, in particular, the rate and amount of the increase in imports of the product concerned in absolute and relative terms, the share of the domestic market taken by increased imports, changes in the level of sales, production, productivity, capacity utilization, profits and losses, and employment.

(b) The determination referred to in subparagraph (a) shall not be made unless this investigation demonstrates, on the basis of objective evidence, the existence of the causal link between increased imports of the product concerned and serious injury or threat thereof. When factors other than increased imports are causing injury to the domestic industry at the same time, such injury shall not be attributed to increased imports.

(c) The competent authorities shall publish promptly, in accordance with the provisions of Article 3, a detailed analysis of the case under investigation as well as a demonstration of the relevance of the factors examined.

Article 5 Application of Safeguard Measures

1. A Member shall apply safeguard measures only to the extent necessary to prevent or remedy serious injury and to facilitate adjustment. If a quantitative restriction is used, such a measure shall not reduce the quantity of imports below the level of a recent period which shall be the average of imports in the last three representative years for which statistics are available, unless clear justification is given that a different level is necessary to prevent or remedy serious injury. Members should choose measures most suitable for the achievement of these objectives.

[2.

Article 6 Provisional Safeguard Measures

Article 7 Duration and Review of Safeguard Measures

Article 8 Level of Concessions and Other Obligations]

Article 9 Developing Country Members

1. Safeguard measures shall not be applied against a product originating in a developing country Member as long as its share of imports of the product concerned in the importing Member does not exceed 3 per cent, pro-

vided that developing country Members with less than 3 per cent import share collectively account for not more than 9 per cent of total imports of the product concerned.

2. A developing country Member shall have the right to extend the period of application of a safeguard measure for a period of up to two years beyond the maximum period provided for in paragraph 3 of Article 7. Notwithstanding the provisions of paragraph 5 of Article 7, a developing country Member shall have the right to apply a safeguard measure again to the import of a product which has been subject to such a measure, taken after the date of entry into force of the WTO Agreement, after a period of time equal to half that during which such a measure has been previously applied, provided that the period of non-application is at least two years.

[Article 10 Pre-existing Article XIX Measures

Article 11 Prohibition and Elimination of Certain Measures]

Article 12 Notification and Consultation

1. A Member shall immediately notify the Committee on Safeguards upon:

(a) initiating an investigatory process relating to serious injury or threat thereof and the reasons for it;

(b) making a finding of serious injury or threat thereof caused by increased imports; and

(c) taking a decision to apply or extend a safeguard measure.

2. In making the notifications referred to in paragraphs 1(b) and 1(c), the Member proposing to apply or extend a safeguard measure shall provide the Committee on Safeguards with all pertinent information, which shall include evidence of serious injury or threat thereof caused by increased imports, precise description of the product involved and the proposed measure, proposed date of introduction, expected duration and timetable for progressive liberalization. In the case of an extension of a measure, evidence that the industry concerned is adjusting shall also be provided. The Council for Trade in Goods or the Committee on Safeguards may request such additional information as they may consider necessary from the Member proposing to apply or extend the measure.

3. A Member proposing to apply or extend a safeguard measure shall provide adequate opportunity for prior consultations with those Members having a substantial interest as exporters of the product concerned, with a view to, inter alia, reviewing the information provided under paragraph 2,

exchanging views on the measure and reaching an understanding on ways to achieve the objective set out in paragraph 1 of Article 8.

4. A Member shall make a notification to the Committee on Safeguards before taking a provisional safeguard measure referred to in Article 6. Consultations shall be initiated immediately after the measure is taken.

5. The results of the consultations referred to in this Article, as well as the results of mid-term reviews referred to in paragraph 4 of Article 7, any form of compensation referred to in paragraph 1 of Article 8, and proposed suspensions of concessions and other obligations referred to in paragraph 2 of Article 8, shall be notified immediately to the Council for Trade in Goods by the Members concerned.

6. Members shall notify promptly the Committee on Safeguards of their laws, regulations and administrative procedures relating to safeguard measures as well as any modifications made to them.

7. Members maintaining measures described in Article 10 and paragraph 1 of Article 11 which exist on the date of entry into force of the WTO Agreement shall notify such measures to the Committee on Safeguards not later than 60 days after the date of entry into force of the WTO Agreement.

8. Any Member may notify the Committee on Safeguards of all laws, regulations, administrative procedures and any measures or actions dealt with in this Agreement that have not been notified by other Members that are required by this Agreement to make such notifications.

9. Any Member may notify the Committee on Safeguards of any non-governmental measures referred to in paragraph 3 of Article 11.

10. All notifications to the Council for Trade in Goods referred to in this Agreement shall normally be made through the Committee on Safeguards.

11. The provisions on notification in this Agreement shall not require any Member to disclose confidential information the disclosure of which would impede law enforcement or otherwise be contrary to the public interest or would prejudice the legitimate commercial interests of particular enterprises, public or private.

Article 13 Surveillance

1. A Committee on Safeguards is hereby established, under the authority of the Council for Trade in Goods, which shall be open to the participation of any Member indicating its wish to serve on it. The Committee will have the following functions:

(a) to monitor, and report annually to the Council for Trade in Goods on, the general implementation of this Agreement and make recommendations towards its improvement;

(b) to find, upon request of an affected Member, whether or not the procedural requirements of this Agreement have been complied with in connection with a safeguard measure, and report its findings to the Council for Trade in Goods;

(c) to assist Members, if they so request, in their consultations under the provisions of this Agreement;

(d) to examine measures covered by Article 10 and paragraph 1 of Article 11, monitor the phase-out of such measures and report as appropriate to the Council for Trade in Goods;

(e) to review, at the request of the Member taking a safeguard measure, whether proposals to suspend concessions or other obligations are "substantially equivalent", and report as appropriate to the Council for Trade in Goods;

(f) to receive and review all notifications provided for in this Agreement and report as appropriate to the Council for Trade in Goods; and

(g) to perform any other function connected with this Agreement that the Council for Trade in Goods may determine.

2. To assist the Committee in carrying out its surveillance function, the Secretariat shall prepare annually a factual report on the operation of this Agreement based on notifications and other reliable information available to it.

Article 14 Dispute Settlement

The provisions of Articles XXII and XXIII of GATT 1994 as elaborated and applied by the Dispute Settlement Understanding shall apply to consultations and the settlement of disputes arising under this Agreement.

Art. 4 ICCPR[1203]

1. In time of public emergency which threatens the life of the nation and the existence of which is officially proclaimed, the States Parties to the present Covenant may take measures derogating from their obligations under the present Covenant to the extent strictly required by the exigencies of the

---

1203 UN Treaty Collection, abrufbar unter URL: https://treaties.un.org/doc/Publication/UNTS/Volume%20999/volume-999-I-14668-English.pdf [15.09.2015].

situation, provided that such measures are not inconsistent with their other obligations under international law and do not involve discrimination solely on the ground of race, colour, sex, language, religion or social origin.

2. No derogation from articles 6, 7, 8 (paragraphs 1 and 2), 11, 15, 16 and 18 may be made under this provision.

3. Any State Party to the present Covenant availing itself of the right of derogation shall immediately inform the other States Parties to the present Covenant, through the intermediary of the Secretary-General of the United Nations, of the provisions from which it has derogated and of the reasons by which it was actuated. A further communication shall be made, through the same intermediary, on the date on which it terminates such derogation.

Art. 347 AEUV[1204]

Die Mitgliedstaaten setzen sich miteinander ins Benehmen, um durch gemeinsames Vorgehen zu verhindern, dass das Funktionieren des Binnenmarkts durch Maßnahmen beeinträchtigt wird, die ein Mitgliedstaat bei einer schwerwiegenden innerstaatlichen Störung der öffentlichen Ordnung, im Kriegsfall, bei einer ernsten, eine Kriegsgefahr darstellenden internationalen Spannung oder in Erfüllung der Verpflichtungen trifft, die er im Hinblick auf die Aufrechterhaltung des Friedens und der internationalen Sicherheit übernommen hat.

1204 Vertrag über die Arbeitsweise der EU, abrufbar unter http://eur-lex.europa.eu/l egalcontent/de/ALL/?uri=CELEX:12012E/TXT [15.09.2015].